Schriftenreihe der Juristischen Fakultät
der Europa-Universität Viadrina Frankfurt (Oder)

Herausgegeben von
Professor Dr. iur. Dr. phil. Uwe Scheffler, Frankfurt (Oder)

Springer
Berlin
Heidelberg
New York
Barcelona
Hongkong
London
Mailand
Paris
Singapur
Tokio

Carmen Thiele

Selbstbestimmungsrecht und Minderheitenschutz in Estland

Springer

Dr. jur. Carmen Thiele
Europa-Universität Viadrina Frankfurt (Oder)
Große Scharrnstraße 59
D-15230 Frankfurt (Oder)

ISBN 3-540-66054-2 Springer-Verlag Berlin Heidelberg New York

Die Deutsche Bibliothek - CIP-Einheitsaufnahme
Thiele, Carmen:
Selbstbestimmungsrecht und Minderheitenschutz in Estland / Carmen Thiele. -
Berlin; Heidelberg; New York; Barcelona; Hongkong; London; Mailand; Paris;
Singapur; Tokio : Springer, 1999
(Schriftenreihe der Juristischen Fakultät der Europa-Universität
Viadrina Frankfurt (Oder))
ISBN 3-540-66054-2

Umschlaggestaltung: Erich Kirchner, Heidelberg
SPIN 10728472 64/2202-5 4 3 2 1 0 - Gedruckt auf säurefreiem Papier

Dr. jur. Carmen Thiele
Europa-Universität Viadrina Frankfurt (Oder)
Große Scharrnstraße 59
D-15230 Frankfurt (Oder)

ISBN 3-540-66054-2 Springer-Verlag Berlin Heidelberg New York

Die Deutsche Bibliothek - CIP-Einheitsaufnahme
Thiele, Carmen:
Selbstbestimmungsrecht und Minderheitenschutz in Estland / Carmen Thiele. -
Berlin; Heidelberg; New York; Barcelona; Hongkong; London; Mailand; Paris;
Singapur; Tokio : Springer, 1999
(Schriftenreihe der Juristischen Fakultät der Europa-Universität
Viadrina Frankfurt (Oder))
ISBN 3-540-66054-2

Umschlaggestaltung: Erich Kirchner, Heidelberg
SPIN 10728472 64/2202-5 4 3 2 1 0 - Gedruckt auf säurefreiem Papier

Carmen Thiele

Selbstbestimmungsrecht und Minderheitenschutz in Estland

Springer

VORWORT

Das Verhältnis von Selbstbestimmungsrecht der Völker und Minderheitenschutz entscheidet über ein friedliches Zusammenleben von Völkern und nationalen Minderheiten in inhomogenen Staaten. Nach Wiederherstellung der staatlichen Souveränität als Ausdruck des Selbstbestimmungsrechts des estnischen Volkes mußte das Verhältnis zu den in Estland lebenden ehemaligen Sowjetbürgern ethnisch nicht-estnischer Zugehörigkeit neu bestimmt werden. Das Ziel der folgenden Untersuchung besteht in der völkerrechtlichen Analyse des Rechtsstatus von in Estland bereits vor Wiedererlangung der staatlichen Unabhängigkeit wohnhaften ethnisch nicht-estnischen Personen, die heute entweder als estnische Staatsangehörige und damit als Angehörige einer nationalen Minderheit oder als Ausländer bzw. Staatenlose in Estland leben.

Die nachfolgende Arbeit hat der Rechtswissenschaftlichen Fakultät der Europa-Universität Viadrina Frankfurt (Oder) im Wintersemester 1998/99 als Dissertation vorgelegen. Abgeschlossen wurde sie im Dezember 1998. Die Rechtsentwicklung in Estland konnte bis Februar 1999 berücksichtigt werden.

Mein besonderer Dank gebührt Herrn Prof. Dr. Theodor Schweisfurth, der die Betreuung meiner Arbeit bereitwillig übernahm. Bei der Bearbeitung des Themas gewährte er mir großen Freiraum und gab sehr wertvolle Anregungen. Danken möchte ich auch Herrn PD Stefan Oeter, der das Zweitgutachten erstellte und mit seinen Hinweisen zur Fertigstellung der Arbeit beitrug.

Während meiner Aufenthalte in Estland habe ich interessante Gesprächspartner und Unterstützung gefunden. Ministerien, Behörden, Institutionen und Vereinigungen stellten mir zahlreiche Informationen zur Verfügung. Ihnen bin ich zu Dank verpflichtet.

Für ihre wissenschaftlichen Diskussionen, die maßgeblich diese Arbeit beeinflußten, danke ich Frau Dr. Tatjana Ansbach, Herrn Dr. Hans-Joachim Heintze und Herrn Prof. Dr. Arie Bloed.

Mein Dank gilt auch Frau Martina Seidlitz und Frau Antje Schnelle für die redaktionelle Bearbeitung sowie allen denjenigen, die in der einen oder anderen Weise zum Gelingen dieser Arbeit beigetragen haben.

Frankfurt (Oder), im März 1999 *Carmen Thiele*

INHALTSVERZEICHNIS

ABKÜRZUNGSVERZEICHNIS

AB	Acta Baltica
AdG	Archiv der Gegenwart
AEMR	Allgemeine Erklärung der Menschenrechte
AVR	Archiv des Völkerrechts
Bd.	Band
BDGV	Berichte der Deutschen Gesellschaft für Völkerrecht
BGBl.	Bundesgesetzblatt
BIOst	Bundesinstitut für ostwissenschaftliche und internationale Studien
BReg.	Bundesregierung
CalWILJ	California Western International Law Journal
ICCPR	International Covenant on Civil and Political Rights
CIEC	Internationale Zivilstandskommission
CTS	Consolidated Treaty Series
Doc.	Document
EA	Europa-Archiv
ECOSOC	Wirtschafts- und Sozialrat
EEK	Estnische Kronen
EG	Europäische Gemeinschaft
EGMR	Europäischer Gerichtshof für Menschenrechte
EILR	Emory International Law Review
EMRK	(Europäische) Konvention zum Schutze der Menschenrechte und Grundfreiheiten
EPIL	Encyclopedia of Public International Law
ER	Estnische Republik
ESSR	Estnische Sozialistische Sowjetrepublik
ETS	European Treaty Series
EU	Europäische Union
EuGRZ	Europäische Grundrechte Zeitschrift
FJIL	Florida Journal of International Law
FS	Festschrift
GUS	Gemeinschaft Unabhängiger Staaten

GYIL	German Yearbook of International Law
HKNM	Hoher Kommissar für nationale Minderheiten
HRC	Human Rights Committee
HRJ	Human Rights Journal
HRLJ	Human Rights Law Journal
Hrsg.	Herausgeber
IACourtHR	Inter-American Court of Human Rights
ICJ Rep.	International Court of Justice Reports of Judgments, Advisory Opinions and Orders
IGH	Internationaler Gerichtshof
IJGR	International Journal on Group Rights
ILC	International Law Commission
ILM	International Legal Materials
IPbpR	Internationaler Pakt über bürgerliche und politische Rechte
IPwskR	Internationaler Pakt über wirtschaftliche, soziale und kulturelle Rechte
JfOR	Jahrbuch für Ostrecht
JfIR	Jahrbuch für Internationales Recht
JöR	Jahrbuch des öffentlichen Rechts
KGB	Komitet Gosudarstvennoj Besopasnosti
KP	Kommunistische Partei
KPdSU	Kommunistische Partei der Sowjetunion
KSZE	Konferenz über Sicherheit und Zusammenarbeit in Europa
LNTS	League of Nations Treaty Series
NDLR	Notre Dame Law Review
ODIHR	Office for Democratic Institutions and Human Rights
OE	Osteuropa
OSZE	Organisation über Sicherheit und Zusammenarbeit in Europa
PAE	Pravovye Akty Èstonii (amtl. russ.-sprachiges Mitteilungsblatt für die wichtigsten estnischen Gesetze - deutsch: Rechtsakte der Republik Estland)
PCIJ	Permanent Court of International Justice
RCEEL	Review of Central and East European Law
Res.	Resolution
RFE/RL	Radio Free Europe/Radio Liberty
RGBl.	Reichsgesetzblatt
ROW	Recht in Ost und West
RSFSR	Russische Sozialistische Föderative Sowjetrepublik

RT	Riigi Teataja (Staatsanzeiger)
RTL	Riigi Teataja Lisa
SGP	Sovetskoje gosudarstvo i pravo
SSR	Sozialistische Sowjetrepublik
StIGH	Ständiger Internationaler Gerichtshof
SZIER	Schweizerische Zeitschrift für internationales und europäisches Recht
UdSSR	Union der Sozialistischen Sowjetrepubliken
UNESCO	UN Educational, Scientific and Cultural Organization
UN-HRCee	UN Human Rights Committee
UNO	United Nations Organization
UNTS	United Nations Treaty Series
WGO-MfOR	Die wichtigsten Gesetzgebungsakte in den Ländern Ost- und Südosteuropas - Monatshefte für Osteuropäisches Recht
V ER	Vedomosti Èstonskoj Respubliki
VJIL	Virginia Journal of International Law
VN	Vereinte Nationen
VO	Verordnung
V	Vedomosti
VSO	Verfassungs- und Verwaltungsrecht der Staaten Osteuropas
YBILC	Yearbook of the International Law Commission
YBUN	Yearbook of the United Nations
ZaöRV	Zeitschrift für ausländisches öffentliches Recht und Völkerrecht
ZOF	Zeitschrift für Ostforschung
ZOR.NF	Zeitschrift für osteuropäisches Recht. Neue Folge
ZP	Zusatzprotokoll

RT	Riigi Teataja (Staatsanzeiger)
RTL	Riigi Teataja Lisa
SGP	Sovetskoje gosudarstvo i pravo
SSR	Sozialistische Sowjetrepublik
StIGH	Ständiger Internationaler Gerichtshof
SZIER	Schweizerische Zeitschrift für internationales und europäisches Recht
UdSSR	Union der Sozialistischen Sowjetrepubliken
UNESCO	UN Educational, Scientific and Cultural Organization
UN-HRCee	UN Human Rights Committee
UNO	United Nations Organization
UNTS	United Nations Treaty Series
WGO-MfOR	Die wichtigsten Gesetzgebungsakte in den Ländern Ost- und Südosteuropas - Monatshefte für Osteuropäisches Recht
V ER	Vedomosti Èstonskoj Respubliki
VJIL	Virginia Journal of International Law
VN	Vereinte Nationen
VO	Verordnung
V	Vedomosti
VSO	Verfassungs- und Verwaltungsrecht der Staaten Osteuropas
YBILC	Yearbook of the International Law Commission
YBUN	Yearbook of the United Nations
ZaöRV	Zeitschrift für ausländisches öffentliches Recht und Völkerrecht
ZOF	Zeitschrift für Ostforschung
ZOR.NF	Zeitschrift für osteuropäisches Recht. Neue Folge
ZP	Zusatzprotokoll

EINLEITUNG

Anfang der neunziger Jahre entstanden auf den Territorien der drei untergegangenen ehemals sozialistischen multinationalen Staaten - der Union der Sozialistischen Sowjetrepubliken, der Tschechoslowakischen Sozialistischen Republik und der Sozialistischen Föderativen Republik Jugoslawien - zweiundzwanzig neue Staaten unter Berufung auf das Selbstbestimmungsrecht der Völker. Den Zerfall der Sowjetunion leiteten die drei baltischen Republiken ein, allen voran die Estnische Sozialistische Sowjetrepublik mit ihrer Souveränitätserklärung vom 16. November 1988. Ihr folgten zunächst die Litauische und Lettische SSR und schließlich auch die anderen Republiken. In ihren Erklärungen nahmen die baltischen Republiken ausdrücklichen Bezug auf das Selbstbestimmungsrecht ihrer Völker.

Mit der erreichten Unabhängigkeit traten die Neustaaten bzw. wiedergegründeten Staaten ihr „ethnisches Erbe“ an. Kaum ein Staat war ethnisch homogen. Neben den Titularnationen leben nationale Minderheiten auf ihren Territorien: Albaner in Serbien, Ungarn in der Slowakei, Abchasen in Georgien, Armenier in Aserbaidschan, Russen in den Nachfolgestaaten der Sowjetunion und den baltischen Republiken. Daraus resultiert die Frage des Verhältnisses der Titularnation zu ihren Minderheiten und damit des Selbstbestimmungsrechts zum Minderheitenschutz. Ein altes Thema aus der Zwischenkriegszeit wird wieder hoch aktuell. Staaten, in denen Völker ihr Selbstbestimmungsrecht verwirklicht haben, werden in die Pflicht genommen, ihre Minderheiten zu schützen. Die gewährte Autonomie der Åland-Inseln nach dem Ersten Weltkrieg oder Südtirols nach dem Zweiten Weltkrieg geben Zeugnis über ein funktionierendes Minderheitenschutzsystem ab. Eine Nicht- oder ungenügende Gewährung von Minderheitenrechten birgt hingegen die Gefahr gewaltsamer Auseinandersetzungen in sich, wie schon die „alten“ multinationalen Staaten leidvoll erfahren mußten. In Anbetracht der z.T. offen ausgebrochenen nationalen Konflikte auf den Territorien der Staaten Südost- und Osteuropas hat sich die internationale Staatengemeinschaft seit Beginn der neunziger Jahre wieder verstärkt dem Problem des Minderheitenschutzes zugewandt. Innerhalb der UNO, der KSZE/OSZE und des Europarates entwikkelte sich seitdem eine rege Tätigkeit auf diesem Gebiet.

Die Republik Estland zählt zu den neuen und zugleich alten Staaten. Nach der Sezession von Rußland gründete das estnische Volk am 24. Februar 1918 unter Berufung auf sein Selbstbestimmungsrecht den ersten eigenen Staat. Den auf seinem Territorium lebenden Minderheiten - Russen, Deutschen, Schweden, Juden und anderen - gewährte der estnische Staat einen vorbildlichen Minderheitenschutz. Das Selbstbestimmungsrecht des estnischen Volkes und der Minderheitenschutz standen in einem beispielhaften Verhältnis zueinander.

Infolge der deutsch-russischen Interessenabgrenzung am Vorabend des Zweiten Weltkrieges verlor Estland unter Verletzung des Selbstbestimmungsrechts des estnischen Volkes durch die Sowjetunion seine staatliche Unabhängigkeit. Das bedeutete auch das Ende des Minderheitenschutzes. Nach der sowjetischen Annexion von 1940 wurde die estnische Bevölkerung einer Russifizierung unterzogen, die die demographische Situation zuungunsten der Titularnation veränderte. Während 1922 der Anteil der Esten an der Gesamtbevölkerung Estlands noch 87,7 % und der der Russen als größter nationaler Minderheit nur 8,2 % betrug, sank der Anteil der Esten bis 1989 auf 61,5 %, der der Russen stieg auf 30,3 %. Damit vergrößerte sich der Anteil nicht-estnischer Nationalitäten von 12,3 % im Jahre 1922 auf 38,5 % im Jahre 1989. Dieses war die ethnische Situation in Estland am Vorabend der Wiedererlangung der staatlichen Unabhängigkeit, die wesentlich von der Perestrojka- und Glasnost-Politik der Sowjetunion beeinflußt wurde.

Zunächst beschränkten sich die Bestrebungen des estnischen Volkes auf ein Selbstbestimmungsrecht innerhalb der Sowjetunion. Erst aufgrund der Nichtgewährung durch die Sowjetunion schlugen die Forderungen in ein Selbstbestimmungsrecht in Form der Wiedergründung des estnischen Staates um. Seit 20. August 1991, nach 51-jähriger sowjetischer Herrschaft in Estland, gibt es wieder einen unabhängigen estnischen Staat als anerkanntes Subjekt der Völkerrechtsgemeinschaft. Dabei hat der estnische Staat die Rechtsposition der staatlichen Kontinuität eingenommen. Die Wiederherstellung der Unabhängigkeit der Estnischen Republik (*restitutio ad integrum*) fand schon in der Unabhängigkeitserklärung vom 30. März 1990 Erwähnung. Auch die Präambel der estnischen Verfassung vom 28. Juni 1992 nimmt expliziten Bezug auf die estnische Staatsgründung von 1918. Da diese Frage für die weiteren Untersuchungen der Staatsangehörigkeit Estlands als mögliche Voraussetzung eines Minderheitenstatus letztendlich nicht ausschlaggebend ist, kann das völkerrechtlich umstrittene Problem des Staatsunterganges oder der Staatskontinuität vernachlässigt werden.

Mit der Wiedergründung des estnischen Staates durch das estnische Volk hat dieser auch die Verantwortung für die auf seinem Territorium lebenden Minderheiten übernommen. Nach estnischem Rechtsverständnis gehören zu einer nationalen Minderheit nur diejenigen Angehörigen einer anderen Nationalität, die im Besitz der estnischen Staatsangehörigkeit sind. Daraus ergibt sich die Notwendigkeit einer Untersuchung des estnischen Staatsangehörigkeitsrechts. Infolge der staatsangehörigkeitsrechtlichen Regelungen nach Wiedererlangung der staatlichen Unabhängigkeit wurde zunächst ca. ein Drittel der estnischen Wohnbevölkerung von der Staatsangehörigkeit Estlands ausgeschlossen. Da Angehörige anderer nationaler Gruppen mit Wohnsitz in Estland ohne estnische Staatsangehörigkeit nicht unter den Minderheitenschutz fallen, stellt sich die Frage nach ihrer Rechtsposition gemäß dem estnischen Ausländerrecht.

Auf der Grundlage einer eingehenden Untersuchung des Selbstbestimmungsrechts der Völker, des Minderheitenschutzes und des Ausländerrechts am konkreten Beispiel der Republik Estland werden folgende Fragen erörtert:

- die völkerrechtlichen Formen der Ausübung des Selbstbestimmungsrechts durch die Völker im allgemeinen und die Ausübung des Selbstbestimmungsrechts durch das estnische Volk im besonderen;

- die staatsangehörigkeitsrechtlichen Regelungen Estlands nach Wiedererlangung der staatlichen Unabhängigkeit, insbesondere die Einbürgerungsvoraussetzungen;
- das Staatsangehörigkeitskriterium als Voraussetzung für die Zugehörigkeit zu einer Minderheit nach Völkerrecht auf universeller und europäischer Ebene;
- der Minderheitenschutz Estlands und seine Effektivität;
- die Rechtsposition von Ausländern, insbesondere derjenigen mit Wohnsitz in Estland noch vor Wiedererlangung der staatlichen Unabhängigkeit.

Nach Darstellung der einschlägigen Völkerrechtsnormen auf den Gebieten des Staatsangehörigkeitsrechts, des Minderheitenschutzes und des Ausländerrechts, vor allem derjenigen aus bilateralen und multilateralen völkerrechtlichen Verträgen, werden innerstaatliche Rechtsnormen Estlands auf ihre Völkerrechtskonformität hin geprüft sowie die Stellung völkerrechtlicher Normen im estnischen Rechtssystem untersucht.

Kapitel I
DER HISTORISCHE HINTERGRUND

A. Die Zeit der Eigenstaatlichkeit Estlands von 1918 - 1940

I. Der Erwerb der Eigenstaatlichkeit

Die baltischen Gebiete gehörten seit dem 18. Jahrhundert zum russischen Zarenreich. Die Entwicklung der Autonomie- und später Unabhängigkeitsbestrebungen wurde wesentlich durch die Ereignisse des Ersten Weltkrieges, der russischen Februarrevolution von 1917 und der Oktoberrevolution von 1917 beeinflußt, in deren Ergebnis das kaiserliche Deutschland und das zaristische Rußland zusammenbrachen. Die baltischen Gebiete gerieten abwechselnd unter deutsche und russische Besetzung und Herrschaft, was schließlich zum Streben nach Unabhängigkeit führte.

Zunächst beschränkten sich die Bestrebungen des estnischen Volkes auf Autonomie innerhalb der Rußländischen Föderativen Republik[1], basierend auf dem Nationalitätenprinzip. Die russische provisorische Regierung erließ unter Druck der Esten am 30. März (12. April) 1917 eine Verordnung über den zeitweiligen Aufbau der Verwaltung und der örtlichen Selbstverwaltung des Estländischen Gouvernements[2], die dem estnischen Volk eine weitreichende Autonomie mit einem eigenen Landtag (Maapäev) und einer eigenen Landesverwaltung zubilligte. Die Gebiete mit estnischer Bevölkerung - Nordlivland und Estland - wurden zu einem einheitlichen Gouvernement zusammengeschlossen. Damit verfügten die Esten erstmals über ein abgegrenztes Territorium.

---

1 Vgl. Wittram, Die baltische Frage als Problem der Russischen Provisorischen Regierung, in: von Hehn/von Rimscha/Weiss (Hrsg.), Von den baltischen Provinzen zu den baltischen Staaten, S. 88.

2 Vgl. Sedych, Estland, S. 7.

Im Mai 1917 fanden die Wahlen zum ersten Landtag, dem höchsten Machtorgan Estlands statt.[3] Im Juli 1917 wählte der Landtag eine Landesregierung.[4] Doch die weiteren historischen Ereignisse unterbrachen diese autonome Entwicklung.

Nach Ausbruch der Oktoberrevolution übernahm das bolschewistische Revolutionskomitee Estlands die Macht. Das Komitee beschloß am 25. November 1917 die Auflösung des estnischen Landtages. Dieser hatte den Ältestenrat für die Zeit zwischen den Sitzungsperioden mit seinen Funktionen betraut. Obwohl der Landtag seine Tätigkeit beenden mußte, existierten seine Organe im Untergrund weiter.

Nach der kommunistischen Konzeption des Selbstbestimmungsrechts der Völker, die auf der Lehre von Lenin und Stalin[5] beruhte, wurde den Völkern Rußlands in der „Deklaration der Rechte der Völker Rußlands" vom 2. November 1917[6] *„das Recht ... auf freie Selbstbestimmung einschließlich des Rechts der Loslösung vom bisherigen Staat und der Bildung eines selbständigen Staates"* zugesichert. Der Zerfall des russischen Reiches erfolgte dann auch in Form von Sezessionen.

Das estnische Volk stand vor der Wahl, innerhalb einer russischen Föderation zu verbleiben oder aus ihr auszutreten und einen unabhängigen Staat zu bilden bzw. sich mit anderen Staaten des Ostseeraumes zusammenzuschließen. Die skandinavischen Staaten standen dieser letzten Variante verhalten gegenüber.[7] Eine Minderheit von Deutschbalten trat für einen baltischen Staat ein, zusammengesetzt aus Ländern mit einer engen Anbindung an das Deutsche Reich.[8] Die Entscheidung des estnischen Volkes für die eine oder andere Form der Selbstbestimmung wurde wesentlich durch die neuen politischen Kräfteverhältnisse innerhalb Estlands als auch durch die deutsch-russischen Kriegshandlungen beeinflußt.

Nachdem das Revolutionskomitee aufgrund der herannahenden deutschen Bedrohung aus Reval (Tallinn) nach Rußland flüchtete, verkündete der Ältestenrat des Landtages am 24. Februar 1918 im „Manifest an alle Völker Estlands"[9] Estland zur selbständigen demokratischen Republik. Das Datum ging als die Geburtsstunde des ersten estnischen Staates in die Geschichte ein.

---

[3] Die 62 Plätze des Landtages waren von Vertretern folgender Parteien eingenommen worden: Bolschewiken 5, Estnische Sozialdemokraten (früher Menschewiken) 9, Estnische Sozialrevolutionäre 8, Arbeiterpartei 11, Demokraten 7, Radikale Demokraten 4, Agrarliga 13, deutsche und schwedische Minderheiten 2, Parteilose 3. Vgl. Raun, Estonia and the Estonians, S. 100.

[4] Vgl. Rutenberg, Die baltischen Staaten und das Völkerrecht, S. 24.

[5] Lenin und Stalin haben ihre Konzeption in verschiedenen Aufsätzen und Werken dargelegt. Die wichtigsten Aussagen wurden von Meissner dokumentarisch wiedergegeben in: Meissner, Sowjetunion und Selbstbestimmungsrecht, S. 151 ff.

[6] Abgedruckt in: Istorija Sovetskoj Konstitucii, S. 19; deutsche Übersetzung in: Achapkin (Hrsg.), Wladimir Uljanow Lenin, S. 35 f.; vgl. hierzu: Meder, Das Sowjetrecht, S. 40.

[7] Vgl. Raun (Anm. 3), S. 104.

[8] Vgl. Meissner, Baltic States, in: EPIL, 1 (1992), S. 330.

[9] RT, 1918, Nr. 1; englische Übersetzung in: Rei, Nazi-Soviet Conspiracy and the Baltic States, No. 6, S. 23 f. Dort heißt es: *„As from today, Estonia in her historical and ethnic frontiers is declared to be an independent democratic Republic."*

Die Unabhängigkeit währte nur einen Tag. Deutsche Truppen besetzten Estland und befreiten es von der Sowjetherrschaft. Zunächst verweigerte die deutsche Okkupationsmacht der estnischen provisorischen Regierung unter der Führung Päts die Anerkennung. Erst am 11. November 1918 genehmigten die Deutschen der estnischen provisorischen Regierung die Übernahme der Macht.

Der Zusammenbruch Deutschlands Ende 1918 ermöglichte Sowjetrußland die Zurückeroberung der baltischen Gebiete. Am 13. November 1918 annullierte die Sowjetregierung den am 3. März 1918 mit Deutschland geschlossenen Brest-Litowsker Friedensvertrag[10], in dessen Zusatzprotokoll vom 27. August 1918[11] Rußland auf seine Staatshoheit in Estland und Livland verzichtet hatte. Dem folgenden Angriff sowjetrussischer Truppen setzte sich Estland mit ausländischer Hilfe erfolgreich zur Wehr. Zum ersten Jahrestag der Gründung des estnischen Staates am 24. Februar 1919 war sein Territorium befreit.

II. Die völkerrechtliche Anerkennung des ersten estnischen Staates

Die erste *de jure*-Anerkennung des estnischen Staates erfolgte durch Sowjetrußland im Friedensvertrag von Dorpat (Tartu) vom 2. Februar 1920 zwischen beiden Staaten.[12] Der Vertrag wurde im Ergebnis des erfolgreichen Befreiungskampfes Estlands gegen die sowjetrussische militärische Besetzung geschlossen. In Art. II[13] erkannte Sowjetrußland die Unabhängigkeit des estnischen Staates an und verzichtete freiwillig und für ewige Zeiten auf alle Souveränitätsrechte in Estland.

Im Ergebnis des Versailler Friedensvertrages vom 28. Juni 1919[14] wurde Estland *de jure* als Staat am 21. Januar 1921 durch den Obersten Alliiertenrat (Großbritannien, Frankreich, Italien, Japan, Belgien) anerkannt.[15] Die USA sprachen die *de jure*-Anerkennung Estlands am 25. Juli 1922 aus.

Am 26. Oktober 1920 beantragte Estland seine Aufnahme in den Völkerbund. Fast ein Jahr später, am 22. September 1921, wurde der neue baltische Staat zu-

---

[10] CTS, vol. 223, p. 97; RGBl. 1918, 480.

[11] Abgedruckt in: Rei (Anm. 9), No. 7, S. 24 f.
Art. 7 lautet: „*Russia, taking account of the condition at present existing in Estonia and Livonia, renounces sovereignty over these regions, as well as all interference in their internal affairs. Their future fate shall be decided in agreement with their inhabitants.*"

[12] LNTS, vol. 11, p. 29, abgedruckt in: Freund, Rußlands Friedens- und Handelsverträge 1918/23, S. 45.

[13] Art. II lautet: „*Ausgehend von dem von der Russischen Sozialistischen Föderativen Sowjetrepublik verkündeten Rechte aller Völker auf freie Selbstbestimmung bis zur vollständigen Trennung vom Staate, zu deren Bestande sie gehören, erkennt Rußland unbedingt die Unabhängigkeit und Selbständigkeit des Estnischen Staates an und verzichtet freiwillig und für ewige Zeiten auf alle Souveränitätsrechte, die Rußland hinsichtlich des estnischen Volkes und Landes kraft der früheren Rechtsordnung und auf Grund internationaler Verträge zustanden, die in dem hier bezeichneten Sinne für die Zukunft ihre Kraft verlieren. Aus der früheren Zugehörigkeit zu Rußland erwachsen für das estnische Volk und Land keinerlei Verpflichtungen gegenüber Rußland.*"

[14] CTS, vol. 225, p. 188; RGBl. 1919, 687.

[15] Vgl. Meissner (Anm. 8), S. 331.

sammen mit Lettland und Litauen als *membres ordinaires* in den Völkerbund aufgenommen. Estland hatte seinen Platz in der Staatengemeinschaft eingenommen.

B. Die Zeit des Verlustes der Eigenstaatlichkeit 1940 - 1991

I. Der Verlust der Eigenstaatlichkeit

1. Die territoriale Interessenabgrenzung zwischen Deutschland und der Sowjetunion von 1939

Am Vorabend des Zweiten Weltkrieges teilten Deutschland und die Sowjetunion unter sich Osteuropa in Interessensphären auf. Beide Staaten unterzeichneten unter Bruch völkerrechtlicher Verpflichtungen den Hitler-Stalin-Pakt[16], der die geheimen Zusatzprotokolle zum deutsch-sowjetischen Nichtangriffsvertrag vom 23. August 1939[17] und zum Grenz- und Freundschaftsvertrag vom 28. September 1939[18] umfaßte.[19] Dem Hitler-Stalin-Pakt wurde noch ein vertrauliches Protokoll über die Umsiedlung der Bevölkerung aus den Gebieten der Interessensphären beigefügt.[20] Nach dem geheimen Zusatzprotokoll zum Nichtangriffsvertrag fiel Estland gemeinsam mit Finnland und Lettland in das Interessengebiet der Sowjet-

---

[16] In der Literatur auch als Molotow-Ribbentrop-Pakt bezeichnet. Ausführlich zu den Verhandlungen und ihren Hintergründen vgl. Repečka, Der gegenwärtige völkerrechtliche Status der baltischen Staaten unter besonderer Berücksichtigung der diplomatischen Vorgeschichte der Eingliederung dieser Staaten in die Sowjetunion, S. 49 ff.; Fabry, Der Hitler-Stalin-Pakt 1939 - 1941, S. 71 ff.; Rosenbusch/Schützler/Striegnitz, Schauplatz Baltikum, S. 8 ff. Eine ausführliche rechtliche Würdigung des Hitler-Stalin-Paktes bei Gornig, Der Hitler-Stalin-Pakt - Eine rechtliche Würdigung -, in: ROW, 37 (1989) 7, S. 395 ff.

[17] Text des Nichtangriffsvertrages, in: RGBl. 1939 II, 968; Text des geheimen Zusatzprotokolls abgedruckt in: Seidl, Die Beziehungen zwischen Deutschland und der Sowjetunion 1939 - 1941, S. 90 f.

[18] Text des Grenz- und Freundschaftsvertrages, in: RGBl. 1940 II, 4; Text des geheimen Zusatzprotokolls abgedruckt in: Seidl (Anm. 17), S. 125.

[19] Vgl. Meissner, 40 Jahre Besetzung und Annexion der baltischen Staaten durch die Sowjetunion, in: Jahrbuch des baltischen Deutschtums, 28 (1981), S. 176.

[20] Abgedruckt in: Seidl (Anm. 17) S. 126.

union, Litauen in die deutsche Interessensphäre.[21] Polen wurde unter beiden Vertragspartnern aufgeteilt. Die Sowjetunion bekundete noch ihr Interesse an Bessarabien.

Die beiden Großmächte Deutschland und die Sowjetunion grenzten ihre territorialen Interessen ohne Beteiligung der betroffenen Staaten ab.[22]

Nach dem Grundsatz des intertemporalen Völkerrechts ist auf in der Vergangenheit abgeschlossene Vorgänge das zu jener Zeit geltende Recht anzuwenden.[23] Der Pakt über die territoriale Interessenabgrenzung verstieß sowohl gegen anerkannte Prinzipien des damaligen Völkerrechts als auch gegen völkerrechtliche Vertragsverpflichtungen. Der Pakt mißachtete die Souveränität der betroffenen „aufgeteilten" Staaten und verstieß damit gegen das schon damals anerkannte Prinzip der Unabhängigkeit der Staaten, das in Art. 10 der Völkerbundssatzung vom 28. April 1919[24] seinen Niederschlag fand. Deutschland war zwar vor Aufnahme der Sowjetunion[25] in den Völkerbund im Jahre 1934 aus dieser internationalen Organisation ausgetreten, doch stellte das Prinzip der Unabhängigkeit der Staaten bereits in den dreißiger Jahren eine anerkannte Völkerrechtsnorm dar.[26] Somit war auch Deutschland an dieses Prinzip gebunden.

Aus dem Recht auf Unabhängigkeit folgt die Pflicht anderer Staaten, sich der Einmischung in innere Angelegenheiten zu enthalten. Das damalige Völkerrecht qualifizierte solche Interventionen bereits als unzulässig.[27] Eine Vereinbarung über die Abgrenzung von Interessensphären mit einer möglichen kriegerischen Umgestaltung der Territorien stellte einen Verstoß gegen das Interventionsverbot dar.[28]

---

[21] Im geheimen ZP vom 23. August 1939 heißt es: *„1. Für den Fall einer territorial-politischen Umgestaltung in den zu den baltischen Staaten (Finnland, Estland, Lettland, Litauen) gehörenden Gebieten bildet die nördliche Grenze Litauens zugleich die Grenze der Interessensphären Deutschlands und der UdSSR. ..."* Ziff. 1 wurde durch das Geheime ZP vom 28. September 1939 *„dahin abgeändert, daß das Gebiet des Litauischen Staates in die Interessensphäre der UdSSR fällt, weil andererseits ... (polnische) Woywodschaft(en) in die Interessensphäre Deutschlands fallen."*

[22] Zur völkerrechtlichen Beurteilung der deutsch-sowjetischen Interessenabgrenzung vgl. Meissner, Die Sowjetunion, die baltischen Staaten und das Völkerrecht, S. 181 ff.

[23] Vgl. hierzu grundlegend Baade, Intertemporales Völkerrecht, in: JfIR, 7 (1956), S. 229 ff.

[24] RGBl. 1919, 717.
Art. 10 lautet: *„Die Bundesmitglieder verpflichten sich, die Unversehrtheit des Gebiets und die bestehende politische Unabhängigkeit aller Bundesmitglieder zu achten und gegen jeden äußeren Angriff zu wahren ... ."*

[25] Wegen der Auslösung des russisch-finnischen Winterkrieges von 1939/40 wurde die Sowjetunion 1940 aus dem Völkerbund wieder ausgeschlossen. Vgl. Epping, Internationale Organisationen, in: Ipsen, Völkerrecht, Rdnr. 18, S. 353.

[26] Vgl. Verdross, Völkerrecht, S. 200 ff.

[27] Vgl. ebenda, S. 202 f.

[28] Vgl. Gornig (Anm. 16), S. 403.

Mit dem Vertrag über die Ächtung des Krieges vom 27. August 1928[29], auch Briand-Kellogg-Pakt genannt, der ein Jahr später für Deutschland und die Sowjetunion in Kraft trat[30], wurde außerdem ein Meilenstein auf dem Weg zu einem allgemeinen Kriegsverbot gesetzt.

Rußland verpflichtete sich schon im Dorpater Friedensvertrag von 1920 auf die Souveränitätsrechte gegenüber Estland für immer zu verzichten. Zwar war die Sowjetunion nicht identisch mit Sowjetrußland[31], doch erkannte sie die Grenzbestimmungen des Vertrages explizit im Nichtangriffsvertrag mit Estland vom 4. Mai 1932[32] an. Nach diesem Vertrag verpflichtete sich die Sowjetunion zur Respektierung der Unabhängigkeit Estlands sowie zum Verzicht auf einen Angriff und im Schlichtungsabkommen mit Estland vom 16. Juni 1932[33] zur Regelung aller Konflikte durch ein Schlichtungs- und Schiedsgerichtsverfahren.

Ein Verbot des Angriffs enthielt auch die Konvention über die Definition der Aggression vom 3. Juli 1933[34], deren Vertragsparteien sowohl die Sowjetunion als auch Estland waren. Da die Absprachen über die Abgrenzung der Interessensphären im Baltikum kriegerische Maßnahmen nicht ausschlossen und diese unter die

---

29 LNTS, vol. 94, p. 57 ff., abgedruckt in: Bruns (Hrsg.), Politische Verträge, S. 248 ff.; RGBl. 1929 II, 97.
In Art. I heißt es: „*The Contracting Parties solemnly declare ... that they condemn recourse to war for the solution of international controversies, and renounce it as an instrument of national policy in their relations with one another.*"

30 Durch das „Litwinow-Protokoll" vom 9. Februar 1929 wurde der Briand-Kellogg-Pakt zwischen der Sowjetunion und Estland sowie anderen Staaten vorzeitig in Kraft gesetzt. Vgl. hierzu Hartlieb, Das politische Vertragssystem der Sowjetunion 1920 - 1935, S. 50 ff.; Text des Litwinow-Protokolls abgedruckt in: Bruns (Hrsg.) (Anm. 29), S. 271 ff.

31 Vgl. Schweisfurth, Ausgewählte Fragen der Staatensukzession im Kontext der Auflösung der UdSSR, in: AVR, 32 (1994), S. 100.

32 Abgedruckt in: Bruns (Hrsg.) (Anm. 29), S. 314 ff.
Art. 1 lautet: „*Chacune des Hautes Parties contractantes garantit à l'autre Partie l'intégrité des frontières existant entre elles, telles qu'elles out été fixées par le Traité de paix signé le 2 février 1920, et s'engage à s'abstenir de tout acte d'agression ainsi que de toutes mesures de violence dirigées contre l'intégrité et l'inviolabilité du territoire ou contre l'indépendance politique de l'autre Partie contractante, qu'un tel acte d'agression ou que de telles mesures soient entrepris individuellement ou en commun avec d'autres Puissances, avec ou sans déclaration de guerre.*"
Zum Nichtangriffsvertrag der Sowjetunion mit Estland vgl. Hartlieb (Anm. 30), S. 88, 131 ff. Der Pakt wurde 1937 erneuert, so daß er 1939/40 in Kraft war. Vgl. Gornig, Hitler-Stalin-Pakt. Eine völkerrechtliche Studie, S. 78 ff.

33 LNTS, vol. 131, p. 309 ff.; englische Übersetzung in: Rei (Anm. 9), No. 16, S. 31 f.

34 LNTS, vol. 147, p. 67 ff., abgedruckt in: ZaöRV, IV (1934), S. 115 ff.

Aggressionsdefinition nach Art. II[35] fielen, lag ebenfalls ein Verstoß gegen diese Konvention vor.

Im Hitler-Stalin-Pakt verfügten Deutschland und die Sowjetunion über Territorien osteuropäischer Staaten ohne deren Willensbekundung. Damit war der Pakt in die Verträge zu Lasten Dritter einzuordnen, die nach damaliger herrschender Auffassung[36], der auch die sowjetische Völkerrechtslehre folgte[37], dritten Staaten keine Pflichten auferlegen konnten.

Wegen des Verstoßes gegen das Prinzip der Unabhängigkeit der Staaten, des Interventionsverbots und der Verletzung völkerrechtlicher Vertragsverpflichtungen war das geheime Zusatzprotokoll des Hitler-Stalin-Paktes von Anfang an nichtig. Der Einmarsch Deutschlands in die Sowjetunion beendete den Nichtangriffsvertrag *ex nunc.*[38]

2. *Der Abschluß des Sowjetisch-Estnischen Beistandspaktes vom 28. September 1939*

Nach Ausbruch des Zweiten Weltkrieges schlug die Sowjetunion Estland den Abschluß eines Beistandspaktes vor[39], der die Stationierung sowjetischer See- und Luftstreitkräfte in Estland erlaubte.[40] Für den Fall der Ablehnung drohte die Sowjetunion Estland mit Krieg. Die Sowjetunion demonstrierte ihre Entschlossenheit und Stärke mit Verletzungen der estnischen Gebietshoheit durch ihre Streitkräfte.[41] Da sich Estland für einen Krieg mit der Sowjetunion nicht gerüstet sah, nahm es den sowjetischen Vorschlag unter Zwang an und schloß am 28. September 1939 mit der Sowjetunion den Pakt über gegenseitige Hilfeleistung.[42]

---

[35] Nach Art. II fallen *folgende Handlungen* unter eine Aggression:
„*1. Kriegserklärung an einen anderen Staat;*
2. Invasion (der) Streitkräfte, auch ohne Kriegserklärung, in das Territorium eines anderen Staates;
3. Angriff seiner Land-, See- und Luftstreitkräfte, auch ohne Kriegserklärung, auf das Territorium, die Schiffe oder Flugzeuge eines anderen Staates;
4. Seeblockade ...;
5. Unterstützung der bewaffneten Banden .... ."

[36] Vgl. Verdross (Anm. 26), S. 97.

[37] Vgl. Rapoport, Sušnost sovremennogo meždunarodnogo prava, in: SGP (1940) 5 - 6, S. 153.

[38] Vgl. Gornig (Anm. 16), S. 407.

[39] Zur Vorgeschichte des Beistandspaktes vgl. Repečka (Anm. 16), S. 36 ff.; Meissner (Anm. 22), S. 57 ff.

[40] Die Sowjetunion war um die außenpolitische Lage der drei baltischen Staaten vor allem aus Gründen ihrer Selbstverteidigung und -erhaltung besorgt. Beunruhigend war für sie die Flucht des nach dem estnischen „Gesetz über die Neutralität" vom 3. Dezember 1938 internierten polnischen U-Bootes „Orzel" aus dem Revaler Hafen. Zur sowjetischen Darstellung vgl. Levin, Razvitie sovetskoj gosudarstvennosti v Èstonii, S. 45; Text des Neutralitätsgesetzes in: RT, 1938, Nr. 99, Pos. 860; deutsche Übersetzung in: ZaöRV, IX (1939/40), S. 172 ff.

[41] Vgl. Laar/Valk/Vahtre, Očerki istorii èstonskogo naroda, S. 153.

[42] V SSSR, 1939, Nr. 37; deutsche Übersetzung in: ZaöRV, IX (1939/40), S. 925 f.

Entsprechend dem Vertragstext sollte die von der Sowjetunion geforderte Einräumung sowjetischer Militärstützpunkte auf estnischem Territorium keine Beeinträchtigung der souveränen Rechte beider Staaten bedeuten, vor allem nicht der wirtschaftlichen Systeme und der Staatsverfassung. Die Sowjetunion sagte die Achtung der staatlichen Unabhängigkeit und Nichteinmischung in die inneren Angelegenheiten Estlands zu. Damit verpflichtete sie sich zur Respektierung des Interventions- und Annexionsverbots.[43]

Ohne die Drohung der Sowjetunion wäre der Abschluß des Beistandspaktes nicht zustande gekommen. Es handelte sich um keine freie Willensäußerung Estlands. Die Androhung eines Krieges seitens der Sowjetunion bei Nichtannahme des Paktes und die Verletzung der Gebietshoheit durch sowjetische Streitkräfte fielen unter den Tatbestand der Zwangsausübung gegenüber dem anderen Vertragspartner. Ein durch eine widerrechtliche Drohung erzwungener Vertrag war nach den allgemeinen Rechtsgrundsätzen des damaligen Völkerrechts anfechtbar.[44] Unter Zwang abgeschlossene Verträge wurden seit der amerikanischen „Stimson-Doktrin" von 1932[45] nicht mehr anerkannt. Auch nach der sowjetischen Völkerrechtslehre waren Verträge, die unter Zwang abgeschlossen wurden oder der Eroberung dienten, nicht rechtsverbindlich.[46] Von diesem Rechtsgrundsatz der Unzulässigkeit der Zwangsausübung beim Abschluß völkerrechtlicher Verträge machte die Sowjetunion allerdings Ausnahmen[47], um ihre außenpolitischen Ziele durchzusetzen.

Einen Rechtfertigungsgrund für die Zwangsausübung gab es nicht. Wenn die Sowjetunion den Abschluß des Beistandspaktes mit der Notwendigkeit der Gewährleistung ihrer äußeren Sicherheit rechtfertigte, so wäre sie nach Beendigung der Bedrohung ihrer äußeren Sicherheit zur Wiederherstellung des ursprünglichen Zustandes verpflichtet gewesen.

Wegen des rechtserheblichen Willensmangels, des gegen Estland ausgeübten Zwanges beim Abschluß des Beistandspaktes, war dieser anfechtbar.[48]

3. Die ultimativen sowjetischen Forderungen an die estnische Regierung von 1940

Wegen angeblich grober Verletzung des sowjetisch-estnischen Beistandspaktes, resultierend u.a. aus dem, wie es die Sowjetunion bezeichnete, Militärbündnis

[43] Vgl. Meissner (Anm. 19), S. 177.

[44] Vgl. Verdross (Anm. 26), S. 88.

[45] Abgedruckt in: Langer, Seizure of Territory, S. 58.

[46] Vgl. Reinkemeyer, Völkerrechtsauffassung, sowjetische, in: Strupp/Schlochauer, Wörterbuch des Völkerrechts, S. 663.

[47] Vgl. Schweisfurth, Der internationale Vertrag in der modernen sowjetischen Völkerrechtstheorie, S. 209.

[48] Vgl. Meissner (Anm. 22), S. 188.

zwischen den drei baltischen Staaten gegen die Sowjetunion[49], verlangte die UdSSR in einer Note vom 16. Juni 1940 an Estland[50] die Bildung einer neuen Regierung und die Verstärkung sowjetischer Truppen in Estland. Die neue Regierung sollte fähig und willens sein, den sowjetisch-estnischen Beistandspakt zu erfüllen. Die zusätzlichen sowjetischen Truppen waren für die Besetzung wichtiger Zentren Estlands vorgesehen, um die Durchführung des Beistandspaktes zu gewährleisten und möglichen Provokationen gegen sowjetische Garnisonen in Estland vorzubeugen. Zur Beantwortung der Note wurden der estnischen Regierung lediglich 8½ Stunden Zeit gegeben. Danach bzw. im Falle einer negativen Antwort drohte die Sowjetunion Gewalt anzuwenden.[51] Die Regierung sah sich gezwungen, auch diese ultimativen Forderungen anzunehmen. Die Annahme entbehrte des freien Willens Estlands. Am 17. Juni begann die Sowjetunion mit der Besetzung.[52] Damit war eine Forderung erfüllt.

Die Durchführung der zweiten Forderung - die Bildung einer neuen estnischen Regierung - wurde vorbereitet. Die estnische Regierung trat zurück.[53] Der estnische Staatspräsident Päts blieb zunächst noch im Amt. Unter dem Druck kommunistischer Kräfte gab er den sowjetischen Forderungen nach und bestätigte die neue sogenannte volksdemokratische Regierung unter dem linksgerichteten Vares als Ministerpräsidenten. Die neue Regierung bestand aus Freunden der Sowjetunion.[54] Somit war auch die zweite Forderung erfüllt.

Die sowjetischen Forderungen an die estnische Regierung enthielten eindeutige Mitteilungen, zu deren Erfüllung eine konkrete Frist gesetzt wurde sowie eine Androhung des sowjetischen Verhaltens im Falle einer estnischen Ablehnung. Damit beinhalteten sie die Elemente eines Ultimatums nach der Definition von Asbeck: Forderung, Fristbestimmung und Drohung.[55] In Abhängigkeit von der Rechtmäßigkeit der Drohung und der Zumutbarkeit der Forderung stufte das damalige Völkerrecht das Ultimatum als völkerrechtswidrig oder rechtmäßig ein.[56] Bei Vorliegen der Rechtswidrigkeit mindestens eines der Elemente war das Ulti-

---

49 Aber gerade das Nichtbestehen eines funktionierenden Sicherheitssystems wird als eine Ursache für den Verlust der staatlichen Unabhängigkeit gewertet. So Loeber, Die Staatsverträge der baltischen Staaten mit Rußland von 1920 und 1991, in: Sprudzs (Hrsg.), The Baltic Path to Independence, S. 371.

50 Englische Übersetzung in: Rei (Anm. 9), No. 41, S. 46 f.

51 Vgl. Orally Transmitted Part of Ultimatum, englische Übersetzung in: ebenda, No. 42, S. 47.

52 Vgl. Meder, Werdegang und Ende der baltischen Staaten, in: ZOR.NF, 7 (1940/41), S. 143.

53 Obwohl Mitglieder der ehemaligen Regierung Estlands ins Ausland geflüchtet waren, haben sie keine Exilregierung gegründet. Vgl. Baade, Baltische Staaten, in: Strupp/ Schlochauer, Wörterbuch des Völkerrechts, S. 149.

54 Vgl. Meder (Anm. 52), S. 144.

55 *„Das Ultimatum ist eine eindeutige, letztmalige Mitteilung eines oder mehrerer Staaten an einen anderen Staat, die meist Fragen oder Forderungen enthält; dieser Mitteilung muß beigefügt sein eine Fristsetzung zur Stellungnahme bzw. Erfüllung sowie eine Androhung des Verhaltens des Absendestaates im Ablehnungsfalle."* Asbeck, Das Ultimatum im modernen Völkerrecht, S. 12.

56 Vgl. ebenda, S. 30, 34 f.

matum als rechtswidrig zu qualifizieren.[57] Aus dem Prinzip der Kriegsächtung nach Art. I i.V.m. Abs. 3, Halbsatz 2 der Präambel[58] des Briand-Kellogg-Paktes folgte, daß aus dem Krieg keine Vorteile gezogen werden durften, so daß ein Ultimatum mit Gewaltandrohung unzulässig war.[59] Danach stellten die sowjetischen Forderungen an Estland ein völkerrechtswidriges Ultimatum dar.[60]

4. Die Eingliederung Estlands durch die Sowjetunion

Bei den unter sowjetischer Aufsicht durchgeführten Wahlen zu einer neuen Abgeordnetenkammer am 14. und 15. Juli 1940 wurden nachweislich Wahlrechtsbestimmungen verletzt und Fälschungen von Wahlergebnissen vorgenommen.[61] Die Wahlen gewann der „Verband des werktätigen Volkes“[62], dem 22 Organisationen und Parteien unter Führung der Kommunistischen Partei[63] angehörten und der die einzige zugelassene Wahlliste bildete.

Die neu gewählte Abgeordnetenkammer hatte auf ihrer ersten Sitzung am 21. Juli die Deklaration über die Staatsgewalt[64], durch die der Freistaat Estland zu einer sozialistischen Sowjetrepublik erklärt wurde, und am 22. Juli die Deklaration über den Beitritt Estlands zur Sowjetunion[65] angenommen. Weiterhin wurde beschlossen, an den Obersten Sowjet der UdSSR die Bitte um Aufnahme in die Union der Sozialistischen Sowjetrepubliken zu richten. Beide Deklarationen entbehrten der Mitwirkung der 2. Kammer der Staatsversammlung, des Staatsrates[66], und der Bestätigung des letzten verfassungsmäßig gewählten Staatspräsidenten

---

[57] Vgl. ebenda, S. 25.

[58] Abs. 3, Halbsatz 2 lautet: „... *that any signatory Power which shall hereafter seek to promote its national interests by resort to war should be denied the benefits furnished by this Treaty;*“.

[59] Vgl. Asbeck (Anm. 55), S. 55.

[60] Zur Völkerrechtswidrigkeit der sowjetischen Forderungen vgl. auch Meissner (Anm. 22), S. 195.

[61] Vgl. ebenda, S. 84 ff. Die Ergebnisse der „Scheinwahlen“ sollen von der sowjetischen Nachrichtenagentur TASS bereits zwölf Stunden vor dem Beginn der Stimmenauszählung in Estland bekanntgegeben worden sein. Vgl. Levits, Die Entwicklung seit 1940, in: Bundeszentrale für politische Bildung (Hrsg.), Die baltischen Staaten Estland, Lettland, Litauen, S. 8.

[62] Nach sowjetischer Darstellung lag die Wahlbeteiligung bei 84,1% wobei die Wahlliste des „Verbandes des werktätigen Volkes“ 92,8% der Stimmen auf sich vereinigt hatte. Die angeblichen Ergebnisse der Wahlen in: Levin (Anm. 40), S. 51.

[63] Am 4. Juli 1940 wurde das Verbot der Kommunistischen Partei von 1924 aufgehoben. Die Zahl ihrer Mitglieder stieg von 1.344 im September 1940 auf 3.732 im Juni 1941. Vgl. hierzu Laar/Valk/Vahtre (Anm. 41), S. 162.

[64] RT, 1940, Nr. 74, Pos. 733; deutsche Übersetzung in: Meissner (Anm. 22), S. 88 f.

[65] RT, 1940, Nr. 76, Pos. 743; deutsche Übersetzung in: Meissner (Anm. 22), S. 89 f.

[66] Die Abgeordnetenkammer und der Staatsrat bildeten die zwei Kammern der Staatsversammlung, die mit dem Staatspräsidenten und der von ihm ernannten Staatsregierung zu den wichtigsten Staatsorganen zählte. Das Zweikammersystem wurde durch die Verfassung von 1937 eingeführt. Vgl. Meder, Die Verfassung Estlands vom 17. August 1937, in: ZOR.NF, 4 (1937) 4, S. 207.

Estlands, weshalb das Ersuchen um Eingliederung in die UdSSR verfassungswidrig war.[67]

Hingegen wurde in der sowjetischen Völkerrechtsliteratur die Proklamation der Sowjetmacht in Estland und die Aufnahme in die UdSSR als Ergebnis der freien Willensäußerung des estnischen Volkes bezeichnet, die sich in den Deklarationen des obersten Gesetzgebungsorgans widerspiegelte.[68]

Der Oberste Sowjet der UdSSR, in dessen Zuständigkeit nach Art. 31 und 14 lit. c) der Unionsverfassung von 1936[69] die Aufnahme neuer Republiken in die UdSSR fiel, beschloß Anfang August 1940, *„der Bitte der Staatsduma Estlands nachzukommen und die Estnische Sozialistische Sowjetrepublik in die Union der Sozialistischen Sowjetrepubliken als gleichberechtigte sowjetische sozialistische Sowjetrepublik aufzunehmen."*[70] Die „Eingliederung" der ESSR[71] in die UdSSR erfolgte durch Gesetz vom 6. August 1940[72] „über die Aufnahme der Estnischen Sozialistischen Sowjetrepublik in die Union der Sozialistischen Sowjetrepubliken".[73] Damit war die Einverleibung vollendet.[74]

5. *Die völkerrechtliche Qualifizierung der Einverleibung Estlands durch die Sowjetunion als Annexion*

Der Beitritt zu einem Bundesstaat setzt den Abschluß eines völkerrechtlichen Vertrages voraus.[75] In § 102 Abs. 2 der Verfassung Estlands vom 17. August 1937[76] hieß es: *„Die Staatsgrenzen können nur durch völkerrechtliche Verträge, ..., geändert werden."* Ein solcher ist nicht zustande gekommen. Die Deklara-

---

67 Vgl. Uibopuu, Die völkerrechtliche Stellung der baltischen Staaten, S. 16.

68 Vgl. Garanin, Völkerrecht, S. 53; Barsegov, Territorija v meždunarodnom prave, S. 88; Starušenko, Princip samoopredelenija narodov i nacij vo vnešnej politike sovetskogo gosudarstva, S. 99.

69 Abgedruckt in: Istorija Sovetskoj Konstitucii, S. 345; deutsche Übersetzung in: Roggemann, Die Staatsordnung der Sowjetunion, S. 89 ff.

70 Sedych (Anm. 2), S. 113 f.

71 ESSR wurde auf estnisch mit ENSV abgekürzt. Die Gegner der neuen Regierung deuteten diese Abkürzung als *e*nne *n*älg, *s*iis *v*iletsus (zuerst Hunger, dann Armut).

72 V SSSR, 1940, Nr. 28; deutsche Übersetzung in: ZOR.NF, 7 (1940/41), S. 182 f.

73 Die „Eingliederung" Estlands in die UdSSR erfolgte nicht auf der Grundlage eines Unionsvertrages wie der völkerrechtliche Vertrag über die Bildung der UdSSR vom 30. Dezember 1922 zwischen der RSFSR, der Ukrainischen SSR, der Weißrussischen SSR und der Transkaukasischen Sozialistischen Föderativen Sowjetrepublik. Mit Datum vom 7. August 1940 wurde das „Gesetz zur Abänderung und Ergänzung der Art. 13, 23 und 48 der Verfassung der UdSSR" angenommen. Zusammen mit der ESSR wurden die Litauische SSR, die Lettische SSR und die Moldauische SSR in die UdSSR aufgenommen. Text des Gesetzes in: V SSSR vom 22. August 1940, Nr. 28; deutsche Übersetzung in: ZOR.NF, 7 (1940/41), S. 183.

74 Zur rechtlichen Beurteilung der Einverleibung Estlands in die UdSSR vgl. Uibopuu, Die Verfassungs- und Rechtsentwicklung der baltischen Staaten 1988 - 1990, S. 33 f.

75 Vgl. Jennings/Watts (eds.), Oppenheim's International Law, § 75, S. 248.

76 RT, 1937, Nr. 71; deutsche Übersetzung in: Staats- und Verwaltungsrecht. Estland, in: ZaöRV, 8 (1938), S. 544 .

tion über den Beitritt zur Sowjetunion war wegen ihrer Verfassungswidrigkeit nichtig. Sie konnte auch keine bedingte völkerrechtliche Wirksamkeit erlangt haben, wenn die Abgeordnetenkammer als Organ der sowjetischen Besatzungsmacht gesehen wurde. Ein Staat kann nicht mit sich selbst kontrahieren.[77] Aber selbst wenn die Abgeordnetenkammer ein verfassungsmäßiges Staatsorgan Estlands gewesen wäre, fehlte ihr die verfassungsrechtliche Kompetenz zum Abschluß völkerrechtlicher Verträge, die nach der estnischen Verfassung von 1937[78] in die Zuständigkeit des Staatspräsidenten fiel. Für die Bestätigung eines völkerrechtlichen Vertrages wäre dann noch die Zustimmung der Staatsversammlung, d.h. nicht nur der Abgeordnetenkammer, sondern auch des Staatsrates erforderlich gewesen.[79]

Die Übertragung der territorialen Souveränität Estlands an die Sowjetunion erfolgte demnach nicht aufgrund eines völkerrechtlichen Vertrages. Die Einverleibung Estlands stellte eine einseitige endgültige Aneignung fremden Staatsterritoriums durch die Sowjetunion als Folge einer nicht-kriegerischen Gewaltanwendung dar.[80] Damit war sie als Annexion zu qualifizieren, worunter ein gewaltsamer Gebietserwerb durch einen Staat auf Kosten eines anderen zu verstehen ist, wobei das Element der Gewalt und die Inbesitznahme des fremden Gebietes sowie der Wille zur endgültigen Aneignung *(corpus et animus)* vorhanden sein müssen.[81]

a) Das Verbot gewaltsamer Annexionen. Die Frage nach einem Verbot gewaltsamer Annexionen ist im Zusammenhang mit der Existenz eines Kriegs- und Gewaltverbots nach damaligem Völkerrecht zu beurteilen.

Im Ergebnis des Ersten Weltkrieges bemühten sich die Mitgliedstaaten des Völkerbundes das bis dahin geltende Recht zum Krieg (*ius ad bellum*) zu beschränken. Sie verpflichteten sich zur gegenseitigen Beachtung und Aufrechterhaltung ihrer territorialen Integrität und politischen Unabhängigkeit (Art. 10 der Satzung) sowie zur Lösung ihrer Streitigkeiten mit Hilfe eines Streitschlichtungsmechanismus (Art. 12 - 15 der Satzung). Ein Verbot oder eine Ächtung des Krieges enthielt die Völkerbundssatzung nicht.[82] Ein solches beinhaltete erst der Briand-Kellogg-Pakt von 1928 in § 88. Der Pakt ächtete aber nicht jegliche Form der bewaffneten Gewalt. Damit war den Staaten die Möglichkeit gegeben, eine bewaffnete Auseinandersetzung nicht als Krieg zu bezeichnen, wodurch sie die

---

77 Vgl. Meissner (Anm. 22), S. 248.

78 § 101 der Verfassung von 1937 lautete: *„Der Präsident der Republik schließt und ratifiziert Verträge mit auswärtigen Staaten."*

79 In § 102 der Verfassung von 1937 hieß es: *„Die Bestätigung der völkerrechtlichen Verträge erfolgt durch einen diesbezüglichen Beschluß der Staatsversammlung ..."*

80 Vgl. Meissner (Anm. 22), S. 248 ff.

81 Vgl. Bindschedler, Annexation, in: EPIL, 1 (1992), S. 168 f.

82 Vgl. Epping (Anm. 25), Rdnr. 5, S. 364.

Anwendung des Paktes ausschließen konnten.[83] Dieses Defizit wurde erst mit einem umfassenden Gewaltverbot in Art. 2 Ziff. 4 der UN-Charta behoben.[84] Von einigen Völkerrechtlern ist sogar die Auffassung vertreten worden, daß das Kriegsverbot mit dem Pakt zum Bestandteil des allgemeinen Völkerrechts wurde.[85] Diese Auffassung vertrat die sowjetische Völkerrechtslehre ebenfalls.[86]

Auch wenn es Ende der dreißiger Jahre noch kein allgemein geltendes und umfassendes Kriegs- und Gewaltverbot im Völkerrecht gab, so hatte sich die Sowjetunion jedenfalls dazu völkerrechtlich verpflichtet. Die sowjetische Lehre verurteilte Annexionen, weil sie gegen das Selbstbestimmungsrecht der betroffenen Völker verstießen.[87]

b) Die Nichtanerkennung gewaltsamer Gebietserwerbungen. Drittstaaten konnten nach der Stimson-Doktrin von 1932 die Anerkennung gewaltsamer Gebietserwerbungen gemäß dem Grundsatz *ex iniuria ius non oritur* verweigern. Die Doktrin fand Eingang in die Resolution der Bundesversammlung des Völkerbundes vom 11. März 1932[88], wonach Verhältnisse oder Verträge nicht anerkannt wurden, die im Widerspruch zur Völkerbundssatzung oder zum Briand-Kellog-Pakt standen.[89] Eine trotzdem vollzogene Anerkennung ließ die Annexion nicht rechtmäßig werden. Zum Bestandteil des Völkerrechts wurde die Stimson-Doktrin aber erst mit der Aufnahme des Gewaltverbotsprinzips in die UN-Charta.[90]

Bezüglich der baltischen Republiken gestaltete sich die Staatenpraxis nicht einheitlich. Es bildeten sich drei Staatengruppen heraus: 1. Staaten, die die Annexion Estlands durch die Sowjetunion weder *de jure* noch *de facto* anerkannten (z.B. die USA); 2. Staaten, die die sowjetische Gebietshoheit in Estland *de facto* anerkannten (z.B. Großbritannien) und 3. Staaten, die die sowjetische Einverleibung Estlands *de jure* anerkannten (z.B. die Niederlande).[91]

6. Die demographischen Veränderungen

Mit der Annexion Estlands durch die Sowjetunion begann eine systematische Veränderung der demographischen Situation Estlands. Im Juni 1940 wurden sogenannte „politisch unzuverlässige Elemente“[92], insgesamt 10.205 Personen, unter ihnen auch Frauen, Kinder und ältere Menschen, aus Estland nach Sibirien depor-

---

83 Vgl. Fischer, Friedenssicherung und friedliche Streitbeilegung, in: Ipsen, Völkerrecht, Rdnr. 7, S. 877.
84 Vgl. Gloria, Der Staat im Völkerrecht, in: Ipsen, Völkerrecht, Rdnr. 43, S. 268.
85 Vgl. z.B. Asbeck (Anm. 55), S. 54; Oppenheim, International Law, S. 184.
86 Vgl. Tunkin, Das Völkerrecht der Gegenwart, S. 79 f.
87 Vgl. Lenin, Dekret über den Frieden, S. 240; Barsegov (Anm. 68), S. 77.
88 Abgedruckt in: Langer (Anm. 45), S. 62 f.
89 Vgl. Verdross (Anm. 26), S. 88.
90 Vgl. Gloria (Anm. 84), Rdnr. 45 f., S. 269 f.
91 Vgl. hierzu Baade (Anm. 53), S. 149.
92 Šilde, „Im Namen der Weltrevolution“, in: AB, XXIII (1983), S. 102.

tiert.[93] Von der zweiten großen Deportationswelle, die im März 1949 stattfand, waren 20.702 Personen betroffen, vor allem Bauern, die sich der Kollektivierung widersetzten[94] sowie Sympathisanten der deutschen Okkupationsmacht.[95]

Neben der „Säuberung" der estnischen Bevölkerung von „unerwünschten Personen" wurde die verbleibende einer Russifizierung[96] unterzogen. Russifizierung bedeutete die Durchsetzung der Vormachtstellung der russischen Sprache (linguistische Russifizierung) und die gezielte Einwanderung von Russen (demographische Russifizierung) für die Industrialisierung und die Besetzung wichtiger Funktionen des Partei- und Staatsapparates sowie für die sowjetischen Streitkräfte.

Dem im Zuge vorgenommener sowjetischer Industrialisierungsmaßnahmen vor allem im Nordosten Estlands aufgetretenen Arbeitskräftemangel wurde mit der Ansiedlung von Sowjetbürgern, in erster Linie Russen, begegnet.

Deportationen, Russifizierung und gezielte Ansiedlung von überwiegend russischen Arbeitskräften ließen den Anteil der Esten an der Gesamtbevölkerung Estlands von 87,7 % im Jahre 1922 auf 61,5 % zurückgehen, während im gleichen Zeitraum der Anteil der Russen von 8,2 % auf 30,3 % anstieg.[97]

II. Grundzüge des Nationalitätenrechts der Sowjetunion

Als Mitglied des sowjetischen Unionsverbandes galt nunmehr auch für Estland das sowjetische Nationalitätenrecht.

Die Sowjetunion propagierte zu Beginn ihres Bestehens, das „Völkergefängnis" Rußland in eine sowjetische „Völkerfamilie" umzuwandeln. Der Sowjetstaat erkannte den Nationen und Völkerschaften zwar die Aufrechterhaltung und Pflege ihrer Eigenständigkeit zu. Doch standen die nationalen Fragen nach der Formel *sozialistisch dem Inhalt, national der Form*[98] hinter den sozialistischen Aufgaben zurück.[99]

Die Sowjetunion verstand sich als ein Vielvölkerstaat, der sich aus den unterschiedlichen Nationen und Völkerschaften[100] zusammensetzte (Art. 64 und 70 der Unionsverfassung von 1977[101]).

Die Nationen und Völkerschaften sollten nach der von Breshnew auf dem XXIV. Parteitag der KPdSU 1971 verkündeten These vom „Sowjetvolk"[102] als eine „neue historische Menschengemeinschaft" zu einer Einheitsnation mit russi-

---

93 Vgl. Laar/Valk/Vahtre (Anm. 41), S. 164.

94 Vgl. ebenda, S. 190 ff.

95 Von Sommer 1941 bis Januar 1944 war Estland von deutschen Truppen besetzt.

96 Zur Russifizierung vgl. Bukšs, Die Russifizierung in den baltischen Ländern, S. 163 ff.

97 Vgl. Pullerits, The Estonian Year-book 1927, S. 13; Statistical Office of Estonia, Statistical Yearbook of Estonia, S. 55.

98 Vgl. Stalin, Über die politischen Aufgaben der Universität der Völker des Ostens, in: Stalin, Werke Bd. 7, S. 119.

99 Vgl. Feldbrugge, Art. 36, in: Fincke (Redigiert), Handbuch der Sowjetverfassung, Rdnr. 24 ff., S. 463 f.

100 Vgl. hierzu Kapitel 2 C. I. 1.

101 Deutsche Übersetzung in: Fincke (Redigiert) (Anm. 99).

102 Vgl. XXIV. Parteitag der KPdSU, Moskau 1971, S. 3 ff.

scher Sprache zusammenschmelzen. Unter dem „Sowjetvolk" wurde ein national homogenes Volk mit russischer Dominanz verstanden. Nach der politischen Verkündung fand der Begriff „Sowjetvolk" Eingang in die Präambel der Unionsverfassung von 1977.[103]
Verfassungsrechtlich war die Gleichberechtigung der Nationalitäten bestimmt. Die zentrale Norm zum Nationalitätenschutz stellte Art. 36 der Unionsverfassung von 1977 dar. Nach Art. 36 Abs. 1 hatten *„Bürger der UdSSR unterschiedlicher Rassen und Nationalitäten gleiche Rechte."* Die Verwirklichung der Gleichberechtigung wurde nach Art. 36 Abs. 2 Ziff. 1 durch *„die Politik der allseitigen Entwicklung und Annäherung aller Nationen und Völkerschaften der UdSSR"* gesichert. Eine allseitige Entwicklung muß aber nicht zu einer Annäherung führen. Die Entwicklung der Nationen und Völkerschaften wurde im Sinne des „sowjetischen Patriotismus" (Art. 36 Abs. 2 Ziff. 2) und unter Anerkennung der dominierenden Rolle des russischen Volkes verstanden.

Als eine wirkliche Möglichkeit zur allseitigen Entwicklung der Nationen und Völkerschaften muß das Recht auf die Muttersprache nach Art. 36 Abs. 2 Ziff. 3 der Unionsverfassung von 1977 gewertet werden. Die verfassungsrechtlich gesicherte Stellung der Muttersprache ist für die Wahrung der nationalen Identität von grundlegender Bedeutung.[104] Das Recht auf die Muttersprache als Unterrichtssprache fand verfassungsrechtliche Verankerung in Art. 45 Abs. 2 und als Gerichtssprache in Art. 159 der Unionsverfassung.

Das Recht auf den Gebrauch der Muttersprache war aber durch die Bevorzugung der russischen Sprache bedroht. Art. 36 Abs. 2 Ziff. 3 der Unionsverfassung garantierte neben dem Gebrauch der Muttersprache auch die Verwendung der Sprachen anderer Völker der UdSSR, wobei diese Bestimmung praktisch nur der russischen Sprache zugute kam.[105] So wurde in den Unionsrepubliken an der Verbesserung der Einführung der russischen Sprache gearbeitet. Am 13. Oktober 1978 nahm der Ministerrat der UdSSR ein „Geheimdekret über die weitere Aneignung und den Unterricht der russischen Sprache in allen Republiken" an. Die Anwendung des Dekrets in der Estnischen SSR wurde vom ZK der dortigen Parteiabteilung am 22. Dezember 1978 verordnet.[106]

So stellte das sowjetische Nationalitätenrecht einerseits die Interessen des Sozialismus vor die nationalen Belange, und andererseits hob es die russische Dominanz hervor. Das Konzept des „Sowjetvolkes" stand im Widerspruch zu der verfassungsrechtlichen Gleichberechtigung der Nationalitäten, da dieses von der dominierenden Position der russischen Nation ausging und die Aufgabe der nationalen Eigenarten der anderen Nationen und Völkerschaften bedeutete. Die Folgen der Assimilierungspolitik spiegelten sich auch in den Ergebnissen der Volkszäh-

---

[103] Pkt. (V) Abs. 4 der Präambel lautete: *„Dies ist eine Gesellschaft ..., in der auf der Grundlage der Annäherung aller Klassen und sozialen Schichten, der juristischen und tatsächlichen Gleichheit aller Nationen und Völkerschaften ... eine neue historische Menschengemeinschaft entstanden ist: das Sowjetvolk."*

[104] Vgl. Feldbrugge (Anm. 99), Rdnr. 36, S. 466.

[105] Vgl. ebenda, Rdnr. 35, S. 466.

[106] Deutsche Übersetzung in: Geheimdekret aus Moskau über die Russifizierung der Unionsrepubliken mit nationaler Minderheitenbevölkerung, in: AB, XXII (1982), S. 40 ff.

lungen wider. Wurden 1926 noch 194 Volksgruppen gezählt, waren es 1979 nur noch 101.[107]

III. Die historische Chance zur Aufarbeitung sowjetischen Unrechts durch Perestrojka und Glasnost

Die Aufarbeitung der geschichtlichen Ereignisse am Vorabend des Zweiten Weltkrieges wurde durch die „Perestrojka"- und „Glasnost"- Politik[108], die der neue Generalsekretär der KPdSU, Gorbatschow, 1986 verkündete, ermöglicht. Damit strebte er eine Umwandlung der Sowjetunion in einen demokratischen und rechtsstaatlichen Bundesstaat an. Das sozialistische System sollte mit Hilfe einer Transparenz reformiert, nicht aber abgelöst werden.[109] Dazu bedurfte es auch einer Transparenz der Geschichte. Ende 1989 wurde erstmals die bis dahin vehement verleugnete Existenz der geheimen Zusatzprotokolle zu den deutsch-sowjetischen Verträgen von 1939 offiziell anerkannt. In diesem Zusammenhang verabschiedete der Kongreß der Volksdeputierten der UdSSR[110] am 24. Dezember 1989 die Entschließung über die politische und juristische Einschätzung des sowjetisch-deutschen Nichtangriffsvertrages von 1939.[111] Darin wurde festgestellt, daß die Geheimprotokolle nicht mit den Leninschen Prinzipien der sowjetischen Außenpolitik vereinbar und gegen die Souveränität und Unabhängigkeit dritter Länder gerichtet gewesen waren sowie vor dem Obersten Sowjet und der Regierung der UdSSR geheimgehalten wurden, so daß das sowjetische Volk keine Verantwortung trägt. Der Kongreß erklärte die Geheimprotokolle für nichtig.[112] Damit erkannte die Sowjetunion die Völkerrechtswidrigkeit der Vorgehensweise an. Gleichwohl blieb die UdSSR mit dieser Einschätzung auf halbem Wege stehen.

---

[107] Vgl. Halbach, Ethnische Beziehungen in der Sowjetunion und nationale Bewußtseinsprozesse bei Nichtrussen, S. 7.

[108] Die „Perestrojka" umfaßte die Reform des Wirtschaftssystems, des politischen Systems, des Rechts und der Nationalitätenpolitik. Die „Glasnost" bedeutete eine neue Informationspolitik. Vgl. Leonhard, Sowjetreformen: Ergebnisse, Probleme, Perspektiven, S. 16 f.

[109] Vgl. Simon, Die Desintegration der Sowjetunion durch die Nationen und Republiken, S. 14.

[110] Nach der 1. Verfassungsrevision vom 1. Dezember 1988 substituierte der Kongreß der Volksdeputierten den Obersten Sowjet der UdSSR. Zur Verfassungsreform vgl. Schweisfurth, Perestrojka durch Staatsrecht. Die erste Etappe der Reform des politischen Systems der sowjetischen Gesellschaft durch die Verfassungsrevision vom 1. Dezember 1988, in: ZaöRV, 49 (1989) 4, S. 711 ff.

[111] V SSSR 1989, Nr. 29, Pos. 579; deutsche Übersetzung in: Benz, 50 Jahre danach, in: AB, XXVII (1989), Dok. 6, S. 50 ff.

[112] Vgl. hierzu Loeber, Volksdeputiertenkongreß in Moskau erklärt Geheimprotokolle des Hitler-Stalin-Pakts für ungültig, in: Baltica, (1990) 1, S. 31 ff. Über die politische und rechtliche Bewertung des sowjetisch-deutschen Nichtangriffsvertrages von 1939, in: Materialien des II. Kongresses der Volksdeputierten der UdSSR, Dezember 1989, Moskau 1990, S. 23 ff.

Konsequenterweise hätte eine Verurteilung der Annexion der baltischen Staaten durch die Sowjetunion folgen müssen. Diese blieb aber aus.

Kapitel II
DIE ERNEUTE AUSÜBUNG DES SELBSTENSTIMMUNGSRECHTS DURCH DAS ESTNISCHE VOLK

A. Das Selbstbestimmungsrecht der Völker nach 1945

I. Die Rechtsnatur des Selbstbestimmungsrechts der Völker

Das estnische Volk hatte seinen Staat unter Berufung auf das ihm zustehende und durch Sowjetrußland gewährte Selbstbestimmungsrecht gebildet. Sowohl nach sozialistischer Konzeption, die Lenin und Stalin entwickelten, als auch nach westlicher Lehre, dessen Initiator der amerikanische Präsident Woodrow Wilson[1] war, stellte sich das Selbstbestimmungsrecht der Völker[2] zunächst als völkerrechtlich - politische Forderung dar. Es fand noch keine Verankerung auf universeller Ebene. Eine Aufnahme in die Völkerbundssatzung scheiterte.[3]

Die Atlantik-Charta vom 14. August 1941[4], eine gemeinsame Erklärung des Vereinigten Königreichs und der Vereinigten Staaten von Amerika über Kriegs- und Friedensziele, enthielt das Selbstbestimmungsprinzip nur implizit in den Punkten 1, 2 und 3. Darin erklärten die Staaten den Verzicht auf Annexion fremder Gebiete, forderten für Gebietsveränderungen die Zustimmung der Regierten und sicherten allen Völkern das Recht zur Wahl der eigenen Regierungsform bzw. zur Wiederherstellung der Selbstregierung zu.[5] Die Erklärung wurde auf der Interalliierten Konferenz in London am 24. September 1941 von weiteren zehn europäischen Staaten gebilligt.[6]

---

[1] Zur Konzeption Wilsons vgl. Decker, Das Selbstbestimmungsrecht der Nationen, S. 108 ff.; Heater, National Self-Determination, S. 40 ff.

[2] Ausgewählte Literatur zum Selbstbestimmungsrecht in: Knight/Davies, Self-Determination.

[3] Vgl. Decker (Anm. 1), S. 114.

[4] Text abgedruckt in: Auswärtige Politik, Septemberheft 1941, S. 763 f.

[5] Vgl. Rabl, Das Selbstbestimmungsrecht der Völker, S. 165 ff.

[6] Vgl. Heidelmeyer, Das Selbstbestimmungsrecht der Völker, S. 121.

Erst in der Charta der UNO vom 26. Juni 1945 wurde die Selbstbestimmung ausdrücklich erwähnt.[7] Der Terminus Selbstbestimmungsrecht läßt sich zwar in der UN-Satzung wörtlich nicht nachweisen, aber als Ziel ist die Selbstbestimmung der Völker in Art. 1 Ziff. 2[8] und als Grundsatz in Art. 55[9] enthalten. Implizit ist das Selbstbestimmungsrecht auch in den Kapiteln XI-XIII der UN-Charta über Hoheitsgebiete ohne Selbstregierung und das internationale Treuhandsystem zu finden. Der Rechtssatzscharakter des Selbstbestimmungsrechts wurde von der westlichen Lehre zunächst noch mehrheitlich verneint.[10] Die sowjetische Lehre vertrat hingegen bereits die Auffassung, daß das Selbstbestimmungsrecht mit seiner Verankerung in der UN-Charta Rechtscharakter annahm.[11]

Anfänglich wurde das Selbstbestimmungsrecht vor allem als Recht der Kolonialvölker verstanden.[12] Der Prozeß der Dekolonisierung übte einen wesentlichen Einfluß auf die weitere Entwicklung des Selbstbestimmungsrechts aus. In diesem Zusammenhang ist die Erklärung über die Gewährung der Unabhängigkeit an koloniale Länder und Völker vom 14. Dezember 1960[13], die durch Resolution der UN-Generalversammlung angenommen wurde, hervorzuheben. Auch wenn Resolutionen der Generalversammlung nicht zu den Völkerrechtsquellen[14] zählen, da nach Art. 10 UN-Charta die Generalversammlung nur Empfehlungen abgeben darf, nehmen sie in der Regel Einfluß auf die Bildung von Völkerrecht, insbesondere des Völkergewohnheitsrechts.[15] Der Form nach läßt sich die Erklärung als eine Empfehlung bezüglich der *„allgemeinen Grundsätze der Zusammenarbeit zur Wahrung des Weltfriedens und der internationalen Sicherheit"* gemäß Art. 11 Abs. 1 UN-Charta bzw. eine Empfehlung bezüglich der *„fortschreitenden Ent-*

---

[7] Die Aufnahme des Grundsatzes der Selbstbestimmung der Völker in die UN-Charta ist auf die Initiative der Sowjetunion zurückzuführen. Vgl. Arzinger, Das Selbstbestimmungsrecht im allgemeinen Völkerrecht der Gegenwart, S. 84 ff. (m. N. zum einschlägigen sowjetischen Schrifttum); Rabl (Anm. 5), S. 194.

[8] Zu den Zielen der UNO zählen nach Art. 1 Ziff. 2: *„freundschaftliche, auf der Achtung vor dem Grundsatz der Gleichberechtigung und Selbstbestimmung der Völker beruhende Beziehungen zwischen den Nationen zu entwickeln ..."*

[9] Der Grundsatz der Selbstbestimmung der Völker steht hier im Zusammenhang mit der internationalen Zusammenarbeit auf wirtschaftlichem und sozialem Gebiet.

[10] Vgl. Klein, Der Rechtscharakter des Selbstbestimmungsrechts der Völker nach westlicher Auffassung in: Kloss (Bearb.), Beiträge zu einem System des Selbstbestimmungsrechts, S. 6 ff.

[11] Vgl. Speranskaja, Princip samoopredelenija nacij v meždunarodnom prave, S. 38.

[12] Vgl. Laing, The Norm of Self-Determination, 1941-1991, in: CalWILJ, 22 (1991/92), S. 245 f.

[13] UN Doc. A/RES/1514 (XV), 14 December 1960; deutsche Übersetzung in: Tomuschat (Hrsg.), Menschenrechte, Dok. Nr. 7, S. 70 f.

[14] In Art. 38 Abs. 1 IGH-Statut werden folgende Völkerrechtsquellen aufgeführt:
a) völkerrechtliche Verträge,
b) Völkergewohnheitsrecht,
c) allgemeine Rechtsgrundsätze,
d) richterliche Entscheidungen und Lehrmeinungen der fähigsten Völkerrechtler als Hilfsmittel zur Feststellung von Rechtsnormen.

[15] Vgl. Graf Vitzthum, Begriff, Geschichte und Quellen des Völkerrechts, in: Graf Vitzthum (Hrsg.), Völkerrecht, Rdnr. 153, S. 96.

wicklung des Völkerrechts" gemäß Art. 13 Abs. 1 lit. a) UN-Charta charakterisieren.[16] Die Erklärung wird als ein historisches Dokument gewertet, das einen der bedeutendsten Beiträge zur Entwicklung des Selbstbestimmungsrechts im Völkerrecht geleistet hat.[17] Hervorzuheben ist die Formulierung im Pkt. 2 der Erklärung, wo es heißt: *„Alle Völker haben das Selbstbestimmungsrecht."* Damit ist der Geltungsbereich des Selbstbestimmungsrechts nicht auf koloniale Völker beschränkt.[18] Die Stimmenthaltung der Kolonialmächte[19] zeigt aber, daß das Selbstbestimmungsrecht noch nicht als rechtsverbindlich angesehen, sondern vielmehr als politisches Prinzip verstanden wurde.[20]

Der IGH hat sich in seinen Gutachten zum Namibia-Fall von 1971[21] und West-Sahara-Fall von 1975[22] zur Rechtsnatur des Selbstbestimmungsrechts im Zusammenhang mit dem Dekolonisierungsprozeß geäußert, wobei er das Selbstbestimmungsrecht für kolonial abhängige Völker bekräftigte.

In den gleichlautenden Art. 1[23] des Internationalen Paktes über bürgerliche und politische Rechte[24] und des Internationalen Paktes über wirtschaftliche, soziale und kulturelle Rechte vom 16. Dezember 1966[25] wurde die Selbstbestimmung nicht mehr nur als Ziel bzw. Grundsatz, sondern als Recht formuliert. Mit der Geltung der völkerrechtlich verbindlichen UN-Menschenrechtspakte hat sich das Selbstbestimmungsrecht der Völker zu einem Rechtssatz entwickelt.[26]

---

16 Vgl. Rabl (Anm. 5), S. 222.

17 Vgl. Cristescu (Spezialberichterstatter der Unterkommission zur Verhinderung der Diskriminierung und zum Schutz von Minderheiten zum Selbstbestimmungsrecht), in: UN Doc. E/CN.4/Sub.2/404/Rev.1, para. 39, S. 6.

18 Vgl. Heintze, Selbstbestimmungsrecht und Minderheitenrechte im Völkerrecht, S. 24.

19 Die Erklärung wurde mit 89 Stimmen angenommen. Der Stimme enthalten haben sich 9 Staaten: Australien, Belgien, Dominikanische Republik, Frankreich, Großbritannien, Portugal, Spanien, Südafrika und die USA.

20 Vgl. Tomuschat, Self-Determination in a Post-Colonial World, in: Tomuschat (ed.), Modern Law of Self-Determination, S. 1.

21 ICJ Rep. 1971, S. 16, 31.
In para. 52 führt der IGH aus:„*... the subsequent development of international law in regard to non-self-governing territories, as enshrined in the Charter of the United Nations, made the principle of self-determination applicable to all of them. ... A further important stage in this development was the Declaration on the Granting of Independence to Colonial Countries and Peoples ..., which embraces all peoples and territories which 'have not yet attained independence'."*

22 ICJ Rep. 1975, S. 12, 31 ff.
In para. 55 heißt es: *„The principle of self-determination as a right of peoples, and its application for the purpose of bringing all colonial situations to a speedy end, were enunciated in the Declaration on the Granting of Independence to Colonial Countries and Peoples, ..."*

23 Art. 1 Abs. 1 Satz 1 lautet: *„Alle Völker haben das Recht auf Selbstbestimmung."*

24 UNTS, vol. 999, p. 171; BGBl. 1973 II, 1533.

25 UNTS, vol. 993, p. 3; BGBl. 1973 II, 1569.

26 Vgl. Kimminich, Rechtscharakter und Inhalt des Selbstbestimmungsrechts, in: Blumenwitz/Meissner (Hrsg.), Das Selbstbestimmungsrecht der Völker und die deutsche Frage, S. 37 ff.

Zur Ausweitung des Geltungsbereiches des Selbstbestimmungsrechts auf alle Völker trug seine Aufnahme als fünftes Prinzip in die Deklaration über die Prinzipien des Völkerrechts vom 24. Oktober 1970[27] bei. Ihr kommt aufgrund der Kodifizierung allgemein anerkannter Völkerrechtsprinzipien und der progressiven Weiterentwicklung geltenden Völkerrechts eine besondere Rolle zu.[28]

Auf europäischer Ebene fand das Selbstbestimmungsrecht als achtes Prinzip Eingang in die Erklärung über die Prinzipien, die die Beziehungen der Teilnehmerstaaten leiten, der KSZE-Schlußakte von Helsinki vom 1. August 1975.[29] Obwohl die meisten Dokumente der KSZE keinen juristisch verbindlichen Charakter aufweisen[30], sind sie doch für die Fortentwicklung „gemeineuropäischen" Völkerrechts von nicht zu unterschätzender Bedeutung.[31]

Versuche, das Selbstbestimmungsrecht der Völker nicht nur als eine Völkerrechtsnorm zu qualifizieren, sondern sogar als eine zwingende Norm[32] (*ius cogens)*[33], konnten sich bisher nur in bezug auf kolonial abhängige Völker durchsetzen.[34]

Ist der Streit um den Rechtscharakter des Selbstbestimmungsrechts im wesentlichen beigelegt, stehen Fragen bezüglich seiner Inhalte und Träger weiterhin in der völkerrechtlichen Diskussion.

II. Der Inhalt des Selbstbestimmungsrechts der Völker

Gemäß Art. 1 Abs. 1 Satz 2 der UN-Menschenrechtspakte schließt das Recht auf Selbstbestimmung das Recht der Völker auf freie Entscheidung ihres politischen Status und freie Gestaltung ihrer wirtschaftlichen, sozialen und kulturellen Entwicklung ein. Nach Art. 1 Abs. 2 können die Völker frei über ihre natürlichen Reichtümer und Mittel verfügen.

---

27 UN Doc. A/RES/2625 (XV), 24 October 1970. Auch als Friendly Relations-Deklaration bekannt. Text abgedruckt in: YBUN, vol. 24, 1970, S. 789 ff.

28 Vgl. Gloria, Der Staat im Völkerrecht, in: Ipsen, Völkerrecht, Rdnr. 5, S. 333.

29 Bulletin der BReg. Nr. 102 vom 15. August 1975, S. 965; abgedruckt in: Schweisfurth/Oellers (Hrsg.), Dokumente der KSZE, S. 4 ff.

30 Zur Verbindlichkeit der KSZE-Schlußakte vgl. Schweisfurth, Zur Frage der Rechtsnatur, Verbindlichkeit und völkerrechtlichen Relevanz der KSZE-Schlußakte, in: ZaöRV, 36 (1976) 4, S. 681 ff.; Wenig, Möglichkeiten und Grenzen der Streitbeilegung ethnischer Konflikte durch die OSZE, S. 58 ff.

31 Vgl. Schweisfurth (Anm. 29), S. XII.

32 Vgl. Gros Espiell (Spezialberichterstatter der Unterkommission zur Verhinderung der Diskriminierung und zum Schutz von Minderheiten zum Selbstbestimmungsrecht), in: UN-Doc. E/CN.4/Sub.2/405/Rev.1., para. 70, S. 11.

33 Nach Art. 53 und 64 des Wiener Übereinkommens über das Recht der Verträge vom 23. Mai 1969 ist jeder im Widerspruch zu einer zwingenden Norm stehende völkerrechtliche Vertrag nichtig. Text des Übereinkommens in: UNTS, vol. 1155, p. 331; BGBl. 1985 II, 927.

34 Vgl. Heintze (Anm. 18), S. 23; Brühl-Moser, Die Entwicklung des Selbstbestimmungsrechts der Völker unter besonderer Berücksichtigung seines innerstaatlich-demokratischen Aspekts und seiner Bedeutung für den Minderheitenschutz, S. 91 f.

Das Selbstbestimmungsrecht besteht nicht nur auf politischem, sondern auch auf wirtschaftlichem, sozialem und kulturellem Gebiet. Erst wenn das Selbstbestimmungsrecht in allen diesen Bereichen angewandt wird, kann es effektiv wirken.[35]

Der Inhalt des Selbstbestimmungsrechts ist umschrieben worden als *„de(r) Anspruch auf Unabhängigkeit von einem gegebenen Staatsverband und (oder) de(r) Anspruch auf Selbstregierung innerhalb eines gegebenen Staatsverbandes."*[36] In Abhängigkeit vom Anwendungsbereich wird in der Literatur zwischen innerem (internem) und äußerem (externem) Selbstbestimmungsrecht unterschieden[37], die gemeinsam ein einheitliches Recht in unterschiedlichen Rechtsbeziehungen darstellen.[38] Während das innere Selbstbestimmungsrecht den verfassungsrechtlichen Status eines Volkes innerhalb eines Staates bestimmt, handelt es sich beim äußeren um das völkerrechtliche Verhältnis zu anderen Völkerrechtssubjekten.

1. Das äußere Selbstbestimmungsrecht

Das äußere Selbstbestimmungsrecht bedeutet, daß jedes Volk das Recht hat, seinen politischen Status und seine sozio-ökonomische Entwicklung ohne jegliche äußere Einmischung frei bestimmen zu können.

Nach der Prinzipiendeklaration von 1970 können die Völker ihr Recht auf Selbstbestimmung mit der Gründung eines souveränen und unabhängigen Staates, der freien Vereinigung mit einem oder der freien Integration in einen unabhängigen Staat oder der Erringung irgendeines anderen durch das Volk frei bestimmten politischen Status verwirklichen. Zu den klassischen Formen zählen die Erklärung der nationalen Unabhängigkeit, der Zusammenschluß verschiedener Völker zu einem Einheits- oder Bundesstaat, die Dismembration, die Sezession unter Bildung eines eigenen Staates, der Anschluß an einen bestehenden Staatsverband sowie die ausdrückliche Bestätigung der Zugehörigkeit zu einem bestimmten Staat.[39] Darunter ist die Sezession am umstrittensten.[40] Nur in Ausnahmefällen, bei grober Verletzung von Selbstbestimmung und Menschenrechten sowie Bedrohung der Existenz eines Volkes innerhalb eines Staates, wird das Recht auf Sezession als „Notbremse"[41] zugestanden.[42]

---

[35] Vgl. Gros Espiell (Anm. 32), para. 46, S. 8.

[36] Ermacora, Die Selbstbestimmungsidee, S. 27.

[37] Diese Unterscheidung soll nach Auffassung von Ermacora auf den Special Report of the United Nations Commission of the United Nations for Indonesia 1949 zurückgehen. Vgl. Brühl-Moser (Anm. 34), S. 108; vgl. auch Pomerance, Self-Determination in Law and Practice, S. 37 ff.

[38] Vgl. Gusy, Selbstbestimmung im Wandel, in: AVR, 30 (1992) 4, S. 398.

[39] Vgl. Nowak, CCPR Commentary, Art. 1, Rdnr. 32, S. 22.

[40] Vgl. Buchheit, Secession, S. 216 ff.; de Obieta, El derecho humano de la autodeterminación de los pueblos, S. 155 ff.; Murswiek, The Issue of a Right of Secession - Reconsidered, in: Tomuschat (ed.), Modern Law of Self-Determination, S. 21 ff.; Heintze (Anm. 18), S. 87 ff.

[41] Oeter, Selbstbestimmungsrecht im Wandel, in: ZaöRV, 52 (1992) 3 - 4, S. 773.

[42] Vgl. Hailbronner, Der Staat und der Einzelne als Völkerrechtssubjekte, in: Graf Vitzthum (Hrsg.), Völkerrecht, Rdnr. 98, S. 215.

Wenn auch den Völkern alle die in der Prinzipiendeklaration genannten Möglichkeiten offenstehen[43], so muß die Bildung eines eigenen Staates nicht zwangsläufig die Folge der Ausübung des Selbstbestimmungsrechts sein.[44] Die Anwendung des äußeren Selbstbestimmungsrechts kann nicht losgelöst von anderen Völkerrechtsprinzipien, die in der UN-Charta und der Prinzipiendeklaration verankert sind, gesehen werden.[45] Dies betrifft vor allem die staatliche Souveränität bzw. territoriale Integrität der Staaten[46], zu denen das äußere Selbstbestimmungsrecht grundsätzlich in einem Spannungsverhältnis steht.[47] Der Vorrang der territorialen Integrität wird zugunsten des Selbstbestimmungsrechts aufgegeben, sobald einem Volk durch den Staat sein Recht auf innere Selbstbestimmung verwehrt wird.[48]

2. *Das innere Selbstbestimmungsrecht*

Um entstehende Normenkonflikte bei der Anwendung des äußeren Selbstbestimmungsrechts zu vermeiden, ist der Rückgriff auf andere Formen der Selbstbestimmung innerhalb bestehender Staaten geboten. Diese werden unter dem Begriff der inneren Selbstbestimmung zusammengefaßt. Zu den Formen des inneren Selbstbestimmungsrechts gehören das Recht eines Volkes auf Errichtung seiner eigenen Staats- und Regierungsform sowie auf politische Partizipation auf gesamtstaatlicher Ebene. Bei der Verwirklichung seines inneren Selbstbestimmungsrechts kann ein Volk zwischen verschiedenen Möglichkeiten wählen, wie z.B. Autonomiemodellen, föderalen bzw. demokratischen Formen.[49]

---

[43] Vgl. Tomuschat (Anm. 20), S. 12.

[44] Vgl. Heintze (Anm. 18), S. 85.

[45] Zum Verhältnis von Selbstbestimmungsrecht und anderen Völkerrechtsprinzipien vgl. Pomerance (Anm. 37), S. 42 ff.

[46] In der Prinzipiendeklaration von 1970 heißt es hierzu: „*Nothing in the foregoing paragraphs shall be construed as authorizing or encouraging any action which would dismember or impair, totally or in part, the territorial integrity or political unity of sovereign and independent States conducting themselves in compliance with the principle of equal rights and self-determination of peoples as described above and thus possessed of a government representing the whole people belonging to the territory without distinction as to race, creed or colour.*"

[47] Zum Spannungsverhältnis von Selbstbestimmungsrecht und territorialer Integrität vgl. de Obieta (Anm. 40), S. 174 f.; Marauhn, Anspruch auf Sezession?, in: Heintze (Hrsg.), Selbstbestimmungsrecht der Völker - Herausforderung der Staatenwelt, S. 107 ff.; Rosas, Internal Self-Determination, in: Tomuschat (ed.), Modern Law of Self-Determination, S. 251.

[48] Vgl. Murswiek (Anm. 40), S. 39.

[49] Zu den verschiedenen Möglichkeiten der Verwirklichung des inneren Selbstbestimmungsrechts vgl. Heintze, Wege zur Verwirklichung des Selbstbestimmungsrechts der Völker innerhalb bestehender Staaten, in: Heintze (Hrsg.), Selbstbestimmungsrecht der Völker - Herausforderung der Staatenwelt, S. 22 ff.

Auch wenn bezüglich der Rechtsqualität des inneren Selbstbestimmungsrechts in der Völkerrechtsliteratur noch Zweifel bestehen[50], tritt das traditionell vorrangige äußere Selbstbestimmungsrecht zunehmend hinter das innere zurück.[51] Erst die Nichtgewährung oder grobe Verletzung des inneren Selbstbestimmungsrechts führt letztendlich zum Umschlagen in das äußere Selbstbestimmungsrecht.[52]

III. Völker als Träger des Selbstbestimmungsrechts

Art. 1 Ziff. 2 UN-Charta nennt die Völker als Inhaber der Selbstbestimmung. Art. 1 Abs. 1 Satz 1 der beiden UN-Menschenrechtspakte bezeichnen ebenfalls alle Völker als Träger des Selbstbestimmungsrechts. Eine nähere Definition des Begriffes „Volk" enthalten die Charta und die Pakte nicht. Auch das Völkerrecht bleibt eine Definition trotz vielfältiger Versuche schuldig. Es wird sogar bezweifelt, ob es überhaupt möglich und wünschenswert wäre, über eine allgemein anwendbare und akzeptierte Definition zu verfügen.[53] In der Völkerrechtsliteratur werden Staatsvölker, Völker im ethnischen Sinne und Volksgruppen bzw. Minderheiten unter den Volksbegriff subsumiert.

1. Staatsvölker

Das Staatsvolk wird bestimmt durch die jeweiligen nationalen Staatsangehörigkeitsregelungen unabhängig von der nationalen oder ethnischen Zugehörigkeit der Staatsangehörigen. Da ein Staatsvolk bereits seinen eigenen Staat unter Verwirklichung seines Selbstbestimmungsrechts gebildet hat, stellt sich die Frage, ob es weiterhin als Träger des Selbstbestimmungsrechts in Betracht kommt. Aus Art. 1 Abs. 1 Satz 1 der UN-Menschenrechtspakte, wonach alle Völker das Recht auf Selbstbestimmung haben, ergibt sich, daß das Selbstbestimmungsrecht einen permanenten Charakter aufweist und nicht „konsumiert" werden kann.[54] Die Gründung eines souveränen Staates durch ein Volk ist nach der Prinzipiendeklaration von 1970 nur ein Mittel zur Verwirklichung seines Rechts auf Selbstbestimmung. Einem Staatsvolk muß weiterhin das Recht erhalten bleiben, neue Entscheidungen über andere Formen der Verwirklichung seines Selbstbestimmungsrechts (wirt-

---

50 Vgl. Tomuschat, Democratic Pluralism: The Right to Political Opposition, in: Rosas/Helgesen (eds.), The Strength of Diversity, S. 39; Oeter (Anm. 41), S. 763.

51 Vgl. Thürer, Das Selbstbestimmungsrecht der Völker, S. 204; Salmon, Demokratie als Rechtsanspruch?, in: VN, 41 (1993) 1, S. 13.

52 Vgl. Eide (Spezialberichterstatter der Unterkommission zur Verhinderung der Diskriminierung und zum Schutz von Minderheiten zum Minderheitenschutz), in: UN Doc. E/CN.4/Sub.2/1992/37, para. 165, S. 33; Nowak, The Right of Self-Determination and Protection of Minorities in Central and Eastern Europe in light of the Case-Law of the Human Rights Committee, in: IJGR, 1 (1993) 1, S. 10; Stuby, Zur Bedeutung des Völkerrechts für das kurdische Volk, in: Hinz-Karadeniz/Stoodt (Hrsg.), Kurdistan, S. 53.

53 Vgl. Cristescu (Anm. 17), para. 278, S. 40.

54 Vgl. Cassese, Self-determination of peoples, S. 54.

schaftliche, kulturelle) zu treffen.[55] Dies gilt um so mehr für den Fall einer Annexion unter Verletzung des Selbstbestimmungsrechts durch einen anderen Staat.[56]

2. *Völker im ethnischen Sinne*

Wenn in einem Staat ein Volk ethnisch homogen ist, fallen Staatsvolk und ethnisches Volk zusammen. Reine „Nationalstaaten" sind aber selten. In der Regel kann von der ethnischen Inhomogenität eines Staatsvolkes ausgegangen werden. Hier sind zwischen Staatsvolk einerseits und ethnischem Volk sowie Volksgruppen bzw. Minderheiten andererseits zu unterscheiden.

Trotz der Schwierigkeiten, eine Definition des Begriffes Volk zu finden, sind einige Definitionselemente allgemein anerkannt. Cristescu hat den Begriff Volk wie folgt definiert:

> *„(a) The term „people" denotes a social entity possessing a clear identity and its own characteristics;*
> *(b) It implies a relationship with a territory, even if the people in question has been wrongfully expelled from it and artificially replaced by another population;*
> *(c) A people should not be confused with ethnic, religious or linguistic minorities, whose existence and rights are recognized in article 27 of the International Covenant on Civil and Political Rights."*[57]

Ein Volk im Sinne einer ethnischen sozialen Gemeinschaft zeichnet sich demnach durch bestimmte Gemeinsamkeiten wie z.B. eine eigene Sprache, Kultur, Religion und Geschichte sowie eine klare Identität aus, wodurch es von anderen Menschengruppen abgrenzbar ist. Hinzu kommt die Bindung an ein bestimmtes Territorium. Als dritte Komponente fordert Cristescu, daß ein Volk nicht mit einer ethnischen, religiösen oder sprachlichen Minderheit nach Art. 27 IPbpR verwechselt werden darf.

Neben diesen objektiven Merkmalen spielen noch subjektive wie das Zusammengehörigkeitsgefühl und die Selbstidentifikation des Volkes eine Rolle.

Je nach Zugrundelegung der objektiven oder subjektiven Kriterien stehen sich zwei Auffassungen gegenüber. Nach der ersten bestimmt sich ein Volk durch seine objektiven Merkmale, nach der zweiten lediglich durch das Selbstverständnis ein Volk zu sein.[58] Weder die Anwendung der einen noch der anderen führt zu einem zufriedenstellenden Ergebnis. Zur Bestimmung eines Volkes als Träger des Selbstbestimmungsrechts sollten sowohl objektive als auch subjektive Kriterien

---

[55] Vgl. Cristescu (Anm. 17), para. 286, S. 42. Für die Trägerschaft vgl. auch Gusy (Anm. 38), S. 397; Luchterhandt, Das Recht Berg-Karabaghs auf staatliche Unabhängigkeit aus völkerrechtlicher Sicht, in: AVR, 31 (1993) 1, S. 34; Doehring, Das Selbstbestimmungsrecht der Völker als Grundsatz des Völkerrechts, in: BDGV 14, S. 22; Thürer (Anm. 51), S. 197.

[56] Vgl. Crawford, The Creation of States in International Law, S. 106 ff.

[57] Cristescu (Anm. 17), para. 279, S. 41.

[58] Vgl. Murswiek, Offensives und defensives Selbstbestimmungsrecht, in: Der Staat, 23 (1984), S. 529.

beachtet werden. Diese Herangehensweise an die Trägerschaftsfrage des Selbstbestimmungsrechts hat sich auch in der Völkerrechtsliteratur allgemein durchgesetzt.[59]

3. Volksgruppen bzw. Minderheiten als Träger des Selbstbestimmungsrechts

Umstritten ist die Frage, ob als Träger des Selbstbestimmungsrechts auch Volksgruppen oder Minderheiten in Betracht kommen. Um einer möglichen Herabsetzung der Betroffenen entgegenzuwirken, wurde der Begriff Minderheit von einigen Autoren durch den Begriff der Volksgruppe ersetzt.[60]

Die wichtigsten völkerrechtlichen Dokumente wie die UN-Charta, die UN-Menschenrechtspakte und die Prinzipiendeklaration gehen von einer Dichotomie zwischen den Begriffen Volk und Minderheit sowie zwischen dem Selbstbestimmungsrecht der Völker und dem Minderheitenschutz aus.[61] Danach sollte Minderheiten kein Selbstbestimmungsrecht gewährt werden.

Das Völkerrecht kennt aber keine allgemein anerkannten Definitionen der Begriffe Volk und Minderheit.[62] Selbst bei der Bestimmung der Inhalte des Selbstbestimmungsrechts und des Minderheitenschutzes sind die Auffassungen nicht einheitlich.[63]

Bei der Verwendung der Begriffe Volk in Art. 1 der beiden UN-Menschenrechtspakte und Minderheit in Art. 27 IPbpR ist zwar von einer Unterscheidung zwischen ihnen auszugehen[64], da aber eine strikte Abgrenzung mitunter Schwierigkeiten bereitet, kommt es häufig zu Überschneidungen.[65] Oftmals werden Völker als Minderheit bezeichnet, wenn sie eine Minderheit im Staat bilden.[66] Bei Zusammenfallen der Voraussetzungen für Volk und Minderheit müßte letzterer demnach auch das Recht auf Selbstbestimmung zugestanden werden.[67]

---

[59] Vgl. Heintze (Anm. 18), S. 44.

[60] Vgl. Veiter, Volksgruppenrecht und Selbstbestimmungsrecht als Menschenrecht, in: Zieger/Meissner/Blumenwitz (Hrsg.), Deutschland als Ganzes, S. 81; Kimminich, Minderheiten und Selbstbestimmung, in: Ermacora/Tretter/Pelzl (Hrsg.), Volksgruppen im Spannungsfeld von Recht und Souveränität in Mittel- und Osteuropa, S. 199.

[61] Vgl. Cassese (Anm. 54), S. 348; Musgrave, Self-Determination and National Minorities, S. 168.

[62] Vgl. hierzu Kapitel 4 C. II.

[63] Vgl. hierzu Heintze, Selbstbestimmungsrecht und Minderheiten, in: Reiter (Hrsg.), Grenzen des Selbstbestimmungsrechts, S. 61 ff.

[64] Nach Auffassung des UN-Menschenrechtsausschusses wird im IPbpR zwischen dem Selbstbestimmungsrecht und dem Minderheitenschutz nach Art. 27 unterschieden. Vgl. UN-HRCee, General Comment No. 23 (50) on Article 27/Minority rights, para 3.1., in: UN Doc. CCPR/C/21/Rev. 1/Add. 5; abgedruckt in: HRLJ, 15 (1994) 4-6, S. 234 ff.

[65] Vgl. Nowak (Anm. 39), Art. 27, Rdnr. 11, S. 487.

[66] Vgl. Stavenhagen, Human Rights and Peoples' Rights, in: Associations Transnationales 6 (1986), S. 350.

[67] Vgl. Niewerth, Der kollektive und der positive Schutz von Minderheiten und ihre Durchsetzung im Völkerrecht, S. 83 f.

Die Auffassungen zu dieser Frage reichen von einer Ablehnung der Trägerschaft[68] über eine Zuerkennung in Form des inneren Selbstbestimmungsrechts[69] bis hin zu einem Zugeständnis eines äußeren Selbstbestimmungsrechts für Minderheiten in Ausnahmefällen wie bei schweren Menschenrechtsverletzungen und unzumutbarer Diskriminierung im Staat oder gar Völkermord.[70]

Nach der noch herrschenden Meinung können Minderheiten oder Volksgruppen nicht Träger des Selbstbestimmungsrechts sein. Ihre Rechte sollen ja gerade über den Minderheitenschutz gewahrt werden.[71]

B. Das estnische Volk als Träger des Selbstbestimmungsrechts

Es bestehen keine Zweifel daran, daß das estnische Volk Träger des Selbstbestimmungsrechts ist. Die Esten sind ein zur ugrofinnischen Völkergruppe gehörendes Volk „autochthoner Ethnogenese".[72] Trotz jahrhundertelanger Fremdherrschaft haben die Esten ihre Nationalität bewahren können.[73] Mit einem Anteil von beinahe 90 % an der Gesamtbevölkerung Estlands stellte die Titularnation noch 1922 eine ethnisch fast homogene Bevölkerung dar.[74] Erst infolge der sowjetischen Russifizierungspolitik unterlag die Bevölkerung Estlands großen demographischen Veränderungen, so daß sich der Anteil der ethnisch estnischen Bevölkerung bis 1989 auf ca. 60 % verringerte.[75]

Die Esten verfügen über ein eigenes angestammtes Territorium - die ehemaligen Ostseeprovinzen Estland und Nordlivland, eine gemeinsame Sprache - Estnisch, das zur ugrofinnischen Sprachfamilie gehört, eine gemeinsame Kultur, eine gemeinsame Religion - lutherisch und ein von Unterdrückung aber auch Eigenherrschaft gezeichnetes gemeinsames Schicksal. In der Geschichte haben die Esten nicht zuletzt aufgrund ihres starken Zusammengehörigkeitsgefühls gezeigt,

[68] Vgl. Murswiek (Anm. 58), S. 529; Thornberry, International Law and the Rights of Minorities, S. 13; Partsch, Von der Souveränität zur Solidarität, in: EuGRZ, 18 (1991) 21-22, S. 474; Gusy (Anm. 38), S. 395 f.

[69] Vgl. Eide, in: UN Doc. E/CN.4/Sub.2/1993/34, para. 88, S. 19.

[70] Vgl. statt vieler Oeter (Anm. 41), S. 759 f. m.w.H. in Fn. 84. Wie schwer sich diese Auffassung aber in der Staatenpraxis behauptet, zeigt das Beispiel der albanischen Minderheit im Kosovo. Vgl. hierzu Hasani, Kosovo, in: Reiter (Hrsg.), Grenzen des Selbstbestimmungsrechts, S. 230 f.

[71] Vgl. Heintze (Anm. 18), S. 45 ff.

[72] Ney, Lebensraum und Schicksalswandlungen der Völker des Baltikums, in: AB, I (1960/61), S. 18. Zur Geschichte der Esten vgl. Namsons, Die Völker des Baltikums und ihre Herkunft, in: AB, XXIII (1983), S. 9 ff.; Ludwig, Das Baltikum, S. 27 ff.; Laar/Valk/Vahtre, Očerki istorii èstonskogo naroda, S. 7.

[73] Vgl. Frhr. v. Taube, Estland und Lettland als selbständige Republiken und als Unionsrepubliken der UdSSR 1918 - 1970, in: Schieder (Hrsg.), Handbuch der europäischen Geschichte, S. 1108.

[74] Vgl. Taagepera, Größe und ethnische Darstellung estnischer Städte und ländlicher Bezirke der Jahre 1922 - 1979, in: AB, XXII (1982), S. 123.

[75] Vgl. Statistisches Bundesamt, Länderbericht Estland 1993, S. 33.

daß sie gewillt und fähig sind, ihre Eigenarten zu bewahren. Die Esten stellen auf ihrem Territorium eine Sprach-, Kultur- und Schicksalsgemeinschaft dar und verstehen sich als Volk.

Damit erfüllen sie die objektiven und subjektiven Merkmale eines Volkes als Träger des Selbstbestimmungsrechts. Als ethnisches Volk haben sich die Esten 1918 zum Staatsvolk konstituiert. Nachdem das Selbstbestimmungsrecht des estnischen Volkes mit der Okkupation und Annexion durch die Sowjetunion verletzt wurde, begann es Ende der achtziger Jahre unter ausdrücklicher Berufung auf das Selbstbestimmungsrecht mit seiner erneuten Verwirklichung. Die freie Entscheidung über den politischen Status steht dem estnischen Volk nach Art. 1 Abs. 1 der beiden UN-Menschenrechtspakte zu, deren Vertragspartei auch die Sowjetunion war. Die Politik der Perestrojka führte dazu, daß das estnische Volk sein Selbstbestimmungsrecht wieder wahrnehmen konnte.

C. Die Artikulation und Ausübung des Selbstbestimmungsrechts des estnischen Volkes ab Ende der achtziger Jahre

I. Der Rechtsstatus der Nationen in der Sowjetunion

1. Das Selbstbestimmungsrecht der Nationen in der Rechtsordnung der Sowjetunion

Innerhalb der Sowjetunion gehörten die Esten zu den mittelgroßen Nationen. Nach sowjetischer Auffassung war die Nation Träger des Selbstbestimmungsrechts.[76] Der Nationsbegriff ging auf Stalins Begriffsbestimmung zurück:

> *„Eine Nation (nacija) ist eine historisch entstandene stabile Gemeinschaft der Sprache, des Territoriums, des Wirtschaftslebens und der sich in der Kulturgemeinschaft offenbarenden psychischen Eigenart."*[77]

Eine Völkerschaft (narodnost′) wies dieselben Merkmale wie eine Nation auf, die aber weniger stark ausgeprägt waren, vor allem im wirtschaftlichen Bereich. Damit bildete die Völkerschaft die Vorstufe zur Nation. Diese Unterschiede spiegelten sich in der Gewährung von Rechten, einschließlich des Selbstbestimmungsrechts im oben beschriebenen sozialistischen Sinne, innerhalb der Sowjetunion wider. Größere Nationen verfügten über eigene Unionsrepubliken. Kleinere Nationen oder Völkerschaften bildeten nur Autonome Republiken, Autonome Ge-

---

[76] Vgl. Meissner, Sowjetunion und Selbstbestimmungsrecht, S. 46 ff.

[77] Stalin, Marxismus und nationale Frage, S. 8.

biete oder Nationale Kreise. Der estnischen Nation, die zu den am weitest entwikkelten Nationen zählte, wurde der Status einer Unionsrepublik gewährt.

Art. 70 Abs. 1 der Unionsverfassung von 1977 bezeichnete die Sowjetunion als *„ein(en) einheitliche(n) multinationale(n) Bundesstaat, der auf der Grundlage des Prinzips des sozialistischen Föderalismus als Ergebnis der freien Selbstbestimmung der Nationen und freiwilligen Vereinigung gleichberechtigter sozialistischer Sowjetrepubliken gebildet worden ist."*

Einheitlichkeit bedeutete, daß die Mitglieder der sowjetischen Föderation in ihren Rechten und Kompetenzen weitestgehend von der Union abhängig waren. Die Sowjetunion stellte einen „Einheitsstaat" dar.[78]

Die Chance zur Umgestaltung in einen wirklich föderalen Staat leitete die Perestrojka ein. Die Reform der Föderation ließ aber zu lange auf sich warten, so daß die Möglichkeit zu einer echten Umgestaltung verpaßt wurde. Auch das am 26. April 1990 angenommene Gesetz der UdSSR „über die Abgrenzung der Kompetenzen zwischen der UdSSR und den Subjekten der Föderation" (Kompetenzabgrenzungsgesetz)[79] konnte daran nichts mehr ändern.[80] Die Umgestaltung des sowjetischen Föderalismus scheiterte letztendlich.

Als äußere Form des Selbstbestimmungsrechts wurde nach Art. 72 der Unionsverfassung[81] von 1977 sowie den Unionsrepubliksverfassungen[82] mit Ausnahme der RSFSR[83] den Unionsrepubliken das Sezessionsrecht zugestanden. Mit dem Gesetz der UdSSR „über das Verfahren der Entscheidung von Fragen, die mit dem Austritt einer Unionsrepublik aus der UdSSR verbunden sind" (Sezessionsgesetz) vom 3. April 1990[84] wurde noch ein Ausführungsgesetz zu Art. 72 der Verfassung geschaffen, das nicht nur zu spät kam, sondern eher dazu berufen war, Sezessionen zu verhindern als sie zu ermöglichen.[85] Es fand auch keine Anwendung mehr.[86] Nach estnischer Auffassung war das Sezessionsgesetz für das estnische Volk ohnehin ohne jede rechtliche Bedeutung, weil es aufgrund der Annexion nicht aus der Sowjetunion austreten mußte.

---

78 Ausführlich dazu Schweisfurth, Vom Einheitsstaat (UdSSR) zum Staatenbund (GUS) - Juristische Stationen eines Staatszerfalls und einer Staatenbundentstehung -, in: ZaöRV, 52 (1992) 3 - 4, S. 550.

79 V SSSR, 1990, Nr. 19, Pos. 329.

80 Vgl. hierzu ausführlich Schweisfurth (Anm. 78), S. 577 ff.

81 Die Unionsverfassungen von 1924 (Art. 4) und 1936 (Art. 17) enthielten bereits das Sezessionsrecht.

82 Art. 69 der Verfassung der ESSR vom 14. April 1978 lautete: *„Die Estnische SSR behält sich den Austritt aus der UdSSR vor."* Abgedruckt in: Sovetskaja Èstonija, 15. April 1978.

83 Bei Gebrauch des Sezessionsrechts durch die RSFSR wäre die UdSSR faktisch auseinandergefallen und die anderen SSR hätten die Verbindung untereinander verloren. So zutreffend Halajczuk, Das Sezessionsrecht, in: JfOR, IX/1 (1968), Fn. 7, S. 126.

84 V SSSR, 1990, Nr. 15, Pos. 252

85 Vgl. Simon, Die Desintegration der Sowjetunion durch die Nationen und Republiken, S. 6.

86 Vgl. Schweisfurth (Anm. 78), S. 606.

2. *Die gescheiterte Reform der Nationalitätenfrage in der Sowjetunion*

Das Modell der sowjetischen Föderation als Form des inneren Selbstbestimmungsrechts war dazu berufen worden, die nationale Frage zu lösen.[87] Im neuen Parteiprogramm der KPdSU vom 1. März 1986[88] wurde sogar noch die erfolgreiche Lösung der nationalen Frage verkündet. Erst 1989 erkannte die KPdSU die „außerordentliche Schärfe" der nationalen Frage in der verabschiedeten „Nationalitätenplattform"[89] an.[90] Dieser Plattform folgten gesetzliche Regelungen der Rechte der Nationalitäten wie das „Gesetz über die Sprachen der Völker der UdSSR" (Sprachengesetz) vom 24. April 1990[91] und das „Gesetz über die freie nationale Entwicklung der Bürger der UdSSR, die außerhalb der Grenzen ihrer national-staatlichen Gebilde leben oder solche auf dem Gebiet der UdSSR nicht haben" (Minderheitenschutzgesetz) vom 26. April 1990.[92] Allerdings wurden die Gesetze erst verabschiedet nachdem einige Unionsrepubliken, allen voran die Estnische, ihre eigenen Sprach- und Minderheitengesetze bereits angenommen hatten. Damit kamen die Unionsgesetze wieder einmal zu spät und konnten den Zerfall des sowjetischen Vielvölkerstaates aufgrund einer verfehlten Nationalitätenpolitik nicht mehr verhindern.

Bis einschließlich 1990 hatten die Unionsrepubliken unter Zugrundelegung des Selbstbestimmungsrechts ihrer Völker Souveränitätserklärungen bzw. sogar schon Unabhängigkeitserklärungen abgegeben[93], an der Spitze die baltischen Unionsrepubliken. Ende 1991 war der Zerfall der Sowjetunion vollendet. Auslöser dieses Prozesses waren die baltischen Völker, insbesondere das estnische.

II. Die Forderung des estnischen Volkes nach wirtschaftlicher Selbstbestimmung

Das Streben nach Selbstbestimmung des estnischen Volkes begann auf wirtschaftlichem Gebiet. Als im Herbst 1987 die Sowjetunion die Eröffnung neuer Phosphoritschachte im nordöstlichen Teil Estlands vorsah, befürchteten die Esten aufgrund der umweltfeindlichen Technologie des Phosphoritabbaus eine Umweltkatastrophe und den Zuzug weiterer vor allem russischer „Migranten". Es entstand eine Protestwelle gegen die sowjetische Führung, die sich zu einer einheitlichen Front entwickelte.[94]

---

87 Vgl. Ravin, Princip federalizma v sovetskom gusudarstvennom prave, S. 14 ff.

88 Deutsche Übersetzung in: Schneider, Moskaus Leitlinie für das Jahr 2000, S. 127 (164).

89 Vgl. Nationalitätenplattform des ZK Plenums der KPdSU vom 20. September 1989; abgedruckt in: Pravda, 21. September 1989.

90 Vgl. Schweisfurth (Anm. 78), S. 557 f.

91 V SSSR 1990, Nr. 19, Pos. 327.

92 V SSSR 1990, Nr. 19, Pos. 331. Betrachtung und Würdigung des Gesetzes bei Meissner, Nationale Autonomie und Minderheitenschutz in der Sowjetunion, in: Blumenwitz/von Mangoldt (Hrsg.), Neubestätigung und Weiterentwicklung von Menschenrechten und Volksgruppenrechten in Mitteleuropa, S.105 ff.

93 Zu den Souveränitätserklärungen vgl. Schweisfurth (Anm. 78), S. 587 f.

94 Vgl. Laar/Valk/Vahtre (Anm. 72), S. 220 ff.

Die ersten Forderungen nach wirtschaftlicher Autonomie[95] standen im Zusammenhang mit der Veröffentlichung des Konzepts zur wirtschaftlichen Selbständigkeit Estlands „IME“[96], was das Kürzel für *„Isemajandav Eesti“* („selbstwirtschaftendes Estland“) ist, vom 26. September 1987.[97] Dieses Konzept legte den Grundstein für das am 18. Mai 1989 verabschiedete „Gesetz der ESSR über die Grundlagen der wirtschaftlichen Rechnungsführung“.[98] In der Präambel des Gesetzes hieß es, daß *„die wirtschaftliche Unabhängigkeit der Estnischen SSR als Sowjetrepublik aus dem Wesen der UdSSR als ein Bund souveräner Republiken fließe.“* Hervorzuheben ist, daß im dritten Teil des Gesetzes soziale und kulturelle Rechte staatlich garantiert wurden. Eine spezielle Erwähnung fanden die Rechte der nationalen Minderheiten (§ 28). Es wurde eine unionsgesetzliche Absicherung der wirtschaftlichen Unabhängigkeit angestrebt. Zu diesem Zweck brachten die baltischen Unionsrepubliken eine Gesetzesinitiative auf Unionsebene ein, die mit dem „Gesetz der UdSSR über die wirtschaftliche Selbständigkeit der Litauischen SSR, der Lettischen SSR und der Estnischen SSR“ vom 27. November 1989[99] angenommen wurde. Das Gesetz gewährte den baltischen Republiken eine wirtschaftliche Sonderstellung im Verband der Union. Ihnen oblag nunmehr die Gesetzgebungskompetenz bei der Umgestaltung des sozial-wirtschaftlichen Systems, der Aufstellung eigener Haushalte, den Außenwirtschaftsbeziehungen sowie die Befugnis über den Boden und die Bodenschätze.[100] Ausgenommen waren Betriebe von unionsweiter Bedeutung, die nicht in die Verfügungsgewalt der Republiken überführt werden sollten.

Ab 1990 war eine stufenweise wirtschaftliche Selbständigkeit für die baltischen Republiken vorgesehen. Diese wußten aber, daß eine Wirtschaftsautonomie in einem unstabilen ökonomischen und politischen System innerhalb der Sowjetunion nicht funktionieren konnte.[101]

III. Die Forderung des estnischen Volkes nach kultureller Selbstbestimmung

Nachdem das estnische Volk mit den anderen Nationen und Völkerschaften der Sowjetunion unter Führung des russischen Volkes zu einem „Sowjetvolk“ unter Aufgabe seiner nationalen Eigenarten verschmelzen sollte, wogegen es sich über Jahrzehnte vehement und erfolgreich gewehrt hatte, konnte es unter der Perestrojka- und Glasnost-Politik entsprechend seiner eigenen nationalen Identität leben.

---

[95] Zum Bestreben nach wirtschaftlicher Autonomie vgl. Taagepera, Estonia, S. 128 ff.

[96] Das estnische Wort „ime“ bedeutet auch Wunder.

[97] Näheres zum „IME“ in: OE-Archiv, S. A 395-A 429 in: OE, 39 (1989) 8.

[98] V ESSR, 1989, Nr. 18 (896), Pos. 223.

[99] V SSSR, 1989, Nr. 25, Pos. 490.

[100] Vgl. Schweisfurth (Anm. 78), S. 574 f.

[101] Vgl. Miljan, Politische und ökonomische Voraussetzungen für die wirtschaftliche Entwicklung der baltischen Staaten, in: Meissner/Loeber/Levits (Hrsg.), Die Wirtschaft der baltischen Staaten im Umbruch, in S. 34. Der Autor führt weitere Mindestvoraussetzungen für eine wirtschaftliche Unabhängigkeit an.

So ging das Streben des estnischen Volkes nach Selbstbestimmung auch als „singende Revolution“ [102] in die Geschichte ein.

Eine der ersten Forderungen auf dem Gebiet der kulturellen Selbstbestimmung betraf die Statusbestimmung der estnischen Sprache in der ESSR. Am 7. Dezember 1988 nahm der Oberste Sowjet der ESSR einen Beschluß über den Status der Staatssprache in der ESSR[103] an, in der die Annahme des Gesetzes über die Sprache vorgeschlagen wurde.

Mit der Annahme des „Gesetzes über die Sprache“ am 18. Januar 1989[104] hatte das estnische Volk von seinem kulturellen Selbstbestimmungsrecht Gebrauch gemacht. Das Gesetz erhob die estnische Sprache in den Rang der Staatssprache der ESSR und stellte sie im angestammten Wohngebiet der Esten unter besonderen Schutz. Die gesetzliche Festsetzung der estnischen Sprache als Staatssprache sollte eine feste Grundlage für die Bewahrung und Entwicklung des estnischen Volkes und seiner Kultur schaffen (Präambel). Die Tatsache, daß das estnische Volk den Gebrauch seiner eigenen Sprache gesetzlich schützen mußte, war auf die jahrzehntelange Bevorzugung der russischen Sprache zurückzuführen. In den Verfassungsrang wurde die estnische Sprache als Staatssprache mit der Bestimmung in § 6 der Verfassung von 1992[105] gehoben.

Das „Gesetz über die nationalen Rechte der Staatsbürger der ESSR“ vom 15. Dezember 1989[106], dem Charakter nach eigentlich ein Minderheitenschutzgesetz, enthielt auch Bestimmungen zum Schutz der Rechte der Esten. Es verpflichtete alle Einwohner Estlands zur Achtung der Kultur der estnischen und anderen Nationen (§ 1). Die nationalen Kulturgüter, historischen Denkmäler und die nationale Symbolik wurden unter den Schutz des Staates gestellt (§ 6).

Die besondere Förderung der estnischen Nationalkultur war Aufgabe eines neu gegründeten Fonds der estnischen Nationalkultur am 19. Juni 1991[107], der mit staatlichen finanziellen Mitteln ins Leben gerufen wurde und Institute und Projekte zur Entwicklung der Nationalkultur finanziell unterstützen soll.

IV. Die Forderung des estnischen Volkes nach politischer Selbstbestimmung

1. Die Souveränitätserklärung Estlands vom 16. November 1988

Die Forderungen nach Verwirklichung des Selbstbestimmungsrechts bezogen sich zunächst nur auf seinen inneren Aspekt, obwohl dem estnischen Volk aufgrund

[102] Als im September 1988 die Esten auf dem Festival „Estlands Lied 1988“ alte und neue patriotische Lieder sangen, war das der Beginn der „singenden Revolution“.

[103] V ESSR, 1988, Nr. 52 (877), Pos. 748.

[104] V ESSR, 1989, Nr. 4 (882), Pos. 60; vgl. hierzu Uibopuu, Die Sprachgesetze der baltischen Unionsrepubliken, in: WGO-MfOR, 31 (1989) 4, S. 197 ff.

[105] Vgl. Kapitel 2 C. IV. 5. Anm. 155.

[106] V ESSR, 1989, Nr. 40 (918), Pos. 618.

[107] Vgl. Beschluß des Obersten Sowjets der Republik Estland vom 19. Juni 1991, russische Übersetzung in: V ER, 1991, Nr. 23, Pos. 277.

der sowjetischen Annexion die Wiederherstellung seines Staates zustand. Der Verbleib innerhalb der Sowjetunion stand zu dieser Zeit noch nicht in Frage.

Der Oberste Sowjet der ESSR gab am 16. November 1988 die Erklärung über die Souveränität der ESSR[108] unter Berufung auf das in den beiden UN-Menschenrechtspakten verankerte Selbstbestimmungsrecht der Völker ab. Anlaß hierzu gab die 1. Unionsverfassungsreform, die das verfassungsmäßige Recht der Estnischen SSR auf Selbstbestimmung ausgeschlossen habe. Damit leitete die ESSR die „Parade der Souveränitäten"[109] der Unionsrepubliken ein.

Nach der Erklärung bedeutet Souveränität, daß der ESSR in Gestalt ihrer höchsten Machtorgane, der Verwaltung und Rechtsprechung auf ihrem Territorium die höchste Macht zusteht. Die Souveränität sei einheitlich und unteilbar. Es war noch nicht von einer Rechtsnorm auszugehen, sondern eher vom Willen des Obersten Sowjets zur Souveränisierung der bestehenden Republik.[110]

Die ESSR erklärte den Vorrang der estnischen Gesetze auf estnischem Territorium. Zukünftige Änderungen der Unionsverfassung sollten auf estnischem Territorium erst nach ihrer Zustimmung durch den Obersten Sowjet der ESSR und den entsprechenden Änderungen in der Republiksverfassung Gültigkeit erlangen. Damit schaffte sich die ESSR ein Vetorecht und verstieß gegen den Grundsatz des Vorranges der Unionsgesetze vor den Gesetzen der Unionsrepubliken gemäß Art. 74 Abs. 2 der Unionsverfassung von 1977.

Mit der Erklärung über die Souveränität beabsichtigte die ESSR noch keinen Austritt aus dem Verband der UdSSR. Vielmehr hieß es darin, daß der weitere Status der ESSR innerhalb der UdSSR durch einen Unionsvertrag bestimmt werden sollte. Die Forderung nach einem Unionsvertrag resultierte aus der Nichtmitgliedschaft Estlands im Unionsvertrag von 1922, durch den die Sowjetunion gegründet wurde. Die Resolution über einen Unionsvertrag nahm der estnische Oberste Sowjet zusammen mit dem Verfassungsänderungsgesetz[111] und der Souveränitätserklärung an. Letztere wurden vom Obersten Sowjet der UdSSR am 26. November 1988[112] für nichtig erklärt. Mit der Ablehnung des estnischen Vorschlags vergab sich die Sowjetunion die historische Möglichkeit, Estland auf freiwilliger und legaler Basis in die UdSSR zu integrieren.

Da die ersten freien Wahlen zum Obersten Sowjet erst im März 1990 stattfanden, könnte die Frage nach der demokratischen Legitimation des Obersten Sowjets der ESSR zur Verabschiedung des Gesetzes und der Erklärung gestellt werden. Der Rechtsauffassung Estlands in bezug auf die Okkupation und Annexion durch die Sowjetunion 1940 zufolge entbehrten die von der unter Rechtsverletzungen gewählten Staatsduma angenommenen Deklarationen über die Staatsgewalt und über den Beitritt Estlands zur Sowjetunion von 1940 jeglichen Volks-

[108] V ESSR, 1988, Nr. 48 (873), Pos. 685; deutsche Übersetzung in: OE-Archiv, 39 (1989) 8, A 430.

[109] Schweisfurth (Anm. 78), S. 586.

[110] Vgl. Gryazin, Constitutional development of Estonia in 1988, in: NDLR, 65 (1990) 2, S. 157.

[111] V ESSR, 1988, Nr. 48 (873), Pos. 684.

[112] V SSSR 1988, Nr. 48, Pos. 720.

willens und somit der Rechtskraft.[113] Die Abgeordneten des Obersten Sowjets der ESSR wurden noch 1985, also nicht schon während der Reformzeit gewählt. Somit könnte auch hier argumentiert werden, daß der nicht frei und demokratisch gewählte Oberste Sowjet nicht den Willen des estnischen Volkes repräsentierte. Da die Unabhängigkeitserklärung von 1990, mit der eine entscheidend höhere Stufe zur Ausübung des Selbstbestimmungsrechts beschritten wurde, von einem neu gewählten und demokratisch legitimierten Obersten Sowjet angenommen wurde, braucht dieser Frage nun nicht mehr weiter nachgegangen zu werden.

2. *Die Wiedererlangung der staatlichen Unabhängigkeit der Republik Estland*

Nachdem die estnischen Forderungen nach innerer Selbstbestimmung innerhalb der Sowjetunion abgelehnt wurden, strebte das estnische Volk nach Verwirklichung des äußeren Selbstbestimmungsrechts - seiner staatlichen Unabhängigkeit.

Die Wiedererlangung der Unabhängigkeit wurde in Estland schrittweise vorbereitet. Am 23. Februar 1990 nahm der Oberste Sowjet der ESSR den Beschluß über die Vorbereitung zur staatlichen Unabhängigkeit Estlands[114] an. Danach sollte der Volksdeputiertenkongreß der UdSSR die Frage der Rechtmäßigkeit des „Gesetzes über die Aufnahme der ESSR in die UdSSR" vom 6. August 1940 erörtern. Nach estnischer Auffassung war dieses Gesetz ungültig, weil die Deklaration über den Beitritt Estlands zur Sowjetunion vom 22. Juli 1940 nicht eine freie Willensäußerung des estnischen Volkes darstellte. Dem Volksdeputiertenkongreß wurde der Vorschlag zur Aufnahme von Verhandlungen über die Wiederherstellung der Unabhängigkeit der Estnischen Republik *de facto* auf der Grundlage der Anerkennung der Gültigkeit des Dorpater Friedensvertrages von 1920 unterbreitet.

Im Beschluß des neu gewählten Obersten Sowjets der ESSR über den staatlichen Status Estlands - der Unabhängigkeitserklärung - vom 30. März 1990[115] bestätigte der Oberste Sowjet der ESSR, daß die Okkupation der Estnischen Republik durch die UdSSR am 17. Juni 1940 die Existenz der Estnischen Republik *de jure* nicht unterbrochen habe, weshalb das estnische Territorium seit jenem Zeitpunkt als okkupiert anzusehen sei. Die staatliche Macht der Sowjetunion in Estland wurde für illegal und die Wiederherstellung der Unabhängigkeit der Estnischen Republik (*restitutio ad integrum*) erklärt. Die Unabhängigkeitserklärung stellte eine Erklärung über „die Wiederherstellung der staatlichen Unabhängigkeit" und keine über den Austritt dar.[116]

Der Oberste Sowjet der ESSR legte eine Übergangsperiode fest, die mit der Bildung von Verfassungsorganen der Staatsmacht der Estnischen Republik abzuschließen war. Der estnische Oberste Sowjet sollte eine zeitweilige Verwaltungs-

---

[113] So auch die Bewertung der Ereignisse von 1940 durch den Obersten Sowjet der ESSR in seinem Beschluß vom 12. November 1989, in: V ESSR, 1989, Nr. 34, Pos. 519.

[114] V ESSR, 1990, Nr. 6 (926), Pos. 97.

[115] V ESSR, 1990, Nr. 12 (932), Pos. 180; deutsche Übersetzung in: EA, 45 (1990) 15, D 375 ff.

[116] Vgl. Schweisfurth (Anm. 78), S. 627.

ordnung für die Übergangszeit unter Einschluß der rechtlichen Garantien für alle Bürger unabhängig von ihrer Nationalität ausarbeiten.

Nur vier Tage später richtete der Oberste Sowjet der ESSR einen Appell an den Präsidenten der UdSSR.[117] Ausgehend von der im Dorpater Friedensvertrag von 1920 anerkannten Souveränität der Estnischen Republik, der vorgenommenen Einschätzung des sowjetisch-deutschen Vertrages von 1939 und der Ungültigkeit der Deklaration über den Beitritt von 1940 könne die Verfassung der UdSSR nicht als juristische Grundlage für die Wiederherstellung der Unabhängigkeit der Estnischen Republik dienen. Nur die Wiederherstellung der historischen Gerechtigkeit und die Einhaltung aller allgemein anerkannten Normen des Völkerrechts könnten die Errichtung eines demokratischen Rechtsstaates in der Sowjetunion ermöglichen. Dem sowjetischen Präsidenten wurde der Beginn von Verhandlungen über die Wiederherstellung der Unabhängigkeit und der politischen Souveränität der Estnischen Republik vorgeschlagen. Doch auch diesen Vorschlag lehnte die UdSSR ab. Durch Dekret vom 14. Mai 1990[118] erklärte der Präsident die Erklärung über den staatlichen Status Estlands für nichtig. Der Oberste Sowjet der ESSR habe diese Erklärung ohne das Volk zu befragen angenommen. Das Dekret rügte die Verletzung der Unionsverfassung, speziell Art. 2 über das Sowjetsystem, Art. 70 über die UdSSR als multinationaler Bundesstaat, Art. 71 über die Unionsrepubliken, Art. 73 über die Bundeszuständigkeit und Art. 75 über das Staatsgebiet sowie des Sezessionsgesetzes vom 3. April 1990.

Am 8. Mai 1990 verabschiedete der Oberste Sowjet der ESSR das „Gesetz über die Symbolik Estlands"[119], das die Bezeichnung „Estnische Sozialistische Sowjetrepublik" durch die offizielle Bezeichnung „Republik Estland" substituierte und Art. 1, 2, 4, 5 und 6 der Verfassung von 1938 wieder in Kraft setzte. Uibopuu bezeichnet dieses Gesetz als „formelles Ende"[120] der ESSR.

Am 16. Mai folgte das „Gesetz der Republik Estland über die Grundlagen der zeitweiligen Verwaltungsordnung"[121], durch das die Unterstellung der Verwaltungs- und Justizorgane der Republik Estland unter die der UdSSR aufgehoben und die Beziehungen zwischen der Republik Estland und der UdSSR auf der Grundlage des Dorpater Friedensvertrages von 1920 gestellt wurden, d.h. auf der Basis zweier souveräner Staaten. Auch dieses Gesetz wurde durch Dekret des Präsidenten der UdSSR vom 19. Mai 1990[122] für nichtig erklärt. Darin hieß es, daß die Erklärung gegen Art. 2, 70, 71, 73 und 75 der Unionsverfassung sowie das Sezessionsgesetz verstoße. Der „Krieg der Gesetze"[123] ging seinem Ende entgegen.

---

[117] V ESSR, 1990, Nr. 12 (932), Pos. 210.
[118] V SSSR, 1990, Nr. 21, Pos. 370.
[119] V ESSR, 1990, Nr. 14 (934), Pos. 239.
[120] Uibopuu, Estlands legislativer Weg zur Souveränität, in: ROW, 38 (1994) 1, S. 2.
[121] V ESSR, 1990, Nr. 15 (935), Pos. 247.
[122] V SSSR, 1990, Nr. 21, Pos. 390.
[123] Schweisfurth (Anm. 78), S. 593.

Ab 2. Juli 1990 erscheint das estnische Gesetzblatt unter der bereits während der staatlichen Unabhängigkeit in der Zwischenkriegszeit verwendeten Bezeichnung „Riigi Teataja".[124]

Mit dem Beschluß des Obersten Sowjets der Republik Estland über die Beziehungen der Republik Estland und der UdSSR vom 7. August 1990[125] wurde die Resolution über den Unionsvertrag vom 16. November 1988 außer Kraft gesetzt und die Anwesenheit der sowjetischen Streitkräfte auf dem estnischem Territorium wegen Fehlens einer vertraglichen Grundlage zwischen der Republik Estland und der UdSSR als Verletzung der Souveränität der Republik Estland und des Völkerrechts qualifiziert.

Auf die endgültige Unabhängigkeit richtete sich der Beschluß des Obersten Sowjets der Republik Estland über die staatliche Unabhängigkeit Estlands vom 20. August 1991.[126] Vorangegangen war das Scheitern des Moskauer Staatsstreiches vom 18. August 1991, der den Bestand der Sowjetunion auch nicht mehr retten konnte.[127] Die staatliche Unabhängigkeit Estlands wurde bestätigt und die Errichtung diplomatischer Beziehungen angestrebt. Hiermit war die Unabhängigkeit Estlands endgültig besiegelt.[128]

3. *Die Wahlen der Volksvertreter*

Demokratische Wahlen sind Voraussetzung für die Durchsetzung des Selbstbestimmungsrechts. Für eine legitime Repräsentation des Volkswillens muß das Volk die Möglichkeit haben, seine Vertreter frei zu wählen. Die Grundlagen zur Durchführung demokratischer Wahlen wurden mit dem „Gesetz über die Wahlen zum Obersten Sowjet der ESSR" vom 17. November 1989[129] geschaffen.

Zuerst fanden am 10. Dezember 1989 die Wahlen für die örtlichen Sowjets der Volksdeputierten[130], drei Monate später, am 18. März 1990, die Wahlen zum Obersten Sowjet statt.

Zuvor noch, nämlich am 24. Februar 1990 - dem 72. Jahrestag der Staatsgründung -, wurden die Wahlen zum Kongreß Estlands[131] abgehalten. Dieser ging aus einer Bürgerbewegung hervor und verstand sich als einzige legale Vertretung der Bürger Estlands. Solange Estland von sowjetischen Truppen besetzt sei, müsse von der Illegalität des Obersten Sowjets als Organ der Besatzungsmacht ausgegangen werden. Der Kongreß Estlands richtete lokale Bürgerkomitees ein, in

---

[124] Vgl. Uibopuu (Anm. 120), S. 2.

[125] Russische Übersetzung in: V ER, 1990, Nr. 5 (5), Pos. 64.

[126] Russische Übersetzung in: V ER, 1991, Nr. 25, Pos. 312.

[127] Vgl. Schweisfurth (Anm. 78), S. 614 f.

[128] Vgl. ebenda, S. 629.

[129] V ESSR, 1989, Nr. 36 (914), Pos. 552.

[130] Vgl. „Gesetz über die Wahlen zu den örtlichen Sowjets der Volksdeputierten der ESSR" und das „Gesetz über die Grundlagen der örtlichen Selbstverwaltung", in: V ESSR, 1989, Nr. 26 (904), Pos. 346 und V ESSR, 1989, Nr. 34 (912), Pos. 517.

[131] Zur Entstehung, den Zielen und Wahlen des Kongresses Estlands vgl. Benz, Der Kongreß Estlands und seine Beschlüsse vom 11./12. März 1990, in: AB, XXVIII (1990), S. 241 ff.

denen sich die Bürger der Republik registrieren lassen konnten. Voraussetzung für die Registrierung war, daß sie selbst oder ein Elternteil am Stichtag, dem 16. Juni 1940, die estnische Staatsangehörigkeit besaßen.[132] An den Wahlen zum Kongreß Estlands durften nur die registrierten „Alt-Staatsangehörigen" teilnehmen.

Während der Kongreß Estlands bei der Wahlberechtigung auf die „alte" Staatsangehörigkeit der Republik Estland abstellte und damit ein Drittel der Bevölkerung ausschloß, waren nach § 2 des Wahlgesetzes für die Wahlen zum Obersten Sowjet alle 18-jährigen Staatsangehörigen der ESSR mit Wohnsitz auf estnischem Territorium wahlberechtigt. Nach § 8 des Wahlgesetzes von 1989 durften sogar Militärangehörige, die auf dem Territorium von Militäreinheiten lebten, an den Wahlen teilnehmen. Ihnen und ihren Familienangehörigen wurde das Recht zuerkannt, vier Abgeordnete in den Obersten Sowjet zu wählen.[133] Diese Regelung stieß auf herbe Kritik unter den Esten, weil nach der rechtlichen Bewertung der Ereignisse von 1940 die sowjetische Armee als Okkupationsarmee bezeichnet wurde[134], der nun das Privileg der Teilnahme am Gesetzgebungsprozeß Estlands zustand.[135]

Das Wahlgesetz bestimmte, daß die Wahlen nach den Grundsätzen des allgemeinen, gleichen und unmittelbaren Wahlrechts mit geheimer Abstimmung zu erfolgen haben (§ 1). Bei dieser Aufzählung der Wahlrechtsgrundsätze fehlte lediglich das Attribut frei. Die Wahlen wurden als die bisher demokratischsten seit der Einverleibung in die UdSSR 1940 qualifiziert.[136] Der Oberste Sowjet sollte aus 105 Abgeordneten (Deputierten) bestehen (§ 11 Abs. 2). Um diese Sitze bewarben sich 474 Kandidaten. Die Wahlbeteiligung lag bei 78 %.[137] Weil die politischen Parteien mit Ausnahme der KP relativ klein waren und sich erst auf dem politischen Entwicklungsweg befanden, gab es noch keinen unmittelbaren Wettbewerb von politischen Parteien, so daß noch nicht von einer Mehrparteienwahl gesprochen werden konnte. Es handelte sich vielmehr um eine personenbezogene Wahl, wobei die politischen Parteien und die Volksfront, die sich im Herbst 1988 als eine Volksbewegung bildete[138], bei der Aufstellung der Kandidaten mitwirkten.

---

[132] Vgl. Hasselblatt, Zum neuen estnischen Staatsangehörigkeitsgesetz, in: WGO-MfOR, 37 (1995) 1 - 2, S. 77.

[133] Durch Beschluß des Obersten Sowjets vom 11. März 1992 wurden die vier Abgeordneten wieder ausgeschlossen.

[134] Vgl. Beschluß des Obersten Sowjets der ESSR vom 12. November 1989 über die politisch-rechtliche Beurteilung der Ereignisse vom Sommer 1940

[135] Vgl. Kionka, How Democratic Will the Estonian Elections Be?, in: Report on the USSR, (1990) 9, S. 22.

[136] Vgl. Bungs, Elections and Restoring Democracy in the Baltic States, in: RFE/RL Research Report, 2 (24 September 1993) 38, S. 12.

[137] Vgl. Butenschön, Estland, Lettland, Litauen, S. 88.

[138] Zur Entstehung der Volksfront vgl. ebenda, S. 37 ff. Zur Plattform der Volksfront vgl. Taagepera, Estonia's Road to Independence, in: Sprudzs (Hrsg.), The Baltic Path to Independence, S. 57 f.

Von den 105 gewählten Abgeordneten waren 79 Esten, 20 Russen, zwei Esten-Russen, ein Jude und drei Angehörige anderer Nationalitäten.[139]

Gewonnen hatten die Kräfte[140], die für die Wiederherstellung der staatlichen Unabhängigkeit eintraten.[141] Die Volksvertreter waren legitimiert, im Sinne des Volkes zu handeln.

Die Zeit der sogenannten „Doppelherrschaft" von Kongreß und Obersten Sowjet war nur von kurzer Dauer. Am 30. März 1990 erkannte der Oberste Sowjet der ESSR den Kongreß Estlands als Vertretungsorgan der Bürger Estlands an und verkündete seine Bereitschaft zur Zusammenarbeit mit dem Kongreß im Sinne der Wiederherstellung der Unabhängigkeit der Estnischen Republik.[142]

4. Das Referendum über die Wiederherstellung der Unabhängigkeit der Republik Estland vom 3. März 1991

Die Feststellung des Selbstbestimmungswillens eines Volkes kann mit Hilfe eines Referendums erfolgen. Das Referendum zur Frage der Wiederherstellung der Unabhängigkeit der Republik Estland war als eine Volksbefragung und nicht als Gesetzesreferendum konzipiert, um den Willen des Volkes mittels einer Abstimmung festzustellen.

Das estnische Referendum fand am 3. März 1991 statt, also vor dem Unionsreferendum vom 17. März 1991, in dem nach dem Erhalt der Sowjetunion gefragt wurde. Am Unionsreferendum beteiligte sich Estland nicht. Der Beschluß des Obersten Sowjets der Estnischen Republik über die Durchführung des Referendums zur Frage über die Wiederherstellung der Unabhängigkeit der Republik Estland[143] wurde mit dem 31. Januar 1991 datiert, d.h. einen guten Monat nach dem Referendumsgesetz der Union vom 27. Dezember 1990.[144] Das Referendum selbst wurde in Estland dann aber 14 Tage vor dem Unionsreferendum durchgeführt, so daß sich nach dem erzielten Ergebnis eine Teilnahme am Referendum über das Schicksal der UdSSR ohnehin erübrigt hätte. Da von einer Okkupation Estlands durch die Sowjetunion 1940 ausgegangen wurde, gab es sowieso keine Veranlassung zur Teilnahme der ESSR am Unionsreferendum.

Das Republiksreferendum sollte eine Antwort auf die Frage geben, ob *„die Wiederherstellung der staatlichen Selbständigkeit und Unabhängigkeit der Estnischen Republik"* gewünscht wird (Pkt. 2 des Beschlusses). Das Referendum

---

[139] Vgl. Kionka, Elections to Estonian Supreme Soviet, in: Report on the USSR, (1990) 14, S. 23.

[140] Die Unabhängigkeitsbewegung („Republikaner") errang 79 Sitze und die „Föderalisten" 26. Wahlergebnisse nach Butenschön (Anm. 137), S. 89.

[141] Vgl. Meissner, Die staatliche Kontinuität, völkerrechtliche Stellung und aussenpolitische Lage der baltischen Länder, in: Meissner (Hrsg.), Die baltischen Nationen, S. 294.

[142] Vgl. Deklaration des Obersten Sowjets der ESSR über die Zusammenarbeit des Obersten Sowjets der ESSR mit dem Kongreß Estlands vom 30. März 1990, in: V ESSR, 1990, Nr. 12 (932), Pos. 179.

[143] Russische Übersetzung in: V ER, 1991, Nr. 4, Pos. 65.

[144] V SSSR, 1991, Nr. 1, Pos. 10.

wurde nach dem Beschluß über die Durchführung des Referendums von 1991 und dem Wahlgesetz von 1989 (Pkt. 8) durchgeführt.

Teilnahmeberechtigt waren alle Personen ab 18 Jahre, die über eine gültige ständige Registrierung in Estland oder eine befristete bei vorherigem Besitz einer ständigen Registrierung verfügten (Pkt. 3). Damit durften alle Nicht-Esten mit Registrierung in Estland an der Entscheidung über die Unabhängigkeit Estlands teilnehmen.

Ausgeschlossen wurden hingegen die aktiven sowjetischen Angehörigen der Streitkräfte, Grenz-, inneren und Eisenbahntruppen mit Ausnahme der Deputierten des Obersten Sowjets der Republik Estland (Pkt. 4), die nach § 8 des Wahlgesetzes gewählt werden konnten.

Die Frage wurde in estnischer und russischer Sprache gestellt (Pkt. 12).

Der Oberste Sowjet der Estnischen Republik erkennt die Durchführung des Referendums an, wenn mehr als die Hälfte der in den Wählerlisten eingetragenen Personen teilgenommen haben (Pkt. 18). Der Beschluß sah auch die Teilnahme von eingeladenen ausländischen und sowjetischen Wahlbeobachtern vor (Pkt. 21).

Das am 3. März 1991 abgehaltene Referendum unter Teilnahme ausländischer Beobachter gab ein klares Ergebnis. Die Beteiligung lag bei 82,86 %, 77,83 % gaben ihr „ja" für die Wiederherstellung der staatlichen Selbständigkeit und Unabhängigkeit der Republik Estland, darunter auch viele Nicht-Esten.[145] Der Oberste Sowjet erklärte, daß für ihn die Ergebnisse des Referendums den höchsten Ausdruck des Volkswillens und damit die unbestreitbare Grundlage für die Tätigkeit der Staatsorgane darstellen. Deshalb wendet er sich an die Parlamente und Regierungen der Welt und bittet sie um Anerkennung des Obersten Sowjets und der Regierung der Republik Estland.[146]

In einem Appell des Obersten Sowjets vom 11. März 1991 an den sowjetischen Präsidenten Gorbatschow[147] wurde das Ergebnis des Referendums mitgeteilt und darauf hingewiesen, daß jegliche Versuche, Estland zum Verband der UdSSR zu zählen, dem Willen des Volkes Estland widersprechen.

5. *Das Verfassungsreferendum vom 28. Juni 1992*

Mit der Ausarbeitung des Verfassungsentwurfs wurde eine Verfassungsversammlung beauftragt[148], bestehend aus sechzig gewählten Mitgliedern, dreißig vom Obersten Sowjet und dreißig vom Kongreß Estlands.[149]

---

[145] Ergebnisse des Referendums in: The Estonian Independent, 7 March 1991, S. 3.

[146] Erklärung des Obersten Sowjets der Estnischen Republik vom 11. März 1991, russische Übersetzung in: V ER, 1991, Nr. 8, Pos. 124.

[147] Russische Übersetzung in: V ER, 1991, Nr. 8, Pos. 125.

[148] Vgl. Beschluß des Obersten Sowjets der Republik Estland über die Aufgaben und Organisation der Arbeit der Verfassungsversammlung der Republik Estland vom 3. September 1991, russische Übersetzung in: V ER, 1991, Nr. 30, Pos. 357.

[149] Vgl. Beschluß des Obersten Sowjets der Republik Estland über die Wahlen zur Verfassungsversammlung vom 3. September 1991, russische Übersetzung in: V ER, 1991, Nr. 30, Pos. 356.

Aufgrund von Zweifeln an der Rechtmäßigkeit der Bildung des Obersten Sowjets als oberstes Organ der Staatsmacht verabschiedete dieser am 13. April 1992 eine Erklärung[150], in der er feststellte, daß der Oberste Sowjet als höchstes Gesetzgebungsorgan die Staatsgewalt ausübt und die Verantwortung für den Aufbau und die Erhaltung der Staatlichkeit bis zur Einberufung der Staatsversammlung trägt. Außerdem bestätigte er, daß das Referendum über die Verfassung und die Wahlen der neuen Staatsversammlung gesetzmäßig durchgeführt werden. Wahrscheinlich beabsichtigte der Oberste Sowjet mit der Erklärung die Vorbereitung des Übergangs zu den neuen Verfassungsorganen entsprechend der neuen Verfassung.[151]

Die Staatsangehörigen der Republik Estland konnten in einem Referendum am 28. Juni 1992 für oder gegen den Verfassungsentwurf, der in estnischer und russischer Sprache veröffentlicht wurde, votieren. Außerdem wurde gefragt, ob auch die Personen an den Wahlen zur ersten Staatsversammlung und der Wahl des Präsidenten der Republik teilnehmen dürfen, die die estnische Staatsangehörigkeit bis zum 5. Juni 1992 beantragt hatten.[152] Da am 26. Februar 1992 das Staatsangehörigkeitsgesetz von 1938 in der Fassung von 1940[153] wiedereingesetzt wurde, erlangte die Frage der Staatsangehörigkeit und die daran angeknüpften Rechte für die nicht-estnischen Bevölkerungsgruppen eine besondere Brisanz. Viele von ihnen wurden zunächst von der estnischen Staatsangehörigkeit ausgeschlossen.

Das estnische Volk stimmte mit dem Referendum[154] am 28. Juni 1992 für die neue Verfassung.[155] In der Präambel wird Bezug genommen auf das unauslöschliche Recht des estnischen Volkes auf Selbstbestimmung, das am 24. Februar 1918 proklamiert wurde. Die Verfassung besteht aus 168 Paragraphen, die in XV Abschnitten untergliedert sind. § 1 deklariert Estland zu einer selbständigen und unabhängigen Republik, in der das Volk Träger der obersten Macht ist.

Der Oberste Sowjet der Republik Estland, der zuvor den Obersten Sowjet der ESSR abgelöst hatte, wurde durch die Staatsversammlung (Riigikogu) substituiert, so wie es im Beschluß über das Aktionsprogramm des Obersten Sowjets der Republik Estland in der Übergangszeit bis zur Wiederherstellung der Unabhängigkeit der Republik Estland und über die zeitweilige Verwaltungsordnung vom 16. Mai 1990[156] angekündigt worden war. Die am 20. September 1992 gewählte

---

[150] Russische Übersetzung in: V ER, 1992, Nr. 14, Pos. 229.

[151] Vgl. Uibopuu (Anm. 120), S. 5.

[152] Vgl. Beschluß des Obersten Sowjets der Republik Estland über die Durchführung des Referendums zum Verfassungsentwurf, zum Gesetzentwurf über das Inkraftsetzen der Verfassung und der ihm begleitenden zusätzlichen Frage vom 20. Mai 1992, russische Übersetzung in: V ER, 1992, Nr. 21, Pos. 301.

[153] Russische Übersetzung in: V ER, 1992, Nr. 7, Pos. 109; vgl. hierzu Kapitel 3 C. I.

[154] Von den 669.080 Teilnahmeberechtigten am Referendum nahmen 66,76 % von ihrem Recht Gebrauch, davon stimmten 91,3 % für den Verfassungsentwurf und 8,1 % dagegen bei 0,6 % ungültigen Stimmen. Vgl. die Angaben im Beschluß der Wahlkommission der Estnischen Republik über die Ergebnisse des Referendums vom 2. Juli 1992, russische Übersetzung in: V ER, 1992, Nr. 26, Pos. 348.

[155] RT, 1992, Nr. 26, Pos. 349; russische Übersetzung in: V ER, 1992, Nr. 26, Pos. 349; i.d.F. von 1995 in: PAE, 1995, Nr. 67-69, S. 2234 ff.; deutsche Übersetzung in: Brunner (Hrsg.), VSO, Estland, 1.1.a.; abgedruckt im Anhang E.

[156] V ESSR, 1990, Nr. 15, Pos. 248.

Staatsversammlung verkündete die Beendigung der Übergangsperiode und die Wiederherstellung der verfassungsmäßigen Staatsgewalt.[157]

Das politische Selbstbestimmungsrecht wurde in seiner höchsten Form - der Eigenstaatlichkeit - realisiert.

Politische, wirtschaftliche und kulturelle Selbstbestimmung fanden ihre Verwirklichung in dem 1991 wieder unabhängig gewordenen estnischen Staat.

D. Die Anerkennung Estlands als Völkerrechtssubjekt

I. Die Anerkennung durch Drittstaaten

Die erste Anerkennung der Republik Estland erfolgte, wie schon 1920, durch die RSFSR mit dem Vertrag über die Grundlagen der zwischenstaatlichen Beziehungen der RSFSR und der Estnischen Republik vom 12. Januar 1991.[158] Objekt des Vertrages waren zwischenstaatliche und nicht zwischenrepublikanische Beziehungen (Präambel). In Art. 1 erkennen sich beide Seiten gegenseitig als souveräne Staaten und Völkerrechtssubjekte an. Obwohl die RSFSR noch bis zum 12. Dezember 1991 den Status einer Unionsrepublik innehatte[159], schloß sie mit Estland dem Charakter nach einen völkerrechtlichen Vertrag ab[160], der einer *de facto*-Anerkennung gleichkam, obwohl dies weder nach der Unionsverfassung noch dem Kompetenzabgrenzungsgesetz vom 26. April 1990 in den Kompetenzbereich einer Unionsrepublik fiel. Ratifiziert wurde der Vertrag schon von der Rußländischen Föderation[161] nach dem Untergang der UdSSR.[162]

Am 24. August 1991 erkannte die RSFSR, immer noch eine Unionsrepublik, durch Präsidentendekret Estland ausdrücklich an.[163] In dem Dekret wurde die Errichtung diplomatischer Beziehungen zwischen beiden Republiken vorgesehen

---

[157] Vgl. Deklaration über die Wiederherstellung der verfassungsmäßigen Staatsgewalt vom 7. Oktober 1992, russische Übersetzung in: V ER, 1992, Nr. 40, Pos. 533.

[158] Russische Übersetzung in: V ER, Nr. 2, 1991, Pos. 19; deutscher Auszug bei Schmidt, Der Minderheitenschutz in den baltischen Staaten, S. 45 f. Ratifiziert vom Obersten Sowjet der Republik Estland am 15. Januar 1991, russische Übersetzung in: V ER, 1991, Nr. 2, Pos. 18. Ratifiziert vom Obersten Sowjet der RSFSR am 26. Dezember 1991, Text in: V RSFSR, 1992, Nr. 3, Pos. 87.

[159] Aus dem Verband der UdSSR ist die RSFSR am 12. Dezember 1991 mit der Ratifikation des GUS-Gründungsabkommens und der Kündigung des Unionsgründungsvertrages von 1922 ausgetreten. Vgl. Schweisfurth (Anm. 78), S. 638.

[160] Ab November 1990 schloß die RSFSR mit einigen Unionsrepubliken Verträge völkerrechtlichen Charakters ab. Vgl. ebenda, S. 596 ff.

[161] RSFSR und Rußländische Föderation sind identisch.

[162] Der Oberste Sowjet der Estnischen Republik ratifizierte den Vertrag am 15. Januar 1991, der Oberste Sowjet der Rußländischen Föderation am 26. Dezember 1991. Russische Übersetzung in: V ER, 1991, Nr. 2, Pos. 18; V RSFSR, 1992, Nr. 3, Pos. 87

[163] V RSFSR, 1991, Nr. 35, Pos. 1155.

und der Präsident der UdSSR sowie die internationale Staatengemeinschaft ersucht, die staatliche Unabhängigkeit der Republik Estland anzuerkennen.

Kurz vor ihrem Untergang als Staat und Völkerrechtssubjekt vollzog die UdSSR am 6. September 1991 die Anerkennung Estlands. Die Anerkennung erfolgte *„unter Berücksichtigung der konkreten historischen und politischen Situation, die dem Eintritt der Estnischen Republik in die UdSSR vorangegangen war"*.[164] Damit wurden die politisch-rechtlichen Konsequenzen gezogen, die der Kongreß der Volksdeputierten bei seiner Einschätzung des Hitler-Stalin-Paktes am 24. Dezember 1989 versäumt hatte.[165]

In der Anerkennungsfrage der baltischen Staaten taten sich die westlichen Staaten, darunter Frankreich und die Bundesrepublik Deutschland, zunächst schwer. Sie sahen in den Unabhängigkeitsbestrebungen der baltischen Republiken eine Gefahr für die von ihnen unterstützte Reformpolitik Gorbatschows.[166] Kleinere Staaten wie Dänemark und Island waren unter den ersten, die die staatliche Unabhängigkeit Estlands anerkannten.[167]

Am 28. August 1991 gaben die EG-Staaten unter Beteiligung der Bundesrepublik Deutschland eine Erklärung zur Aufnahme diplomatischer Beziehungen ab.[168] Beim Austausch der Urkunden über die Wiederaufnahme diplomatischer Beziehungen erklärte die Bundesrepublik Deutschland, daß dieser Akt keiner neuen völkerrechtlichen Anerkennung gleichkommt.[169] Damit brachte die Bundesrepublik Deutschland nach anfänglichem Abwarten der Entwicklung der politischen Ereignisse in der Sowjetunion ihre Rechtsauffassung von der Staatskontinuität des estnischen Staates zum Ausdruck.

II. Die Aufnahme Estlands in internationale Organisationen

Die baltischen Republiken beantragten am 12. Mai 1990 gemeinsam die Aufnahme als Mitglied in die KSZE[170] und bekundeten ihr Interesse, gleichberechtigte Mitglieder der UNO und anderer internationaler Organisationen zu werden.[171] Sie bekannten sich zur Einhaltung der Normen des Völkerrechts und der Staatenpraxis.

---

[164] V SSSR, 1991, Nr. 37, Pos. 1093; deutsche Übersetzung in: AdG, 6. September 1991, S. 36013.

[165] Vgl. Schweisfurth (Anm. 78), S. 629 f.

[166] Vgl. Presse- und Informationsamt der BReg., Dok. Nr. 115 5756 vom 15. Januar 1991.

[167] Vgl. hierzu Meissner (Anm. 141), S. 308 ff.

[168] Vgl. Schäfer, Die Anerkennung von Staaten als Mittel der Kriegsverhinderung?, in: Institut für Friedenssicherungsrecht und Humanitäres Völkerrecht der Ruhr-Universität Bochum (Hrsg.), Beiträge zum humanitären Völkerrecht, S. 191.

[169] Vgl. AdG, 61 (1991), S. 36010 A.

[170] Vgl. Gemeinsame Erklärung über die Teilnahme in der KSZE vom 12. Mai 1990, russische Übersetzung in: V ER, 1990, Nr. 13, Pos. 136.

[171] Vgl. Kommuniqué über das Treffen der Vorsitzenden der Obersten Sowjets der Lettischen Republik, Litauischen Republik und Estnischen Republik, russische Übersetzung in: V ER, 1990, Nr. 13, Pos. 137.

Am 30. August 1991 beantragte Estland seine Mitgliedschaft in der UNO. Nach Empfehlung des Sicherheitsrates wurde Estland am 17. September 1991 durch die Generalversammlung auf ihrer 46. Tagung gemäß Art. 4 Ziff. 2 der UN-Charta als Mitglied in die Vereinten Nationen aufgenommen.[172] Damit erfolgte die Aufnahme Estlands in die UNO erst nach seiner Anerkennung durch die UdSSR. Da die Sowjetunion Estland zu diesem Zeitpunkt bereits anerkannt hatte, mußte nicht davon ausgegangen werden, daß die UdSSR als ständiges Mitglied des UN-Sicherheitsrates die Aufnahme Estlands durch ihr Veto-Recht nach Art. 27 Abs. 3 UN-Charta hätte verhindern wollen. Das Abwarten der UNO war wohl auf die Achtung der territorialen Integrität der Sowjetunion unter Einschluß der baltischen Staaten zurückzuführen.[173]

Als Mitglied der UNO hat Estland die Verpflichtungen aus der UN-Charta übernommen (Art. 4 Ziff. 1 UN-Charta).

In die KSZE wurde Estland am 10. September 1991 aufgenommen. Am 14. Oktober 1992 unterzeichnete die baltische Republik die KSZE-Schlußakte von Helsinki.[174] Zu dieser Zeit hatte Estland bereits weltweite Anerkennung erfahren.

Am 14. Mai 1993 ist die Republik Estland Mitglied des Europarates[175] geworden. Am 24. November 1995 beantragte sie die EU-Mitgliedschaft und zählt im Rahmen der EU-Osterweiterung zu den ersten Kandidaten.[176]

Nach der Wiedererrichtung des estnischen Staates stellt sich nun die Frage nach dem Status der auf seinem Territorium lebenden Personen. Wer wird als estnischer Staatsangehöriger, wer als Angehöriger einer nationalen Minderheit und wer als Ausländer angesehen? Welchen völkerrechtlichen Vorgaben unterliegt Estland? Der rechtliche Umgang Estlands mit den seit 1940 vorgenommenen demographischen Veränderungen soll nachfolgend gezeigt werden.

---

[172] YBUN, vol. 46, 1991, S. 97 f.; AdG, 61 (1991) 20, S. 36057 A; vgl. hierzu Frhr. Waitz von Eschen, Der Weg der baltischen Staaten in die Vereinten Nationen und andere internationale Organisationen, in: OE, 44 (1994) 10, S. 949; Girnius, Independence of Baltic States Accepted by World Community, in: Report on the USSR, (1991) 39, S. 26.

[173] So auch Himmer, The Achievement of Independence in the Baltic States and its Justifications, in: EILR, 6 (1992) 1, S. 281.

[174] Zur KSZE und den baltischen Staaten vgl. Lange, Die baltischen Staaten und die KSZE, in: OE, 44 (1994) 3, S. 232 ff.

[175] Vgl. Gutachten vor Aufnahme in den Europarat von Pekkanen (Richter am EGMR) und Danelius (Mitglied der Europäischen Kommission für Menschenrechte) in: Pekkanen/Danelius, Human Rights in the Republic of Estonia, in: HRLJ, 13 (1992) 5 - 6, S. 236 ff.

[176] Vgl. hierzu Agenda 2000, in: Wiehler (Hrsg.), Die Erweiterung der Europäischen Union, S. 88; Pisuke, The Process of Bringing Estonia's Legal System into Conformity with the European Union's acquis communautaire, in: Jundzis (ed.), The Baltic States at Historical Crossroads, S. 201 ff.

Kapitel III
STAATSANGEHÖRIGKEIT UND STAATENLOSIGKEIT IN ESTLAND

A. Der völkerrechtliche Normbestand zu Staatsangehörigkeit und Staatenlosigkeit

I. Völkergewohnheitsrechtliche Regeln

1. Die innerstaatliche Kompetenz zur Regelung des Staatsangehörigkeitsrechts

In seinem Bericht an die *International Law Commission* 1952 definiert Hudson die Staatsangehörigkeit als *„the status of a natural person who is attached to a State by the tie of allegiance."*[1] Von der Staatsangehörigkeit im völkerrechtlichen Sinne leiten sich Rechte und Pflichten der Staaten, insbesondere der diplomatische Schutz, ab. Im staatsrechtlichen Sinne ist die Staatsangehörigkeit Voraussetzung für bestimmte Rechte und Pflichten natürlicher Personen[2] wie z.B. das Wahlrecht und die Wehrpflicht.

Die Staatsangehörigkeit wird grundsätzlich durch das innerstaatliche Recht geregelt.[3] Die Kompetenz des Staates zur Regelung seiner Staatsangehörigkeit, durch die das Staatsvolk konstituiert wird, folgt aus dem völkerrechtlichen Grundsatz der staatlichen Souveränität. Die Doktrin von der ausschließlichen Zuständigkeit der Staaten im Völkerrecht fand sich bereits in Art. 15 Abs. 8 der Völkerbundssatzung verankert. Eine Aufzählung darüber, was in diese Zuständigkeit fällt, fehlte jedoch.[4] Der Grundsatz der innerstaatlichen Zuständigkeit bei der

---

[1] Hudson (Spezialberichterstatter der ILC zur Staatsangehörigkeit und Staatenlosigkeit), in: UN Doc. A/CN.4/50; abgedruckt in: YBILC, 2 (1952), S. 6. Die Definition stützt sich auf Art. 1 der *Draft Convention of the Harvard Research in International Law.*

[2] Vgl. Randelzhofer, Nationality, in: EPIL, 3 (1997), S. 502.

[3] Vgl. Hudson (Anm. 1), S. 7; Makarov, Allgemeine Lehren des Staatsangehörigkeitsrechts, S. 57; Jennings/Watts (eds.), Oppenheim's International Law, § 383, S. 869.

[4] Vgl. Juss, Nationality Law, Sovereignty, and the Doctrine of Exclusive Domestic Jurisdiction, in: FJIL, 9 (1994) 2, S. 226 f.

Regelung von Staatsangehörigkeitsfragen wurde vom StIGH in seinem Rechtsgutachten von 1923 über die Staatsangehörigkeitsdekrete in Tunis und Marokko[5] proklamiert und im Übereinkommen über gewisse Fragen der Kollision von Staatsangehörigkeitsgesetzen vom 12. April 1930[6], das anläßlich der Haager Konferenz zur Kodifikation des internationalen Rechts abgeschlossenen wurde, kodifiziert.[7] Art. 1 Satz 1 des Übereinkommens bestimmt: *„It is for each State to determine under its own law who are its nationals."* In Art. 2 heißt es weiter: *„Any question as to whether a person possesses the nationality of a particular State shall be determined in accordance with the law of that State."* Die Zuordnung des Staatsangehörigkeitsrechts zum vorbehaltenen Hoheitsbereich (*domaine réservé*) der Staaten ist aufgrund nachfolgender Staatenpraxis und Rechtsüberzeugung zum festen Bestandteil des Völkergewohnheitsrechts geworden.[8]

2. *Völkerrechtliche Schranken der nationalen Staatsangehörigkeitsgesetzgebung*

Die Frage, ob die völkerrechtlich anerkannte Zuständigkeit der Staaten im Bereich der Staatsangehörigkeitsregelung unbeschränkt ist oder ob ihr gewisse völkerrechtliche Schranken auferlegt werden, ist umstritten.[9]

Art. 1 Satz 2 des Haager Übereinkommens von 1930 lautet:

> *„This law (of the State) shall be recognised by other States in so far as it is consistent with international conventions, international custom, and the principles of law generally recognised with regard to nationality."*

Die Teilnehmerstaaten konnten sich nicht auf die durch das Vorbereitungskomitee für die Haager Kodifikationskonferenz definierten Schranken einigen, so daß nur der allgemeine Hinweis auf das Völkerrecht in Art. 1 des Übereinkommens aufgenommen wurde.[10]

Eine unbegrenzte Freiheit bei der Regelung der Staatsangehörigkeit ist schon deshalb nicht möglich, weil sonst die Staaten den Personenkreis ihrer Staatsangehörigen willkürlich festlegen könnten. Uneinigkeit besteht aber über den Verlauf der Schranken.[11] Nach herrschender Meinung sind die Schranken, die das Völker-

---

[5] PCIJ, Série B, No. 4, 1923, S. 24: *„The question whether a certain matter is or is not solely within the domestic jurisdiction of a State is an essentially relative question ... in the present state of international law, questions of nationality are ... in principle within this reserved domain."*

[6] LNTS, vol. 179 (1937-38), p. 89. Das Übereinkommen wurde von ca. 40 Staaten unterzeichnet. Ratifiziert haben es aber nur wenige Staaten. In Kraft getreten ist das Übereinkommen am 1. Juli 1937.

[7] Vgl. Hudson (Anm. 1), S. 7.

[8] Vgl. Randelzhofer (Anm. 2), S. 502.

[9] Vgl. hierzu ausführlich Makarov (Anm. 3), S. 58 ff.

[10] Vgl. Hudson (Anm. 1), S. 7.

[11] Vgl. Dubois, Die Frage der völkerrechtlichen Schranken landesrechtlicher Regelung der Staatsangehörigkeit, S. 34; Makarov (Anm. 3), S. 64 ff.

recht den Staaten in bezug auf die Staatsangehörigkeitsregelung stellt, sehr weit gefaßt.[12] Innerhalb dieser Grenzen kommt es oftmals zu Überschneidungen der Zuständigkeiten verschiedener Staaten. Hiervon zeugen mehrfache Staatsangehörigkeit und Staatenlosigkeit.[13]

Als allgemein anerkannte Regel, die der innerstaatlichen Zuständigkeit in Staatsangehörigkeitsfragen Schranken auferlegt, gilt, daß jeder Staat seine Staatsangehörigkeit nur denjenigen Personen verleihen darf, die zu ihm in einer tatsächlichen Beziehung *(genuine connection or genuine link)* stehen.[14] Das Urteil des IGH im Nottebohm Fall[15] hat entscheidend dazu beigetragen, daß diese Regel als Völkerrechtsnorm anerkannt wurde.[16] Für den Begriff des *genuine link* gibt es jedoch keine allgemein gültige Definition.[17] Eine tatsächliche Beziehung kann mit Hilfe völkerrechtlich anerkannter Anknüpfungskriterien nachgewiesen werden. Die konkrete Festlegung der Kriterien obliegt den Staaten, so daß diese wiederum von Staat zu Staat variieren.[18] Für den Erwerb der Staatsangehörigkeit durch Geburt sind die Abstammung von einem Staatsangehörigen *(ius sanguinis)* und die Geburt auf dem Staatsgebiet *(ius soli)* die völkerrechtlich anerkannten Anknüpfungskriterien.[19] Für die Verleihung der Staatsangehörigkeit durch Staatsakt (Einbürgerung oder Naturalisation)[20] gelten als hinreichende Kriterien der Wohnsitz über einen längeren Zeitraum auf dem Territorium des Staates, Kenntnisse der Landessprache sowie Selbstunterhalt.[21]

Nach dem Zweiten Weltkrieg üben die Menschenrechte einen immer größer werdenden Einfluß auf die Beschränkung der staatlichen Zuständigkeit bei der Bestimmung der Staatsangehörigkeit aus.[22] Nach herrschender Meinung stellen sie aber noch kein Völkergewohnheitsrecht in bezug auf die Staatsangehörigkeit dar.[23]

---

[12] Vgl. Mikulka (Spezialberichterstatter der ILC zur Staatensukzession und ihre Auswirkungen auf die Staatsangehörigkeit), in: UN Doc. A/CN.4/467, para. 61, S. 23.

[13] Vgl. Makarov (Anm. 3), S. 101.

[14] Vgl. ebenda, S. 95.

[15] ICJ Rep. 1955, S. 4 ff. (23).

[16] Vgl. Donner, The Regulation of Nationality in International Law, S. 89.

[17] Vgl. von Mangoldt, Nottebohm Case, in: EPIL, 3 (1997), S. 700.

[18] Vgl. hierzu Donner (Anm. 16), S. 112 ff.; Jennings/Watts (eds.) (Anm. 3), § 387, S. 876.

[19] Vgl. Hannappel, Staatsangehörigkeit und Völkerrecht, S. 26.

[20] Die Naturalisation wird definiert als „*reception of an alien into citizenship of a state through a formal act on the application of the individual concerned.*" Jennings/Watts (eds.) (Anm. 3), § 387, S. 875.

[21] Vgl. Weis, Nationality and Statelessness in International Law, S. 100.

[22] Vgl. Mikulka, in: UN Doc. A/CN.4/467, para. 64, S. 24; UN Doc. A/CN.4/747, para. 15, S. 9; UN Doc. A/CN.4/480, para. 9 f., S. 31.

[23] Vgl. Hofmann Overview of Nationality and Citizenship in International Law, in: O'Leary/Tiilikainen (eds.), Citizenship and Nationality Status in the New Europe, S. 12

II. Völkerrechtliche Verträge und Deklarationen über Staatsangehörigkeit

Die Notwendigkeit zur Regelung von Staatsangehörigkeitsfragen in völkerrechtlichen Verträgen ergibt sich aus der Kollision verschiedener innerstaatlicher Staatsangehörigkeitsgesetzgebungen. Das Haager Übereinkommen über gewisse Fragen der Kollision von Staatsangehörigkeitsgesetzen von 1930 sollte dem erstmals auf universeller Ebene Abhilfe schaffen. Nach der Präambel besteht das Ziel des Übereinkommens in der Beseitigung der Staatenlosigkeit und der Doppelstaatigkeit. Jeder Mensch sollte eine und nur eine Staatsangehörigkeit besitzen. Zum Übereinkommen gehören drei Protokolle ebenfalls vom 12. April 1930, von denen nur zwei in Kraft traten: das Protokoll über militärische Pflichten in gewissen Fällen doppelter Staatsangehörigkeit[24] und das Protokoll über einen wichtigen Fall von Staatenlosigkeit.[25] Art. 1 des 2. Protokolls legt fest:

> *„In a State whose nationality is not conferred by the mere fact of birth in its territory, a person born in its territory of a mother possessing the nationality of that State and of a father without nationality or of unknown nationality shall have the nationality of the said State.“*

Damit sollte die Staatenlosigkeit von neugeborenen Kindern verhindert werden. Das dritte Protokoll über Staatenlosigkeit trat mangels ausreichender Ratifikationen nie in Kraft.

Estland hat zwar an der Haager Kodifikationskonferenz von 1930 teilgenommen und das Übereinkommen unterzeichnet, zur Ratifikation ist es jedoch nicht gekommen. Die Haager Grundprinzipien haben Aufnahme und Weiterentwicklung in späteren völkerrechtlichen Verträgen und Deklarationen erfahren.[26]

Im Unterschied zum Haager Übereinkommen, das das Recht auf eine und nur eine Staatsangehörigkeit proklamiert, enthält die Allgemeine Erklärung der Menschenrechte vom 10. Dezember 1948[27] das Recht auf eine frei gewählte Staatsangehörigkeit.[28] Art. 15 Abs. 1 AEMR lautet: *„Jedermann hat Anspruch auf eine Staatsangehörigkeit.“* Damit wird jedem Menschen das Recht auf eine Staatsangehörigkeit zuerkannt, allerdings nicht auf eine bestimmte. Da dem Recht auf eine Staatsangehörigkeit keine Pflicht eines Staates zur Verleihung seiner Staatsangehörigkeit gegenübersteht, läuft diese Bestimmung faktisch ins Leere.[29] So bezeichnet de Groot das Recht auf eine Staatsangehörigkeit als *„ein dubioses Menschenrecht“*.[30] Über die rechtliche Bindungswirkung der als *„Empfehlung ohne*

---

[24] LNTS, vol. 178, p. 227.

[25] LNTS, vol. 179, p. 115.

[26] Vgl. de Groot, Staatsangehörigkeitsrecht im Wandel, S. 31.

[27] UN Doc. A/RES/217 A (III), 10 December 1948; deutsche Übersetzung in: Tomuschat (Hrsg.), Menschenrechte, Dok. 1, S. 26 ff.

[28] Vgl. Hannappel (Anm. 19), S. 31.

[29] Vgl. Chan, The Right to a Nationality as a Human Right, in: HRLJ, 12 (1991) 1 - 2, S. 3.

[30] de Groot (Anm. 26), S. 15.

Befolgungszwang"[31] durch Resolution der UN-Generalversammlung angenommenen AEMR herrscht keine Einigkeit. Expliziten Bezug auf die AEMR nehmen eine Reihe völkerrechtlicher Verträge wie beispielsweise die Europäische Menschenrechtskonvention in ihrer Präambel sowie Erklärungen und Entscheidungen internationaler Organe.[32] Die in der AEMR enthaltenen Rechte fanden eine Weiterentwicklung in völkerrechtlichen Verträgen.

Wegen der Komplexität des Problems wurde das Recht jedes Menschen auf eine Staatsangehörigkeit in dem am 23. März 1976 in Kraft getretenen IPbpR, dem Estland seit 1991 angehört[33], nicht aufgenommen.[34] Art. 24 Abs. 3[35] garantiert lediglich das Recht jedes Kindes, eine Staatsangehörigkeit zu erwerben. Die Staatsangehörigkeit welches Staates ein Kind berechtigt ist zu erhalten, beinhaltet die Bestimmung indes nicht. Nach der allgemeinen Auslegungsregel von Art. 31 Abs. 1 des Wiener Übereinkommens über das Recht der Verträge von 1969[36], wonach ein Vertragstext im Zusammenhang und im Lichte seines Zieles und Zweckes auszulegen ist, und Art. 2 Abs. 1 IPbpR, mit dem sich jeder Vertragsstaat dazu verpflichtet, die im Pakt anerkannten Rechte allen in seinem Gebiet befindlichen und seiner Herrschaftsgewalt unterstehenden Personen zu gewährleisten, hat jedes im Hoheitsgebiet eines Vertragsstaates befindliche Kind das Recht auf den Erwerb der Staatsangehörigkeit dieses Staates, wenn es nicht Anspruch auf die Staatsangehörigkeit eines anderen Staates hat.[37] Selbst wenn aus Art. 24 Abs. 3 des Menschenrechtspaktes nicht die Pflicht eines Vertragsstaates zur Verleihung seiner Staatsangehörigkeit an alle auf seinem Territorium geborene Kinder folgen würde, so doch die Verpflichtung, geeignete Maßnahmen, gegebenenfalls auch in Zusammenarbeit mit anderen Staaten, zu ergreifen, so daß jedes Kind bei der Geburt eine Staatsangehörigkeit erhält.[38] Im Falle des Scheiterns geeigneter Maßnahmen bliebe dem betroffenen Staat nur noch, seine Staatsangehörigkeit dem Neugeborenen zu verleihen.

Auf die in der AEMR und den Menschenrechtspakten verkündeten Rechte, worunter auch das Recht auf eine Staatsangehörigkeit subsumiert werden muß, bezieht sich das Übereinkommen über die Rechte des Kindes vom 20. November 1989[39], das am 2. September 1990 in Kraft trat. Nach Art. 7 Abs. 1[40] hat jedes

---

[31] Ipsen, Individualschutz im Völkerrecht, in: Ipsen, Völkerrecht, Rdnr. 35, S. 641.

[32] Vgl. Hailbronner, Der Staat und der Einzelne als Völkerrechtssubjekte, in: Vitzthum (Hrsg.) Völkerrecht, Rdnr. 205, S. 242.

[33] Vgl. Marie, International Instruments relating to human rights. Classification and status of ratifications as of 1 January 1998, in: HRLJ, 19 (1998) 2 - 4, Nr. 2, S. 122.

[34] Vgl. hierzu Nowak, CCPR Commentary, Art. 24, Rdnr. 23, S. 433.

[35] Art. 24 Abs. 3 IPbpR lautet: *„Jedes Kind hat das Recht, eine Staatsangehörigkeit zu erwerben."*

[36] Das Völkergewohnheitsrecht kodifizierende Übereinkommen ist am 27. Januar 1980 in Kraft getreten. Estland ist ihm am 21. Oktober 1991 beigetreten.

[37] Vgl. Nowak (Anm. 34), Art. 24, Rdnr. 26, S. 434.

[38] Vgl. UN-HRCee, General Comment No. 17; abgedruckt in: Nowak ebenda, para. 8, S. 867; Chan (Anm. 29), Fn. 37, S. 5.

[39] UN Doc. A/RES/44/25; BGBl. 1992 II, 122.

[40] In Art. 7 Abs. 1 des Übereinkommens heißt es: *„Das Kind ... hat ... das Recht, eine Staatsangehörigkeit zu erwerben ... ."*

Kind das Recht, eine Staatsangehörigkeit zu erwerben. In Abs. 2[41] verpflichten sich die Vertragsstaaten, seit 1991 auch Estland[42], die Verwirklichung dieses Rechts im Einklang mit ihrem innerstaatlichen Recht und anderen völkerrechtlichen Verpflichtungen sicherzustellen, *„insbesondere für den Fall, daß das Kind sonst staatenlos wäre."* Art. 8 Abs. 1 enthält ein Achtungsgebot, wonach die Vertragsstaaten die Staatsangehörigkeit des Kindes zu achten haben.

Das Recht auf Staatsangehörigkeit ist außerdem im Internationalen Übereinkommen zur Beseitigung jeder Form von Rassendiskriminierung vom 21. Dezember 1965[43] zu finden, das seit 4. Januar 1969 in Kraft ist. In Art. 5 verpflichten sich die Vertragsstaaten, zu ihnen zählt seit 1991 auch Estland[44], die Rassendiskriminierung in jeder Form zu verbieten und das Recht jedes einzelnen, ohne Unterschied der Rasse, der Hautfarbe, des nationalen Ursprungs oder des Volkstums, auf Gleichheit vor dem Gesetz zu gewährleisten. Dies gilt insbesondere auch für das unter lit. d) Ziff. iii) aufgeführte Recht auf die Staatsangehörigkeit. Danach ist das Recht auf die Staatsangehörigkeit unabhängig von der rassischen oder nationalen Zugehörigkeit zu gewähren.

Die Gleichstellung von Mann und Frau in Staatsangehörigkeitsfragen ist Gegenstand der folgenden Übereinkommen. Mit dem Ziel, die selbständige Position der verheirateten Frau im Staatsangehörigkeitsrecht zu bewirken[45], ist das Übereinkommen über die Staatsangehörigkeit verheirateter Frauen vom 20. Februar 1957[46] angenommen worden, das am 11. August 1958 in Kraft trat. Estland gehört diesem Übereinkommen nicht an.[47] In der Präambel nimmt das Übereinkommen Bezug auf Art. 15 der AEMR. Eine verheiratete Frau darf nach Art. 1 und 2 des Übereinkommens ihrer Staatsangehörigkeit aufgrund von Eheschließung, Ehescheidung oder Wechsel der Staatsangehörigkeit des Ehemannes nicht verlustig werden. Hervorzuheben sind die Bestimmungen in Art. 3. Danach kann eine verheiratete Frau auf Antrag die Staatsangehörigkeit ihres Ehemannes durch ein besonders privilegiertes Einbürgerungsverfahren erwerben, das aber von bestimmten Bedingungen wie nationales Sicherheitsinteresse oder öffentliche Ordnung abhängig gemacht werden kann. Art. 3 Abs. 2 räumt der verheirateten Frau statt eines privilegierten Einbürgerungsverfahrens ein Optionsrecht ein.

Dem Übereinkommen zur Beseitigung jeder Form von Diskriminierung der Frau vom 18. Dezember 1979[48], in Kraft seit 3. September 1981, ist Estland 1991

---

41 Art. 7 Abs. 2 des Übereinkommens lautet: *„Die Vertragsstaaten stellen die Verwirklichung dieser Rechte im Einklang mit ihrem innerstaatlichen Recht und mit ihren Verpflichtungen auf Grund der einschlägigen internationalen Übereinkünfte in diesem Bereich sicher, insbesondere für den Fall, daß das Kind sonst staatenlos wäre."*

42 Vgl. Marie (Anm. 33), Nr. 58a, S. 129.

43 UNTS, vol. 660, p. 195; BGBl. 1969 II, 962.

44 Vgl. Marie (Anm. 33), Nr. 66, S. 130.

45 Vgl. de Groot (Anm. 26), S. 32.

46 UNTS, vol. 309, p. 65; deutsche Übersetzung in: Tomuschat (Hrsg.) (Anm. 27), Dok. 43, S. 332 ff.

47 Vgl. Marie (Anm. 33), Nr. 54, S. 129.

48 UNTS, vol. 1249, p. 13; deutsche Übersetzung in: Tomuschat (Hrsg.) (Anm. 27), Dok. 17, S. 161 ff.

beigetreten.[49] Nach Art. 9 Abs. 1 Satz 1 gewähren die Vertragsstaaten Frauen die gleichen Rechte wie Männern hinsichtlich des Erwerbs, des Wechsels oder der Beibehaltung der Staatsangehörigkeit. Art. 9 Abs. 2[50] legt fest, daß im Hinblick auf die Staatsangehörigkeit ihrer Kinder Frauen wie Männer die gleichen Rechte haben.

Auch auf regionaler Ebene wurden völkerrechtliche Verträge mit Bezug zur Staatsangehörigkeit geschlossen. In Europa hat sich besonders der Europarat mit diesem Problem befaßt.[51] Da die (Europäische) Konvention zum Schutze der Menschenrechte und Grundfreiheiten vom 4. November 1950[52], die Estland am 16. April 1996 ratifizierte[53], bezüglich eines Rechts auf Staatsangehörigkeit schweigt, wurde 1988 die Ausarbeitung eines Protokolls zur EMRK über Staatsangehörigkeit erwogen[54], allerdings erfolglos. Demgegenüber geht die Amerikanische Menschenrechtskonvention von 1969[55] mit der Aufnahme eines allgemeinen Rechts auf eine Staatsangehörigkeit in Art. 20 weit über ihr Vorbild - die EMRK - hinaus.

Als Ergebnis kann der Europarat die am 6. Mai 1963 geschlossene und am 28. März 1968 in Kraft getretene Konvention zur Verminderung von Fällen mehrfacher Staatsangehörigkeit und betreffend Wehrpflicht bei mehrfacher Staatsangehörigkeit[56] sowie die Konvention über die Adoption von Kindern vom 24. April 1967[57], die seit 26. April 1968 in Kraft ist, vorweisen. Das erste Abkommen bestimmt in Art. 1 Abs. 1 den Verlust der Staatsangehörigkeit bei Erwerb einer anderen. Personen mit mehrfacher Staatsangehörigkeit sollen ihrer Wehrpflicht nur gegenüber einem Vertragsstaat nachkommen müssen (Art. 5 Abs. 1). Dafür wird der Abschluß von speziellen Verträgen zwischen den Vertragsstaaten angemahnt (Art. 5 Abs. 2).

Zur Konvention zur Verminderung von Fällen mehrfacher Staatsangehörigkeit und betreffend Wehrpflicht bei mehrfacher Staatsangehörigkeit wurden ein Änderungsprotokoll am 24. November 1977[58], ein Zusatzprotokoll ebenfalls am 24. November 1977[59] sowie ein Zweites Änderungsprotokoll am 2. Februar 1993[60] angenommen. Interessant sind die Bestimmungen des letzten Protokolls, die Bezug nehmen auf die steigende Migration zwischen den Europaratsstaaten sowie

---

[49] Vgl. Marie (Anm. 33), Nr. 68, S. 131.

[50] Art. 9 Abs. 2 des Übereinkommens lautet: *„Die Vertragsstaaten gewähren Frauen die gleichen Rechte wie Männern im Hinblick auf die Staatsangehörigkeit ihrer Kinder."*

[51] Vgl. Killerby, Steps Taken by the Council of Europe to Promote the Modernization of the Nationality Laws of European States, in: O'Leary/Tiilikainen (eds.), Citizenship and Nationality Status in the New Europe, S. 21 ff.

[52] ETS No. 5; Inkrafttreten am 3. September 1953.

[53] Vgl. Marie (Anm. 33), Nr. 4, S. 123.

[54] Vgl. Council of Europe, Information Sheet No. 22, 1988, S. 54.

[55] Abgedruckt in: 9 ILM 99 (1970); deutsche Übersetzung in: EuGRZ, 7 (1980) 17-18, S. 435 ff.

[56] ETS No. 43.

[57] ETS No. 58.

[58] ETS No. 95.

[59] ETS No. 96.

[60] ETS No. 149.

binationale Ehen. Art. 1 Abs. 5, 6 und 7 enthalten Regelungen zur doppelten Staatsangehörigkeit.

Nach Art. 11 der Konvention über die Adoption von Kindern sollen die Vertragsstaaten eine erleichterte Einbürgerung eines von ihren Bürgern adoptierten Kindes vorsehen. Ein Kind soll durch die Adoption nicht staatenlos werden. Estland ist weder Partei der ersten noch der zweiten Konvention des Europarates.

Den unbestritten größten Erfolg hat der Europarat mit der Annahme der bisher noch nicht in Kraft getretenen Europäischen Konvention über die Staatsangehörigkeit vom 6. November 1997[61] erzielt. Zu ihrem Inkrafttreten sind nach Art. 27 Abs. 2 die Ratifikationen von drei Mitgliedstaaten des Europarates notwendig. Bei der Annahme hatten fünfzehn Staaten die Konvention unterzeichnet, darunter Rußland, nicht aber Estland. Die Konvention regelt die Staatsangehörigkeit natürlicher Personen und die Wehrpflicht in Fällen mehrfacher Staatsangehörigkeit. In Art. 3 ist die Zuständigkeit der Staaten bei der Bestimmung ihrer Staatsangehörigkeit durch innerstaatliches Recht festgelegt, das mit den für die Staatsangehörigkeit relevanten Völkerrechtsnormen übereinstimmen muß. Die Staatsangehörigkeitsregelungen der Vertragsstaaten sollen auf den in Art. 4 genannten Prinzipien basieren:

„*a) everyone has the right to a nationality;*
b) statelessness shall be avoided;
c) no one shall be arbitrarily deprived of his or her nationality;
d) neither marriage nor the dissolution of a marriage between a national of a State Party and an alien, nor the change of nationality by one of the spouses during marriage, shall automatically affect the nationality of the other spouse."

Damit haben sich die Teilnehmerstaaten eindeutig zu den in vorhergehenden völkerrechtlichen Verträgen enthaltenen Prinzipien bezüglich der Staatsangehörigkeit bekannt.

Die nationalen Staatsangehörigkeitsregelungen dürfen keine Diskriminierung aufgrund des Geschlechts, der Religion, der Rasse, der Hautfarbe oder des nationalen oder sozialen Ursprungs enthalten (Art. 5 Abs. 1). Vom Prinzip der Nichtdiskriminierung sollen sich die Vertragsstaaten auch in bezug auf ihre Staatsangehörigen leiten lassen, unabhängig davon, ob sie die Staatsangehörigkeit durch Geburt oder Naturalisation erworben haben (Art. 5 Abs. 2).

Art. 6 regelt den Erwerb der Staatsangehörigkeit. Die Vertragsstaaten sollen in ihren nationalen Gesetzgebungen den Erwerb ihrer Staatsangehörigkeit *ex lege* für Kinder, dessen einer Elternteil bei Geburt des Kindes im Besitz der Staatsangehörigkeit des betreffenden Staates ist, sowie für Findlinge, die auf ihren Territorien gefunden wurden und die sonst staatenlos wären, vorsehen (Abs. 1). Nach Abs. 2 werden die Vertragsstaaten gehalten, den Erwerb ihrer Staatsangehörigkeit durch auf ihren Territorien geborene Kinder zu ermöglichen, wenn diese durch Geburt nicht in den Besitz einer anderen Staatsangehörigkeit kommen. Jeder Vertragsstaat soll nach seiner Gesetzgebung die Naturalisation von Personen ermöglichen,

[61] ETS No. 166; abgedruckt in: 37 ILM 44 (1998).

die ihren rechtmäßigen und gewöhnlichen Wohnsitz auf ihren Territorien haben. Die Dauer des Wohnsitzes soll nicht die Zehnjahresgrenze überschreiten (Abs. 3). Weiterhin ist der erleichterte Erwerb der Staatsangehörigkeit nach nationalem Recht der Vertragsstaaten u.a. für folgende Personen vorzusehen:

- *Ehepartner von Staatsangehörigen;*
- *Kinder, dessen einer Elternteil die Staatsangehörigkeit erworben haben;*
- *Personen, die auf dem Territorium des Staates geboren wurden und rechtmäßig dort wohnen;*
- *Personen, die während einer Zeitdauer, die bereits vor dem 18. Lebensjahr begann und die durch die nationale Gesetzgebung festgelegt werden muß, ihren rechtmäßigen und gewöhnlichen Wohnsitz auf dem Territorium des Staates haben sowie*
- *Staatenlose und anerkannte Flüchtlinge mit rechtmäßigem und gewöhnlichem Wohnsitz auf ihren Territorien (Abs. 4).*

Die Konvention enthält weitere Bestimmungen u.a. über Verfahrensfragen (Kapitel IV), mehrfache Staatsangehörigkeit (Kapitel V), Staatensukzession und Staatsangehörigkeit (Kapitel VI), Wehrpflicht in Fällen mehrfacher Staatsangehörigkeit (Kapitel VII) sowie Zusammenarbeit zwischen den Vertragsstaaten (Kapitel VIII).

Bei Inkrafttreten der Konvention verfügen die Vertragsstaaten über ein umfangreiches Regelwerk zu Staatsangehörigkeitsfragen.

III. Völkerrechtliche Verträge über Staatenlosigkeit

Hudsons Bericht an die ILC enthält auch eine Definition über Staatenlosigkeit: *„Stateless persons in the legal sence of the term are persons who are not considered as nationals by any State according to its law."* [62] Staatenlosigkeit kann entstehen durch Geburt, durch Verlust infolge eines Konfliktes zwischen verschiedenen Staatsangehörigkeitsregelungen, freiwilligen Verzicht oder einen einseitigen Akt des Staates sowie im Ergebnis territorialer Veränderungen.[63]

Aufgrund der weit verbreiteten Existenz von Staatenlosen infolge territorialer und politischer Veränderungen nach dem Zweiten Weltkrieg gehört die Vermeidung von Staatenlosigkeit zu den vorrangigsten Anliegen der Staatengemeinschaft seit Bestehen der UNO. Bevor die Verminderung der Staatenlosigkeit vertraglich vereinbart werden konnte, sollte die Stellung von Staatenlosen analog der von Flüchtlingen geregelt werden. Auf der UN-Konferenz über die Rechtsstellung der Staatenlosen wurde am 28. September 1954 das Übereinkommen über die Rechtsstellung der Staatenlosen[64] unterzeichnet, das am 6. Juni 1960 in Kraft trat. Das Übereinkommen gewährt Staatenlosen im wesentlichen die gleichen Vergünsti-

[62] Hudson (Anm. 1), S. 17.
[63] Vgl. ebenda, S. 17 ff.
[64] UNTS, vol. 360, p. 117; BGBl. 1976 II, 474 .

gungen wie Flüchtlingen im Abkommen über die Rechtsstellung der Flüchtlinge vom 28. Juli 1951.[65] In Art. 32 des Übereinkommens über die Rechtsstellung der Staatenlosen ist die erleichterte Einbürgerung Staatenloser nach Möglichkeit in beschleunigten Verfahren und mit verminderten Kosten vorgesehen.

Die Verringerung der Staatenlosigkeit ist Ziel zweier völkerrechtlicher Verträge. Im Rahmen der UNO wurde am 30. August 1961 das Übereinkommen zur Verminderung der Staatenlosigkeit[66] angenommen, das seit 13. Dezember 1975 in Kraft ist. Das Übereinkommen ist das Ergebnis eines Versuches, die Staatenlosigkeit systematisch zu bekämpfen.[67] Nach Art. 1 Abs. 1 verleiht jeder Vertragsstaat einer in seinem Hoheitsgebiet geborenen Person, die sonst staatenlos wäre, seine Staatsangehörigkeit. Die Verleihung der Staatsangehörigkeit auf Antrag kann von den in Abs. 2 aufgezählten Voraussetzungen abhängig gemacht werden wie einer Antragsfrist, Zeitdauer des ständigen Aufenthaltes, keiner Verurteilung wegen einer Straftat gegen die nationale Sicherheit oder zu einer Freiheitsstrafe von fünf oder mehr Jahren wegen einer kriminellen Straftat und Staatenlosigkeit von jeher.

Auf europäischer Ebene ist im Rahmen der Internationalen Zivilstandskommission das Übereinkommen zur Verringerung der Fälle von Staatenlosigkeit vom 13. September 1973[68] angenommen worden. In Art. 1 Abs. 1 wird bestimmt, daß ein Kind, dessen Mutter die Staatsangehörigkeit eines Vertragsstaates besitzt, durch Geburt die Staatsangehörigkeit der Mutter erwirbt, wenn es sonst staatenlos wäre.

Die beiden Übereinkommen über die Verringerung von Staatenlosigkeit haben keine breite Anwendung gefunden. Estland ist weder Partei dieser Übereinkommen noch des Übereinkommens über die Rechtsstellung der Staatenlosen.

Die Verringerung von Staatenlosigkeit und das Recht auf Staatsangehörigkeit stehen seit der 45. Sitzung im Jahre 1993 im Zusammenhang mit der Staatensukzession auf den Tagesordnungen der ILC. Bisher liegen die Berichte des Spezialberichterstatters über Staatensukzession und ihre Folgen für die Staatsangehörigkeit natürlicher und rechtlicher Personen vor.[69] Als Ergebnis der Kodifikationsarbeiten der ILC auf dem Gebiet der Vermeidung von Staatenlosigkeit im Zusammenhang mit der Staatensukzession könnte die Ausarbeitung eines Änderungs- oder optionalen Protokolls zum Übereinkommen zur Verminderung der Staatenlosigkeit erwartet werden.[70] In seinem dritten Bericht hat Mikulka einen aus 25 Artikeln bestehenden Entwurf über Staatsangehörigkeit natürlicher Personen bei Staatensukzession vorgelegt. Der erste Abschnitt enthält allgemeine Prinzipien in bezug auf die Staatsangehörigkeit bei Staatensukzessionen, der zweite Prinzipien, die auf spezielle Fälle von Staatensukzessionen Anwendung finden sollen. Die

---

[65] UNTS, vol. 189, p. 137; BGBl. 1953 II, 560. Das Abkommen ist am 22. April 1954 in Kraft getreten. Estland ist ihm am 10. April 1997 beigetreten.

[66] UNTS, vol. 989, p. 175; deutsche Übersetzung in: Tomuschat (Hrsg.) (Anm. 27), Dok. 44, S. 335 ff.

[67] Vgl. de Groot (Anm. 26), S. 32.

[68] UNTS, vol. 1081, p. 283; BGBl. 1977 II, 613 .

[69] Vgl. Mikulka, First Report, in: UN Doc. A/CN.4/467; Second Report, in: UN Doc. A/CN.4/474; Third Report on Nationality of Natural Persons, in: UN Doc. A/CN.4/480; Fourth Report on Nationality of Legal Persons, in: UN Doc. A/CN.4/489.

[70] Vgl. Mikulka, in: UN Doc. A/CN.4/474, para. 190, S. 79.

Vermeidung von Staatenlosigkeit wird im ersten Abschnitt in Art. 2 angemahnt. Im Kommentar zu diesem Art. heißt es:

> „... *although the basic principle that States, including new States, were under an obligation to avoid statelessness in situation of State succession was not at present a rule of international law, it should be the aim of the Commission to make it one.*“[71]

IV. Staatsangehörigkeitsrechtliche Regelungen im Russisch-Estnischen Grundlagenvertrag vom 12. Januar 1991

Der noch vor der endgültigen Wiederherstellung der staatlichen Unabhängigkeit Estlands und des Austritts der RSFSR aus der Sowjetunion abgeschlossene Grundlagenvertrag zwischen der RSFSR und Estland vom 12. Januar 1991 enthält, wie auch schon der Dorpater Friedensvertrag von 1920, Regelungen über die Staatsangehörigkeit. Nach Art. IV des Friedensvertrages von 1920 hatten Personen nicht-estnischer Herkunft, die auf dem Gebiet Estlands wohnten und ein Alter von 18 Jahren erreicht hatten, das Recht, für die russische Staatsangehörigkeit zu optieren. Diejenigen, die von diesem Recht Gebrauch gemacht hatten, mußten Estland verlassen. Für die in Rußland wohnenden Personen estnischer Herkunft galten analoge Bestimmungen. Viele Personen nicht-estnischer Herkunft entschieden sich für die estnische Staatsangehörigkeit und verblieben im Land.

Eine Option zwischen der russischen oder estnischen Staatsangehörigkeit sieht auch der russisch-estnische Grundlagenvertrag von 1991 vor. Nach Art. 3 Abs. 1 garantieren beide Vertragsparteien allen früheren Bürgern der UdSSR mit Wohnsitz in der RSFSR und Estland zum Zeitpunkt der Unterzeichnung des Vertrages das Recht auf Beibehaltung oder Erwerb der russischen oder estnischen Staatsangehörigkeit in Übereinstimmung mit ihrer freien Willensbekundung. Diese Bestimmung ist vor allem für russische Volkszugehörige in Estland von Bedeutung, die zwischen der russischen und estnischen Staatsangehörigkeit optieren können. In Art. 3 Abs. 3 ist der Abschluß eines besonderen bilateralen Vertrages über konkrete Staatsangehörigkeitsfragen vorgesehen, der auf der Grundlage völkerrechtlicher Normen basieren soll. Da die völkerrechtlichen Normen nicht genannt werden, ist diese Formulierung sehr vage. Zum Zeitpunkt des Abschlusses des Grundlagenvertrages gehörte Estland noch keinem der für die Staatsangehörigkeit relevanten völkerrechtlichen Verträge an. Eine völkergewohnheitsrechtliche Norm bezüglich eines Rechts auf eine bestimmte Staatsangehörigkeit und eines Verbots von Staatenlosigkeit läßt sich nicht nachweisen[72], so daß es offen bleibt, auf welche völkerrechtliche Normen die Bestimmung Bezug nimmt.[73]

Nach Art. 4 Abs. 3 erkennt jede Vertragspartei zugunsten der Bürger der anderen Partei sowie der auf ihrem Territorium lebenden Staatenlosen die Wahl der

---

[71] Mikulka, in: UN Doc. A/CN.4/480, Art. 2, Commentary, para. (13), S. 45.

[72] Vgl. Randelzhofer (Anm. 2), S. 508.

[73] Vgl. Hecker, Verträge über Staatsangehörigkeitsfragen vor Gründung (1918 - 1922) und nach Zerfall der Sowjetunion (ab 1990), in: AVR, 35 (1997) 1, S. 85.

Staatsangehörigkeit gemäß der Gesetzgebung des Aufenthaltsstaates und des russisch-estnischen Vertrages über Staatsangehörigkeitsfragen an. Danach wird den auf den Territorien lebenden Staatenlosen ein Anspruch auf die Staatsangehörigkeit des Aufenthaltsstaates gewährt. Da weder Rußland noch Estland Vertragspartei des Übereinkommens zur Verminderung der Staatenlosigkeit von 1961 sind, kommt dieser Bestimmung eine besondere Bedeutung zu.[74]

Trotz Anmahnung durch die Rußländische Föderation[75] ist es bisher nicht zu einer bilateralen Regelung der Staatsangehörigkeitsfragen gekommen, so daß die Wahl der Staatsangehörigkeit von der Gesetzgebung des Aufenthaltsstaates abhängt. Da die Regelung der Staatsangehörigkeit auf der Grundlage des völkerrechtlichen Prinzips der staatlichen Souveränität in die innerstaatliche Zuständigkeit der Staaten fällt, können Rußland und Estland ihre Staatsangehörigkeitsgesetzgebung unter Beachtung der völkerrechtlichen Schranken frei gestalten. Estland muß nach dem Grundlagenvertrag die Verleihung der estnischen Staatsangehörigkeit durch die auf seinem Territorium wohnhaften ehemaligen Sowjetbürger und Staatenlose grundsätzlich ermöglichen, kann aber die Voraussetzungen für den Erwerb weitestgehend selbst bestimmen.

Da nach Art. 3 Abs. 3 des Grundlagenvertrages beide Vertragsparteien den Abschluß eines Vertrages über Staatsangehörigkeitsfragen vereinbart haben, kommt dem Grundlagenvertrag in bezug auf diese Materie nur der Charakter einer Grundsatzerklärung zu.[76] Klauseln in völkerrechtlichen Verträgen, *„in denen zwei oder mehrere Parteien im Hinblick auf eine spätere völkerrechtliche Einigung bestimmte gegenseitige Handlungspflichten eingehen"*[77] werden in der Völkerrechtsliteratur als *pactum de contrahendo* bezeichnet, das für die Parteien völkerrechtliche Bindungswirkung entfaltet.[78] Das in Art. 3 Abs. 3 des Grundlagenvertrages enthaltene völkerrechtliche *pactum* enthält die Verpflichtung Rußlands und Estlands *„konkrete Staatsangehörigkeitsfragen, die ein beiderseitiges Interesse darstellen ... in einem besonderen bilateralen, auf den Grundlagen der Völkerrechtsnormen basierenden Abkommen"* abzustimmen.

Zu Art. 3, 4 und 5 des bilateralen Vertrages wurde noch ein Protokoll[79] abgeschlossen. Dieses sieht in Art. 1 die Errichtung einer gemischten Kommission vor, die von Betroffenen bei Verstößen gegen die Bestimmungen von Art. 3, 4 und 5 des Vertrages durch die Vertragschließende Partei, auf deren Territorium sie leben, angerufen werden kann (Art. 6 Ziff. 1). Aufgrund eines fehlenden speziellen Staatsangehörigkeitsvertrages zwischen den Parteien kommt der Kommission gegenwärtig keine besondere Bedeutung zu.

---

74 Vgl. ebenda, S. 86.

75 Vgl. Letter dated 31 July 1992 from the Permanent Representative of the Russian Federation to the United Nations Office at Geneva addressed to the Under-Secretary-General for Human Rights, in: UN Doc. E/CN.4/Sub.2/1992/45, S. 3.

76 Vgl. Hecker (Anm. 73), S. 85 ff.

77 Beyerlin, Pactum de contrahendo und pactum de negotiando im Völkerrecht?, in: ZaöRV, 36 (1976), S. 407.

78 Vgl. Heinegg, Die völkerrechtlichen Verträge als Hauptrechtsquelle des Völkerrechts, in: Ipsen, Völkerrecht, Rdnr. 4, S. 100.

79 Russischer Text in: Jurist Èstonii, 1991, Nr. 2, S. 169 ff.; deutsche Übersetzung in: Schmidt, Der Minderheitenschutz in den baltischen Staaten, S. 46 f.

Zum Schutz der Rechte ihrer Staatsangehörigen auf dem Territorium der anderen Vertragspartei ist in Art. 4 Ziff. 3 Satz 2 des Grundlagenvertrages der Abschluß eines bilateralen Vertrages vereinbart worden. Dieser wurde am 26. Januar 1993 abgeschlossen. Nach dem Rechtsschutzabkommen in Zivil-, Familien- und Strafangelegenheiten[80] gewähren Rußland und Estland den Staatsangehörigen der anderen Vertragspartei auf ihren Gebieten den gleichen Rechtsschutz in bezug auf persönliche und Eigentumsrechte wie ihren eigenen Staatsangehörigen (Art. 1).

Den Schutz ihrer Staatsangehörigen auf dem Territorium des anderen Staates haben die Republik Estland und die Rußländische Föderation im Konsularübereinkommen vom 2. Dezember 1992[81] vereinbart (Art. 37).

B. Das russische Staatsangehörigkeitsgesetz vom 28. November 1991

Nach dem Abschluß des russisch-estnischen Grundlagenvertrages und noch vor dem Austritt der RSFSR aus der UdSSR nahm der Oberste Sowjet der RSFSR am 28. November 1991 das „Gesetz über die Staatsangehörigkeit der RSFSR"[82] an, das am 6. Februar 1992 in Kraft trat.

Das Staatsangehörigkeitsgesetz enthält 51 Paragraphen in neun Abschnitten: allgemeine Bestimmungen (§§ 1 - 11), Erwerb der russischen Staatsangehörigkeit (§§ 12 - 21), Verlust der russischen Staatsangehörigkeit (§§ 22 - 24), Staatsangehörigkeit der Kinder und Staatsangehörigkeit der Eltern (§§ 25 - 31), Staatsorgane (§§ 32 - 36), Verfahren (§§ 37 - 42), Ausführung (§§ 43 - 45), Rechtsweg (§§ 46, 47), Schluß- und Übergangsbestimmungen (§§ 48 - 51).

Das russische Staatsangehörigkeitsgesetz knüpft an die Unionsstaatsbürgerschaft an.[83] Es unterscheidet in § 12 zwischen sieben verschiedenen Formen des Erwerbs der russischen Staatsangehörigkeit: Anerkennung, Geburt, Registrierung, Aufnahme, Wiederherstellung, Option und andere. Alle Bürger der ehemaligen Sowjetunion mit ständigem Wohnsitz in Rußland zum Zeitpunkt des Inkrafttretens des Gesetzes werden als russische Staatsangehörige anerkannt, wenn sie innerhalb eines Jahres nach dieser Frist nicht ihren gegenteiligen Willen zum Ausdruck bringen (§ 13 Abs. 1). Auf dem Wege einer einfachen Registrierung ermöglicht das Gesetz die Verleihung der russischen Staatsangehörigkeit an die auf dem Territorium anderer Republiken der ehemaligen Sowjetunion ständig wohnhaften

---

[80] V RF, 1993, Nr. 2, Pos. 229; RT II, 1993, Nr. 16, Pos. 27; russische Übersetzung in: PAE, 1993, Nr. 23, Pos. 27. Estland ratifizierte das Abkommen am 25. Mai 1993, Text ebenda. Die Rußländische Föderation ratifizierte es am 5. August 1994, in: V RF, 1994, Nr. 15, Pos. 1688.

[81] RT II, 1993, Nr. 29, Pos. 98; russische Übersetzung in: PAE, 1993, Nr. 47, Pos. 98; Estland ratifizierte das Übereinkommen am 20. Oktober 1993, Rußland am 24. April 1995.

[82] V RSFSR, 1992, Nr. 6, Pos. 243; englische Übersetzung in: RCEEL, 19 (1993) 3, S. 293ff.; deutsche Übersetzung in: WGO-MfOR, 34 (1992) 2, S. 110 ff.

[83] Vgl. Schmidt, Das Staatsangehörigkeitsgesetz der Rußländischen Föderation, in: WGO-MfOR, 34 (1992) 2, S. 103.

Bürger der ehemaligen UdSSR.[84] Gemäß § 18 lit. d) des Staatsangehörigkeitsgesetzes i.d.F. vom 6. Februar 1995[85] wird die Staatsangehörigkeit der Rußländischen Föderation auf dem Wege der Registrierung an Staatsangehörige der ehemaligen Sowjetunion verliehen, die auf den Territorien der Staaten wohnen, die zum Verband der ehemaligen Sowjetunion gehörten, und auch an diejenigen, die nach dem 6. Februar 1992 ihren Wohnsitz auf dem Territorium der Rußländischen Föderation nehmen, wenn sie bis zum 31. Dezember 2000 ihren Willen zum Erwerb der Staatsangehörigkeit der Rußländischen Föderation zum Ausdruck bringen. Bezüglich ehemaliger sowjetischer Staatsangehöriger, die auf dem Territorium geboren worden sind, das zur Zeit ihrer Geburt zum Bestand der Rußländischen Föderation gehörte, die früher ihren ständigen Wohnsitz außerhalb der Rußländischen Föderation, aber innerhalb der Sowjetunion genommen haben, später wieder zur Wohnsitznahme in die Rußländische Föderation zurückkehrten und nicht aus eigenem Wunsch die russische Staatsangehörigkeit verloren haben, hat das Verfassungsgericht der Rußländischen Föderation in seinem Beschluß vom 16. Mai 1996[86] die Verfassungswidrigkeit von Art. 18 lit. d) des Staatsangehörigkeitsgesetzes festgestellt. Durch die Unbestimmtheit der Norm sei die Anwendung des Registrierungsverfahrens auf Personen, die gemäß Art. 13 Abs. 2 des russischen Staatsangehörigkeitsgesetzes als russische Staatsangehörige durch Geburt anerkannt werden, nicht ausgeschlossen. Nach Art. 6 Abs. 3 der russischen Verfassung[87] darf einem russischen Staatsbürger seine Staatsangehörigkeit nicht aberkannt werden.

Staatenlose, die zum Zeitpunkt des Inkrafttretens des Gesetzes auf dem Gebiet der Rußländischen Föderation oder einer anderen Republik, die zum Verband der ehemaligen Sowjetunion zum 1. September 1991 gehörte, ihren ständigen Wohnsitz haben und innerhalb eines Jahres nach Inkrafttreten des Gesetzes ihren Wunsch äußern, die russische Staatsangehörigkeit zu erwerben, erhalten diese ebenfalls durch Registrierung (§ 18 lit. e). Einer zwangsweisen Einbürgerung wird durch das negative Optionsrecht vorgebeugt.[88]

Nach § 3 des russischen Staatsangehörigkeitsgesetzes ist die Doppelstaatsangehörigkeit für Staatsangehörige der Rußländischen Föderation generell möglich, wenn dies in einem völkerrechtlichen Vertrag mit dem betreffenden Staat vorgesehen ist. Die Rußländische Föderation hat solche Verträge mit einigen Nachfolgestaaten der ehemaligen Sowjetunion abgeschlossen[89], nicht aber mit Estland.

§ 5 bestimmt den Schutz von russischen Staatsangehörigen im Ausland durch die Rußländische Föderation mit Hilfe ihrer diplomatischen und konsularischen Organe.

---

[84] Vgl. Dmitrieva/Lukashuk, The Russian Federation Law on Citizenship, in: RCEEL, 19 (1993) 3, S. 277 ff.

[85] Gesetzesänderungen in: V RF, 1993, Nr. 29, Pos. 1112; V RF, 1995, Nr. 5, Pos. 185.

[86] SZRF, 1996, Nr. 21, Pos. 2579.

[87] Verfassung vom 12. Dezember 1993, in: Rossijskaja gazeta Nr. 237 vom 25. Dezember 1993; deutsche Übersetzung in: Brunner (Hrsg.), VSO, Rußland, 1.1.

[88] Vgl. Schmidt (Anm. 83), S. 103.

[89] Vgl. Vereinbarung zwischen der Rußländischen Föderation und Turkmenistan über die Regelung von Fragen der doppelten Staatsbürgerschaft vom 23. Dezember 1993, deutsche Übersetzung abgedruckt in: AVR, 35 (1997) 1, S. 112 ff.

Das russische Staatsangehörigkeitsgesetz entspricht den Bestimmungen des russisch-estnischen Grundlagenvertrages. Bis Ende 1996 erwarben ca. 120.000 in Estland lebende Personen die russische Staatsangehörigkeit.[90]

C. Die Staatsangehörigkeitsregelungen der Republik Estland

I. Die Wiederherstellung der Estnischen Staatsangehörigkeit

Ausgehend von der Kontinuität des estnischen Staates[91] entschied der Oberste Sowjet der Republik Estland mit Beschluß vom 26. Februar 1992 über die Anwendung des Staatsangehörigkeitsgesetzes[92] die Wiederanwendung des Staatsangehörigkeitsgesetzes von 1938 i.d.F. vom 16. Juni 1940.[93]

Grundpfeiler des estnischen Staatsangehörigkeitsrechts sind das *ius sanguinis* und die Vermeidung einer doppelten Staatsangehörigkeit (§ 1). Staatsangehörige der Republik Estland sind diejenigen Personen, die selbst oder deren Eltern bzw. elterliche Vorfahren vor der sowjetischen Okkupation die estnische Staatsangehörigkeit besaßen (§ 3). Ungefähr 80.000 Nicht-Esten waren somit automatisch estnische Staatsangehörige.[94] Zu ihnen zählten diejenigen, die vor 1940 die estnische Staatsangehörigkeit innehatten und deren Nachkommen.

---

[90] Vgl. Legal Information Centre for Human Rights, Annual Report 1996, S. 18.

[91] In der Präambel der Verfassung der Republik Estland heißt es: „*Im unerschütterlichen Glauben und standhaften Willen den Staat zu sichern und zu entwickeln; der geschaffen ist aufgrund des unauslöschlichen Selbstbestimmungsrechts des estnischen Volkes und am 24. Februar 1918 verkündet wurde.*" Vgl. auch Ginsburgs, From the 1990 Law on the Citizenship of the USSR to the Citizenship Laws of the Successor Republics, in: RCEEL, 19 (1993) 3, S. 235. Alle drei ehemals annektierten baltischen Staaten gehen von der staatlichen Kontinuität aus. Trotzdem hat Litauen im Gegensatz zu Estland und Lettland die sogenannte Nulloption gewährt. Nach § 1 Abs. 3 des Staatsangehörigkeitsgesetzes vom 3. November 1989 sind alle Personen mit ständigem Wohnsitz in Litauen vor und zum Zeitpunkt des Inkrafttretens des Gesetzes, die eine legale Einkommensquelle haben, litauische Staatsangehörige. In einem Zeitraum von zwei Jahren nach dem Inkrafttreten des Gesetzes können sie frei ihre Staatsangehörigkeit wählen, wofür über 85 % optiert haben. Vgl. Öst, Who is Citizen in Estonia, Latvia and Lithuania?, in: Finnish Helsinki Committee, Human Rights in the Baltic States, S. 59 f. Das Staatsangehörigkeitsgesetz vom 5. Dezember 1991 beschränkt dann aber die Verleihung der automatischen Staatsangehörigkeit auf einen bestimmten in Litauen wohnhaften Personenkreis. Nach m.E. hier nicht zutreffender Auffassung von Egil Levits würde die Nulloption allerdings gegen Völkerrecht verstoßen. Nur eine individuelle Einbürgerung wäre völkerrechtskonform. Vgl. Levits, Die Ausländer- und Minderheitenpolitik der baltischen Staaten unter besonderer Berücksichtigung des Problems der Zuwanderer aus der Sowjetunion, in: Die Unabhängigkeit der baltischen Länder, S. 56.

[92] Russische Übersetzung in: V ER, 1992, Nr. 7, Pos. 109.

[93] RT, 1938, Nr. 39, Pos. 357; deutsche Übersetzung in: Meder, Das Staatsangehörigkeitsrecht der UdSSR und der baltischen Staaten, S. 89 ff.

[94] Vgl. Citizenship and Migration Board, in: Estonia Today, 23 February 1999.

Die Staatsangehörigkeit wurde durch die väterliche Abstammung bestimmt. In § 3 Ziff. 3 des Staatsangehörigkeitsgesetzes i.d.F. vom 16. Juni 1940 hieß es: *„Estnischer Bürger ist ein Kind, das zu einer Zeit geboren ist, als sein Vater estnischer Bürger war."* Die Staatsangehörigkeit einer estnischen Mutter konnte nicht die ihres ehelichen Kindes begründen.[95] Erst mit dem Änderungsgesetz zum Staatsangehörigkeitsgesetz vom 23. März 1993[96] erfolgte eine Ausweitung der automatischen Staatsangehörigkeit auch auf Abkömmlinge weiblicher (Vorkriegs-)staatsangehöriger. Die geänderte Fassung von § 3 Ziff. 3 lautete: *„Estnischer Bürger ist ein Kind, das zu einer Zeit geboren wurde, als sein Vater oder seine Mutter estnischer Bürger war."*

Da das Staatsangehörigkeitsgesetz von 1938 in der Regel keine Bestimmung über die Staatsangehörigkeit auf der Grundlage des Geburtsortes *(ius soli)* oder eines längeren Wohnsitzes (*ius domicilii*) in Estland enthielt, wurden Nicht-Esten, die nach 1940 nach Estland gekommen waren, automatisch von der Staatsangehörigkeit ausgeschlossen.[97] Ihnen stand die Verleihung der estnischen Staatsangehörigkeit über die Naturalisation zu. Als Bedingungen für eine Einbürgerung mußte ein Antragsteller bis zum Tage der Antragstellung mindestens zwei Jahre und nach der Antragstellung ein Jahr seinen ständigen Wohnsitz in Estland (Wohnzensus „zwei plus eins") sowie estnische Sprachkenntnisse nachweisen (§ 6). Als Stichtag für den ständigen Wohnsitz wurde der 30. März 1990 (Tag der Unabhängigkeitserklärung) festgesetzt (Pkt. 5 des Beschlusses über die Anwendung des Staatsangehörigkeitsgesetzes). Die geforderte Dauer des ständigen Wohnsitzes zählte erst von dem festgesetzten Stichtag an. Danach konnte in der Regel die estnische Staatsangehörigkeit frühestens am 30. März 1993 erworben werden. Dies hatte zur Folge, daß große Bevölkerungsgruppen, vor allem Russen, vom aktiven und passiven Wahlrecht bei den Parlamentswahlen vom 20. September 1992 und demzufolge von der politischen Partizipation ausgeschlossen waren.[98]

Der Umfang der geforderten estnischen Sprachkenntnisse für die Einbürgerung wurde in einem gesonderten Gesetz, dem „Gesetz über die Anforderungen an die estnischen Sprachkenntnisse der Antragsteller auf die Staatsangehörigkeit" vom 10. Februar 1993[99], bestimmt.

Bei frühzeitiger Bewerbung für die estnische Staatsangehörigkeit konnte in einem vereinfachten Verfahren auf diese Bedingungen verzichtet werden. So sah Pkt. 6 des Beschlusses über die Anwendung des Staatsangehörigkeitsgesetzes von 1992 eine Befreiung vom Wohnzensus bei ständig in Estland wohnhaften Personen vor, die sich vor den Wahlen zum Kongreß Estlands als Antragsteller für den Erwerb der estnischen Staatsangehörigkeit registrieren ließen. Die überwiegende

---

[95] Vgl. Pekkanen/Danelius, Human Rights in the Republic of Estonia, in: HRLJ, 13 (1992) 5 - 6, para. 34, S. 239.

[96] RT I, 1993, Nr. 17, Pos. 272; russische Übersetzung in: PAE, 1993, Nr. 18, Pos. 272.

[97] Zu den Staatsangehörigkeitsregelungen haben Fact-Finding-Missions ihre Berichte abgegeben. Abgedruckt in: Birckenbach, Preventive Diplomacy through Fact-Finding.

[98] Vgl. Pekkanen/Danelius (Anm. 95), para. 36, S. 239; Hanneman, Independence and Group Rights in the Baltics, in: VJIL, 35 (1995) 2, S. 519.

[99] RT I, 1993, Nr. 11, Pos. 171; russische Übersetzung in: PAE, 1993, Nr. 12, Pos. 171.

Mehrheit der sich registrierenden Personen waren jedoch ethnische Exilesten und nur 318 Nicht-Esten.[100]

§ 1 des „Gesetzes über die Änderung des Beschlusses über die Anwendung des Staatsangehörigkeitsgesetzes" vom 18. Februar 1993[101] verzichtete dann sowohl auf den Wohnzensus als auch auf die estnischen Sprachkenntnisse bei dieser Personengruppe. Der Erwerb der estnischen Staatsangehörigkeit sollte für diejenigen, die sich noch vor den Wahlen zum Kongreß Estlands 1990 als Antragsteller auf die estnische Staatsangehörigkeit registrieren ließen, erleichtert werden.

Vom Erwerb der estnischen Staatsangehörigkeit ausgeschlossen waren nach Pkt. 16 des Beschlusses über die Anwendung des Staatsangehörigkeitsgesetzes von 1992 aktive Angehörige ausländischer Streitkräfte, ehemalige Mitarbeiter von Sicherheits- und Spionageorganisationen der Sowjetunion, strafrechtlich vorbestrafte oder wiederholt bestrafte Personen und Personen ohne rechtmäßiges ständiges Einkommen.

II. Das Staatsangehörigkeitsgesetz Estlands vom 31. Januar 1995

Am 19. Januar 1995 wurde ein neues Staatsangehörigkeitsgesetz[102] angenommen, das am 1. April 1995 in Kraft trat. Dieses Gesetz faßt alle wichtigen Regelungen zur Staatsangehörigkeit zusammen und modifiziert einige von ihnen. Das Staatsangehörigkeitsgesetz stellt das Ausführungsgesetz zu § 8 Abs. 5 der estnischen Verfassung dar. Letztere bestimmt gleich zu Beginn des Abschnitts über die Grundrechte einige grundlegende Prinzipien zur Staatsangehörigkeit. Danach erwirbt ein Kind eines Elternteiles estnischer Staatsangehörigkeit ebenfalls die estnische Staatsangehörigkeit (§ 8 Abs. 1). Jeder, der die estnische Staatsangehörigkeit vor seiner Volljährigkeit verlor, hat das Recht auf Wiederherstellung (§ 8 Abs. 2). Niemandem darf die estnische Staatsangehörigkeit aberkannt werden, wenn diese durch Geburt erworben wurde (§ 8 Abs. 3). Eine Aberkennung aus weltanschaulichen Gründen ist ebenfalls nicht zulässig (§ 8 Abs. 4).

Das Staatsangehörigkeitsgesetz besteht aus 38 Paragraphen, die in sieben Abschnitten unterteilt sind: allgemeine Bestimmungen (§§ 1 - 4), Voraussetzungen für den Erwerb und die Verleihung der Staatsangehörigkeit Estlands (§§ 5 - 12), Voraussetzungen für die Verleihung der Staatsangehörigkeit Estlands an Minderjährige (§§ 13 - 15), Voraussetzungen an die Wiederherstellung der Staatsangehörigkeit Estlands (§§ 16, 17), Verfahren für die Verleihung und die Wiederherstellung der Staatsangehörigkeit Estlands (§§ 18 - 21), Voraussetzungen und Verfahren für den Verlust der Staatsangehörigkeit Estlands (§§ 22 - 30) und Schlußbestimmungen (§§ 31 - 38).

---

[100] Vgl. Report of the CSCE ODIHR Mission on the Study of Estonian Legislation, in: Helsinki Monitor, 4 (1993) 2, para. 36, S. 68 f.

[101] RT I, 1993, Nr. 13, Pos. 204; russische Übersetzung in: PAE, 1993, Nr. 14, Pos. 204.

[102] PAE, 1995, Nr. 67/69, S. 2292 ff.; deutsche Übersetzung des Gesetzes ohne Änderungen vom 18. Oktober 1995 (RT I, 1995, Nr. 12, Pos. 122; russische Übersetzung in: PAE, 1995, Nr. 13, Pos. 122) in: WGO-MfOR, 37 (1995) 1-2, S. 79 ff.; Brunner (Hrsg.) (Anm. 87), Estland, 2.4.; abgedruckt im Anhang F.

Nach § 1 Abs. 1 des estnischen Staatsangehörigkeitsgesetzes ist eine Person, die bei Inkrafttreten des Gesetzes die Staatsangehörigkeit Estlands innehatte, sowie eine Person, die aufgrund des Gesetzes die Staatsangehörigkeit Estlands erworben, bekommen oder wiedererlangt hat, Staatsangehöriger Estlands.

Das Gesetz unterscheidet zwischen dem Erwerb der Staatsangehörigkeit durch Geburt, der Verleihung auf dem Wege der Einbürgerung und der Wiederherstellung (§ 2 Abs. 1). Nach § 5 Abs. 1 erwirbt die estnische Staatsangehörigkeit durch Geburt:

„1) ein Kind, bei dessen Geburt mindestens einer der beiden Elternteile die Staatsangehörigkeit Estlands innehat;

2) ein nach dem Tod des Vaters geborenes Kind, dessen Vater zum Zeitpunkt seines Todes die Staatsangehörigkeit Estlands innehatte."

Nach § 5 Abs. 2 erwerben in Estland gefundene Kinder, dessen Eltern unbekannt sind und die nicht im Besitz einer anderen Staatsangehörigkeit sind, auf Antrag des Vormundes oder der Vormundschaftsbehörde und durch Gerichtsbeschluß die estnische Staatsangehörigkeit durch Geburt.

§ 5 Abs. 3 wiederholt die Bestimmung von § 8 Abs. 3 der Verfassung, wonach niemandem die durch Geburt erworbene Staatsangehörigkeit Estlands entzogen werden darf.

Für die Verleihung der estnischen Staatsangehörigkeit auf dem Wege der Einbürgerung sind im Abschnitt II §§ 6 - 10 des Gesetzes eine Reihe von Voraussetzungen festgelegt, auf die nachfolgend näher eingegangen werden soll.

1. Einbürgerungsvoraussetzungen nach dem estnischen Staatsangehörigkeitsgesetz

a) Mindestalter. Der Antragsteller muß mindestens 15 Jahre alt sein (§ 6 Ziff. 1), um sich selbständig in Estland einbürgern lassen zu können. Zur Verleihung der estnischen Staatsangehörigkeit im Falle von Minderjährigen von 15 bis 18 Jahren muß aber das Einverständnis eines Elternteils, dem Annehmenden, dem Vormund oder der Vormundschaftsbehörde vorliegen (§ 31).

Für Minderjährige unter 15 Jahren gelten in Estland die besonderen Bestimmungen des III. Abschnitts des estnischen Staatsangehörigkeitsgesetzes. Danach können Eltern oder auch ein Elternteil mit estnischer Staatsangehörigkeit für ihre minderjährigen Kinder unter 15 Jahren die estnische Staatsangehörigkeit beantragen (§ 13 Abs. 1) bzw. erhalten Minderjährige unter 15 Jahren gemeinsam mit dem die estnische Staatsangehörigkeit beantragenden Elternteil die Staatsangehörigkeit Estlands auf Antrag der Eltern oder eines Elternteils (§ 14).

b) Wohnsitz. Nach § 6 Ziff. 2 des Gesetzes wird der Wohnsitz in Estland auf der Grundlage einer ständigen Aufenthaltserlaubnis von mindestens fünf Jahren vor dem Tag der Einreichung des schriftlichen Antrages auf Verleihung der Staatsangehörigkeit Estlands und ein Jahr nach dem der Registrierung des schriftlichen Antrages folgenden Tag (Wohnzensus „fünf plus eins") gefordert.

Das neue Gesetz enthält in § 11 eine Definition des Begriffes ständiger Aufenthalt in Estland, der einen Aufenthalt von mindestens 183 Tagen im Jahr in Estland voraussetzt und 90 Tage Aufenthalt außerhalb Estlands nicht überschreiten darf.

Aufgrund der zusätzlichen einjährigen Aufenthaltsfrist nach der Registrierung des schriftlichen Antrages erhöht sich die geforderte Aufenthaltsdauer auf sechs Jahre. Diese Frist steigt um weitere drei Jahre des Besitzes einer befristeten Aufenthaltserlaubnis, die Voraussetzung für den Erwerb einer ständigen Aufenthaltserlaubnis nach § 12 Abs. 3 des Ausländergesetzes ist.[103] Zusammengerechnet muß ein Antragsteller mindestens neun Jahre rechtmäßig in Estland gewohnt haben, bevor er die estnische Staatsangehörigkeit erwerben kann. Antragsteller, die vor dem 1. Juli 1990 nach Estland gekommen sind, werden vom Wohnzensus befreit (§ 33). Auffallend ist, daß im Beschluß über die Anwendung des Staatsangehörigkeitsgesetzes vom 26. Februar 1992 der ständige Wohnsitz für den geforderten Wohnzensus erst ab 30. März 1990 angerechnet wurde, während im neuen Staatsangehörigkeitsgesetz nunmehr alle diejenigen vom Wohnzensus befreit werden, die bereits vor Juli 1990 in Estland ständig gewohnt haben.

c) Kenntnis der Landes- und Staatssprache. Nach § 6 Ziff. 3 i.V.m. § 8 des Gesetzes werden von den Antragstellern estnische Sprachkenntnisse vorausgesetzt. Unter Estnischkenntnissen im Sinne des Staatsangehörigkeitsgesetzes werden die für das Alltagsleben notwendigen Kenntnisse der estnischen Allgemeinsprache verstanden (§ 8 Abs. 1). Estnischkenntnis-Anforderungen sind gemäß § 8 Abs. 2:

„*1) Hörverständnis (amtliche Veröffentlichung und Bekanntmachung; Gefahren- und Warnungshinweise; Nachrichten, Ereignisbeschreibungen und Erklärung von Phänomenen);*

2) Sprechen (Unterhaltung und Erzählung; Äußern von Fragen, Erklärungen, Annahmen und Befehlen; Meinungsäußerung; Ausdrücken von Wünschen);

3) Leseverständnis (amtliche Veröffentlichung und Bekanntmachung; öffentliche Mitteilung, Nachricht, Musterformulierungen, journalistischer Artikel, Bescheid, Katalog, Gebrauchsanweisung, Verkehrsinformation, Umfrage, Protokoll, Vorschrift);

4) Schreiben (Schreiben eines Antrags, einer Vollmacht, einer Erklärung, eines Lebenslaufs; Ausfüllen eines Fragebogens, von Formularen des täglichen Gebrauchs, eines Tests)."

Die Estnischkenntnisse werden in einem Examen bewertet (§ 8 Abs. 3). Das Verfahren zur Durchführung des Examens hat die Staatsregierung durch Verordnung vom 20. Juni 1995 geregelt.[104] Die estnische Sprachprüfung besteht aus insgesamt vier Teilen: Hören (zwölf Aufgaben, davon mindestens sieben richtige), Sprechen (Konversation), Lesen (sechzehn Aufgaben, davon mindestens neun richtige) und Schreiben (zwei Fragen). Die Texte haben einen Umfang von 100 bis 200 Wörtern. Die geforderte mündliche und schriftliche Kenntnis der estnischen Sprache

---

[103] Vgl. hierzu Kapitel 5 B. I. 1. und 2.

[104] RT I, 1995, Nr. 56, Pos. 973; russische Übersetzung in: PAE, 1995, Nr. 43/44, Pos. 973

nach dem Staatsangehörigkeitsgesetz entspricht der Kategorie E der Einführungsverordnung des Sprachgesetzes vom 14. Juli 1989, in der die Sprachkenntnisse in Abhängigkeit vom Schwierigkeitsgrad in insgesamt sechs Kategorien (A - F) eingeteilt wurden.[105]

Einige Erleichterungen hinsichtlich der Anforderungen bezüglich der estnischen Sprachkenntnisse sind für ältere Personen, die vor dem 1. Januar 1930 geboren sowie behinderte Personen in § 34 vorgesehen. Danach werden ältere Personen von der schriftlichen Sprachprüfung, sehbehinderte Personen von der schriftlichen und Leseprüfung, hör- und sprachbehinderte Personen von der mündlichen Sprachprüfung ausgenommen. Eine Befreiung vom Examen über die Verfassung und das Staatsangehörigkeitsgesetz ist nicht vorgesehen.

Von der Ableistung des Examens befreit sind Personen, die ihre Grund-, Ober- oder Hochschulbildung auf Estnisch absolviert haben (§ 8 Abs. 5).

Für das Ablegen der Sprachprüfung müssen die Antragsteller Gebühren in Höhe von 20 % des Mindestlohns[106] bezahlen. Dazu kommen die Kosten für den Sprachunterricht, die sich bei fehlenden Vorkenntnissen auf über 1.000 EEK belaufen können. In der Zeit zwischen 21. November 1995 und 1. September 1996 haben 2.774 Personen die Sprachprüfung abgelegt, davon bestanden 2.294, d.h. 82,3 %.[107]

d) Kenntnis der Verfassung und des Staatsangehörigkeitsgesetzes der Republik Estland. Die Bewerber für die estnische Staatsangehörigkeit müssen Kenntnisse der Verfassung und des Staatsangehörigkeitsgesetzes der Republik Estland gemäß § 6 Ziff. 4 i.V.m. § 9 nachweisen. Dazu zählen nach § 9 Abs. 1:

> *„1) die Grundlagen der Staatsordnung Estlands, die im I. und III. Abschnitt der Verfassung der Republik Estland festgelegt sind;*

[105] Vgl. Uibopuu, Die rechtliche Stellung der Minderheiten in Estland, in: Frowein/ Hofmann/Oeter (Hrsg.), Das Minderheitenrecht europäischer Staaten, S. 37. Kategorie A: mündliches und schriftliches Verständnis der Staatssprache (Wortschatz: 800 Wörtern); Kategorie B: beschränkte mündliche Kenntnis der Staatssprache (Wortschatz: 800 Wörter); Kategorie C: beschränkte mündliche und schriftliche Kenntnis der Staatssprache (Wortschatz: 800 Wörter, darunter amtliche Ausdrücke); Kategorie D: mündliche und beschränkte schriftliche Kenntnis der Staatssprache (Wortschatz: 1.500 Wörter); Kategorie E: mündliche und schriftliche Kenntnis der Staatssprache (Wortschatz: 2.500 Wörter); Kategorie F: Beherrschung der Staatssprache. Die Kategorien A bis C entsprechen der Elementarbildung, D der mittleren und E bis F der höheren Bildung; vgl. Pkt. 2, Abs. 2 der VO Nr. 31 vom 29. Januar 1996 über die Festlegung der Anforderungen an die Beherrschung und Anwendung der estnischen Sprache durch Bedienstete staatlicher Einrichtungen und örtlicher Selbstverwaltungen, in: RT I, 1996, Nr. 8, Pos. 168; russische Übersetzung in: PAE, 1996, Nr. 13/14, Pos. 168.

[106] Vgl. Pkt. 2 der VO vom 20. Juni 1995 (Anm. 104). Der Mindestlohn wurde ab 1. Januar 1996 mit 650 EEK, ab 1. Februar 1997 mit 845 EEK und ab 1. Januar 1998 mit 1.100 EEK festgesetzt. Vgl. Pkt. 1 der VO vom 18. Dezember 1997, in: RT I, 1997, Nr. 95/96, Pos. 1578; russische Übersetzung in: PAE, 1998, Nr. 1, Pos. 1578.

[107] Vgl. Barmakova, Kak za jazyk povešen ..., in: MÈ, 24. September 1996.

2) die Grundrechte, Freiheiten und Pflichten eines jeden Menschen, wie sie im II. Abschnitt der Verfassung der Republik Estland festgelegt sind;

3) die Kompetenz des Parlaments, der Staatspräsidentin bzw. des Staatspräsidenten, der Staatsregierung und der Gerichte entsprechend der Verfassung der Republik Estland;

4) die Voraussetzungen und das Verfahren für Erwerb, Verleihung, Wiederherstellung und Verlust der Staatsangehörigkeit Estlands nach dem Staatsangehörigkeitsgesetz."

Die Kenntnisse der Verfassung und des Staatsangehörigkeitsgesetzes werden in einem Examen bewertet (§ 9 Abs. 2). Die Prüfungsfragen sind durch Verordnung des Innenministers bestätigt worden.[108] Zu den vier Teilen des Examens werden je fünf Fragen gestellt. Von den insgesamt zwanzig Fragen müssen mindestens sechzehn richtig beantwortet werden. Das Examen ist in schriftlicher Form abzulegen. Die Verfassung und das Staatsangehörigkeitsgesetz in estnischer Sprache dürfen als Hilfsmittel benutzt werden.

Analog wie bei der Sprachprüfung müssen die Antragsteller für das Ablegen des Rechtsexamens Gebühren in Höhe von 20 % des Mindestlohns entrichten. In der Zeit zwischen 21. November 1995 und 1. September 1996 legten 3.180 Personen von 3.555 erfolgreich das Examen ab, d.h. 89,5 %.[109]

e) Wirtschaftliche Voraussetzungen. Ein Ausländer, der die estnische Staatsangehörigkeit erwerben will, muß über ein rechtmäßiges ständiges Einkommen verfügen, um seinen Lebensunterhalt und den von ihm unterhaltsberechtigten Personen zu sichern (§ 6 Ziff. 5). Während die Bestimmung von 1992 keine Erläuterung enthielt, was unter rechtmäßigem ständigen Einkommen als Voraussetzung für die Verleihung der estnischen Staatsangehörigkeit zu verstehen ist, enthält das geltende Gesetz in § 7 eine detaillierte Aufzählung.[110] Hierzu zählen ein rechtmäßig verdienter Lohn, der Ertrag aus rechtmäßiger Geschäftstätigkeit oder Eigentum, Rente, Stipendium, Unterhalt, staatliche Unterstützungen wie Arbeitslosen- und Kindergeld sowie Unterhalt durch Familienmitglieder mit rechtmäßigem ständigen Einkommen in Estland.

f) Loyalitätsforderung und Treueeid. Das estnische Staatsangehörigkeitsgesetz fordert von einem Antragsteller für die Staatsangehörigkeit Loyalität gegenüber dem estnischen Staat (§ 6 Ziff. 6). Zusätzlich muß er einen Treueeid auf die verfassungsmäßige Ordnung Estlands leisten: *„Indem ich die Staatsangehörigkeit Estlands beantrage, gelobe ich, der verfassungsmäßigen Ordnung Estlands treu zu sein."* (§ 6 Ziff. 7).

---

[108] RTL, 1995, Nr. 50; russische Übersetzung in: PAE, 1995, Nr. 43/44, S. 1538 ff.

[109] Vgl. Barmakova (Anm. 107).

[110] So auch die Empfehlung des HKNM. Vgl. van der Stoel, Recommendations by the CSCE High Commissioner on National Minorities, in: HRLJ, 14 (1993) 5 - 6, para. 6, S. 218.

g) Verlust der bisherigen Staatsangehörigkeit. Zwar ist der Verlust der bisherigen Staatsangehörigkeit nicht explizit in § 6 des estnischen Staatsangehörigkeitsgesetzes als Voraussetzung für die Einbürgerung genannt, nach § 1 Abs. 2 kann aber ein(e) Staatsangehörige(r) Estlands nicht gleichzeitig die Staatsangehörigkeit eines anderen Staates innehaben.

2. *Sondereinbürgerung*

Das estnische Staatsangehörigkeitsgesetz regelt in § 10 die Verleihung der estnischen Staatsangehörigkeit an Personen mit besonderen Verdiensten. Bei einer Person, die sich ständig in Estland aufhält und sich besonders um den Staat Estland verdient gemacht hat, kann die Forderung der in § 6 Ziff. 2 bis 4 festgelegten Voraussetzungen unterbleiben. Das betrifft den Wohnzensus, die Estnischkenntnis sowie die Kenntnis der Verfassung und des Staatsangehörigkeitsgesetzes. Die anderen in § 6 geforderten Voraussetzungen - Mindestalter, wirtschaftliche Bedingungen, Loyalität und Treueeid - müssen von den einzubürgernden Personen erfüllt werden.

Als besondere Verdienste gelten Leistungen in der Wissenschaft, Kultur, Sport oder einem anderen Gebiet, die das internationale Ansehen Estlands heben (§ 10 Abs. 2).

In § 10 Abs. 3 ist eine Höchstanzahl von jährlich möglichen Sondereinbürgerungen vorgeschrieben. Zunächst belief sich die Zahl auf nur fünf jährliche Sonderverleihungen, die auf zehn erhöht wurde.[111] In Vorbereitung ist eine Gesetzesänderung, wonach die Zahl auf zwanzig angehoben werden soll. Da es bis Ende 1994, also noch vor Inkrafttreten des Staatsangehörigkeitsgesetzes von 1995, über 600 Einbürgerungen aufgrund besonderer Verdienste gegeben hatte, sollte diese Einbürgerungsmöglichkeit stark begrenzt bleiben.[112]

Den Vorschlag zur Sonderverleihung kann ein Mitglied der Staatsregierung machen (§ 10 Abs. 4). Die Sonderverleihung muß von der Staatsregierung begründet werden (§ 10 Abs. 5).

3. *Die Ausgrenzung bestimmter Personengruppen von der Staatsangehörigkeit Estlands*

Nach § 21 Abs. 1 des estnischen Staatsangehörigkeitsgesetzes wird die Staatsangehörigkeit Estlands nicht vergeben oder wiederhergestellt bei Personen, die:

> *„1) bei der Beantragung der estnischen Staatsangehörigkeit wissentlich falsche Angaben gemacht haben;*

---

[111] Vgl. Änderungsgesetz zu § 10 des Staatsangehörigkeitsgesetzes vom 18. Oktober 1995, in: RT I, 1995, Nr. 83, Pos. 1442; russische Übersetzung in: PAE, 1995, Nr. 64, Pos. 1442; § 10 Ziff. 3 des geänderten Staatsangehörigkeitsgesetzes, russische Übersetzung in: PAE, 1995, Nr. 67/69, S. 2293 ff.

[112] Vgl. Hasselblatt, Zum neuen estnischen Staatsangehörigkeitsgesetz, in: WGO-MfOR, 37 (1995) 1-2, S. 78 f.

2) nicht die verfassungsmäßige Ordnung oder die Gesetze Estlands befolgt bzw. einhält;
3) gegen den Staat Estland und seine Sicherheit tätig gewesen ist;
4) ein Verbrechen begangen haben, für das sie zu Freiheitsentzug von über einem Jahr verurteilt sind, und deren Bestrafung nicht erloschen ist oder die strafrechtlich wiederholt für vorsätzliche Straftaten bestraft worden sind;
5) in ausländischen Spionage- oder Sicherheitsorganen gearbeitet haben oder arbeiten;
6) als Kadersoldat in ausländischen Streitkräften gedient haben, zu ihrer Reserve gehören oder in Pension gegangen sind, sowie deren Gattinnen, die in Estland eingetroffen sind im Verbund mit der Entsendung des Soldaten in den Dienst, die Reserve oder Pension."

Die Ausgrenzung von Angehörigen ausländischer Spionage- oder Sicherheitsorganisationen nach Ziff. 5 ist in erster Linie gegen Angehörige des KGB gerichtet, kann aber auch Angehörige anderer ausländischer Geheimdienste betreffen. Die Regelung in Ziff. 6 bezieht sich vor allem auf Angehörige der ehemaligen sowjetischen Streitkräfte.

Eine Ausnahme von der Nichtverleihung der Staatsangehörigkeit kann nach § 21 Abs. 2 für pensionierte ausländische Militärangehörige gemacht werden, die mindestens fünf Jahre mit einer Person, die durch Geburt die estnische Staatsangehörigkeit erworben hat, verheiratet ist, sofern die Ehe nicht geschieden wurde.

4. *Staatenlosigkeit*

Das estnische Staatsangehörigkeitsgesetz schließt mögliche Fälle einer Staatenlosigkeit nicht aus. Nach dem Gesetz ist die Verleihung der Staatsangehörigkeit an Minderjährige von der estnischen Staatsangehörigkeit der Eltern abhängig. Damit ist nicht gesichert, daß in Estland geborene Kinder staatenloser Eltern mit Wohnsitz in Estland eine Staatsangehörigkeit erwerben. Während noch nach § 3 Ziff. 6 und 7 des Staatsangehörigkeitsgesetzes von 1938 in Estland geborene eheliche Kinder staatenloser Väter und uneheliche Kinder staatenloser Mütter die estnische Staatsangehörigkeit erwarben, können nach dem geltenden Staatsangehörigkeitsgesetz in Estland geborene Kinder staatenloser Eltern noch nicht eingebürgert werden.[113]

Wenn Staatenlosigkeit die Folge ist, kann nach § 26 Ziff. 1 eine Person nicht aus der estnischen Staatsangehörigkeit entlassen werden.

Staatenlos sind diejenigen Einwohner Estlands, die weder die estnische, russische oder eine andere Staatsangehörigkeit erworben oder verliehen bekommen haben. Die Zahl der in Estland lebenden Staatenlosen wird auf ca. 300.000 geschätzt.[114] Sie sind auf eine Aufenthaltserlaubnis nach dem Ausländergesetz sowie ein geeignetes Reisedokument angewiesen.

---

[113] Vgl. Wiegandt, The Russian minority in Estonia, in: IJGR, 3 (1995) 2, S. 123.
[114] Vgl. Legal Information Centre for Human Rights (Anm. 90), S. 18.

5. *Aberkennung und Verlust der estnischen Staatsangehörigkeit*

Die Staatsangehörigkeit Estlands geht nach § 2 Abs. 1 lit. 4) i.V.m. § 22 mit der Entlassung aus der Staatsangehörigkeit Estlands, ihrer Aberkennung oder der Annahme einer anderen Staatsangehörigkeit verloren. Nach § 8 Abs. 3 der Verfassung sowie § 5 Abs. 3 des Staatsangehörigkeitsgesetzes darf niemandem die durch Geburt erworbene estnische Staatsangehörigkeit entzogen werden. Daraus folgt, daß die in § 28 Abs. 1 geregelte Aberkennung der Staatsangehörigkeit Estlands nur für Staatsangehörige gilt, die die Staatsangehörigkeit durch Einbürgerung verliehen bekommen haben. In § 28 Abs. 3 heißt es auch explizit, daß die unter Abs. 1 genannten Fälle nicht für Personen zutreffen, die die Staatsangehörigkeit Estlands mit der Geburt erworben haben. Nach § 28 Abs. 1 kann auf Anordnung der Staatsregierung die Staatsangehörigkeit Estlands einer Person aberkannt werden, die:

„*1) als Staatsangehörige Estlands ohne Erlaubnis der Staatsregierung in ausländischen Staats- oder Militärdienst eingetreten ist;*
2) in einem ausländischen Spionage oder Sicherheitsdienst eingetreten ist oder in eine ausländische Organisation, die über Waffen verfügt und militärisch organisiert ist oder militärische Manöver veranstaltet;
3) auf gewaltsamen Wege versucht hat, die verfassungsmäßige Ordnung Estlands zu ändern;
4) die Staatsangehörigkeit Estlands erhalten oder wiederhergestellt bekommen hat auf Grundlage wissentlich von ihr vorgelegter falscher Angaben oder infolge bewußter Verhüllung von Tatbeständen, die die Verleihung der Staatsangehörigkeit Estlands ausschließen;
5) die Staatsangehörigkeit eines anderen Staates innehat, jedoch nicht aus der Staatsangehörigkeit Estlands entlassen worden ist."

Der Verlust der estnischen Staatsangehörigkeit durch Annahme einer anderen Staatsangehörigkeit oder durch Verzicht auf die Staatsangehörigkeit ist in § 29 geregelt. Hierunter können auch Personen fallen, die die estnische Staatsangehörigkeit durch Geburt erworben haben.

Von Mai 1991 bis Ende 1998 haben 105.805 Personen (Nicht-Esten und ethnische Esten) die estnische Staatsangehörigkeit auf dem Wege der Einbürgerung verliehen bekommen[115], davon ca. 86.000 nach den Staatsangehörigkeitsregelungen vor dem 1. April 1995.[116] 1992 bekundeten noch ungefähr 320.000 Nicht-Esten den Wunsch nach estnischer Staatsangehörigkeit.[117] Daraus folgt, daß weniger als 1/3 der nicht-estnischen Bevölkerung bisher die Anforderungen für die Naturalisation erfüllt haben.

---

[115] Vgl. Citizenship and Migration Board, in: Estonia Today, 23 February 1999.

[116] Vgl. Centr informacii po pravam čeloveka, Chronika, S. 1.

[117] Vgl. Ethnic Issues in Estonia, in: The Estonian Institute, Estonia in facts, May 1997, S. 4.

D. Die Völkerrechtskonformität der estnischen Staatsangehörigkeitsregelungen

Nachfolgend soll geprüft werden, ob die estnischen Staatsangehörigkeitsregelungen mit den völkerrechtlichen Regeln, soweit Estland an diese gebunden ist, übereinstimmen. Wie bereits eingangs erörtert, folgt aus dem völkerrechtlichen Grundsatz der staatlichen Souveränität in Staatsangehörigkeitsfragen die Kompetenz Estlands zur Regelung seines Staatsangehörigkeitsrechts. Zu den auferlegten Schranken zählen das Vorhandensein eines *genuine link* zwischen Staat und natürlicher Person, Verpflichtungen aus multilateralen und bilateralen völkerrechtlichen Verträgen sowie völkergewohnheitsrechtlichen Regeln insbesondere hinsichtlich des Erwerbs der Staatsangehörigkeit.

I. Die Völkerrechtskonformität in bezug auf den Russisch-Estnischen Grundlagenvertrag von 1991

In Art. 3 Abs. 3 des Grundlagenvertrages hat Estland mit Rußland den Abschluß eines Vertrages über Staatsangehörigkeitsfragen vereinbart. Dieses *pactum de contrahendo* ist von Estland ungeachtet der Anmahnung durch die Rußländische Föderation bislang nicht eingehalten worden.

Der Verpflichtung aus Art. 3 Abs. 1 und Art. 4 Abs. 3 des Grundlagenvertrages, die Verleihung der estnischen Staatsangehörigkeit an ehemalige Sowjetbürger und Staatenlose mit Wohnsitz in Estland zu ermöglichen, kommt Estland grundsätzlich nach. An die Verleihung knüpft die estnische Gesetzgebung eine Reihe detaillierter Voraussetzungen, die von den Antragstellern zunächst erfüllt werden müssen.

Weitere völkerrechtliche Verpflichtungen bestehen gegenüber der Rußländischen Föderation nicht, da ein Vertrag über Staatsangehörigkeitsfragen noch nicht abgeschlossen wurde.

II. Die Völkerrechtskonformität in bezug auf multilaterale Verträge

Estland ist von den hier aufgeführten siebzehn multilateralen Verträgen einschließlich ihrer Protokolle mit Bezug zu Staatsangehörigkeit und Staatenlosigkeit Vertragspartei von vier Verträgen[118]: dem Internationalen Übereinkommen zur Beseitigung jeder Form von Rassendiskriminierung von 1965, dem Internationalen Pakt über bürgerliche und politische Rechte von 1966, dem Übereinkommen zur Beseitigung jeder Form von Diskriminierung der Frau von 1979 und dem Übereinkommen über die Rechte des Kindes von 1989.

Der Erwerb der estnischen Staatsangehörigkeit durch die väterliche Abstammung nach der am 26. Februar 1992 erfolgten Wiedereinsetzung des Staatsangehörigkeitsgesetzes von 1938 i.d.F. vom 16. Juni 1940 stand im Widerspruch zu

---

[118] Vgl. Verzeichnis völkerrechtlicher Verträge mit Bezug zu Staatsangehörigkeit und Staatenlosigkeit abgedruckt im Anhang C.

Art. 9 Abs. 2 des Übereinkommens zur Beseitigung jeder Form von Diskriminierung der Frau von 1979. Der Verpflichtung, sein innerstaatliches Recht in Einklang mit der völkerrechtlichen Norm zu bringen, ist Estland mit dem Änderungsgesetz zum Staatsangehörigkeitsgesetz vom 23. März 1993 nachgekommen, wonach die estnische Staatsangehörigkeit durch die väterliche und mütterliche estnische Abstammung begründet wird.

Nach dem geltenden Staatsangehörigkeitsregelungen ist eine Einbürgerung von in Estland geborenen Kindern staatenloser Eltern noch nicht möglich.[119] Dies widerspricht dem in Art. 24 Abs. 3 IPbpR und Art. 7 Abs. 1 des Übereinkommens über die Rechte des Kindes proklamierten Recht jedes Kindes auf den Erwerb einer Staatsangehörigkeit.

Gegenwärtig bemüht sich Estland um die Einhaltung der Verpflichtung aus Art. 7 Abs. 2 des Kinderrechtsübereinkommens, die Verwirklichung dieses Rechts im Einklang mit innerstaatlichem Recht und anderen völkerrechtlichen Verpflichtungen sicherzustellen. Eine Änderung des Staatsangehörigkeitsgesetzes vom 8. Dezember 1998[120], die am 12. Juli 1999 in Kraft treten soll, fügt die Abschnitte 4 bis 6 zu § 13 hinzu. Nach dieser neuen Regelung können staatenlose Minderjährige bis zum 15. Lebensjahr, die in Estland nach dem 26. Februar 1992 - Tag der Wiedereinsetzung des Staatsangehörigkeitsgesetzes von 1938 i.d.F. von 1940 - geboren wurden und ihren ständigen Wohnsitz in Estland haben, die estnische Staatsangehörigkeit im vereinfachten Naturalisationsverfahren auf Antrag der Eltern verliehen bekommen, wenn die Eltern nicht weniger als fünf Jahre rechtmäßig in Estland wohnen und staatenlos sind. Schätzungen zufolge würden ungefähr 6.500 Kinder naturalisiert werden können. Aus der Neuregelung bleiben aber fünfzehn bis achtzehnjährige Minderjährige ausgeschlossen, die gem. Art. 1 des Kinderrechtsübereinkommens ebenfalls in den Schutzbereich des Übereinkommens fallen sowie Minderjährige, die vor dem Stichtag in Estland geboren wurden. Damit kommt Estland seiner völkerrechtlichen Verpflichtung nicht im vollen Umfang nach.

Durch das in § 8 Abs. 3 der estnischen Verfassung und § 5 Abs. 3 des Staatsangehörigkeitsgesetzes geregelte Verbot, daß niemandem die durch Geburt erworbene estnische Staatsangehörigkeit entzogen werden darf, erfolgt eine unterschiedliche Rechtsstellung von estnischen Staatsangehörigen, die die Staatsangehörigkeit durch Geburt erworben und die sie durch Einbürgerung verliehen bekommen haben. Einem estnischen Staatsangehörigen durch Einbürgerung wird nach § 28 Abs. 1 lit. 5) des Staatsangehörigkeitsgesetzes die estnische Staatsangehörigkeit aberkannt, wenn er noch eine andere Staatsangehörigkeit innehat. Danach ist eine doppelte Staatsangehörigkeit für estnische Staatsangehörige durch Geburt möglich, nicht aber für Staatsangehörige durch Einbürgerung. Nach innerstaatlichem Recht einiger Staaten stehen Staatsangehörigen durch Naturalisation

---

[119] Nach Empfehlungen des UN-Generalsekretärs und des HKNM sollten in Estland geborene Kinder, die sonst staatenlos würden, die estnische Staatsangehörigkeit bekommen. Vgl. Report of the Secretary-General „Situation of Human Rights in Estonia and Latvia", in: UN Doc. A/48/511, para. 89, S. 17; van der Stoel (Anm. 110), para. 3, S. 218.

[120] RT I, 1998, Nr. 111, Pos. 1827; russische Übersetzung in: PAE, 1999, Nr. 2, Pos. 1827.

nicht immer die gleichen Rechte zu wie Staatsangehörigen durch Geburt.[121] Die Staatsangehörigkeit gehört zu den völkerrechtlich zulässigen Unterscheidungsmerkmalen, an die bestimmte Rechte gebunden sein können. § 28 Abs. 1 und 3 des estnischen Staatsangehörigkeitsgesetzes knüpfen aber nicht an die Staatsangehörigkeit an, sondern an deren Erwerb durch Geburt. Nach Art. 2 Abs. 1 IPbpR[122], Art. 1 Abs. 1 des Übereinkommens zur Beseitigung jeder Form von Rassendiskriminierung und Art. 14 EMRK ist aber eine Unterscheidung aufgrund der Geburt, Abstammung oder nationalen Herkunft unzulässig. Daraus folgt, daß § 28 Abs. 1 und 3 des estnischen Staatsangehörigkeitsgesetzes im Widerspruch zu diesen für Estland verbindlichen völkerrechtlichen Verträgen stehen. Das Prinzip der Nichtdiskriminierung zwischen Staatsangehörigen durch Geburt und durch Einbürgerung ist auch in Art. 5 Abs. 2[123] der noch nicht in Kraft getretenen Europäischen Konvention über Staatsangehörigkeit von 1997 aufgenommen worden.

Wie bereits erwähnt, hat Estland diese Konvention nicht unterzeichnet. Die Gründe hierfür dürften in Widersprüchen zwischen den Bestimmungen der Konvention und estnischen Staatsangehörigkeitsregelungen liegen. Diese betreffen neben Art. 5 Abs. 2 auch Art. 6 insbesondere Abs. 3 und 4 lit. e), f) und g). Widersprüche bestehen ebenfalls hinsichtlich der Regelungen über doppelte bzw. mehrfache Staatsangehörigkeit, die durch die Konvention grundsätzlich vorgesehen werden (5. Abschnitt). Hieraus erwachsen Estland jedoch keine völkerrechtliche Pflichten.

III. Die Völkerrechtskonformität in bezug auf Völkergewohnheitsrecht

Auch die Voraussetzungen für eine Einbürgerung werden durch das innerstaatliche Recht bestimmt[124], wobei die Staaten völkerrechtliche Schranken beachten müssen.

Der Wohnsitz über einen längeren Zeitraum auf dem Territorium des Staates ist als völkerrechtliches Anknüpfungskriterium für die Verleihung der Staatsangehörigkeit durch Einbürgerung allgemein anerkannt. Durch den ständigen Wohnsitz wird ein *genuine link* zwischen dem estnischen Staat und den natürlichen Personen begründet. Die Notwendigkeit des Bestehens einer tatsächlichen Beziehung ist spätestens seit dem Nottebohm Fall als Völkerrechtsnorm allgemein anerkannt worden. Eine feste Regel über die Zeitdauer kennt das Völkerrecht nicht. Die Länge oder Kürze der Wohnsitzfrist wird oftmals von der Anzahl und dem Umfang zusätzlicher Voraussetzungen abhängig gemacht. Je höher Anzahl und Umfang zusätzlicher Voraussetzungen sind, desto kürzer kann die Wohnsitzfrist be-

---

[121] Vgl. Jennings/Watts (eds.) (Anm. 3), § 387, S. 876. Gemäß § 2 Abs. 1 des estnischen „Gesetzes über die Wahlen des Präsidenten der Republik" vom 10. April 1996 muß der Präsident der Republik Estland estnischer Staatsangehöriger durch Geburt sein. RT I, 1996, Nr. 30, Pos. 595; russische Übersetzung in: PAE, 1996, Nr. 29/30, Pos. 595.

[122] Vgl. Nowak (Anm. 34), Art. 2, Rdnr. 33, S. 44.

[123] Art. 5 Abs. 2 lautet: *„Each State Party shall be guided by the principle of non-discrimination between its nationals, whether they are nationals by birth or have acquired its nationality subsequently."*

[124] Vgl. Weis (Anm. 21), S. 241.

messen werden und umgekehrt.[125] Die estnische Forderung nach einer zusätzlichen einjährigen Aufenthaltsfrist nach der Registrierung des schriftlichen Antrages ist allgemein unüblich aber völkerrechtlich nicht unzulässig.

Die Kenntnis der Landessprache gehört zu den völkerrechtlich anerkannten Anknüpfungskriterien für die Verleihung der Staatsangehörigkeit durch Einbürgerung. Für die vom Staat geforderte Eingliederung in die Gesellschaft sollten die zukünftigen Staatsangehörigen zur Kommunikation mit Hilfe der Sprache fähig sein. Über die Sprache kann das Bestehen eines *genuine link* zwischen dem estnischen Staat und den natürlichen Personen nachgewiesen werden. Die Forderung von Sprachkenntnissen fällt aufgrund der innerstaatlichen Zuständigkeit in Staatsangehörigkeitsfragen in die durch den Staat festzulegenden Voraussetzungen für eine Einbürgerung. Dies hat der IACourtHR in seinem Gutachten zu den *Proposed Amendments to the Naturalization Provisions of the Constitution of Costa Rica*[126] bestätigt. Eine Festlegung des zulässigen Umfanges und Schwierigkeitsgrades der geforderten Sprachkenntnisse gibt es im Völkerrecht nicht. Umfang und Schwierigkeitsgrad der geforderten estnischen Sprachkenntnisse entsprechen einer höheren Bildung, die die allgemeinen Grundkenntnisse übersteigen. Die Voraussetzung der Kenntnis der Landessprache ist generell völkerrechtskonform, der Umfang und Schwierigkeitsgrad bleiben hingegen umstritten.

Die Staatsangehörigkeit begründet bestimmte Rechte und Pflichten für natürliche Personen. Daraus ließe sich die Notwendigkeit von elementaren Rechtskenntnissen ableiten, über die ein *genuine link* zwischen Staat und natürlichen Personen nachgewiesen werden kann. Für das Bestehen des Examens über die Verfassung und das Staatsangehörigkeitsgesetz Estlands sind gute Kenntnisse erforderlich, die über ein Grundwissen hinausgehen. Wenn von estnischen Staatsangehörigen durch Geburt die Kenntnis der estnischen Sprache vorausgesetzt werden kann, ist dies bezüglich der von einzubürgernden Antragstellern geforderten Kenntnis der Verfassung und des Staatsangehörigkeitsgesetzes auf diesem Niveau sehr fraglich. Aufgrund der innerstaatlichen Zuständigkeit bei der Bestimmung der Voraussetzungen für die Herstellung eines *genuine link* zu eingebürgerten Staatsangehörigen ist die Forderung der Kenntnis der Verfassung und des Staatsangehörigkeitsgesetzes Estlands völkerrechtlich nicht unzulässig und rechtfertigt auch die diesbezügliche unterschiedliche Behandlung von estnischen Staatsangehörigen durch Geburt und durch Einbürgerung. So hat der IACourtHR in oben genannten Gutachten festgestellt, daß die Forderung nach Kenntnissen der Landesgeschichte und -werte als Bedingung für die Einbürgerung im Ermessen des Staates liegt. Umstritten sind aber auch hier der Umfang und der Grad der geforderten Kenntnis.

Die weiteren Voraussetzungen für die Einbürgerung in Estland wie die finanzielle Absicherung des Lebensunterhalts, die Loyalitätsforderung und der Treueeid sind allgemein anerkannt und völkerrechtlich zulässig.[127]

Als Folge des hohen Schwierigkeitsgrades bei den Sprach- und Rechtsprüfungen nach dem estnischen Staatsangehörigkeitsgesetz kann ein großer Teil der

---

[125] Vgl. de Groot (Anm. 26), S. 245.

[126] IACourtHR, Advisory Opinion of January 19, 1984, No. OC-4/84; abgedruckt in: HRLJ, 5 (1984) 2 - 4, para. 63, S. 174.

[127] Vgl. de Groot (Anm. 26), S. 263 f., 268. Nach de Groots Auffassung könnte auf diese Einbürgerungsvoraussetzungen auch verzichtet werden.

nicht-estnischen Bevölkerung diese Voraussetzungen nicht erfüllen und somit die estnische Staatsangehörigkeit durch Einbürgerung nicht verliehen bekommen.

Aufgrund der estnischen Staatsangehörigkeitsregelung teilt sich die ethnisch nicht-estnische Bevölkerung in drei große Hauptgruppen auf: estnische Staatsangehörige, russische oder andere Staatsangehörige und Staatenlose. Aber nicht allen soll ein Anspruch auf Minderheitenschutz zustehen.

Kapitel IV
DER MINDERHEITENSCHUTZ IN ESTLAND

A. Der Minderheitenschutz Estlands in der Zwischenkriegszeit

I. Der völkerrechtliche Minderheitenschutz Estlands

1. Die Minderheitenschutzerklärung Estlands vor dem Völkerbund vom 17. September 1923

Von den Staaten, deren Völker nach dem Ersten Weltkrieg ihr Selbstbestimmungsrecht mit der Gründung eines unabhängigen Staates verwirklicht hatten wie in Estland, forderten die Alliierten Mächte den Schutz der auf ihren Territorien lebenden Minderheiten als Vorbedingung für die Anerkennung bzw. Aufnahme in den Völkerbund. Durch Beschluß der 1. Bundesversammlung vom 15. Dezember 1920[1] ist Estland empfohlen worden, die in den Minderheitenschutzverträgen[2] enthaltenen allgemeinen Prinzipien zu sichern. Am 13. September 1921 erklärte sich Estland bereit, die Empfehlung anzunehmen und mit dem Völkerbund Gespräche über die Einzelheiten der geforderten Garantien zu beginnen. Nach länge-

---

[1] Im Falle der Aufnahme der baltischen Staaten in den Völkerbund empfiehlt die Versammlung „*die geeigneten Maßnahmen zu treffen, um die Anwendung der allgemeinen, in den Verträgen zum Schutz der Minderheiten normierten Grundsätze zu sichern und ... sich mit dem Rat über die Einzelheiten ihrer Anwendung in Verbindung setzen zu wollen.*" Abgedruckt in: Kraus, Das Recht der Minderheiten, S. 114; deutsche Übersetzung in: Wintgens, Der völkerrechtliche Schutz der nationalen, sprachlichen und religiösen Minderheiten, S. 151.

[2] Als Beispiel der Minderheitenschutzverträge zwischen den Alliierten und Assoziierten Hauptmächten (USA, Frankreich, Großbritannien, Italien, Japan) und den besiegten bzw. neu entstandenen Staaten gilt der Vertrag vom 28. Juni 1919 mit Polen, zu dessen Abschluß Polen durch Art. 93 des Versailler Friedensvertrages verpflichtet worden war. Minderheitenschutzvertrag mit Polen in: CTS, vol. 225, p. 412; abgedruckt in: Viefhaus, Die Minderheitenfrage und die Entstehung der Minderheitenschutzverträge auf der Pariser Friedenskonferenz 1919, S. 231 ff.

ren Verhandlungen aufgrund des anfänglichen Widerstandes Estlands[3], das auf die bereits in der estnischen Verfassung verankerten Minderheitenschutzbestimmungen hingewiesen hatte, gab Estland am 17. September 1923 eine einseitige Erklärung[4] vor dem Völkerbund ab. Der Völkerbundsrat nahm gleichzeitig die Mitteilungen der estnischen Regierung vom 28. August 1923 über die Lage der Minderheiten in Estland zur Kenntnis. Dem Rat stand das Recht zu, sich von neuem mit der rechtlichen Lage der Minderheiten Estlands zu befassen, sobald die allgemeinen Grundsätze des Minderheitenschutzes nicht mehr verwirklicht würden. Zu diesem Zweck war es möglich, daß der Rat auf Ersuchen eines seiner Mitglieder von der estnischen Regierung Auskünfte über die Lage der Minderheiten anforderte. Bei Meinungsverschiedenheiten über Rechts- oder Tatfragen und über die Resolution konnte vom StIGH ein Gutachten angefordert werden. In seiner Erklärung hat Estland ausdrücklich zum Vorbehalt gemacht, daß der Rat von der estnischen Regierung keine Auskünfte verlangen werde ohne darum von einem seiner Mitglieder ersucht worden zu sein.[5] In der einseitigen Erklärung verwies Estland auf seinen in der Verfassung enthaltenen Minderheitenschutz.

Mit der Erklärung ist Estland eine völkerrechtliche Verpflichtung zum Schutz seiner Minderheiten eingegangen, die unter die Garantie des Völkerbundes gestellt wurde. Angehörigen von Minderheiten und Minderheitengruppen in Estland stand der Weg offen, sich mit Minderheitenbeschwerden, sogenannten Petitionen, an die Minderheitensektion des Völkerbundssekretariats zu wenden. Die Beschwerdeführer besaßen nicht den Status einer Streitpartei. Die Petition stellte nur eine Quelle der Information für die Ratsmitglieder dar. Erst durch ein Ratsmitglied konnte der Rat zur Eröffnung eines Verfahrens verpflichtet werden.[6]

2. *Estnische Minderheitenpetitionen vor dem Völkerbund*

Im Zeitraum von 1920 bis 1931 wurden 525 Petitionen beim Völkerbund eingereicht[7], nur zwei kamen aus Estland.[8] Damit lag Estland an letzter Stelle der eingereichten Petitionen. In den Petitionen vom 24. Februar 1921 und 10. Mai 1926 forderte die deutsche Minderheit, deren Grundbesitz durch das estnische Agrargesetz vom 10. Oktober 1919[9] enteignet worden war, eine Prüfung, ob damit eine Verletzung ihrer Rechte als nationale Minderheit vorläge.[10] Die erste Petition ließ der Völkerbund unbeantwortet, bei der zweiten erfolgte durch den Generalsekretär

---

3 Zur Vorgeschichte der Minderheitenschutzerklärung vgl. Flachbarth, System des internationalen Minderheitenrechts, S. 77 f.; Aun, Der völkerrechtliche Schutz nationaler Minderheiten in Estland von 1917 - 1940, S. 58 ff.

4 Abgedruckt in: Kraus (Anm. 1), S. 188 ff.

5 Vgl. Aun (Anm. 3), S. 72 ff.

6 Vgl. Zum Petitionsverfahren vgl. Wintgens (Anm. 1), S. 308 ff., 332 ff.; Gütermann, Das Minderheitenschutzverfahren des Völkerbundes, S. 163 ff.

7 Vgl. v. Truhart, Völkerbund und Minderheitenpetitionen, S. 8.

8 Vgl. hierzu Aun (Anm. 3), S.112 ff.

9 RT, 1919, Nr. 79/80, Pos. 156; deutsche Übersetzung in: Fahle, Die Agrarreform der Republik Estland, S. 109 ff.

10 Agrarreformen gaben häufig Anlaß zu Petitionen vor dem Völkerbund. Vgl. Bartsch, Minderheitenschutz in der internationalen Politik, S. 104 ff.

eine Übermittlung an die Ratsmitglieder.[11] Eine Verletzung der Minderheitenrechte durch die Agrarreform wurde verneint. Die estnische Regierung qualifizierte die Agrargesetzgebung nicht als gegen die nationalen Minderheiten gerichtet, sondern als soziales und wirtschaftliches Erfordernis. Die Agrarreform sollte den sozialen Frieden zwischen dem bisher landbesitzlosen estnischen Mehrheitsvolk und den sich in der Minderheit befindenden meist deutschen Großgrundbesitzern wiederherstellen.

II. Der innerstaatliche Minderheitenschutz Estlands

1. Minderheitenschutzbestimmungen in den Verfassungen Estlands

Nach den Angaben der Volkszählung von 1922 setzte sich die 1.107.059 zählende Bevölkerung Estlands aus 87,7 % Esten, 8,2 % Russen, 1,7 % Deutschen, 0,7 % Schweden, 0,3 % Juden und 1,4 % anderer Nationalitäten wie Letten, Finnen, Polen zusammen.[12] Der Anteil nicht-estnischer Nationalitäten betrug 12,3 % der Gesamtbevölkerung.

Bis zum Ende des Ersten Weltkrieges waren die Esten selbst ein Fremdvolk im zaristischen Rußland und mußten erfahren, was es bedeutet, als Fremdvolk bzw. Minderheit in der eigenen Heimat zu leben. Aus dieser Zeit hatten sie gelernt, daß Minderheiten durch eine falsche Behandlung zu illoyalen Staatsbürgern[13] und damit zu Staatsfeinden erzogen werden können.[14]

Die Kulturautonomie für nationale Minderheiten wurde schon vor ihrer verfassungsrechtlichen Verankerung im „Manifest an alle Völker Estlands" vom 24. Februar 1918, das vom Ältestenrat des estnischen Landtages verkündet worden war, erwähnt:

> *„Den in den Grenzen des Freistaates lebenden nationalen Minderheiten, den Russen, Deutschen, Schweden, Juden und anderen Völkern, werden die Rechte auf eine national-kulturelle Autonomie gewährleistet."*[15]

Die erste estnische Verfassung vom 15. Juni 1920[16], die am 21. Dezember 1920 in Kraft getreten war, garantierte den in Estland lebenden nationalen Minderheiten im Hauptstück II „Von den Grundrechten der Bürger Estlands" besondere Rechte.

---

[11] Vgl. Truhart (Anm. 7), S. 50.

[12] Vgl. Pullerits, The Estonian Year-book 1927, S. 13.

[13] Von Minderheitenangehörigen wird oftmals explizit Loyalität gegenüber dem Wohnsitzstaat gefordert. Als Staatsangehörigen kommt ihnen ohnehin eine staatsbürgerliche Treuepflicht zu. Vgl. Luchterhandt, Nationale Minderheiten und Loyalität, S. 61.

[14] Vgl. Angelus, Die Kulturautonomie in Estland, S. 10 f.

[15] Zitiert nach Maddison, Die nationalen Minderheiten Estlands und ihre Rechte, S. 3.

[16] RT, 1920, Nr. 113/114; deutsche Übersetzung in: v. Csekey, Verfassungsentwicklung, in: JöR, 16 (1928), Nr. 1, S. 213 ff.

Nach § 6 des Grundgesetzes waren alle Bürger Estlands gleich vor dem Gesetz. Dieses Schutzrecht gewährleistete die Gleichheit aller Staatsangehörigen vor dem Gesetz ohne Unterschied der Geburt, der Konfession, des Geschlechts, des Standes oder der Nationalität. In § 20 wurde die Freiheit der Bestimmung der Nationalität durch jeden Bürger Estlands aufgenommen. Die zentrale Bestimmung zum Minderheitenschutz enthielt § 21:

> *„Die Angehörigen der innerhalb der Grenzen Estlands wohnenden nationalen Minderheiten können zur Wahrnehmung ihrer nationalen Kultur- und Fürsorgeinteressen entsprechende autonome Institutionen, soweit diese nicht den Staatsinteressen widersprechen, ins Leben rufen."*

Weitere Minderheitenschutzbestimmungen befanden sich in §§ 12, 22 und 23. Nach § 12 Abs. 1 Satz 3 wurde den nationalen Minderheiten der muttersprachliche Unterricht gewährleistet. § 22 erlaubte den nationalen Minderheiten in Gebieten, in denen sie die Mehrheit bildeten, den Gebrauch ihrer Sprache als Geschäftssprache der lokalen Selbstverwaltungsinstitutionen. Den Bürgern deutscher, russischer und schwedischer Nationalität stand nach § 23 das Recht zu, sich schriftlich in ihrer Sprache an die staatlichen Zentralinstitutionen zu wenden. Der Gebrauch der Sprachen dieser Nationalitäten vor Gericht, in den örtlichen staatlichen Institutionen sowie in den Selbstverwaltungsinstitutionen wurde in einem Spezialgesetz geregelt, dem am 29. Oktober 1934 angenommenen Sprachgesetz.[17]

Der liberalen Verfassung von 1920 folgte das Verfassungsänderungsgesetz vom 16. Oktober 1933.[18] Die demokratische Republik hatte sich in einen autoritären Staat gewandelt.[19] Die Bestimmungen zum Schutz nationaler Minderheiten erfuhren noch keine Änderung. Erst in der Verfassung vom 17. August 1937 kam es zu einigen wenigen Modifikationen.[20] Bestimmte § 20 der Verfassung von 1920 ausdrücklich, daß jeder Bürger frei ist in der Bestimmung seiner Nationalität, erklärte § 19 der Verfassung von 1937 lediglich, daß jeder Bürger berechtigt ist, seine nationale Zugehörigkeit aufrechtzuerhalten und daß die näheren Grundlagen für die Bestimmung der nationalen Zugehörigkeit durch Gesetz geregelt werden. Die anderen Minderheitenschutzbestimmungen der Verfassung von 1920 (§§ 21 - 23) wurden redigiert, sinngemäß blieben sie aber erhalten.[21]

2. *Das Gesetz über die Kulturselbstverwaltung der völkischen Minderheiten vom 12. Februar 1925*

Zur Umsetzung der Bestimmung in § 21 der Verfassung bedurfte es eines Spezialgesetzes, das mit dem „Gesetz über die Kulturselbstverwaltung der völkischen

---

[17] RT, 1934, Nr. 93.

[18] RT, 1933, Nr. 86; deutsche Übersetzung in: v. Csekey, Verfassungsentwicklung, in: JöR, 22 (1935), Nr. 2, S. 442.

[19] Vgl. v. Csekey (Anm. 18), S. 412, 432.

[20] Vgl. Meder, Verfassung Estlands 1937, in: ZOR. NF, 4 (1937) 4, S. 208.

[21] Vgl. Aun (Anm. 3), S. 134.

Minderheiten" vom 12. Februar 1925[22] geschaffen wurde. Wie in der Präambel erwähnt, ist das Gesetz die Ausführung der Bestimmung in § 21 der Verfassung von 1920.

Estland war der erste Staat der Welt, der seinen nationalen Minderheiten durch Gesetz eine Kulturselbstverwaltung zugestand[23] und dies auch praktizierte.

Das Gesetz bestand aus 31 Paragraphen, die in fünf Abschnitte eingeteilt waren: allgemeine Bestimmungen (§§ 1 - 8), Bestimmungen über das Nationalregister (Kataster) (§§ 9 - 13), Regelungen über die Auflösung des Kulturrates und die Beendigung der Tätigkeit der Kulturselbstverwaltung (§§ 14, 15), Bestimmungen über die Wahlen und den Zusammentritt des ersten Kulturrates (§§ 16 - 28), Bestimmungen über das Verordnungsrecht der Regierung (§§ 29 - 31).[24]

Im Sinne von § 8 des Gesetzes galten als nationale Minderheiten

> *„das deutsche, russische und schwedische Volk, sowie diejenigen innerhalb der estnischen Grenzen lebenden völkischen Minderheiten, deren Gesamtzahl nicht kleiner als dreitausend ist."*

So kamen noch die Juden und die Letten als nationale Minderheiten hinzu.[25] Nach § 9 des Gesetzes wurde die Zugehörigkeit zur Kulturselbstverwaltung der entsprechenden völkischen Minderheit durch das Nationalregister aufgrund des Bekenntnisprinzips festgestellt. In das Nationalkataster konnten sich estnische Staatsbürger der in § 8 genannten Nationalitäten aufnehmen lassen, wenn sie mindestens 18 Jahre alt waren. Aus dieser Bestimmung folgte, daß nur estnische Staatsangehörige unter die Definition der nationalen Minderheit fielen.

Die Organe der Kulturselbstverwaltungen waren nach § 5 der Kulturrat, die Kulturverwaltung und nach Bedarf örtliche Kulturkuratorien. Der Kulturrat als wichtigstes Organ war Träger der Kulturselbstverwaltung. Er erließ die Verordnungen, nahm den Haushalt an, wählte die Mitglieder der Kulturverwaltung und der Revisionskommission. Die Kulturverwaltung war das Vollzugsorgan der Kulturselbstverwaltung und vertrat diese im amtlichen Verkehr mit der Regierung, den Gerichten, den lokalen Selbstverwaltungen und anderen Behörden.[26]

Mit dem Gesetz wurden die organisierten Minderheiten als staatsrechtliche Rechtssubjekte anerkannt.[27] Den Inhalt der Kulturautonomie bildete die *„Selbstverwaltung auf kulturellem und finanziellem Gebiet mit einem beschränkten Gesetzgebungsrecht"*.[28]

Die Institutionen der völkischen Kulturselbstverwaltung basierten auf denselben Grundlagen wie die lokalen Selbstverwaltungen, mit folgenden Unterschieden: das Gebiet der Kulturselbstverwaltungen umfaßte das ganze Staatsgebiet, die Aufgabe des Wirkungskreises war auf die Wahrnehmung der Kulturinteressen

---

[22] RT, 1925, Nr. 31/32, Pos. 9; deutsche Übersetzung in: v. Csekey (Anm. 16), Nr. 10 a, S. 244 ff.

[23] Vgl. hierzu Aun (Anm. 3), S. 101 ff.

[24] Vgl. Angelus (Anm. 14), S. 16.

[25] Vgl. ebenda, S. 17 f.

[26] Vgl. ebenda, S. 28.

[27] Vgl. Wintgens (Anm. 1), S. 153.

[28] Veiter, Nationale Autonomie, S. 113.

beschränkt, die Mitgliedschaft in den Kulturselbstverwaltungen gründete sich auf dem freien Bekenntnis zu einer nationalen Minderheit, und den Kulturselbstverwaltungen war es nach § 6 lit. e) gestattet, Sammlungen zur Aufbesserung ihrer finanziellen Lage durchzuführen.

Die Erhebung einer besonderen Kultursteuer nur für Angehörige der Minderheiten zusätzlich zu den übrigen öffentlichen Steuern bedeutete allerdings eine Benachteiligung gegenüber den anderen estnischen Staatsbürgern.[29]

Eine Besonderheit im „Gesetz über die Kulturselbstverwaltung der völkischen Minderheiten" stellte § 31 dar, wonach die Regierung eine Kulturselbstverwaltung für Staatsbürger der estnischen Nationalität in den Gebieten einrichten konnte, wo sich eine nationale Minderheit in der Mehrheit bzw. die Esten in der Minderheit befanden.[30] Staatsbürger estnischer Nationalität genossen Minderheitenrechte dort, wo sie zahlenmäßig unterlegen waren.[31]

Die estnische Kulturselbstverwaltung beruhte auf dem Personalitätsprinzip. Es handelte sich hierbei also um eine Personal- und keine Territorialautonomie. Nach Veiter ist darunter zu verstehen:

> *„die Rechtsform für eine ursprüngliche Teilnahme einer vom staatsführenden Volk verschiedenen, als Persönlichkeit des öffentlichen Rechtes konstituierten Nationalität (Volksgruppe) am Staat auf Grund einer von der zuständigen staatlichen Gewalt erteilten Delegation zur Besorgung bestimmter Verwaltungs- oder Gesetzgebungsakte."*[32]

Die estnische Kulturselbstverwaltung erwies sich als geeignete Form der Autonomie für nationale Minderheiten, die nicht geschlossen in einem Siedlungsgebiet leben. Die estnische Kulturautonomie wird in der Literatur zu Recht als *„ein Vorbild für die rechtliche Regelung des Zusammenlebens verschiedener Nationalitäten in einem Staat"*[33], als *„bedeutsamster Fall einer verwirklichten personellen Autonomie der Nationalitäten"*[34] sowie als Modell für einen nicht-territorialen Föderalismus[35] gewertet.

3. Die Verwirklichung der Kulturselbstverwaltung durch die nationalen Minderheiten Estlands

Das im „Gesetz über die Kulturselbstverwaltung der völkischen Minderheiten" gewährte Recht, kulturelle Selbstverwaltungen zu errichten, setzten nur die deutsche und jüdische Minderheit um, die im Gegensatz zu der russischen und schwedischen verstreut siedelten.

---

[29] Vgl. Hasselblatt, Kulturautonomie, in: Nation und Staat, 4 (1930/31), S. 446.
[30] Vgl. Laserson, Minoritätenrecht, in: ZaöRV, 2/1 (1931), S. 423.
[31] Vgl. Veiter (Anm. 28), S. 114.
[32] Ebenda, S. 58.
[33] Ebenda, S. 116.
[34] Kloss, Grundfragen der Ethnopolitik im 20. Jahrhundert, S. 345.
[35] Vgl. Lijphart, Democracies Patterns of Majoritarian and Consensus Government in Twenty-One Countries, S. 183 f.

a) Die deutsche Kulturselbstverwaltung. Die Kulturautonomie in Estland war für die deutsche Minderheit von besonderer Bedeutung. Ihr kam ein beträchtlicher Anteil am wirtschaftlichen und kulturellen Leben Estlands in den ersten Jahren der Selbständigkeit, mindestens bis zur Agrarreform, zu. Die Enteignung der deutschen Großgrundbesitzer durch den estnischen Staat belastete das Verhältnis zwischen dem estnischen Mehrheitsvolk und der deutschen Minderheit erheblich. Mit der Gewährung der Kulturautonomie entspannte sich das Zusammenleben.

Am 4. November 1925 wurde die deutsche Kulturselbstverwaltung errichtet.[36] Damit war sie die erste Kulturselbstverwaltung in der Welt.[37]

Die deutsche Kulturselbstverwaltung setzte sich aus dem Kulturrat und der Kulturverwaltung als ausführendes Organ zusammen. Die Arbeit der Kulturverwaltung wurde nach Ämtern eingeteilt: Schulamt, Kulturamt, Finanz- und Steueramt, Katasteramt und Volkstumsarbeit.[38]

Zu den Hauptaufgaben der Kulturselbstverwaltung gehörte die Organisation, Verwaltung und Überwachung der öffentlichen und privaten muttersprachlichen Schulen. 1926 wurden die Privatschulen dem deutschen Schulamt unterstellt und die deutschen Grundschulen aus dem Bereich der Kommunalverwaltungen in den der Kulturselbstverwaltung überführt. Die Oberschulen blieben weiterhin dem Bildungsministerium allerdings durch Vermittlung der Kulturselbstverwaltung untergeordnet. Die kulturelle Tätigkeit der deutschen Minderheit nahm einen öffentlich-rechtlichen Charakter an.[39]

Die deutsche Minderheit hat die Idee einer Kulturselbstverwaltung praktisch verwirklicht und ihre Lebensfähigkeit bewiesen.[40]

Mit der Umsiedlung von mehr als 12.000 Deutschen nach dem Übersiedlungsübereinkommen zwischen Estland und Deutschland vom 15. Oktober 1939[41] war die Tätigkeit der deutschen Kulturselbstverwaltung beendet.[42] Die Deutschbalten wurden bei ihrer Umsiedlung nach Deutschland aus der estnischen Staatsangehörigkeit entlassen und erhielten die deutsche auf Grundlage einer „diktierten Option".[43] Nach § 15 lit. b) des „Gesetzes über die Kulturselbstverwaltung der völkischen Minderheiten" hatten die Institutionen der Kulturselbstverwaltung ihre Tätigkeit zu beenden,

> *„wenn die Zahl der Mitglieder der völkischen Minderheit unter dreitausend sinkt oder die Zahl der im Nationalregister verzeichneten volljährigen*

---

[36] RT, 1925, Nr.175/176; vgl. hierzu Maddison (Anm. 15), S. 31.

[37] Vgl. Koch, Fünf Jahre deutsche Kulturselbstverwaltung in Estland, in: Nation und Staat, 4 (1930/31), S. 239.

[38] Vgl. ebenda, S. 241.

[39] Vgl. Hasselblatt, Minderheitenpolitik in Estland, S. 53 f.

[40] So die Einschätzung des Präsidenten des deutschen Kulturrates in Estland, R. Koch, vgl. Koch (Anm. 37), S. 242.

[41] Text in: Documents on International Affairs 1939-1946, 2 (1954), S. 264; Nation und Staat, XIII (1939/40), S. 71 ff. Die Umsiedlung der Deutsch-Balten aus Estland war eine Folge der deutsch-sowjetischen Geheimvereinbarungen von 1939 über die Abgrenzung der Interessensphären.

[42] Vgl. Nation und Staat, XIII (1939/40), S. 308.

[43] Zur Umsiedlung der Deutsch-Balten aus Estland vgl. ausführlich Loeber, Diktierte Option.

Bürger unter die Hälfte der zur letzten Volkszählung festgestellten Gesamtzahl volljährigen Bürger der entsprechenden völkischen Minderheit sinkt."

Das Risiko, in Estland ohne Minderheitenstatus zu leben, erschien vielen zu hoch, so daß sich der Großteil der Deutschbalten zur Umsiedlung entschloß. 1939 siedelten ca. 65 % (ca. 14.400) der deutschen Volkszugehörigen aus Estland aus, 1941 folgten weitere 7.000.[44] Am 21. Dezember 1939 erließ die estnische Regierung die Verordnung über die Beendigung der Tätigkeit der deutschen Kulturselbstverwaltung.[45]

b) Die jüdische Kulturselbstverwaltung. Die Juden waren eine zahlenmäßig kleine Gruppe, deren Bedeutung für die Wirtschaft und Kultur Estlands geringer war als die der deutschen Minderheit. In die Listen, die der Mitteilung über den Wunsch der Bildung einer jüdischen Kulturselbstverwaltung an die Regierung Estlands beigefügt wurde, waren 3.045 estnische Staatsbürger jüdischer Nationalität eingetragen.[46] Somit fielen die Juden im Sinne von § 8 des „Gesetzes über die Kulturselbstverwaltung der völkischen Minderheiten" unter die Definition einer nationalen Minderheit. Die Regierung Estlands erklärte am 16. Juni 1926 die jüdische Kulturselbstverwaltung für errichtet.[47]

Bei der jüdischen Kulturselbstverwaltung wurden folgende Abteilungen gebildet: Kultur-, Schul-, Wirtschafts- und Katasterabteilung. Der Kulturselbstverwaltung waren insgesamt sechs Schulen untergeordnet, in denen entweder in Hebräisch, Jiddisch oder Russisch unterrichtet wurde.[48]

Mit der Kulturselbstverwaltung verfügte die nationale Minderheit über eigene Behörden zur Wahrung ihres kulturellen Lebens, das sie im gesetzlich vorgegebenen Rahmen frei gestalten konnte.[49]

c) Der Verzicht der russischen Minderheit auf eine Kulturautonomie. Obwohl die Russen die zahlenmäßig größte Minderheit in Estland darstellten[50], hatten sie keine Kulturselbstverwaltung gegründet. Sie siedelten meist in geschlossenen Gebieten, was ihnen eine Wahrnehmung ihrer nationalen Interessen in den lokalen Selbstverwaltungskörperschaften ermöglichte. Dennoch konnten die lokalen Selbstverwaltungen den Russen keine Selbständigkeit auf dem Gebiet des Schulwesens garantieren. Eine Schulautonomie der Russen wurde aufgrund ihres relativ niedrigen kulturellen Niveaus als nicht ratsam erachtet. Es herrschte die allgemeine Auffassung, daß die Russen gar keine Kulturautonomie brauchten, und daß die Kulturautonomie für die sowieso schon arme russische, hauptsächlich ländli-

---

[44] Vgl. ebenda, S. 52.
[45] Vgl. ebenda, S. 39.
[46] Vgl. Maddison (Anm. 15), S. 32.
[47] RT, 1926, Nr. 53.
[48] Vgl. Maddison (Anm. 15), S. 33.
[49] Vgl. Angelus (Anm. 14), S. 17.
[50] Zur Herausbildung einer russischen Minderheit in Estland vgl. Ruutsoo, Die Herausbildung einer russischen Minderheit in der Republik Estland 1918 - 1940, in: Estland und seine Minderheiten, Nordost-Archiv, NF, 4 (1995) 2, S. 551 ff.

che Bevölkerung eine unzumutbare finanzielle Belastung durch die Auferlegung der Kultursteuer nach § 6 lit. d) des Gesetzes bedeuten würde.[51]

Trotzdem bemühte sich die russische Minderheit Ende der dreißiger Jahre eine Kulturselbstverwaltung ins Leben zu rufen, wozu es jedoch nicht mehr kam.[52]

Nach der sowjetischen Annexion zählte die einst russische Minderheit in Estland zum russischen Mehrheitsvolk. Im Verhältnis zum russischen Volk befand sich nunmehr das estnische Volk in einer Minderheitenposition innerhalb der Sowjetunion.[53]

B. Der völkerrechtliche Normbestand des internationalen Minderheitenschutzes

I. Der Minderheitenschutz im Rahmen der UNO

Eine Aufnahme des Minderheitenschutzes in die Völkerbundssatzung scheiterte[54] ebenso wie die des Selbstbestimmungsrechts. Das internationale Minderheitenschutzsystem der Zwischenkriegszeit setzte sich aus Minderheitenschutzverträgen, die auf der Pariser Friedenskonferenz vereinbart wurden, Minderheitenschutzbestimmungen in Friedensverträgen, bilateralen Verträgen zum Minderheitenschutz sowie Minderheitenschutzerklärungen vor dem Völkerbund[55], wie die Estlands von 1923, zusammen.

Das allgemeine Scheitern des internationalen Minderheitenschutzsystems der Zwischenkriegszeit[56] bewirkte eine Abwendung der 1945 gegründeten UNO vom Minderheitenschutz und eine Hinwendung zum Menschenrechtsschutz. Die Achtung der Menschenrechte und Grundfreiheiten sowie das Diskriminierungsverbot sollten ausreichende Instrumente für den Minderheitenschutz darstellen. So ist es nicht verwunderlich, daß die UN-Charta und die Allgemeine Erklärung der Menschenrechte keine Bestimmungen zum Minderheitenschutz, sondern nur zum Diskriminierungsverbot (Art. 1 Ziff. 3 UN-Charta und Art. 2 AEMR) beinhalten.

---

[51] Vgl. Kurtschinsky, Kulturautonomie und die russische Minderheit in Estland, in: Nation und Staat, 4 (1930/31), S. 775.

[52] Vgl. Weiss, Das Volksgruppenrecht in Estland vor dem Zweiten Weltkriege, in: ZOF, 1 (1952), S. 254.

[53] Zur Rechtslage der Minderheiten (Nationen und Völkerschaften) in der Sowjetunion vgl. Brunner, Die Rechtslage der Minderheiten nach sowjetischem Verfassungsrecht, in: Brunner/Kagedan (Hrsg.), Die Minderheiten in der Sowjetunion und das Völkerrecht, S. 23 ff.; Brunner, Minderheiten in der Sowjetunion, in: GYIL, 34 (1991) 2, S. 354 ff.

[54] Vgl. Viefhaus (Anm. 2), S. 100 ff.

[55] Ausführliche Aufstellung bei Oxenknecht, Der Schutz ethnischer, religiöser und sprachlicher Minderheiten in Art. 27 des Internationalen Paktes über bürgerliche und politische Rechte vom 16. Dezember 1966, S. 29 ff.

[56] So Doehring, Das Gutachten des Generalsekretärs der Vereinten Nationen über die Fortgeltung der nach dem Ersten Weltkrieg eingegangenen Minderheitenschutzverpflichtungen, in: ZaöRV, 15 (1953/54) 2, S. 539.

Bemerkenswert ist, daß sich vor allem die Sowjetunion[57] und Jugoslawien für eine Aufnahme des Minderheitenschutzes in die Menschenrechtserklärung ausgesprochen hatten.

Dennoch erkannte die UNO, daß sie sich über den Schutz vor Diskriminierung[58] hinaus mit Fragen des Minderheitenschutzes befassen müsse.[59] Mit der 1947 erfolgten Gründung der Unterkommission zur Verhinderung der Diskriminierung und zum Schutz von Minderheiten[60] durch die ein Jahr früher gebildete Menschenrechtskommission wurden die organisatorischen Grundlagen für eine Behandlung von Minderheitenfragen innerhalb der UNO geschaffen. In der Resolution Nr. 217 C (III) der Generalversammlung vom 10. Dezember 1948 über das Schicksal der Minderheiten[61] bekannte sich die UNO zum Minderheitenproblem. Diese Resolution war für die künftigen Arbeiten der UNO auf diesem Gebiet richtungsweisend.[62] Auf die Resolution geht auch der bisher einzige universelle völkerrechtliche Vertrag mit Minderheitenbezug - der Internationale Pakt über bürgerliche und politische Rechte mit Art. 27 - zurück[63], der folgenden Wortlaut hat:

> *„In Staaten mit ethnischen, religiösen oder sprachlichen Minderheiten darf Angehörigen solcher Minderheiten nicht das Recht vorenthalten werden, gemeinsam mit anderen Angehörigen ihrer Gruppe ihr eigenes kulturelles Leben zu pflegen, ihre eigene Religion zu bekennen und auszuüben oder sich ihrer eigenen Sprache zu bedienen."*

Einige Aspekte von Minderheitenrechten fanden bereits zuvor Berücksichtigung in internationalen Übereinkommen wie der Konvention über die Verhütung und Bestrafung des Völkermordes vom 9. Dezember 1948[64], die am 12. Januar 1951 in

---

57 Die Ablehnung ihres Vorschlags zum Minderheitenschutz war für die Sowjetunion sogar ein Grund für die Stimmenthaltung bei der Annahme der Erklärung. Vgl. Nowak, CCPR Commentary, Art. 27 Rdnr. 2, S. 481.

58 Zum Diskriminierungsschutz in der Arbeit der VN ausführlich Ermacora, Diskriminierungsschutz und Diskriminierungsverbot in der Arbeit der Vereinten Nationen; Vierdag, The Concept of Discrimination in International Law, S. 148 ff.

59 Zur Arbeit der UNO auf dem Gebiet des Minderheitenschutzes ausführlich Ermacora, Der Minderheitenschutz im Rahmen der Vereinten Nationen, S. 18 ff.

60 Zum Status und zur Tätigkeit der Unterkommission vgl. Ansbach, Die Unterkommission zur Verhinderung der Diskriminierung und zum Schutz von Minderheiten, in: AVR, 31 (1993) 3, S. 230 ff.

61 UN Doc. A/RES/217 C (III), 10 December 1948; deutsche Übersetzung in: Ermacora, Nationalitätenkonflikt und Volksgruppenrecht, S. 150.

62 Vgl. Ermacora (Anm. 61), S. 28.

63 Zu den Arbeiten an Art. 27 CCPR vgl. ebenda, S. 30 ff.; zum Minderheitenschutz nach Art. 27 CCPR vgl. Tomuschat, Protection of Minorities under Article 27 of the International Covenant on Civil and Political Rights, in: Bernhardt/Geck/Jaenicke/Steinberger (Hrsg.), Völkerrecht als Rechtsordnung, S. 949 ff.; Nowak (Anm. 57), Art. 27, Rdnr. 5 ff., S. 483 ff.

64 UNTS, vol. 78, p. 277; BGBl. 1954 II, 730.

Kraft trat. Art. 2[65] beinhaltet implizit ein Recht auf Existenz nationaler, ethnischer, rassischer oder religiöser Gruppen. Aber weder in dieser noch in der folgenden Konvention läßt sich der Begriff Minderheit finden, dennoch sind einige ihrer Bestimmungen für Minderheiten relevant. Das Verbot der Rassendiskriminierung und das Recht jedes einzelnen, ohne Unterschied der Rasse, der Hautfarbe, des nationalen Ursprungs oder des Volkstums, auf Gleichheit vor dem Gesetz wird in Art. 5[66] des Internationalen Übereinkommens zur Beseitigung jeder Form von Rassendiskriminierung vom 21. Dezember 1965 gewährleistet.

Explizite Erwähnung finden Minderheiten im UNESCO-Übereinkommen gegen Diskriminierung im Unterrichtswesen vom 14. Dezember 1960[67], das am 22. Mai 1962 in Kraft trat. In Art. 5 Abs. 1 lit. c)[68] wird Angehörigen nationaler Minderheiten das Recht auf eigene Erziehungsarbeit und Unterhalt eigener Schulen zuerkannt.

Art. 30[69] des Übereinkommens über die Rechte des Kindes vom 5. Dezember 1989 nimmt ebenfalls direkten Bezug zu Minderheiten. Danach darf einem Kind, das einer ethnischen, religiösen oder sprachlichen Minderheit angehört, nicht das Recht vorenthalten werden, in Gemeinschaft mit anderen Angehörigen seiner Gruppe seine eigene Kultur zu pflegen, sich seiner eigenen Religion zu bekennen bzw. sie auszuüben oder seine eigene Sprache zu gebrauchen.

Mit der Annahme der völkerrechtlich unverbindlichen Erklärung über die Rechte von Personen, die zu nationalen oder ethnischen, religiösen und sprachli-

---

65 Art. 2 lautet: „*In dieser Konvention bedeutet Völkermord eine der folgenden Handlungen, die in der Absicht begangen wird, eine nationale, ethnische, rassische oder religiöse Gruppe als solche ganz oder teilweise zu zerstören ...*"

66 In Art. 5 heißt es: „*... werden die Vertragsstaaten die Rassendiskriminierung in jeder Form verbieten und beseitigen und das Recht jedes einzelnen, ohne Unterschied der Rasse, der Hautfarbe, des nationalen Ursprungs oder des Volkstums, auf Gleichheit vor dem Gesetz gewährleisten ...*"

67 UNTS, vol. 429, p. 93; BGBl. 1968 II, 387; vgl. die Ausführungen zur Konvention von Pircher, Der vertragliche Schutz ethnischer, sprachlicher und religiöser Minderheiten im Völkerrecht, S. 273 ff.

68 Art. 5 Abs. 1 lit. c) lautet: „*Die Vertragsstaaten kommen überein, daß es wesentlich ist, den Angehörigen nationaler Minderheiten das Recht zuzuerkennen, ihre eigene Erziehungsarbeit zu leisten, hierbei Schulen zu unterhalten und im Einklang mit der innerstaatlichen Politik in Erziehungsfragen ihre eigene Sprache zu gebrauchen und zu lehren, jedoch mit Maßgabe,*

1) daß dieses Recht nicht in einer Weise ausgeübt werden darf, welche die Angehörigen der Minderheiten daran hindert, die Kultur und Sprache der Gesamtgemeinschaft zu verstehen und an ihren Tätigkeiten teilzunehmen, oder in einer Weise, die der staatlichen Souveränität Abbruch tut;

2) daß das Niveau des Unterrichts an diesen Schulen nicht niedriger sein darf als das allgemeine Niveau, das die zuständigen Behörden festgelegt oder genehmigt haben; und

3) daß kein Zwang zum Besuch dieser Schulen ausgeübt werden darf."

69 In Art. 30 heißt es: „*In Staaten, in denen es ethnische, religiöse oder sprachliche Minderheiten oder Ureinwohner gibt, darf einem Kind, das einer solchen Minderheit angehört oder Ureinwohner ist, nicht das Recht vorenthalten werden, in Gemeinschaft mit anderen Angehörigen seiner Gruppe seine eigene Kultur zu pflegen, sich zu seiner eigenen Religion zu bekennen und sie auszuüben oder seine eigene Sprache zu verwenden.*"

chen Minderheiten gehören am 18. Dezember 1992[70] durch die UN-Generalversammlung wurde ein Meilenstein in der Entwicklung des internationalen Minderheitenschutzes gesetzt. Weil Minderheitenkonflikte eine Gefahr für den Frieden auf der Welt und die Menschenrechte darstellen können, zählt die UNO den Minderheitenschutz nunmehr zu ihren Hauptbereichen. Die Generalversammlung hat sich bei der Erklärung von den Bestimmungen des Art. 27 IPbpR leiten lassen (Präambel). Die Erklärung fordert die Staaten zu positiven Maßnahmen auf, die den Minderheitenangehörigen die Bewahrung und Weiterentwicklung ihrer Existenz und Identität ermöglichen. Damit geht die Erklärung den für den Minderheitenschutz notwendigen Schritt vom Diskriminierungsverbot zum Gebot der staatlichen Förderung. In Art. 1 werden die Staaten angehalten, die Existenz und die nationale oder ethnische, kulturelle, religiöse und sprachliche Identität der Minderheiten auf ihren Territorien zu schützen und die Schaffung von Bedingungen für die Förderung dieser Identität zu begünstigen. Den Staaten wird diesbezüglich die Annahme geeigneter Gesetzgebungs- und sonstiger Maßnahmen nahegelegt. Angehörigen der in der Erklärung genannten Minderheiten solle gemäß Art. 2 u.a. der Gebrauch ihrer Sprache im privaten und öffentlichen Bereich, die Teilnahme am öffentlichen Leben, die Vereinigungsfreiheit und grenzüberschreitende Kontakte mit anderen Angehörigen ihrer Gruppe zustehen. Beim Erlernen der Minderheitensprache durch die Angehörigen einer Minderheit sollen die Staaten, soweit möglich, geeignete Maßnahmen ergreifen (Art. 4 Abs. 3). Eine ähnlich schwache und unter Vorbehalt gestellte Bestimmung enthält Art 4 Abs. 4. Im Bereich des Bildungswesens sollen die Staaten, soweit angezeigt, Maßnahmen zur Förderung der Kenntnis der Geschichte, Traditionen, Sprache und Kultur ihrer Minderheiten ergreifen. Nach diesen Bestimmungen liegt es im Ermessen der Staaten, ob sie entsprechende Maßnahmen treffen und ob diese überhaupt möglich sind.[71]

Trotz der an der Erklärung geäußerten Kritik bezüglich ihres unverbindlichen Rechtscharakters, Fehlens einer Minderheitendefinition und Durchsetzungsvorschriften sowie unzureichender Garantien einzelner aufgeführter Rechte und die Ausrichtung auf Individualrechte aufgrund des menschenrechtlichen Konzepts[72] wird die Erklärung allgemein als Fortschritt innerhalb der UNO bezeichnet[73], die maßgebend für den künftigen internationalen Minderheitenschutz ist.[74]

---

[70] UN Doc. A/RES/47/135; abgedruckt in: HRLJ, 14 (1993) 1 - 2, S. 54 ff.; deutsche Übersetzung in: VN, 41 (1993) 5, S. 190 f.; vgl. auch die Darstellungen und Würdigungen von Alfredsson/de Zayas, Minority Rights: Protection by the United Nations, in: HRLJ, 14 (1993) 1 - 2, S. 1 ff.; Dicke, Die UN-Deklaration zum Minderheitenschutz, in: EA, 48 (1993) 4, S. 107 ff.; Thornberry, The UN Declaration on the Rights of Persons Belonging to National or Ethnic, Religious and Linguistic Minorities, in: Phillips/Rosas (eds.), The UN Minority Rights Declaration, S. 11 ff.; Hilpold, Minderheitenschutz im Rahmen der Vereinten Nationen, in: SZIER, 4 (1994) 1 - 2, S. 31 ff.

[71] Vgl. Hofmann, Minderheitenschutz in Europa, S. 28 f.

[72] Vgl. Dicke (Anm. 70), S. 113 ff.

[73] Vgl. Hofmann (Anm. 71), S. 30.

[74] Vgl. Hilpold (Anm. 70), S. 53.

II. Der Minderheitenschutz in Europa

1. Der Minderheitenschutz im Rahmen der KSZE/OSZE und des Rates der Ostseestaaten

Die bisher größten Erfolge auf dem Gebiet des Minderheitenschutzes sind nicht im völkerrechtlichen, sondern im politischen Bereich der KSZE/OSZE zu verzeichnen. Die KSZE bekannte sich bereits in ihrer Helsinki-Schlußakte von 1975 zum Minderheitenschutz. Hier ist der Schutz der Rechte von Angehörigen nationaler Minderheiten dem Prinzip VII - der Achtung der Menschenrechte und Grundfreiheiten - zugeordnet. Einen weiteren Bezug zu nationalen Minderheiten oder Regionalkulturen befindet sich im Korb 3 - Zusammenarbeit und Austausch im Bereich der Kultur. Die bedeutenderen Dokumente zum Schutz nationaler Minderheiten konnten aber erst nach der Beilegung der Ost-West-Konfrontation Ende der achtziger, zu Beginn der neunziger Jahre im Bereich der Menschlichen Dimension erarbeitet werden.

Als herausragendstes und weitreichendstes Dokument zum internationalen Schutz der Rechte nationaler Minderheiten gilt das Kopenhagener Dokument über die Menschliche Dimension vom 29. Juni 1990[75], das einen beachtlichen Katalog von Rechten für Angehörige nationaler Minderheiten und Verpflichtungen für Staaten beinhaltet. Den Angehörigen nationaler Minderheiten wird das Recht auf Bewahrung und Weiterentwicklung ihrer ethnischen, kulturellen, sprachlichen und religiösen Identität sowie auf Teilnahme an öffentlichen Angelegenheiten gewährt.

Eine ausführliche Erörterung der Fragen bezüglich nationaler Minderheiten erfolgte im Juli 1991 auf dem KSZE-Expertentreffen über nationale Minderheiten in Genf.[76] Fragen nationaler Minderheiten werden nicht mehr als ausschließliche innere Angelegenheit der Staaten, sondern als ein „berechtigtes internationales Anliegen“ betrachtet. Damit tritt die staatliche Souveränität hinter Minderheiten betreffende Fragen zurück.

Auf dem Moskauer Treffen über die Menschliche Dimension im Oktober 1991[77] wurde der KSZE-Mechanismus der Menschlichen Dimension, das in zwischenstaatlichen Verfahren und einem System von Missionen unabhängiger Experten und Berichterstatter besteht[78], auch auf Fragen nationaler Minderheiten ausgedehnt. Seit 1992 ist eine KSZE/OSZE-Mission in Estland tätig, deren Aufgabe darin besteht, mit Hilfe präventiver Diplomatie die Integration der großen

---

[75] Abgedruckt in: EuGRZ, 17 (1990) 9 - 10, S. 239 ff.; Schweisfurth/Oellers (Hrsg.), Dokumente der KSZE, S. 233 ff.

[76] Abgedruckt in: EuGRZ, 18 (1991) 21 - 22, S. 492 ff.; Schweisfurth/Oellers (Hrsg.) (Anm. 75), S. 514 ff. (516).

[77] Abgedruckt in: EuGRZ, 18 (1991) 21 - 22, S. 495 ff.; Schweisfurth/Oellers (Hrsg.) (Anm. 75), S. 524 ff. (539).

[78] Zum Mechanismus der Menschlichen Dimension vgl. Bloed, Monitoring the CSCE Human Dimension, in: Bloed/Leicht/Nowak/Rosas (eds.), Monitoring Human Rights in Europe, S. 59 ff.

russischen Bevölkerungsgruppe in die estnische Gesellschaft und das gegenseitige Verständnis untereinander zu fördern.

Die Errichtung einer neuen Institution zum Schutze nationaler Minderheiten - des Hohen Kommissars für nationale Minderheiten - haben die Teilnehmerstaaten auf dem Helsinki-Gipfeltreffen im Juli 1992[79] beschlossen. Das Mandat des HKNM[80] besteht in der Frühwarnung bzw. Initiierung von Frühmaßnahmen bei Spannungen bezüglich Fragen nationaler Minderheiten, die sich im KSZE-Gebiet zu einem den Frieden, die Stabilität und die Beziehungen zwischen den Teilnehmerstaaten beeinträchtigenden Konflikt zu entwickeln drohen.[81] Im Rahmen seines Mandats ist der HKNM in einer Vielzahl von OSZE-Mitgliedstaaten tätig geworden[82], darunter auch in Estland. Der HKNM gab u.a. Empfehlungen bezüglich der Sprachanforderungen für das Naturalisationsverfahren nach der estnischen Staatsangehörigkeitsregelung[83] sowie zum Ausländergesetz Estlands[84] ab.

Mit Problemen des Minderheitenschutzes auf politischer Ebene beschäftigt sich u.a. auch der Rat der Ostseestaaten, der auf der Konferenz der Außenminister der Ostsseestaaten unter Teilnahme Estlands am 5./6. März 1992 in Kopenhagen gegründet wurde.[85] Auf Vorschlag der Rußländischen Föderation, die vor allem die Interessen der russischsprachigen Bevölkerungsgruppen in den neuen bzw. wiedergegründeten Staaten nach dem Zerfall der Sowjetunion sichern will, ist auf dem Dritten Treffen des Rates im Mai 1994 in Tallinn das Amt eines Kommissars des Rates der Ostseestaaten für demokratische Institutionen und Menschenrechte sowie die Rechte von Personen, die Minderheiten angehören, geschaffen worden.[86] Um eine Duplikation anderer bereits bestehender Menschenrechts- bzw. Minderheitenschutzinstrumente, insbesondere des HKNM, zu vermeiden, ist die Aufmerksamkeit des Kommissars des Rates der Ostseestaaten primär auf konkrete Fälle von möglichen Verletzungen der Rechte von Minderheitenangehörigen gerichtet.[87]

---

[79] Abgedruckt in: EuGRZ, 19 (1992) 15 - 16, S. 378 ff.; Schweisfurth/Oellers (Hrsg.) (Anm. 75), S. 609 ff. (621).

[80] Zum Mandat des HKNM vgl. The Foundation on Inter-Ethnic Relations, The Role of the High Commissioner on National Minorities in OSCE Conflict Prevention, S. 18 ff.

[81] Vgl. para. II.3 des Helsinki Dokumentes 1992 (Anm. 79).

[82] Albanien, Kroatien, Mazedonien, Ungarn, Kasachstan, Kirgistan, Lettland, Rumänien, Slowakei, Ukraine. In Litauen und Moldawien befand der HKNM eine weitere Tätigkeit für nicht notwendig.

[83] Vgl. van der Stoel, Recommendations by the CSCE High Commissioner on National Minorities, in: HRLJ, 14 (1993) 5 - 6, S. 217.

[84] Vgl. van der Stoel, Recommendations on the question of the implementation of the Estonian Law on Aliens, in: CSCE Communication No. 20/1994.

[85] Bulletin der BReg. Nr. 26 vom 10. März 1992, S. 257 f.

[86] Bulletin der BReg. Nr. 70 vom 26. Juli 1994, S. 660.

[87] Vgl. Espersen (Kommissar des Rates der Ostseestaaten für demokratische Institutionen und Menschenrechte), Human Rights protection in the Baltic Sea area, in: Helsinki Monitor, 7 (1996) 2, S. 52 ff. Das Mandat des Kommissars ist dort im Anhang abgedruckt.

2. *Der Minderheitenschutz im Rahmen des Europarates*

Während die Minderheitenschutzbestimmungen innerhalb der KSZE/OSZE „nur" politisch bindenden Charakter besitzen (*soft law*)[88], bemüht sich der Europarat um eine Verrechtlichung des Minderheitenschutzes auf europäischer Ebene. Den Schutz der Minderheitenrechte hat sich der Europarat erst zu Beginn der neunziger Jahre zu einer seiner wichtigsten Aufgaben gemacht.[89]

Die Europäische Konvention zum Schutze der Menschenrechte und Grundfreiheiten von 1950 enthält noch keine Minderheitenschutzbestimmung, sondern beschränkt sich wegen ihres menschenrechtlichen Charakters auf das Diskriminierungsverbot in Art. 14.[90] Deshalb hat der Europarat zunächst die Ausarbeitung einer Europäischen Minderheitenschutzkonvention erwogen. Ein entsprechender Entwurf wurde von der Europäischen Kommission für die Entwicklung der Demokratie durch Recht, der sogenannten Kommission von Venedig, im Februar 1991[91] vorgelegt. In der Präambel nimmt der Entwurf u.a. Bezug auf das Kopenhagener KSZE-Dokument von 1990, Art. 14 EMRK und Art. 27 IPbpR. Hervorzuheben ist das in Kapitel III vorgesehene und sich an das EMRK-System anlehnende Minderheitenschutzsystem mit dem neu zu schaffenden *European Committee for the Protection of Minorities* (Art. 18). Zur Unterzeichnung ist der Entwurf nicht aufgelegt worden.[92]

Die weitere Entwicklung innerhalb des Europarates ist gerichtet auf die Ausarbeitung eines minderheitenrechtlichen Zusatzprotokolls zur EMRK. Österreich hat dem Europarat am 26. November 1991 einen Entwurf für ein minderheitenrechtliches ZP zur EMRK[93] unterbreitet. Nach Art. 11 Abs. 1 des österreichischen Entwurfes teilt jeder Vertragsstaat mit, auf welche seiner Volksgruppen das ZP Anwendung finden soll. Damit bleibt den Staaten die Auswahl der zu schützenden Volksgruppen selbst überlassen, was die Wirksamkeit des ZP empfindlich einschränken würde. Der Entwurf sieht weiterhin die Überwachung der Garantien des ZP durch die Straßburger Konventionsorgane vor (Art. 13).[94]

---

88 Bei Übernahme von KSZE-Bestimmungen in völkerrechtliche Verträge kommt es allerdings zu ihrer „Verrechtlichung".

89 Vgl. Ziff. 1 der Empfehlung 1255 (1995) der Parlamentarischen Versammlung des Europarats betr. den Schutz der Rechte nationaler Minderheiten vom 31. Januar 1995; abgedruckt in: EuGRZ, 22 (1995) 10 - 12, S. 284.

90 Art. 14 lautet: „*Der Genuß der in der vorliegenden Konvention festgelegten Rechte und Freiheiten muß ohne Unterschied des Geschlechts, der Rasse, Hautfarbe, Sprache, Religion, politischen oder sonstigen Anschauungen, nationaler oder sozialer Herkunft, Zugehörigkeit zu einer nationalen Minderheit, des Vermögens, der Geburt oder des sonstigen Status gewährleistet werden.*"
Vgl. hierzu Frowein/Peukert, EMRK-Kommentar, Art. 14, S. 435 ff.; Hillgruber/Jestaedt, Die Europäische Menschenrechtskonvention und der Schutz nationaler Minderheiten, S. 33 ff.

91 Abgedruckt in: Hofmann (Anm. 71), S. 241 ff.

92 Zum Entwurf vgl. ebenda, S. 39 ff.

93 Abgedruckt in: ebenda, S. 252 ff.

94 Vgl. ebenda, S. 44.

Ein weiterer Versuch ist mit dem Entwurf der Parlamentarischen Versammlung des Europarates für ein Zusatzprotokoll zur EMRK betreffend die nationalen Minderheiten und ihre Angehörigen vom 1. Februar 1993[95] unternommen worden. Der Vorteil eines ZP läge in der Nutzung der verfahrensrechtlichen Regelung der EMRK für die Durchsetzung der in einem ZP aufgeführten Minderheitenrechte, so wie es auch Art. 17 des Entwurfes von 1993 vorsieht.[96] Die Arbeiten des Europarates an einem minderheitenrechtlichen ZP zur EMRK sind bislang ohne abschließenden Erfolg geblieben.

Als Ergebnisse kann der Europarat die Europäische Charta der Regional- oder Minderheitensprachen vom 5. November 1992[97] und das Europäische Rahmenübereinkommen zum Schutz nationaler Minderheiten vom 1. Februar 1995[98] vorweisen, die am 1. März 1998 bzw. am 1. Februar 1998 in Kraft getreten sind.

In der Präambel der Europäischen Charta wird Bezug auf das Kopenhagener KSZE-Dokument von 1990 genommen. Die Charta ist gekennzeichnet durch einen speziellen Regelungsbereich - Regional- oder Minderheitensprachen - und durch die Gewährung eines breiten Ermessensspielraumes bei der innerstaatlichen Umsetzung.[99] Die Staaten bestimmen selbst, auf welche der auf ihren Territorien gesprochenen Regional- oder Minderheitensprachen die von ihnen ausgewählten Bestimmungen des III. Teils der Charta *„Maßnahmen zur Förderung der Benutzung von Regional- oder Minderheitensprachen im öffentlichen Leben im Einklang mit den nach Art. 2 Abs. 2 eingegangenen Verpflichtungen"* Anwendung finden. Nach Art. 2 Abs. 2 verpflichten sich die Vertragsstaaten, hinsichtlich der von ihnen bezeichneten Regional- oder Minderheitensprachen mindestens fünfunddreißig aus Teil III ausgewählte Absätze oder Buchstaben anzuwenden, darunter mindestens je drei aus Art. 8 und 12 und je eine aus Art. 9, 10, 11 und 13. In Teil III wird das Recht auf die Regional- oder Minderheitensprachen in den Bereichen Bildung (Art. 8), Justizbehörden (Art. 9), Verwaltungsbehörden (Art. 10), Medien (Art. 11), Kultur (Art. 12), wirtschaftliches und soziales Leben (Art. 13) und grenzüberschreitender Austausch (Art. 14) geregelt. Die internationale Kontrolle zur innerstaatlichen Umsetzung erfolgt gemäß Art. 15 über regelmäßige zu veröffentlichende Staatenberichte über die in Übereinstimmung mit Teil II verfolgten Politik und über die in Anwendung der von den Staaten angenommenen Bestimmungen des Teils III getroffenen Maßnahmen. Die dem Generalsekretär

---

[95] Vgl. Klebes, Der Entwurf eines Minderheitenprotokolls zur EMRK, in: EuGRZ, 20 (1993) 5 - 6, S. 148 ff.; Abdruck des Entwurfs in: Hofmann (Anm. 71), S. 257 ff.; deutsche Übersetzung in: EuGRZ, 20 (1993) 5 - 6, S. 152 f.

[96] Nähere Ausführungen hierzu bei Hofmann (Anm. 71), S. 45 ff.

[97] ETS No. 148; abgedruckt in: HRLJ, 14 (1993) 3 - 4, S. 148 ff.; deutsche Übersetzung in: EuGRZ, 20 (1993) 5 - 6, S. 154 ff.; vgl. auch die Darstellung und Würdigung von Hofmann (Anm. 71), S. 55 ff.

[98] ETS No. 157; abgedruckt in: HRLJ, 16 (1995) 1 - 3, S. 98 ff.; deutsche Übersetzung in: EuGRZ, 22 (1995) 10 - 12, S. 268 ff.; vgl. auch die Darstellung und Würdigung von Klebes, The Council of Europe's Framework Convention for the Protection of National Minorities, in: HRLJ, 16 (1995) 1 - 3, S. 92 ff.; Klebes, Rahmenübereinkommen des Europarats zum Schutz nationaler Minderheiten, in: EuGRZ, 22 (1995) 10 - 12, S. 262 ff.

[99] Ausführlich zu den Bestimmungen vgl. Hofmann (Anm. 71), S. 55 ff.

des Europarates eingereichten Berichte werden gemäß Art. 16 durch einen nach Art. 17 eingesetzten Sachverständigenausschuß, der aus einem Mitglied je Vertragspartei besteht, geprüft. In Vertragsstaaten rechtmäßig gegründete Organisationen oder Vereinigungen können den Sachverständigenausschuß auf Fragen aufmerksam machen, die sich auf die von der betreffenden Vertragspartei nach Teil III eingegangenen Verpflichtungen beziehen bzw. Erklärungen zu der von einer Vertragspartei in Übereinstimmung mit Teil II verfolgten Politik vorlegen (Art. 16 Abs. 2). Auf der Grundlage der Staatenberichte und Angaben von Organisationen oder Vereinigungen arbeitet der Sachverständigenausschuß einen Bericht für das Ministerkomitee aus (Art. 16 Abs. 3), dem auch Vorschläge des Sachverständigenausschusses an das Ministerkomitee für die Ausarbeitung etwa erforderlicher Empfehlungen des Ministerkomitees an den betroffenen Staat beigefügt werden (Art. 16 Abs. 4). Das Ministerkomitee kann den Bericht des Sachverständigenausschusses veröffentlichen (Art. 16 Abs. 3). Der Generalsekretär des Europarates erstattet der Parlamentarischen Versammlung alle zwei Jahre einen detaillierten Bericht über die Anwendung der Charta (Art. 16 Abs. 5). Da die Charta keine unmittelbar anwendbaren Rechte der Inhaber von Regional- oder Minderheitensprachen verankert, sondern nur Verpflichtungen der Vertragsstaaten, aus einem Katalog von Bestimmungen zur Förderung dieser Sprachen Maßnahmen zur Umsetzung in das innerstaatliche Recht auszuwählen, wird sich das Ergebnis des Berichtsverfahrens in der Regel in einer rechtlich unverbindlichen Empfehlung und nicht in der Feststellung einer Vertragsverletzung erschöpfen. Damit kommt der Charta keine unmittelbare rechtliche Wirkung zu. Die Durchsetzung der durch die Vertragsstaaten übernommenen Verpflichtungen ist letztendlich vom politischen Druck der Mitgliedstaaten des Europarates abhängig.[100] So hat auch die Parlamentarische Versammlung des Europarates ihre Besorgnis über *„die Art und Weise, in der die Charta angewendet werden soll“* zum Ausdruck gebracht.[101]

Das Rahmenübereinkommen zum Schutz nationaler Minderheiten stellt das erste rechtsverbindliche multilaterale Instrument dar, das sich ausschließlich dem Minderheitenschutz zuwendet. Sein Ziel besteht in der Festlegung rechtlicher Prinzipien, zu deren Achtung sich die Staaten verpflichten, um den Schutz nationaler Minderheiten zu gewährleisten. Damit folgt der Europarat der Hoffnung, die von der KSZE angenommenen politischen Verpflichtungen in rechtliche Bestimmungen zu gießen.[102] Das Übereinkommen enthält im wesentlichen Dispositions-Programme und keine direkt anwendbaren Bestimmungen. Dadurch wird den Vertragsstaaten ein Ermessensspielraum in der Durchführung gewährt.[103] Die Durchführung der im Rahmenübereinkommen festgehaltenen Grundsätze erfolgt mittels der nationalen Gesetzgebungen und der entsprechenden Politik der betroffenen Regierungen.[104]

---

[100] Vgl. ebenda, S. 61.

[101] Vgl. Ziff. 11 der Empfehlung 1255 (Anm. 89), S. 272.

[102] Vgl. Ziff. 10 des Erläuternden Berichtes zum Rahmenübereinkommen zum Schutz nationaler Minderheiten; abgedruckt in: EuGRZ, 22 (1995) 10 - 12, S. 272.

[103] Vgl. Ziff. 11 des Erläuternden Berichtes, ebenda, S. 272.

[104] Vgl. Ziff. 13 des Erläuternden Berichtes, ebenda, S. 272.

Das Rahmenübereinkommen besteht aus fünf Abschnitten: Abschnitt I - allgemeine Bestimmungen, Abschnitt II - spezifische Grundsätze, Abschnitt III - Auslegung und Anwendung, Abschnitt IV - Überwachung der Durchführung und Abschnitt V - Schlußbestimmungen. Die eigentlichen materiellen Bestimmungen finden sich in Abschnitt II wie u.a. das Recht auf Gleichheit vor dem Gesetz (Art. 4), Pflege und Weiterentwicklung der Kultur (Art. 5), Versammlungs- und Vereinigungsfreiheit, (Art. 7), Religionsfreiheit (Art. 8), Meinungsfreiheit (Art. 9), Recht auf Gebrauch der Minderheitensprache im privaten und öffentlichen Bereich (Art. 10 Abs. 1), Recht auf private Bildungs- und Ausbildungseinrichtungen (Art. 13), Recht auf Erlernen der Minderheitensprache (Art. 14) sowie Teilnahme an öffentlichen Angelegenheiten (Art. 15). Die Bestimmungen sind durch eine Vielzahl dehnbarer Klauseln wie *„soweit wie möglich"* oder *„im Rahmen der nationalen Gesetzgebung"* abgeschwächt.[105]

Zuständig für die Überwachung der Umsetzung des Rahmenübereinkommens ist gemäß Art. 24 Abs. 1 das Ministerkomitee. Die Vertragsstaaten berichten periodisch dem Europarat über die Gesetzgebungsmaßnahmen und andere Maßnahmen, die sie zur Verwirklichung des Rahmenübereinkommens getroffen haben (Art. 25 Abs. 1 und 2). Die ersten Berichte müssen innerhalb eines Jahres nach Inkrafttreten des Rahmenübereinkommens übermittelt werden (Art. 25 Abs. 1). Das bedeutet, daß die ersten Berichte der Vertragsstaaten, für die das Rahmenübereinkommen am 1. Februar 1998 in Kraft trat, unter ihnen Estland, spätestens bis zum 31. Januar 1999 zu erwarten waren. Zur Unterstützung des Ministerkomitees bei seiner Implementierungsaufgabe steht ihm ein Beratender Ausschuß zur Seite, der die Berichte der Vertragsstaaten überprüft (Art. 26). Mit der Resolution (97) 10 vom 17. September 1997[106] verfügt das Ministerkomitee nunmehr über Verfahrensregeln zur Durchführung des Rahmenübereinkommens. Die Verfahrensregeln bestehen aus drei Hauptpunkten: Zusammensetzung, Wahl und Ernennung des Beratenden Ausschusses; Verfahren bei der Ausübung der Kontrollfunktion sowie Teilnahme von Vertragsparteien, die nicht Mitglieder des Europarates sind, an den Sitzungen des Ministerkomitees. Dem Beratenden Ausschuß gehören mindestens zwölf und höchstens achtzehn ordentliche Mitglieder an (Pkt. 2). Jede Vertragspartei kann nur durch ein Mitglied im Ausschuß vertreten sein (Pkt. 4). Das Ministerkomitee wählt die Sachverständigen für die Liste der für eine Tätigkeit im Beratenden Ausschuß in Frage kommenden Sachverständigen und ernennt die Mitglieder (Pkt. 7). Die Staatenberichte werden von den Vertragsstaaten an den Generalsekretär und von diesem an das Ministerkomitee übergeben und veröffentlicht (Pkt. 20). Die Staatenberichte nach Art. 25 Abs. 2 des Rahmenübereinkommens sind alle fünf Jahre zu übermitteln (Pkt. 21). Das Ministerkomitee leitet die Staatenberichte an den Beratenden Ausschuß weiter (Pkt. 22), der nach ihrer Erörterung seine Stellungnahmen dem Ministerkomitee einreicht (Pkt.

[105] Ausführlich zu den Bestimmungen vgl. Hofmann Die Rolle des Europarats beim Minderheitenschutz, in: Mohr (Hrsg.), Friedenssichernde Aspekte des Minderheitenschutzes in der Ära des Völkerbundes und der Vereinten Nationen in Europa, S. 130 ff.

[106] Abgedruckt in: EuGRZ, 24 (1997) 23 - 24, S. 650 f.; vgl. Darstellung und Würdigung von Weckerling, Der Durchführungsmechanismus des Rahmenübereinkommens des Europarates zum Schutz nationaler Minderheiten, in: EuGRZ, 24 (1997) 23 - 24, S. 605 ff.

23). Dieser berät und beschließt seine Schlußfolgerungen hinsichtlich der Angemessenheit der von der betreffenden Vertragspartei ergriffenen Maßnahmen. Das Ministerkomitee kann auch Empfehlungen beschließen (Pkt. 24). Die Schlußfolgerungen und Empfehlungen des Komitees werden zusammen mit den Bemerkungen der Vertragspartei zur Stellungnahme des Beratenden Ausschusses und der Stellungnahme des Beratenden Ausschusses veröffentlicht (Pkt. 25, 27). Der Beratende Ausschuß ist nicht auf die Staatenberichte allein angewiesen. Er kann auch Informationen aus anderen Quellen beziehen (Pkt. 30). Der Beratende Ausschuß nimmt seine Arbeit auf, sobald zwölf ordentliche Mitglieder ernannt worden sind, spätestens aber ein Jahr nach Inkrafttreten des Rahmenübereinkommens (Pkt. 28). Der Beratende Ausschuß ist an der Überprüfung der Umsetzung der Schlußfolgerungen und Empfehlungen auf *ad hoc*-Basis nach Weisung des Ministerkomitees beteiligt (Pkt. 37). Mit den Verfahrensregeln ist noch vor Inkrafttreten des Rahmenübereinkommens festgelegt worden, wie die Kontrolle seiner Durchführung erfolgen soll.

Dennoch hat die Parlamentarische Versammlung ihre Unzufriedenheit gegenüber dem Erreichten - dem Rahmenübereinkommen - geäußert. Der Wortlaut des Übereinkommens sei wenig aussagekräftig. Es würden eine Reihe von nicht genau definierten Zielen und Grundsätzen festgelegt, zu deren Einhaltung sich die Vertragsstaaten verpflichten, die aber kein für den einzelnen einklagbares Recht enthielten.[107] Deshalb wiederholt die Parlamentarische Versammlung ihren Vorschlag von 1993[108], ein ZP zur EMRK auszuarbeiten, das die Konvention im kulturellen Bereich durch Bestimmungen ergänzt, die insbesondere für Angehörige nationaler Minderheiten individuelle Rechte garantieren.[109]

C. Hauptprobleme des völkerrechtlichen Minderheitenschutzes

I. Arten von Minderheiten

In Art. 27 IPbpR werden ethnische, religiöse und sprachliche Minderheiten erfaßt. Die UN-Minderheitenschutzerklärung von 1992 stellt in Art. 1 Abs. 1 zusätzlich auf die kulturelle Identität einer Minderheit ab, ebenso wie der österreichische Entwurf eines ZP zur EMRK von 1991 in Art. 1 Abs. a) lit. d) und der Entwurf eines ZP zur EMRK von 1993 in Art. 1 lit. c).

Religiöse Minderheiten unterscheidet von der Mehrheitsbevölkerung ihr Bekenntnis zu einer bestimmten Religion, sprachliche Minderheiten die Verwendung

---

[107] Vgl. Ziff. 7 der Empfehlung 1255 (Anm. 89), S. 284.

[108] Vgl. Empfehlung 1201 (1993) betr. ein Zusatzprotokoll zur EMRK über Minderheitenrechte vom 1. Februar 1993; abgedruckt in: EuGRZ, 20 (1993) 5 - 6, S. 151 ff.

[109] Vgl. Ziff. 8 der Empfehlung 1255 (Anm. 89) S. 284. Entwurf einer Liste der Rechte abgedruckt in: EuGRZ, 22 (1995) 10 - 12, S. 285.

einer anderen Sprache und kulturelle Minderheiten die Tradition und Pflege einer anderen Kultur. Unter „ethnischen Minderheiten" werden allgemein sowohl rassische als auch nationale Minderheiten verstanden.[110] Die Unterkommission zur Verhinderung der Diskriminierung und zum Schutz von Minderheiten hat 1950 beschlossen, das Wort „rassisch" durch das Wort „ethnisch" zu ersetzen, weil sich das Wort „rassisch" nur auf die vererbten physischen Eigenschaften beziehe, während das Wort „ethnisch" alle biologischen, kulturellen und historischen Eigenschaften einbeziehe.[111] Keine Einigkeit besteht in einer Bestimmung des Wortes „national".[112] So schließt die UN-Minderheitenschutzerklärung in ihrem Titel sowohl nationale als auch ethnische Minderheiten ein. Innerhalb der KSZE/OSZE[113] und des Europarates hat sich der Begriff der „nationalen Minderheit" durchgesetzt, wie die angenommenen Dokumente bzw. Übereinkommen beweisen.

Eine Minderheit weist aber selten nur ein Merkmal auf, das sie von der Mehrheitsbevölkerung unterscheidet, so daß es in der Regel zu Überschneidungen zwischen ethnischen, religiösen, sprachlichen und kulturellen Eigenschaften kommen kann.

II. Der Minderheitenbegriff im Völkerrecht

Trotz der Regelung von Minderheitenrechten in den oben genannten völkerrechtlichen und politischen Dokumenten gibt es keine allgemein anerkannte völkerrechtliche Definition des Begriffes Minderheit als Träger von Minderheitenrechten[114], ebensowenig wie die des Volkes als Träger des Selbstbestimmungsrechts.

Die wohl umfassendste Arbeit auf diesem Gebiet leistete die UN-Unterkommission zur Verhinderung der Diskriminierung und zum Schutz von Minderheiten. In seinem zweiten Bericht an die Unterkommission hat Eide[115] unter Berufung auf eine Studie zur Minderheitendefinition von Oldrich Andrysek eine zusammenfassende Darstellung der Bemühungen zu dieser Frage innerhalb der Unterkommission gegeben.[116]

Hervorzuheben ist die Definition von Capotorti, die bisher die breiteste Anerkennung in Theorie und Praxis gefunden hat[117] und allgemein zur Grundlage für

---

[110] Vgl. Nowak (Anm. 57), Art. 27, Rdnr. 22 ff., S. 491 f.

[111] Vgl. Capotorti, in: UN Doc. E/CN.4/Sub.2/384/Rev.1, para. 197, S. 34.

[112] Vgl. hierzu Heintze, Selbstbestimmungsrecht und Minderheitenrechte im Völkerrecht, S. 135 f.

[113] Zu den Bemühungen um eine Definition innerhalb der KSZE/OSZE vgl. Helgesen, Protecting Minorities in the Conference on Security and Co-operation in Europe (CSCE) Process, in: Rosas/Helgesen (eds.), The Strength of Diversity, S. 172 f., 179.

[114] Vgl. Thornberry, International Law and the Rights of Minorities, S. 164.

[115] Eide wurde 1995 zum *Chairman-Rapporteur* der neu gebildeten Minderheitenarbeitsgruppe innerhalb der Unterkommission zur Verhinderung der Diskriminierung und zum Schutz von Minderheiten gewählt. Vgl. hierzu Spiliopoulou, Justifications of Minority Protection in International Law, S. 187 f.

[116] Vgl. Eide, in: UN Doc. E/CN.4/Sub.2/1992/37, paras. 47 - 52, S. 10 ff.

[117] Vgl. Nowak (Anm. 57), Art. 27, Rdnr. 13, S. 487.

die Anwendung von Art. 27 IPbpR genommen wird. Die Unterkommission hatte ihm eine Studie zum internationalen Stand der Diskussion hinsichtlich des Geltungsbereiches von Art. 27 IPbpR in Auftrag gegeben, die er 1977 vorlegte.

Capotorti definiert Minderheiten wie folgt:

> „*A group numerically inferior to the rest of the population of a State, in a non-dominant position, whose members - being nationals of the State - posses ethnic, religious or linguistic characteristics differing from those of the rest of the population and show, if only implicitly, a sense of solidarity, directed towards preserving their culture, traditions, religion or language.*"[118]

Die Definition enthält neben objektiven Elementen das geforderte Solidaritätsgefühl als subjektives Element. Sie bezieht nur Gruppen in einer nicht herrschenden Position und auch nur Staatsangehörige ein.

Einen weiteren Versuch, den Begriff Minderheiten zu definieren, unternahm Deschênes 1985 mit seinem Vorschlag:

> „*A group of citizens of a State, constituting a numerical minority and in a non-dominant position in that State, endowed with ethnic, religious or linguistic characteristics which differ from those of the majority of the population, having a sense of solidarity with one another, motivated, if only implicitly, by a collective will to survive and whose aim is to achieve equality with the majority in fact and in law.*"[119]

Mit dem Hinzufügen des Überlebenswillens und der Zielstellung, Gleichheit mit der Mehrheit zu erreichen, hebt Deschênes besonders subjektive Elemente hervor.

Ein nächster Definitionsvorschlag kommt 1993 von Eide:

> „*For the purpose of this study, a minority is any group of persons resident within a sovereign State which constitutes less than half the population of the national society and whose members share common characteristics of an ethnic, religious or linguistic nature that distinguish them from the rest of the population.*"[120]

In der Definition fehlen subjektive Elemente, die besonders von Deschênes aufgestellt wurden. Das von Capotorti und Deschênes geforderte Staatsangehörigkeitskriterium wird durch das Wohnsitzkriterium ersetzt. Eide will seine Definition als sehr offen und allgemein sowie als rechtlich nicht verbindlich verstanden wissen.[121] Er selbst äußert Zweifel daran, ob eine abstrakte Definition gefunden wer-

---

[118] Capotorti (Anm. 111), para. 568, S. 96; deutsche Übersetzung in: Nowak, CCPR-Kommentar, Art. 27, Rdnr. 13, S. 520 f. Zu den Kriterien des Begriffes Minderheit vgl. Capotorti, Minorities, in: EPIL, 3 (1997), S. 410 f.; Niewerth, Der kollektive und der positive Schutz von Minderheiten und ihre Durchsetzung im Völkerrecht, S. 32 ff.

[119] Deschênes, in: UN Doc. E/CN.4/Sub.2/1985/31, para. 181, S. 30.

[120] Eide, in: UN Doc. E/CN.4/Sub.2/1993/34, para. 29, S. 7.

[121] Vgl. ebenda, para. 27, S. 7.

den kann.[122] Die Notwendigkeit einer Definition des Begriffes Minderheit, wenigstens einer Minimalvariante, ergibt sich aber schon aus der internationalen Regelung des Minderheitenschutzes selbst. Die Staaten und Völkerrechtler benötigen dazu allgemein akzeptierte Termini.[123]

In allen drei hier aufgeführten Definitionen werden Minderheiten als Gruppe bezeichnet, die sich numerisch bzw. politisch in einer unterlegenen Position im Verhältnis zur Mehrheit befindet und sich durch ethnische, religiöse oder sprachliche Eigenschaften von der Mehrheit unterscheidet. Neben diesen Gemeinsamkeiten bestehen wesentliche Unterschiede hinsichtlich der Forderung nach subjektiven Elementen und besonders der Staatsangehörigkeit. Daraus ergibt sich die Frage, ob der Minderheitenschutz ausschließlich Staatsangehörigen mit einer vom Mehrheitsvolk zu unterscheidenden ethnischen, religiösen oder sprachlichen Identität oder auch Ausländern mit diesen besonderen Eigenschaften zusteht.

III. Minderheitenrechte und Minderheitenschutz

Unter Minderheitenrechten werden Rechte bzw. Interessen von Minderheiten bzw. ihrer Angehörigen verstanden, die durch das Recht (innerstaatliches oder völkerrechtliches) anerkannt sind. Erst die Anerkennung dieser Rechte ermöglicht ihren Schutz. Der Minderheitenschutz faßt die unterschiedlichen Methoden und Mechanismen zur Bewahrung und Förderung der ethnischen, religiösen, sprachlichen oder kulturellen Identität von Personengruppen und ihren Angehörigen, die sich aufgrund ihrer spezifischen Merkmale von der Mehrheitsbevölkerung unterscheiden, zusammen. So zählen zum Minderheitenschutz auch rechtlich nicht bindende internationale Instrumente wie beispielsweise die im Rahmen der OSZE.[124]

Die Bewahrung der eigenen Identität[125] ist Voraussetzung für den Erhalt von Minderheiten. Daraus leitet sich das Recht auf physische Existenz[126] und das Verbot einer gewaltsamen Assimilierung ab.

Gemäß Art. 27 IPbpR beinhalten die Minderheitenrechte die Pflege des kulturellen Lebens, das Bekenntnis und die Ausübung der eigenen Religion sowie die Benutzung der eigenen Sprache. Um die Kultur, Religion und Sprache von Minderheiten bewahren und fördern zu können, müssen die Staaten mit Minderheitenbevölkerung konkrete Maßnahmen treffen und dort eingreifen, wo ohne staatliche Unterstützung die Wahrung der Identität der Minderheiten in Gefahr ist.[127]

---

[122] Vgl. ebenda, para. 22, S. 6; hierzu auch Packer, On the Definition of Minorities, in: Packer/Myntti (eds.), The Protection of Ethnic and Linguistic Minorities in Europe, S. 24 ff.

[123] Vgl. Spiliopoulou (Anm. 115), S. 87.

[124] Vgl. ebenda, S. 52 ff.

[125] Auf die Bedeutung der Wahrung der Identität von Minderheitenangehörigen hat der UN-Menschenrechtsausschuß im Lovelace v. Canada Fall hingewiesen. Vgl. Communication No. 24/1977; abgedruckt in: Phillips/Rosas (eds.), Universal Minority Rights, S. 238 ff. Vgl. hierzu Spiliopoulou (Anm. 115), S. 157.

[126] Zum Bedeutungsgehalt des Begriffes „Existenz" für Minderheiten vgl. Thornberry (Anm. 70), S. 39.

[127] Vgl. Capotorti (Anm. 118), S. 415 f.

Das heißt, daß ein bloßes Diskriminierungsverbot bzw. eine einfache Gleichstellung der Minderheiten mit der Mehrheitsbevölkerung nicht ausreicht.[128]

Minderheitenschutz verlangt die Herstellung einer faktischen Gleichheit durch positive Diskriminierungsmaßnahmen. Die Nichtgewährung von Minderheitenrechten schafft Instabilität im Staat und gefährdet den Frieden.[129]

IV. Minderheitenrechte als Staatsbürgerrechte oder Menschenrechte

1. Auf universeller Ebene

Weil eine allgemein anerkannte Definition des Begriffes Minderheit in der Lehre fehlt und auch die aufgeführten universellen völkerrechtlichen Verträgen zum Minderheitenschutz keine Begriffsbestimmung enthalten, kann die Frage nach dem Staatsangehörigkeitskriterium für Minderheiten mit Hilfe der Interpretation gemäß Art. 31 und 32 des Wiener Übereinkommens über das Recht der Verträge und der Lehrmeinung der fähigsten Völkerrechtler als Hilfsmittel zur Feststellung einer Rechtsnorm gemäß Art. 38 Abs. 1 lit. d) des IGH-Statuts beantwortet werden.

Nach dem Ersten Weltkrieg wurden nationale Gruppen als Minderheiten anerkannt, die traditionell auf den Gebieten der neu entstandenen Nationalstaaten siedelten, heute als sogenannte alte oder historische Minderheiten bezeichnet, und die für die Staatsangehörigkeit des Wohnsitzstaates optierten. Der Minderheitenschutz des Völkerbundes entwickelte sich als Staatsbürgerrecht.[130] Die Minderheitenschutzverträge der Zwischenkriegszeit sahen eine Anknüpfung der Minderheitenrechte an die Staatsangehörigkeit vor.[131]

Auch die UNO schien zunächst vom Staatsangehörigkeitskriterium auszugehen. Die von Capotorti vorgeschlagene Definition bezeichnet Minderheiten als Gruppen, deren Mitglieder Staatsangehörige des Aufenthaltsstaates sind.[132] Deschênes fordert ebenfalls das Staatsangehörigkeitskriterium für Minderheiten.[133] Nach Auffassung der Befürworter der Staatsangehörigkeitsvoraussetzung werden Ausländer durch das Völkergewohnheitsrecht geschützt.[134]

---

[128] Vgl. Lerner, The Evolution of Minority Rights in International Law, in: Brölmann/Lefeber/Zieck (eds.), Peoples and Minorities in International Law, S. 91.

[129] Zum friedenssichernden Element des Volksgruppenrechts vgl. Veiter, Nationalitätenkonflikt und Volksgruppenrecht im 20. Jahrhundert, S. 197 ff. Den Zusammenhang zwischen Minderheitenschutz und Frieden begründet auch Spiliopoulou. Vgl. Spiliopoulou (Anm. 115), S. 69 ff.

[130] Vgl. Gerber, Minderheitenprobleme, S. 27.

[131] In Art. 8 Satz 1 des Minderheitenschutzvertrages der Alliierten und Assoziierten Hauptmächte mit Polen vom 28. Juni 1919 heißt es: „*Polish nationals who belong to racial, religious or linguistic minorities shall enjoy the same treatment and security in law and in fact as the other Polish nationals.*"

[132] Vgl. Capotorti (Anm. 111), para. 568, S. 96.

[133] Vgl. Deschênes (Anm. 119), para. 181, S. 30.

[134] Vgl. Capotorti (Anm. 111), para. 57, S. 12.

Tomuschat verweist auf die Unkorrektheit der Aussage in der Studie von 1977, nach der es *„allgemein akzeptiert"* sei, daß Angehörige von Minderheiten Staatsangehörige des Staates sein müssen.[135] Wenn Ausländer mit gleichen Merkmalen, die oft unter dem Begriff der neuen Minderheiten subsumiert werden, über Generationen hinaus ihre Identität bewahren, sich als Gruppe definieren und einen langen territorialen Bezug zum Wohnsitzstaat haben, können sie sich zu einer historischen Gemeinschaft im Sinne von Art. 27 IPbpR entwickeln.[136]

Auch Nowak bezweifelt, daß der Bedeutungsgehalt des traditionellen Minderheitenbegriffes mit der Staatsangehörigkeitsvoraussetzung Eingang in Art. 27 gefunden hat. So wird in Art. 27 der Begriff „Personen" und nicht der der „Staatsangehörigen" wie in Art. 25 verwendet. Gemäß Art. 2 Abs. 1 IPbpR stehen die im Pakt anerkannten Rechte grundsätzlich allen Menschen ohne Unterschied zu. Ausnahmen hiervon sind speziell geregelt wie in Art. 13 (Schutz von Ausländern vor unberechtigter Ausweisung) und Art. 25 (Recht von Staatsbürgern auf Teilnahme an öffentlichen Angelegenheiten). Grammatikalische und systematische Interpretation führen zum selben Ergebnis. Auch die *travaux préparatoires* als ergänzend herangezogenes Auslegungsmittel lassen diesen Schluß allgemein zu. Der Änderungsvorschlag Indiens zu Art. 27, das Wort *„persons"* durch *„citizens"* zu ersetzen, fand keine Akzeptanz.[137]

Der nach Art. 28 IPbpR zur Überwachung der staatlichen Verpflichtungen aus dem Menschenrechtspakt gebildete Menschenrechtsausschuß erklärte ausdrücklich die Anwendung von Art. 27 auch auf Ausländer. Er führte aus, daß alle Angehörigen einer ethnischen, religiösen oder sprachlichen Minderheit in den Genuß der Minderheitenrechte kommen, ganz gleich, ob sie die Staatsangehörigkeit des jeweiligen Staates besitzen oder nicht.[138] Daraus folgert Nowak, *„daß der in der Zwischenkriegszeit als ... Staatsbürgerrecht verstandene Minderheitenschutz durch Art. 27 des Paktes zu einem Menschenrecht geworden ist."*[139]

Auch Eide schließt in seinem Abschlußbericht an die Unterkommission zur Verhinderung der Diskriminierung und zum Schutz von Minderheiten von 1993 Nichtstaatsangehörige in das Minderheitenkonzept ein. Nach seiner Definition fallen sogar Migranten, die noch nicht lange in einem Staat wohnen, unter den Begriff der Minderheit.[140] Darin spiegelt sich allerdings nicht die herrschende Auffassung wider.

In der UN-Minderheitenschutzerklärung von 1992 fehlt ebenfalls eine Minderheitendefinition. Die Ausarbeitung einer Definition blieb ergebnislos. Es ist aber allgemein anerkannt, daß die Erklärung keine Beschränkung auf Staatsangehörige vorsieht[141] und daß sie an die herrschende Auffassung zum personalen Geltungs-

---

[135] Vgl. Tomuschat (Anm. 63), Fn. 48, S. 960.

[136] Vgl. ebenda, S. 961 f.

[137] Vgl. Nowak (Anm. 57), Art. 27, Rdnr. 16, S. 488 f.; Scherer-Leydecker, Minderheiten und sonstige ethnische Gruppen, S. 274 ff.

[138] Vgl. UN-HRCee, General Comment No. 23 (50) on Article 27/Minority rights, para. 5.1., in: UN Doc. CCPR/C/21/Rev. 1/Add. 5; abgedruckt in: HRLJ, 15 (1994) 4 - 6, S. 234 ff. (235).

[139] Nowak (Anm. 118), Art. 27, Rdnr. 17, S. 523.

[140] Vgl. Eide (Anm. 120), paras. 41 - 42, S. 9.

[141] Vgl. Dicke (Anm. 70), S. 115.

bereich von Art. 27 IPbpR anschließt[142], wonach auch Ausländer unter bestimmten Voraussetzungen, wie einem langjährigen Territorialbezug zum Wohnsitzstaat, in den Geltungsbereich der Erklärung fallen können.[143]

Auf universeller Ebene werden die Minderheitenrechte als Menschenrechte und nicht mehr nur als Staatsbürgerrechte verstanden.

2. *Auf europäischer Ebene*

Dieser Auffassung wird in Europa nicht gefolgt. Die im Rahmen des Europarates ausgearbeiteten und angenommenen Dokumente zum Minderheitenschutz fordern in ihren Definitionen der Minderheit im Sinne des jeweiligen Dokumentes das Staatsangehörigkeitskriterium. Art. 2 des Entwurfes einer Minderheitenschutzkonvention der Venedig-Kommission definiert den Begriff Minderheit als *„a group ... whose members ... are nationals of that State"*. Der österreichische Entwurf eines ZP zur EMRK von 1991 subsumiert in Art. 1 unter den Begriff „Volksgruppe" *„eine Gruppe von Bürgern eines Staates"*. Der Entwurf eines ZP zur EMRK betreffend die nationalen Minderheiten und ihre Angehörigen der Parlamentarischen Versammlung des Europarates von 1993 bezeichnet in Art. 1 lit. a) eine „nationale Minderheit" als *„eine Gruppe von Personen in einem Staat, die im Hoheitsgebiet dieses Staates ansässig und dessen Staatsbürger (sie) sind"*. Da es sich hierbei nur um Entwürfe handelt, entbehren die in ihnen enthaltenen Begriffsbestimmungen einer Rechtsverbindlichkeit.

Doch auch die rechtlich verbindliche Europäische Charta der Regional- oder Minderheitensprachen von 1992 stellt auf das Staatsangehörigkeitskriterium ab. In Art. 1 Abs. a) lit. i) heißt es:

> *„Im Sinne dieser Charta bezeichnet der Ausdruck „Regional- oder Minderheitensprachen" Sprachen, die herkömmlicherweise in einem bestimmten Sprachraum eines Staates von Angehörigen dieses Staates benutzt werden ... ."*

Im ebenfalls rechtlich verbindlichen Rahmenübereinkommen zum Schutz nationaler Minderheiten von 1995 hat der Europarat keine Definition des Begriffes „nationale Minderheit" geben können. Damit wählte er eine pragmatische Sicht, die auf der Tatsache beruht, daß es gegenwärtig nicht möglich sei, zu einer Definition zu gelangen, die die vollumfängliche Unterstützung aller Mitgliedstaaten des Europarates genieße.[144] Es bleibt abzuwarten, ob sich in der künftigen Praxis des Europarates eine neue Tendenz zu Gunsten eines Verzichtes auf das Staatsangehörigkeitskriterium durchsetzen kann.

In den politischen Dokumenten der KSZE/OSZE läßt sich keine Definition über nationale Minderheiten nachweisen. Das Kopenhagener Dokument über die Menschliche Dimension von 1990 trennt zwischen Bestimmungen zum Schutz

---

[142] Vgl. Hofmann (Anm. 71), S. 24.
[143] Vgl. Thornberry (Anm. 70), S. 28 ff.
[144] Vgl. Ziff. 12 des Erläuternden Berichtes (Anm. 102), S. 272.

von Wanderarbeitnehmern und von nationalen Minderheiten.[145] Im Bericht des KSZE-Expertentreffens über nationale Minderheiten von 1991 in Genf bestätigen die Teilnehmerstaaten, daß *„Angehörigen nationaler Minderheiten dieselben Rechte und dieselben Pflichten ... wie die anderen Staatsangehörigen"*[146] haben. Aus diesen beiden Bestimmungen ließe sich die Schlußfolgerung ziehen, daß auch innerhalb der KSZE/OSZE Angehörige nationaler Minderheiten im Besitz der Staatsangehörigkeit des Aufenthaltsstaates sein müssen. Dagegen spricht allerdings die Praxis der KSZE/OSZE und speziell des Hohen Kommissars für nationale Minderheiten. OSZE-Missionen und der HKNM beschäftigen sich u.a. mit Problemen der russischsprachigen Bevölkerung in den baltischen Staaten, die nicht die Staatsangehörigkeit dieser Staaten besitzen.

Die nationalen Rechtsordnungen der überwiegenden europäischen Staaten beschränken die Minderheitenrechte auf eigene Staatsangehörige und schließen Ausländer mit minderheitenspezifischen Eigenschaften unabhängig von ihrer rechtmäßigen Aufenthaltsdauer auf ihrem Territorium aus.[147]

V. Minderheitenrechte als Gruppen- oder Individualrechte

Angehörige von Minderheiten zeichnen sich durch ihre ethnische, religiöse, sprachliche oder kulturelle Identität aus, die sie nur in der Gruppe bewahren können.[148] Dies hat Pernthaler in seinen grundlegenden Arbeiten zum Verhältnis von Individual- und Gruppenrechten nachgewiesen.[149]

> *„Nur wenn die Volksgruppe in ihrer spezifischen Existenz geschützt ist, kann sinnvollerweise über Rechte der Volksgruppenangehörigen gesprochen werden. Bildet die Existenz der Volksgruppe als solche die conditio per quam des Status „Volksgruppenangehöriger", dann folgt daraus auf der Ebene des Rechtsschutzes logischerweise die Priorität des kollektiven vor dem individuellen Volksgruppenschutz."*[150]

Der völkerrechtliche Minderheitenschutz ist als Individualrecht konzipiert worden, d.h. es werden die Rechte von einzelnen Angehörigen der Minderheiten geschützt und nicht die der Gruppe, der sie angehören. Von den im IPbpR aufgenommenen Menschenrechten, einschließlich des Minderheitenschutzes nach Art. 27, sind alle individualrechtlich ausgestaltet mit Ausnahme des in Art. 1 enthalte-

---

[145] Vgl. Teil II, Ziff. 22 und Teil IV des Kopenhagener Dokumentes.

[146] Teil IV des Berichtes (Anm. 76), S. 493.

[147] Vgl. Hofmann (Anm. 105), S. 113.

[148] So führt Spiliopoulou aus: „*... minority rights are a hybrid composed of both individual and collective rights.*" Spiliopoulou (Anm. 115), S. 295.

[149] Vgl. Pernthaler, Der Schutz der ethnischen Gemeinschaften durch individuelle Rechte.

[150] Pernthaler, Gruppenschutz im Volksgruppenrecht und seine Verbindung zum individuellen Minderheitenschutz, in: Veiter (Hrsg.), System eines internationalen Volksgruppenrechts, S. 93.

nen Rechts der Völker auf Selbstbestimmung, das als Gruppenrecht gewährt wird.[151]

Gemäß dem Wortlaut von Art. 27 IPbpR, wonach in Staaten mit ethnischen, religiösen oder sprachlichen *Minderheiten Angehörigen* solcher Minderheiten nicht das Recht vorenthalten werden darf, *„gemeinsam mit anderen Angehörigen ihrer Gruppe"* die aufgeführten Rechte wahrzunehmen, lassen sich sowohl Hinweise für einen Individualschutz als auch für einen Gruppenschutz finden. Während *„Minderheiten"* und *„gemeinsam mit anderen Angehörigen ihrer Gruppe"* auf einen kollektiven Schutz hindeuten, weist *„Angehörige"* auf einen Individualschutz.[152] Aus Art. 27 IPbpR folgert Tomuschat einen Bestandsschutz für die dort aufgeführten Minderheiten.[153]

Das Übereinkommen gegen Diskriminierung im Unterrichtswesen von 1960 spricht in Art. 5 dagegen nur von Angehörigen nationaler Minderheiten. Indizien für einen Gruppenschutz lassen sich in Art. 30 des Übereinkommens über die Rechte des Kindes von 1989 nachweisen, wo es heißt: in Staaten, in denen es ethnische, religiöse oder sprachliche *Minderheiten* gibt und *„in Gemeinschaft mit anderen Angehörigen seiner Gruppe"*. Für einen Individualschutz spricht die Formulierung *„einem Kind, das einer solchen Minderheit angehört"*.

Aus dem Titel der UN-Minderheitenschutzerklärung von 1992 „Erklärung über die Rechte von Personen, die nationalen oder ethnischen, religiösen und sprachlichen Minderheiten angehören" sowie Art. 2 Abs. 1[154] läßt sich bereits ihre individualrechtliche Ausrichtung erkennen. Diese wird durch Art. 3 Abs. 1 relativiert, indem es dort heißt *„einzeln sowie in Gemeinschaft"*.[155]

Die Europäische Charta der Regional- oder Minderheitensprachen von 1992 bezeichnet in Art. 1 Abs. a) lit. i) diese als Sprachen, die von *Angehörigen* dieses Staates benutzt werden, die eine *Gruppe* bilden. Gerade hier erlangt das Gruppenelement eine besondere Bedeutung, da die Sprache in der Gemeinschaft gesprochen wird.

Das Europäische Rahmenübereinkommen zum Schutz nationaler Minderheiten von 1995 führt in Art. 1 den Schutz nationaler *Minderheiten* und die Rechte und Freiheiten von *Angehörigen* dieser Minderheiten als Bestandteil des internationalen Menschenrechtsschutzes auf, der individualrechtlich ausgerichtet ist. Dies weist auf das Fehlen von Gruppenrechten im Übereinkommen hin.

Einen deutlichen Schritt weiter ist der österreichische Vorschlag zu einem Entwurf eines ZP zur EMRK zum Schutz von Volksgruppen von 1991 gegangen,

---

[151] Eine Person kann nicht Opfer einer Verletzung des Selbstbestimmungsrechts sein. So der UN-Menschenrechtsausschuß im Lubicon Lake Band v. Canada Fall, in: Communication No. 167/1984; abgedruckt in: Phillips/Rosas (eds.) (Anm. 125), S. 252 ff. Kitok v. Sweden Fall, in: Communication No. 197/1985; abgedruckt in: Phillips/Rosas (eds.) (Anm. 125), S. 286 ff. Vgl. hierzu Spiliopoulou (Anm. 115), S. 158 ff.

[152] Vgl. Oxenknecht (Anm. 56), S. 135.

[153] Vgl. Tomuschat (Anm. 63), S. 966.

[154] Art. 2 Abs. 1 lautet: *„Personen, die nationalen oder ethnischen, religiösen und sprachlichen Minderheiten angehören, haben das Recht, ihr eigenes kulturelles Leben zu pflegen, ihre eigene Religion zu bekennen und auszuüben und sich ihrer eigenen Sprache zu bedienen ... ."*

[155] Vgl. Spiliopoulou (Anm. 115), S. 183.

der neben den Rechten von Volksgruppenangehörigen auch eine Reihe von Rechten der Volksgruppe als ganzer gewährt, wie das Recht auf Bewahrung und Weiterentwicklung ihrer Identität (Art. 3 Abs. 3), Recht auf Wahl von Vertretern (Art. 3 Abs. 5), Recht auf Bildung eigener Organisationen und politischer Parteien (Art. 3 Abs. 6), Schutz vor Vertreibung oder Zwangsumsiedlung (Art. 5), Recht auf Anbringung von Ortsbezeichnungen in der Volksgruppensprache (Art. 7 Abs. 4), Recht auf eigene Bildungsanstalten (Art. 8 Abs. 3). Nach Art. 3 Abs. 4 können die Volksgruppenangehörigen *„einzeln oder in der Gemeinschaft mit anderen Mitgliedern der Volksgruppe"* ihre Rechte ausüben. Art. 9 spricht explizit von individuellen und kollektiven Rechten:

> *„Wird eine Verletzung der in diesem Zusatzprotokoll niedergelegten individuellen Rechte behauptet, so hat jeder Volksgruppenangehörige, wird hingegen eine Verletzung der in diesem Zusatzprotokoll niedergelegten kollektiven Rechte behauptet, jede Volksgruppe das Recht auf eine effektive Beschwerde vor einer nationalen Instanz."*

Von individuellen Rechten eines Volksgruppenangehörigen und von kollektiven Rechten einer Volksgruppe spricht auch Art. 10 in bezug auf nationale Gesetze oder Vereinbarungen. So haben im österreichischen Entwurf neben Individualrechten auch Gruppenrechte eine feste Verankerung gefunden.

Der Entwurf eines ZP zur EMRK betreffend die nationalen Minderheiten und ihre Angehörigen von 1993 bleibt hinter diesem Vorschlag zurück, läßt aber auch Gruppenelemente erkennen. Nach Art. 3 Abs. 2 können Angehörige nationaler Minderheiten ihre Rechte *„einzeln oder in der Gemeinschaft mit anderen ausüben und genießen."* Art. 5 stellt die nationale Minderheit unter einen Bestandsschutz. Willkürliche Veränderungen der Bevölkerungsstruktur in Regionen mit nationalen Minderheiten dürfen nicht zum Nachteil letzterer vorgenommen werden. Neben Angehörigen nationaler Minderheiten haben gemäß Art. 9 des Entwurfes auch Organisationen nationaler Minderheiten das Recht, vor staatlichen Instanzen Rechtsmittel einzulegen. Kollektivrechte finden Erwähnung in Art. 12 Abs. 1, wo es heißt:

> *„Die Bestimmungen dieses Protokolls dürfen nicht als Begrenzung oder Einschränkung eines Individualrechts von Angehörigen einer nationalen Minderheit oder eines Kollektivrechts einer nationalen Minderheit ausgelegt werden ... ."*

Sowohl auf universeller als auch auf europäischer Ebene läßt sich bezüglich von Minderheitenrechten eine, wenn auch z.T. unterschiedlich ausgeprägte, Kombination aus Individual- und Gruppenrechten nachweisen.

Der Streit um Individual- oder Gruppenrechten ist gegenwärtig dadurch relativiert worden, daß die Notwendigkeit einer kollektiven Herangehensweise zusätzlich zum Schutz individueller Rechte für die Bewahrung der Identität von Minderheiten nicht mehr bestritten wird. Lerner spricht von einem neuen Trend: *„... reflecting awareness of the fact that the individual-centred system alone, ..., cannot adequately ensure the rights of individuals as members of a group, and* *certainly not of the group as such.“* [156] Für den Schutz von Minderheiten sollte nicht der Streit um Individual- oder Gruppenrechte vorrangig sein, sondern die Verpflichtung der Staaten zu positiven Förderungsmaßnahmen.[157]

D. Der Minderheitenschutz Estlands heute

I. Verfassungsrechtliche Bestimmungen zum Minderheitenschutz

Wie bereits frühere estnische Verfassungen enthält auch die Verfassung von 1992 Bestimmungen zum Minderheitenschutz. Die Rechtsstellung nationaler Minderheiten ist vor allem im II. Abschnitt „Grundrechte, Grundfreiheiten und Grundpflichten“ geregelt.

§ 12 beinhaltet das Diskriminierungsverbot wegen der nationalen oder rassischen Zugehörigkeit als Vorstufe für einen Minderheitenschutz. Die zentrale Minderheitenschutzbestimmung enthält § 50. Er gewährt nationalen Minderheiten das Recht, im Rahmen des „Gesetzes über die Kulturautonomie der nationalen Minderheiten“ eigene Selbstverwaltungseinrichtungen zu bilden. § 49 erlaubt jedem, seine nationale Zugehörigkeit zu behalten. Diese Bestimmung richtet sich gegen eine ungewollte Assimilierung der Betroffenen. Weitere Minderheitenschutzbestimmungen enthalten §§ 51 und 52, die Estnisch als Amtssprache deklarieren. Nach § 51 hat in Gebieten, in denen mindestens die Hälfte der ständigen Einwohner einer nationalen Minderheit angehören, jeder das Recht, Antworten von staatlichen Behörden auch in der Sprache der nationalen Minderheit zu erhalten. § 52 gestattet den lokalen Selbstverwaltungskörperschaften in Gebieten, in denen Estnisch nicht die Sprache der Mehrheit der Bevölkerung ist, als interne Geschäftssprache die Sprache der Bevölkerungsmehrheit innerhalb des gesetzlichen Rahmens zu bestimmen. Bezüglich des Rechts auf Sprache sind zwei weitere Paragraphen von Bedeutung. § 21 legt fest, daß Inhaftierten in einer ihnen verständlichen Sprache der Grund ihrer Inhaftierung sowie ihre Rechte übermittelt werden müssen. Nach § 37 Abs. 4 ist es den Bildungseinrichtungen für nationale Minderheiten möglich, ihre Unterrichtssprache selbst zu bestimmen.

---

[156] Lerner (Anm. 128), S. 81.

[157] Vgl. Nowak, The Evolution of Minority Rights in International Law, in: Brölmann/Lefeber/Zieck (eds.), Peoples and Minorities in International Law, S. 103.

II. Das Gesetz über die Kulturautonomie der nationalen Minderheiten vom 11. November 1993

Das „Gesetz über die Kulturautonomie der nationalen Minderheiten“ vom 11. November 1993[158] stellt das Minderheitenschutzgesetz nach § 50 der estnischen Verfassung dar. Es lehnt sich stark an seinen Vorgänger von 1925 an.[159] Das Kulturautonomiegesetz ist ebenso wie das Staatsangehörigkeitsgesetz unter einen besonderen verfassungsrechtlichen Schutz gestellt worden. Nach § 104 der Verfassung bedarf es zur Änderung dieser sowie weiterer in diesem Paragraphen aufgeführter Gesetze der Stimmenmehrheit der gesetzlichen Mitgliederzahl der Staatsversammlung.

Das Gesetz untergliedert sich in fünf Abschnitte mit 30 Paragraphen. Der erste Abschnitt enthält neben der Definition der nationalen Minderheit Rechte, die Angehörigen nationaler Minderheiten gewährt werden und das Hauptziel der Kulturselbstverwaltung. Minderheitenangehörige haben nach § 3 Abs. 1 das Recht, ihre eigene ethnische Zugehörigkeit, ihre kulturellen Traditionen, ihre Muttersprache und Religion zu bewahren. Dieses Recht ist als Individualrecht ausgestattet. Die Verunglimpfung und Verhinderung der Ausübung nationaler Bräuche oder religiöser Handlungen ist verboten, ebenso wie die gewaltsame Assimilierung nationaler Minderheiten (§ 3 Abs. 2). Die Rechte von Minderheitenangehörigen auf eine Kulturselbstverwaltung sind in § 4 aufgelistet:

„1) nationale Kultur- und Bildungseinrichtungen sowie Religionsgemeinschaften aufzubauen und zu unterstützen;
2) nationale Organisationen zu bilden;
3) nationale Traditionen und religiöse Kulthandlungen auszuüben, sofern dies nicht die öffentliche Ordnung, die Gesundheit oder Sitte und Anstand verletzt;
4) in dem vom Sprachgesetz festgesetzten Rahmen ihre Muttersprache als Verkehrssprache zu benutzen;
5) Druckwerke in der Nationalsprache zu verlegen;
6) zwischen den nationalen Kultur- und Bildungseinrichtungen sowie den Religionsgemeinschaften Verträge über Zusammenarbeit zu schließen;
7) Informationen in ihrer Muttersprache zu verbreiten und auszutauschen.“

Einige der in diesem Katalog enthaltenen Rechte weisen einen Gruppencharakter auf wie die Rechte in den Ziff. 1, 2 und 6.

Das Hauptziel der Kulturselbstverwaltung nationaler Minderheiten besteht nach § 5 Abs. 1 in der:

---

[158] RT I, 1993, Nr. 71, Pos. 1001; russische Übersetzung in: PAE, 1993, Nr. 48, Pos. 1001; deutsche Übersetzung in: WGO-MfOR, 35 (1993) 5, S. 370 ff.; Brunner (Hrsg.), VSO, Estland, 2.6.a; abgedruckt im Anhang G.

[159] Vgl. Hasselblatt (Anm. 39), S. 111.

1) Organisation des muttersprachlichen Unterrichts und die Überwachung der Verwendung der dafür vorgesehenen Mittel; Organisation des muttersprachlichen Unterrichts und die Überwachung der Verwendung der dafür vorgesehenen Mittel;
2) Errichtung von kulturellen Institutionen der nationalen Minderheit und Organisation ihrer Tätigkeit;
3) Gründung von Fonds und Verleihung von Stipendien und Preisen zur Förderung von Kultur und Bildung der nationalen Minderheit.

Im Interesse der nationalen Kultur können nationale Minderheiten eigene Kulturselbstverwaltungseinrichtungen errichten (§ 5 Abs. 2). Normadressat ist hier die nationale Minderheit als Gruppe.

§ 6 des Gesetzes gewährt in Estland wohnenden Ausländern die Teilnahme an Aktivitäten der Kultur- und Bildungseinrichtungen sowie der Religionsgemeinschaften einer nationalen Minderheit, jedoch steht ihnen nicht das aktive oder passive Wahlrecht für die Führungsorgane der Kulturselbstverwaltungsinstitutionen zu. Diese Bestimmung ermöglicht Ausländern mit gleichen ethnischen, religiösen oder sprachlichen Eigenschaften wie eine nationale Minderheit die nach diesem Gesetz geschaffenen Einrichtungen einer nationalen Minderheit mitzubenutzen. Hiermit sollte wahrscheinlich eine rechtliche Angleichung der durch die Forderung des Staatsangehörigkeitskriteriums für nationale Minderheiten entstandenen zwei Gruppen der ethnisch nicht-estnischen Bevölkerung herbeigeführt werden.

Grundlage für die Beantragung der Kulturselbstverwaltung bildet das Nationalkataster der nationalen Minderheit, in das die Angehörigen einer nationalen Minderheit auf persönlichen Antrag unter Angabe ihrer persönlichen Daten eingetragen werden (§§ 7 und 8). Die Führung und die Verwendung der Nationalkataster wird durch Regierungsverordnung Nr. 238 vom 1. Oktober 1996[160] geregelt. Erst wenn über 3.000 Angehörige einer nationalen Minderheit im Nationalkataster registriert sind, kann eine Kulturselbstverwaltung bei der Regierung beantragt werden, mit Ausnahme der in § 2 Abs. 2 des Kulturautonomiegesetzes genannten Minderheiten.

Die Führungsorgane der Kulturselbstverwaltung der nationalen Minderheit sind der Kulturrat und die Kulturverwaltungen, die die Tätigkeit der Kulturselbstverwaltungsinstitutionen organisieren (§ 11 Abs. 1). Nach § 14 des Gesetzes muß die Regierung der Republik die Wahlvorschriften für den Kulturrat ausarbeiten und bestätigen.

Gemäß § 24 des Kulturautonomiegesetzes sind Kulturselbstverwaltungsinstitutionen:

„1)nationalsprachliche Lehranstalten oder Lehranstalten mit vertieftem Unterricht in der nationalen Kultur (Vorschuleinrichtungen und Schulen);

[160] RT I, 1996, Nr. 72, Pos. 1272; russische Übersetzung in: PAE, 1996, Nr. 58, Pos. 1272; deutsche Übersetzung in: Brunner (Hrsg.) (Anm. 158), Estland, 2.6.b.

2) nationale Kultureinrichtungen;
3) Unternehmen und Verlage der nationalen Kultur;
4) nationale Fürsorgeeinrichtungen."

Die Einrichtung einer Schule oder Klasse für eine nationale Minderheit und ihre Organisation erfolgen nach dem im „Gesetz über Privatschulen" festgesetzten Verfahren (§ 25). Das Gesetz wurde bereits am 2. Juni 1993[161] angenommen. Dieses ist durch das gegenwärtig geltende „Gesetz über Privatschulen" vom 3. Juni 1998[162] außer Kraft gesetzt worden.

Die Kulturselbstverwaltungsinstitutionen sind selbständige juristische Personen (§ 26).

Die Finanzierung der Kulturselbstverwaltungsinstitutionen erfolgt aus Zuweisungen der Staats- und kommunalen Haushalte sowie Teilsteuern für die Kulturselbstverwaltung, Spenden und Unterstützungen von ausländischen Organisationen (§ 27 Abs. 1).

Ob das Kulturautonomiegesetz von 1993, wie sein Vorgänger, auch in der Praxis umgesetzt wird, bleibt abzuwarten. Die nationalen Minderheiten Estlands, mit Ausnahme der deutschen und jüdischen, können nicht auf eine eigene Kulturselbstverwaltung während der Zwischenkriegszeit zurückblicken. Das geforderte Kriterium der Staatsangehörigkeit für Minderheiten, welche erst nach Erfüllung der dafür gesetzlich festgelegten Voraussetzungen verliehen wird, beschränkt die Anzahl der Angehörigen einer nationalen Minderheit. Fünf Jahre nach Annahme des Gesetzes hat immer noch keine nationale Minderheit eine Kulturselbstverwaltung errichtet.[163]

III. Die Definition der nationalen Minderheit

Das erste Minderheitenschutzgesetz Estlands nach der Zwischenkriegszeit wurde noch vor der Wiedererlangung der staatliche Unabhängigkeit am 15. Dezember 1989 mit dem „Gesetz über die nationalen Rechte der Staatsbürger der ESSR"[164] angenommen. Im Gesetz ließ sich der Terminus „Minderheit" nicht finden. Das war dadurch begründet, daß in der Sowjetunion der Begriff „Minderheit" durch den der „Nationalitäten" ersetzt worden war. Das Gesetz bestimmte als Adressaten seiner Rechte estnische Staatsbürger unterschiedlicher Nationalität und nationale Gruppen Estlands, die nicht näher definiert wurden. Aus dem Titel des Gesetzes folgt schon, daß die Rechte nur von Staatsangehörigen Estlands wahrgenommen werden konnten. Dieses Gesetz wurde durch das „Gesetz über die Kulturautono-

---

161 RT I, 1993, Nr. 35, Pos. 547; russische Übersetzung in: PAE, 1993, Nr. 32, Pos. 547.

162 RT I, 1998, Nr. 57, Pos. 859; russische Übersetzung in: PAE, 1998, Nr. 42/43, Pos. 859.

163 Die *Estonian Association of Ingermanland Finns*, die ca. 4.000 Mitglieder zählt, hat im Frühjahr 1998 mit der Aufstellung einer Liste der Angehörigen dieser nationalen Minderheit begonnen, um eine Kulturselbstverwaltung beantragen zu können. Vgl. Ingermanland Finns To Apply For Cultural Autonomy, in: Estonian Review, 8 (1998) 15, S. 3 f.

164 V ESSR, 1989, Nr. 49 (918), Pos. 618.

mie der nationalen Minderheiten" von 1993 außer Kraft gesetzt. In § 1 dieses Gesetzes ist die nationale Minderheit definiert:

> *„Als nationale Minderheit im Sinne des vorliegenden Gesetzes werden estnische Staatsbürgerinnen und Staatsbürger betrachtet, die*
> - *auf dem Territorium Estlands leben;*
> - *über langzeitige, feste und dauerhafte Verbindungen mit Estland verfügen;*
> - *sich von den Esten in ihrer ethnischen Zugehörigkeit, ihrer kulturellen Eigenart, ihrer Religion oder Sprache unterscheiden;*
> - *sich in dem Wunsch vereint wissen, gemeinsam ihre kulturellen Traditionen, ihre Religion oder Sprache, die die Grundlage ihrer gemeinsamen Identität darstellen, zu bewahren."*

Diese Definition wurde in das Gesetz über die Ratifikation des Europäischen Rahmenübereinkommens zum Schutz nationaler Minderheiten vom 21. November 1996[165] übernommen. Damit hat Estland seine Forderung nach dem Staatsangehörigkeitskriterium für nationale Minderheiten bekräftigt.

Im Vergleich zur Minderheitendefinition von Capotorti fehlen in der Definition zwei der fünf Elemente - die numerisch kleinere Größe als der Rest der Bevölkerung und die nicht dominierende Position der Minderheit. Das Kriterium der Staatsangehörigkeit, das Vorliegen der ethnischen, religiösen oder sprachlichen Eigenschaften sowie das Solidaritätsgefühl hinsichtlich der Bewahrung der kulturellen Traditionen, der Religion oder Sprache entsprechen der Definition Capotortis. Zu den Eigenschaften einer Minderheit fügt das estnische Gesetz noch die kulturelle hinzu wie schon die UN-Minderheitenschutzerklärung von 1992.

In § 2 Abs. 2 des estnischen Minderheitenschutzgesetzes heißt es weiter:

> *„Kulturselbstverwaltungen der nationalen Minderheiten können Angehörige der deutschen, russischen, schwedischen und jüdischen Minderheiten sowie Angehörige von nationalen Minderheiten, deren Zahl 3.000 überschreitet, errichten."*

Diese Bestimmung entspricht § 8 des Minderheitenschutzgesetzes von 1925, in der lediglich die explizite Erwähnung der jüdischen Minderheit fehlte. Letzte hatte aber von ihrem Recht auf Errichtung einer Kulturselbstverwaltung Gebrauch gemacht. Mit der Aufnahme seiner „historischen Minderheiten" in das Minderheitenschutzgesetz von 1993 läßt Estland ihnen eine besondere Anerkennung zuteil werden.[166] Der gegenwärtigen Situation in bezug auf die zahlenmäßige Größe der Minderheiten[167] entspricht die Aufzählung in § 2 Abs. 2 jedoch nicht.[168]

---

[165] RT II, 1996, Nr. 40, Pos. 154; russische Übersetzung in: PAE, 1996, Nr. 64, Pos. 154.

[166] Vgl. Graudin, Die Stellung der nationalen Minderheiten in den Verfassungen der baltischen Republiken und ihre einfachgesetzliche Umsetzung, S. 105.

[167] Vgl. die ethnische Zusammensetzung der Bevölkerung Estlands, allerdings ohne Berücksichtigung der Staatsangehörigkeit im Anhang A.

[168] Vgl. Hasselblatt, Das estnische Gesetz über die Kulturautonomie der nationalen Minderheiten, in: WGO-MfOR, 35 (1993) 5, S. 369.

Da die Juden ca. 2.500, die Deutschen ungefähr 1.000 und die Schweden fast gar keine Angehörigen mehr zählen und damit die 3.000 Grenze nicht erreichen, wird ihnen, den Besitz der estnischen Staatsangehörigkeit vorausgesetzt, gegenüber anderen zahlenmäßig schwachen Minderheitengruppe wie z.B. den Letten mit rund 2.700, den Polen und Litauern mit je ca. 2.000 Angehörigen eine Präferenzposition aufgrund ihrer historischen Bedeutung und Verdienste um ein friedliches Zusammenleben mit dem estnischen Mehrheitsvolk gesetzlich zugestanden. Schätzungen zufolge zählen die sogenannten historischen Minderheiten 38.200 Angehörige.[169]

Die Forderung des Staatsangehörigkeitskriteriums für Minderheiten nach der estnischen Gesetzgebung entspricht dem Staatsbürgerrechtsverständnis bezüglich der Minderheitenrechte auf europäischer Ebene, entgegen der Auffassung auf universeller Ebene.[170] So hat auch der UN-Menschenrechtsausschuß Estland empfohlen, seine nationale Gesetzgebung zu modifizieren, damit alle in Art. 27 IPbpR erfaßten Minderheiten durch das „Gesetz über die Kulturautonomie der nationalen Minderheiten" geschützt werden.[171]

Die Folge der estnischen Regelung ist, daß sich ethnisch nicht-estnische Bevölkerungsgruppen mit gleicher ethnischer, religiöser oder sprachlicher Identität in zwei Gruppen aufspalten: diejenigen, die aufgrund ihrer estnischen Staatsangehörigkeit Anspruch auf einen Minderheitenstatus haben und diejenigen, die als Ausländer oder Staatenlose nicht unter die Definition der Minderheiten und damit unter das Ausländer- oder Fremdenrecht fallen.

IV. Die Gewährung von Minderheitenrechten und ihre Völkerrechtskonformität

Estland ist u.a. an folgende internationale Abkommen mit Minderheitenbezug gebunden[172]: den Internationalen Pakt über bürgerliche und politische Rechte von 1966, das Übereinkommen über die Rechte des Kindes von 1989 und das Europäische Rahmenübereinkommen zum Schutz nationaler Minderheiten von 1995. Im nachfolgenden soll geprüft werden, ob die estnischen Minderheitenschutzregelungen in einzelnen ausgewählten Bereichen diesen Völkervertragsnormen sowie völkergewohnheitsrechtlichen Normen entsprechen. Obwohl Estland nicht Vertragspartei des UNESCO-Übereinkommens gegen Diskriminierung im Unterrichtswesen von 1960 und der Europäischen Charta der Regional- oder Minderheitensprachen von 1992 ist, werden ihre Bestimmungen in die Prüfung mit einbezogen, weil sie für die Darstellung des völkerrechtlichen Minderheitenschutzes

[169] Vgl. Angaben des Estonian Language Strategy Centre, Tallinn, August 1997.

[170] Rein Müllerson, 1991/92 Vizeaußenminister der Republik Estland, kritisiert die Forderung des Staatsangehörigkeitskriteriums für Minderheitenangehörige und fordert Minderheitenrechte auch für Ausländer und Staatenlose. Vgl. Müllerson, International law, rights and politics, S. 112. Vgl. auch Geistlinger, The Legal Status of Russians in Estonia in the Light of Public International Law, in: Geistlinger/Kirch, Estonia, S. 120.

[171] Vgl. UN-HRCee, Consideration of Reports submitted by States Parties under Article 40 of the Covenant, in: UN Doc. CCPR/C/79/Add. 59, para. 36, S. 5.

[172] Vgl. Verzeichnis der völkerrechtlichen Verträge mit Minderheitenbezug im Anhang D.

insbesondere in bezug auf Minderheitensprachen von Relevanz sind. Die UN-Minderheitenschutzerklärung von 1992, die als Resolution der Generalversammlung nicht rechtsverbindlich ist, wird ebenfalls mit berücksichtigt.

1. Das Recht auf die Minderheitensprache

a) Völkerrechtliche Vorgaben. Die Sprache ist ein charakteristisches Merkmal sowohl eines Volkes als auch einer Minderheit. Die Notwendigkeit des Schutzes einer Minderheitensprache resultiert in der Regel aus der dominierenden Rolle der Mehrheitssprache des Staatsvolkes. Das Sprachenrecht stellt einen wesentlichen Teil des völkerrechtlichen und des staatsrechtlichen Minderheitenschutzes dar.[173] Völkerrechtlich gewährt Art. 27 IPbpR Angehörigen ethnischer, religiöser oder sprachlicher Minderheiten das Recht, sich ihrer eigenen Sprache zu bedienen.[174]

Die Verwendung der eigenen Sprache steht jedem Kind, das einer ethnischen, religiösen oder sprachlichen Minderheit angehört, nach Art. 30 des Übereinkommens über die Rechte des Kindes von 1989 zu.

Die Verpflichtung der Vertragsstaaten zur Bewahrung der Sprache als wesentlicher Bestandteil der Identität von Angehörigen nationaler Minderheiten enthält auch Art. 5 Abs. 1[175] des Europäischen Rahmenübereinkommens zum Schutz nationaler Minderheiten von 1995.

Das Übereinkommen gegen Diskriminierung im Unterrichtswesen von 1960 gestattet in Art. 5 Abs. 1 lit. c) Angehörigen nationaler Minderheiten den Gebrauch ihrer Sprache in Erziehungsfragen sowie die Lehre ihrer eigenen Sprache.

Der Gebrauch der Minderheitensprachen ist Gegenstand eines ganzen völkerrechtlichen Vertrages - der Europäischen Charta der Regional- oder Minderheitensprachen von 1992.

Auf politischer Ebene haben sich die Teilnehmerstaaten der KSZE im Kopenhagener Dokument von 1990 zur Bewahrung und Weiterentwicklung der sprach-

---

[173] Vgl. Korkisch, Amts- und Gerichtssprache, in: Veiter (Hrsg.), System eines internationalen Volksgruppenrechts, S. 115.

[174] Capotorti hat bezüglich des Rechts von Personen, die sprachlichen Minderheiten angehören, folgende vier Bereiche für den Gebrauch ihrer Sprache herausgearbeitet:

1. Use of minority languages in non-official matters,
2. Use of minority languages in official matters (in legislative and executive branches of government, with administrative authorities, in courts, in names of geographic places),
3. Use of minority languages in communication media (newspapers and other publications, radio and television),
4. Use of minority languages in the school system (establishment of private schools, use of minority language in public school system, in secondary schools, in universities).

Vgl. Capotorti (Anm. 111), para. 429 ff., S. 75 ff.

[175] In Art. 5 Abs. 1 heißt es: „*Die Vertragsstaaten verpflichten sich, die Bedingungen zu fördern, die es Angehörigen nationaler Minderheiten gestatten, ihre Kultur zu pflegen und weiterzuentwickeln und die wesentlichen Bestandteile ihrer Identität, nämlich ihre Religion, ihre Sprache, ihre Tradition und ihr kulturelles Erbe, zu bewahren.*"

lichen Identität von Angehörigen nationaler Minderheiten bekannt (Ziff. 32 Abs. 2).[176]

b) Die Estnischen Sprachgesetze vom 18. Januar 1989 und vom 21. Februar 1995. Neben dem besonderen Schutz der estnischen Sprache als einzige Staatssprache fand das Recht anderer Nationalitäten auf ihre Sprache ebenfalls eine gesetzliche Verankerung im „Gesetz über die Sprache“ vom 18. Januar 1989. In der Präambel erkannte die ESSR das Recht aller Nationalitäten auf die Entwicklung ihrer Muttersprache an. Die russische Sprache wurde entsprechend ihrem Gebrauch als Kommunikationssprache innerhalb der Union und nach der estnischen Sprache als weit verbreitetste Muttersprache in Estland geschützt.[177] Zur Zeit der Annahme des Gesetzes, noch vor der Wiedererlangung der staatlichen Unabhängigkeit, war die sprachliche Situation in Estland infolge der Russifizierungspolitik gekennzeichnet durch Bilingualismus der Mehrheit der Esten und Monolingualismus der Mehrheit der in Estland lebenden Russen. Ungefähr 85 % der nicht-estnischen Bevölkerung verfügte über keine estnischen Sprachkenntnisse.[178] Das Sprachgesetz deklarierte Estland zu einem monolingualen (estnischsprachigen) Staat.[179]

Nach einigen Modifikationen dieses Gesetzes wurde am 21. Februar 1995 ein neues Sprachgesetz[180] angenommen und das Sprachgesetz von 1989 aufgehoben. In der Regel dienen Sprachgesetze vorrangig dem Schutz von Minderheitensprachen, die nicht Staatssprachen sind. Aber auch dieses Gesetz, wie schon sein Vorgänger, ist, wie Hasselblatt zutreffend bemerkt, in erster Linie *„ein Schutzgesetz des Estnischen und erst in zweiter Linie ein Instrument zur Förderung der Minderheitenkultur“*.[181]

Das Sprachgesetz besteht aus 30 Paragraphen, die sich in sechs Abschnitten untergliedern. Das Gesetz unterscheidet nur noch zwischen Estnisch als Staatssprache (§ 1) und Fremdsprachen (§ 2). In § 2 Abs. 2 wird eine Minderheitensprache definiert als *„eine Fremdsprache, die von denjenigen Staatsangehörigen Estlands, die einer nationalen Minderheit angehören, von alters her als Muttersprache gebraucht wird.“* Hier ist auf die Definition der nationalen Minderheit in § 1 des Kulturautonomiegesetzes von 1993 zu verweisen.

---

[176] Ziff. 32 Abs. 2 lautet: *„Angehörige nationaler Minderheiten haben das Recht, ihre ethnische, kulturelle, sprachliche und religiöse Identität frei zum Ausdruck zu bringen, zu bewahren und weiterzuentwickeln ...“*

[177] Vgl. Uibopuu, Die Sprachgesetze der baltischen Unionsrepubliken, in: WGO-MfOR, 31 (1989) 4, S. 210. Die russischsprachige Bevölkerung Estlands kritisierte das Sprachgesetz wegen angeblich ungenügenden Schutzes ihrer Sprache. Vgl. Michaleva/Palidze, Federativnyj sojuz, in: Pravda, 12. Juni 1989.

[178] Vgl. die estnischsprachige Situation 1989 im Anhang B.

[179] Varennes bewertet die Nichtbeachtung der realen Position der russischen Sprache als Fehler. Vgl. Varennes, Language, Minorities and Human Rights, S. 246.

[180] RT I, 1995, Nr. 23, Pos. 334; russische Übersetzung in: PAE, 1995, Nr. 17/18, Pos. 334; deutsche Übersetzung in: WGO-MfOR, 37 (1995) 4, S. 247 ff.; abgedruckt im Anhang H. Vgl. Hasselblatt, Zum neuen estnischen Sprachgesetz, in: WGO-MfOR, 37 (1995) 4, S. 243 ff.

[181] Hasselblatt (Anm. 39), S. 110.

Die russische Sprache findet überhaupt keine Erwähnung mehr. Damit wird sie rechtlich einerseits mit jeder anderen beliebigen Fremdsprache wie beispielsweise Englisch bzw. andererseits mit der Sprache jeder anderen in Estland lebenden nationalen Minderheit unabhängig von ihrer Größe und Verbreitung gleichgestellt.

Im nachfolgenden soll der Gebrauch von Minderheitensprachen in verschiedenen Bereichen untersucht werden.

2. *Der Gebrauch von Minderheitensprachen im privaten und öffentlichen Bereich*

Der Gebrauch der Muttersprache im privaten und öffentlichen Bereich ist als Mindestanforderung an einen minderheitenrechtlichen Sprachenschutz anzusehen.[182] Unter dem privaten Bereich ist vor allem der familiäre und unter dem öffentlichen der Kontakt zwischen Angehörigen einer nationalen Minderheit untereinander im öffentlichen Leben gemeint. Der Gebrauch der Minderheitensprache in diesen Bereichen ist für die Identitätsbewahrung und -entwicklung besonders wichtig. Mit Hilfe der Sprache werden Geschichten, Lieder, Gedanken und Auffassungen wieder- bzw. weitergegeben.

a) Völkerrechtliche Vorgaben. Das Recht auf Gebrauch von Minderheitensprachen[183] in Art. 27 IPbpR schließt sowohl den mündlichen und schriftlichen als auch den privaten und öffentlichen Gebrauch dieser Sprachen ein. Die Vertragsstaaten, als solcher auch Estland, dürfen Minderheitenangehörigen nicht die gemeinsame Verwendung ihrer Sprache untereinander verbieten.[184] Eine analoge Auslegung des Rechts auf Gebrauch von Minderheitensprachen für Kinder kann bezüglich Art. 30 des Kinderrechtsübereinkommens von 1989 vorgenommen werden.

Auf das Recht von Personen, die nationalen oder ethnischen, religiösen und sprachlichen Minderheiten angehören, sich ihrer eigenen Sprache privat und in der Öffentlichkeit frei zu bedienen, bezieht sich Art. 2 Ziff. 1[185] der rechtlich unverbindlichen UN-Minderheitenschutzerklärung von 1992.

Wenn auch die Europäische Menschenrechtskonvention von 1950, der Estland ebenfalls angehört, keine Bestimmungen zum Minderheitenschutz beinhaltet, so ließe sich die Gewährung des Gebrauches der Minderheitensprache zumindest im

---

[182] Vgl. Behlke, Das Minderheitenrecht der Republik Lettland, S. 46.

[183] Auf das Recht auf Meinungsäußerung (nach Art. 19 IPbpR) in einer selbst gewählten Sprache hat der UN-Menschenrechtsausschuß in den Ballantyne/Davidson v. Canada und McIntyre v. Canada Fällen verwiesen, in: Communications Nos. 359/1989 und No. 385/1989; abgedruckt in: Phillips/Rosas (eds.) (Anm. 125), S. 306 ff. Vgl. hierzu Spiliopoulou (Anm. 115), S. 161 ff.

[184] Vgl. Nowak (Anm. 57), Art. 27, Rdnr. 41, S. 501.

[185] In Art. 2 Ziff. 2 heißt es: „*Personen, die nationalen oder ethnischen, religiösen und sprachlichen Minderheiten angehören ... haben das Recht, ... sich ihrer eigenen Sprache zu bedienen, privat und in der Öffentlichkeit ... .*"

Privat- und Familienleben aus Art. 8 Abs. 1[186] über den Schutz der privaten Sphäre i.V.m. Art. 14 dem Verbot der Diskriminierung ohne Unterschied der Sprache ableiten.[187]

Diese Staatenverpflichtungen sind auch im Europäischen Rahmenübereinkommen zum Schutz nationaler Minderheiten von 1995 aufgenommen worden. Die Vertragsstaaten des Rahmenübereinkommens, unter ihnen Estland, verpflichten sich in Art. 10 Abs. 1[188] zur Anerkennung des Rechts jedes Angehörigen einer nationalen Minderheit auf den freien und ungehinderten Gebrauch seiner Minderheitensprache in der privaten und öffentlichen Sphäre. In dieser Bestimmung wurde das politische Postulat in Ziff. 32.1[189] des Kopenhagener KSZE-Dokumentes von 1990 verrechtlicht.[190]

Nach Art. 11 Abs. 1[191] des Rahmenübereinkommens verpflichten sich die Vertragsparteien, das Recht von Angehörigen nationaler Minderheiten auf Führung ihrer Vor- und Familiennamen in der Minderheitensprache, sowie das Recht auf amtliche Anerkennung dieser Namen anzuerkennen, wie dies nach innerstaatlicher Rechtsordnung geregelt ist. Mit diesem Nachsatz wird die Bestimmung unter den Vorbehalt des innerstaatlichen Rechts gestellt. Die Vertragsstaaten verpflichten sich weiterhin, das Recht auf öffentliche Anbringung von Schildern, Inschriften und anderer Mitteilungen privater Art in der Minderheitensprache zu gewähren (Art. 11 Abs. 2).[192] Dies schließt nicht aus, daß die Angehörigen nationaler Minderheiten zusätzlich auch die Amtssprache benutzen sollten.[193] In Gebieten mit traditionell hohem Anteil von Minderheitenangehörigen bemühen sich die Vertragsstaaten, entsprechend ihrer Rechtsordnungen und bei ausreichender Nachfrage, traditionelle Orts- und Straßennamen und andere topographische Hinweise

---

[186] Art. 8 Abs. 1 lautet: *„Jedermann hat Anspruch auf Achtung seines Privat- und Familienlebens, seiner Wohnung und seines Briefverkehrs."*

[187] Vgl. Behlke (Anm. 182), S. 46.

[188] Art. 10 Abs. 1 lautet: *„Die Vertragsstaaten verpflichten sich anzuerkennen, daß jeder Angehörige einer nationalen Minderheit das Recht hat, seine Minderheitensprache privat und in der Öffentlichkeit mündlich und schriftlich frei und ungehindert zu gebrauchen."*

[189] In Ziff. 32.1 heißt es: Angehörige nationaler Minderheiten haben das Recht, *„sich ihrer Muttersprache sowohl privat als auch in der Öffentlichkeit frei zu bedienen."*

[190] Vgl. Hofmann (Anm. 105), S. 138.

[191] Art. 11 Abs. 1 lautet: *„Die Vertragsstaaten verpflichten sich anzuerkennen, daß jeder Angehörige einer nationalen Minderheit das Recht hat, seinen Familiennamen (Vaternamen) und seine Vornamen in der Minderheitensprache zu führen, sowie das Recht auf amtliche Anerkennung dieser Namen, wie dies nach ihrer Rechtsordnung vorgesehen ist."*

[192] In Art. 11 Abs. 2 heißt es: *„Die Vertragsstaaten verpflichten sich anzuerkennen, daß jeder Angehörige einer nationalen Minderheit das Recht hat, für die Öffentlichkeit sichtbar Schilder, Inschriften und andere Mitteilungen privater Art in seiner Minderheitensprache anzubringen."*

[193] Vgl. Ziff. 69 des Erläuternden Berichtes (Anm. 102), S. 276.

auch in der Minderheitensprache anzubringen (Art. 11 Abs. 3).[194] Aufgrund der einschränkenden Klauseln bleibt es den Vertragsparteien weitestgehend selbst überlassen, inwieweit sie diese Verpflichtung übernehmen. Aus den genannten Vorschriften des Europäischen Rahmenübereinkommens lassen sich keine unmittelbar wirkenden Rechte von Minderheitenangehörigen ableiten, denn sie sind als Staatenverpflichtungen ausgestaltet worden.[195]

Die Europäische Charta der Regional- oder Minderheitensprachen von 1992 bezeichnet in der Präambel das Recht, im privaten und öffentlichen Leben eine Regional- oder Minderheitensprache zu benutzen, als ein unveräußerliches Recht. Die Vertragsparteien verpflichten sich, die Benutzung der von ihnen festgelegten Regional- oder Minderheitensprachen in Wort und Schrift im öffentlichen und privaten Leben zu erleichtern (Art. 7 Abs. 1 lit. d). Da in Art. 7 lediglich die Ziele und Grundsätze der Charta umgesetzt werden, die die Vertragsstaaten ihrer Politik und Gesetzgebung zugrunde legen sollen, enthält diese Bestimmung keine Rechte der Benutzer solcher Sprachen.[196]

Nach Art. 10 Abs. 2 lit. g) der Europäischen Charta soll die Benutzung der Ortsnamen in diesen Sprachen zugelassen oder angeregt werden. Weiterhin verpflichten sich die Staaten zur Zulassung der Benutzung von Familiennamen in den Regional- oder Minderheitensprachen (Art. 10 Abs. 5). Nach Art. 2 Abs. 2 der Europäischen Charta müssen die Vertragsparteien aber nur eine Maßnahme aus Art. 10 für sich verbindlich erklären, um ihrer Verpflichtung aus der Charta zu entsprechen.

b) Die Regelungen in Estland. Das Recht auf den Gebrauch der Minderheitensprache in der privaten und öffentlichen Sphäre läßt sich aus der estnischen Verfassung ableiten. § 12 verbietet die Diskriminierung aufgrund der Sprache. Nach § 49 hat jeder das Recht auf Beibehaltung seiner nationalen Zugehörigkeit, unter die auch die Sprache subsumiert werden kann.

Die einschlägigen estnischen Gesetze mit Minderheitenbezug beinhalten kaum spezifische Bestimmungen zum Gebrauch der Minderheitensprache im privaten und öffentlichen Bereich.

Während im estnischen Sprachgesetz von 1989 noch das Recht der Bürger jeder Nationalität auf Entwicklung ihrer Muttersprache sowie Gleichheit vor dem Gesetz unabhängig von ihrer Muttersprache zuerkannt wurde (Präambel), findet sich im Gesetz von 1995 keine derartige Bestimmung mehr. Das Sprachgesetz von 1995 legt die Sphären des Gebrauches der estnischen Sprache als Staatssprache fest, zu denen nicht der private und öffentliche Bereich zählt. Der Gebrauch von Minderheitensprachen in diesen Bereichen ist damit erlaubt.

---

194 Art. 11 Abs. 3 lautet: „*In Gebieten, die traditionell von einer beträchtlichen Anzahl von Angehörigen einer nationalen Minderheit bewohnt werden, bemühen sich die Vertragsstaaten im Rahmen ihrer Rechtsordnung, einschließlich etwaiger Übereinkünfte mit anderen Staaten, und unter Berücksichtigung ihrer besonderen Gegebenheiten, traditionelle Ortsnamen, Straßennamen und andere für die Öffentlichkeit bestimmte topographische Hinweise, wenn ausreichende Nachfrage besteht, auch in der Minderheitensprache anzubringen.*"

195 Vgl. Hofmann (Anm. 105), S. 135.

196 Vgl. Hofmann (Anm. 71), S. 57.

Das „Gesetz über die Kulturautonomie der nationalen Minderheiten“ von 1993 gewährt Angehörigen einer nationalen Minderheit das Recht auf Bewahrung ihrer ethnischen Zugehörigkeit und ihrer Muttersprache (§ 3 Abs. 1). Daraus folgt implizit auch der Gebrauch der Muttersprache im privaten und öffentlichen Bereich als Mindestanforderung an einen Sprachenschutz.

In Übereinstimmung mit Art. 11 Abs. 1 des Europäischen Rahmenübereinkommens können Angehörige nationaler Minderheiten ihre Namen in der Minderheitensprache führen. Nach dem estnischen Sprachgesetz von 1995 werden Namen von estnischen Staatsangehörigen, die eine andere als die estnische Sprache benutzen nach den Transkriptionsregeln der Schriftsprache geschrieben (§ 20).[197] Das bedeutet, daß Namen mit kyrillischen Schriftzeichen im estnisch-lateinischen Alphabet geführt werden. Dies steht im Einklang mit Art. 11 Abs. 1 des Europäischen Rahmenübereinkommens, wonach die Vertragsstaaten das Alphabet der Amtssprache für die Schreibweise der Namen von Minderheitenangehörigen in ihrer phonetischen Version verwenden können.[198]

Weil sich Russen mit typisch russischen Familiennamen weniger Chancen in der estnischen Gesellschaft ausrechnen, vor allem auf dem Arbeitsmarkt, beantragen immer mehr ethnische Russen die Änderung ihrer Familiennamen in einen estnischen. 1993 gingen allein im Standesamt von Tallinn 643, 1996 465 und bis Mitte 1997 205 Anträge ein.[199] Diese teilweise Aufgabe ihrer ethnischen Identität bedeutet eine ernstzunehmende Gefahr einer Assimilierung.

Nach dem estnischen Sprachgesetz von 1995 sind alle Ortsnamen estnisch. Lediglich historisch und kulturgeschichtlich begründete Ausnahmen werden zugestanden (§ 19 Abs. 1). Dieselbe Bestimmung enthält das „Gesetz über geographische Bezeichnungen“ vom 11. Dezember 1996[200] in § 14 Abs. 1 und 2. In diesem Gesetz erfolgt eine Definition der historisch und kulturgeschichtlich begründeten Ausnahmen (§ 14 Abs. 2). Ausnahmen gelten lediglich für Gebiete, in denen Angehörige einer anderen Sprache schon zum 27. September 1939 gesiedelt haben. Damit finden ausschließlich Gebiete Beachtung, in denen die sogenannten historischen Minderheiten siedeln. Art. 11 Abs. 3 des Europäischen Rahmenübereinkommens zum Schutz nationaler Minderheiten stellt ebenfalls auf „traditionell“ von Minderheitenangehörigen bewohnte Gebiete ab.

Minderheitenangehörige in Estland können sich nach der estnischen Gesetzgebung privat und in der Öffentlichkeit ihrer Sprache mündlich und schriftlich ungehindert bedienen. Ihnen wird das Recht auf Führung ihres Namens in ihrer Sprache gewährt. In historisch von Angehörigen anderer Sprachen besiedelten Gebieten können auch topographische Bezeichnungen in einer Minderheitensprache angebracht werden. Damit erfüllt Estland seine völkerrechtlichen Verpflichtungen aus dem IPbpR, dem Kinderrechtsübereinkommen und dem Europäischen Rahmenübereinkommen zum Schutz nationaler Minderheiten. Auch den Vor-

---

[197] Vgl. Ordnung über die Transkription ausländischer Eigennamen, bestätigt durch Regierungsverordnung Nr. 66 vom 25. März 1998, in: RT I, 1998, Nr. 31/32, Pos. 427; russische Übersetzung in: PAE, 1998, Nr. 21, Pos. 427.

[198] Vgl. Ziff. 68 des Erläuternden Berichtes (Anm. 102), S. 276.

[199] Vgl. „Sõnumileht“, Tallincy menjajut imena, in: Èstonija, 10. Juni 1997.

[200] RT I, 1997, Nr. 1, Pos. 3; russische Übersetzung in: PAE, 1997, Nr. 8/9, Pos. 3.

schriften der für Estland unverbindlichen Europäischen Charta der Regional- oder Minderheitensprachen wird nachgekommen.

3. *Der Gebrauch von Minderheitensprachen als Amtssprache*

Als Amtssprache wird die Sprache verstanden, die von Angehörigen nationaler Minderheiten gegenüber staatlichen Behörden und Selbstverwaltungskörperschaften benutzt werden darf sowie die Sprache, die diese Einrichtungen im Verkehr untereinander gebrauchen.[201]

Bei der Bestimmung der Amtssprache stehen sich die Interessen der Minderheitenangehörigen und die des Staates gegenüber. Letzterer ist bestrebt, eine gewisse Unifizierung seiner Organisation zu erreichen, worunter auch die Frage der Benutzung der Sprache vor Behörden fällt. Die Existenz nationaler Minderheiten, vor allem ihre Anderssprachigkeit, „stört" die Einheitlichkeit im Staat.[202] Dieser Konflikt ließe sich einmal dadurch lösen, daß der Staat von den Minderheitenangehörigen die Beherrschung der Mehrheits- bzw. Staatssprache verlangt, andererseits, daß der Staat in Gebieten mit kompakt siedelnden Minderheiten neben der Mehrheitssprache auch die Minderheitensprache nach dem sogenannten Territorialitätsprinzip zuläßt oder den Minderheitenangehörigen, die der Mehrheitssprache nicht ausreichend mächtig sind, unentgeltlich einen Dolmetscher bzw. Übersetzer zur Verfügung stellt. Der Umfang der Gewährung des Minderheitensprachgebrauches in diesem Bereich wird letztendlich auch vom politischen Willen und den finanziellen Möglichkeiten des Staates abhängig sein.

a) Völkerrechtliche Vorgaben. Aus Art. 27 IPbpR leitet sich ein Recht auf den Gebrauch der gemeinsamen Sprache untereinander ab, jedoch nicht zwischen Minderheitenangehörigen und staatlichen Behörden. Eine Anerkennung von Minderheitensprachen als Amtssprache vor staatlichen Behörden ergibt sich somit völkerrechtlich nicht aus Art. 27.[203] Dennoch sollten die Vertragsstaaten den auf ihrem Territorium lebenden Minderheitenangehörigen die Benutzung ihrer Sprachen vor Behörden ermöglichen.[204]

Die Regelungen des Europäischen Rahmenübereinkommens zum Schutz nationaler Minderheiten von 1995 in diesem Bereich sind weniger ausführlich. Gemäß Art. 10 Abs. 2[205] bemühen sich die Vertragsstaaten, in Gebieten mit einer beträcht-

---

[201] Diese Begriffsbestimmung erfolgt in Anlehnung an Korkisch (Anm. 173), S. 116.

[202] Vgl. hierzu Oellers-Frahm, Der Status der Minderheitensprachen vor Behörden und Gerichten, in: Frowein/Hofmann/Oeter (Hrsg.), Das Minderheitenrecht europäischer Staaten, S. 385 ff.

[203] Vgl. Nowak (Anm. 57), Art. 27, Rdnr. 41, S. 501 f.

[204] Diese Aussage stützt Spiliopoulou auf eine Untersuchung der Tätigkeit des UN-Menschenrechtsausschusses. Vgl. Spiliopoulou (Anm. 115), S. 146.

[205] Art. 10 Abs. 2 lautet: *„In Gebieten, die von Angehörigen nationaler Minderheiten traditionell oder in beträchtlicher Zahl bewohnt werden, bemühen sich die Vertragsparteien, sofern die Angehörigen dieser Minderheiten dies wünschen und dieser Wunsch einem tatsächlichen Bedarf entspricht, soweit wie möglich die Voraussetzungen dafür sicherzustellen, daß im Verkehr zwischen den Angehörigen dieser Minderheiten und den Verwaltungsbehörden die Minderheitensprache gebraucht werden kann."*

lichen Zahl von Minderheitenangehörigen, sofern es diese wünschen und dieser Wunsch auch dem tatsächlichen Bedarf entspricht, *„soweit wie möglich"* die Voraussetzungen für den Gebrauch der Minderheitensprache zwischen den Minderheitenangehörigen und den Verwaltungsbehörden sicherzustellen. Es handelt sich auch hier um eine Staatenverpflichtung und nicht um ein Recht von Minderheitenangehörigen. Der Wunsch nach dem Gebrauch der Minderheitensprache in Verwaltungsbehörden ist nicht als Individualrecht zu verstehen.[206] Die Bestimmung ist gekennzeichnet durch eine Reihe von einschränkenden Klauseln, wodurch den Vertragsstaaten ein sehr großer Ermessensspielraum gewährt wird. Die Formel *„soweit wie möglich"* weist darauf hin, daß verschiedene Faktoren, darunter auch die finanziellen Möglichkeiten der Vertragsparteien, zu berücksichtigen sind.[207] In Art. 10 Abs. 2 spiegelt sich das Bemühen der KSZE-Mitgliedsstaaten um die Gewährleistung des Gebrauches der Muttersprache von Angehörigen nationaler Minderheiten bei Behörden nach Ziff. 34 Abs. 1[208] des Kopenhagener Dokumentes von 1990 wider.

Die Europäische Charta der Regional- oder Minderheitensprachen von 1992 regelt in Art. 10 detailliert den Gebrauch der Regional- oder Minderheitensprachen in Verwaltungsbehörden. Gemäß Art. 10 Abs. 1 verpflichten sich die Vertragsparteien im Rahmen des Zumutbaren zu nachstehenden Maßnahmen, wenn diese gerechtfertigt erscheinen in Abhängigkeit von der Zahl der Einwohner, die die Regional- oder Minderheitensprache in den Gebieten benutzen und der Situation, in der sich die Sprache befindet. Damit sind diese Maßnahmen unter den Vorbehalt des staatlichen Ermessens gestellt worden. Nach lit. a) Ziff. ii) sollen die Vertragsstaaten sicherstellen, daß die im Kontakt mit dem Publikum stehenden Bediensteten in Verwaltungsbehörden die Regional- oder Minderheitensprachen mit Personen benutzen, die sich in diesen Sprachen an sie wenden. Die Vertragsparteien sollen weiterhin sicherstellen, daß Benutzer von Regional- oder Minderheitensprachen mündliche oder schriftliche Anträge stellen sowie eine Antwort erhalten (Art. 10 Abs. 1 lit. a) Ziff. iii); in Regional- oder Minderheitensprache abgefaßte Urkunden rechtsgültig vorlegen können; allgemeine Verwaltungsbestimmungen und -formulare in den Regional- oder Minderheitensprachen oder zweisprachig angeboten werden (Art. 10 Abs. 1 lit. b); Verwaltungsbehörden Schriftstücke in Regional- oder Minderheitensprachen aufsetzen können (Art. 10 Abs. 1 lit. c). In kommunalen Verwaltungsbehörden mit einer großen Anzahl von Einwohnern, die die Regional- oder Minderheitensprache benutzen, sollen die Parteien ermöglichen, daß diese Sprachen innerhalb der Behörden auch in Ratsversammlungen zugelassen werden, mündliche und schriftliche Anträge sowie Veröffentlichungen amtlicher Schriftstücke in diesen Sprachen erfolgen können (Art. 10 Abs. 2).

Die Vertragsstaaten verpflichten sich in Art. 10 Abs. 4, eine oder mehrere nachfolgende Maßnahmen zu treffen, um die vorstehenden Bestimmungen aus Abs. 1 bis 3 in Kraft zu setzen: zum Übersetzen oder Dolmetschen, Einstellen

---

[206] Vgl. Hofmann (Anm. 105), S. 139.

[207] Vgl. Ziff. 65 des Erläuternden Berichtes (Anm. 102), S. 275 f.

[208] In Ziff. 34 Abs. 1 heißt es: *„Die Teilnehmerstaaten werden sich darum bemühen, Angehörigen nationaler Minderheiten, ... (den) Gebrauch (ihrer Muttersprache) bei Behörden zu gewährleisten."*

bzw. Ausbilden der erforderlichen Mitarbeiter des öffentlichen Dienstes mit diesen Sprachkenntnissen.

Gemäß Art. 2 Abs. 2 der Charta können die Vertragsstaaten nur eine der für den Minderheitensprachenschutz so bedeutsamen Bestimmungen des Art. 10 als Minimum auswählen. Daraus folgt, daß die Vertragsstaaten frei sind bei der Wahl einer Bestimmung aus dem Maßnahmenkatalog in Art. 10.

Sowohl die Vertragsstaaten des Europäischen Rahmenübereinkommens zum Schutz nationaler Minderheiten als auch der Europäischen Charta der Regional- oder Minderheitensprachen werden verpflichtet, innerstaatliche Bedingungen zum Gebrauch von Minderheitensprachen als Amtssprache zu schaffen. Bei der Ausgestaltung dieser Staatenverpflichtung wird ihnen allerdings ein großer Ermessensspielraum gewährt.

b) Die Regelungen in Estland. Grundsätzlich ist Estnisch Amtssprache (§ 52 Abs. 1 der Verfassung und § 3 Abs. 1 des Sprachgesetzes). Verstöße gegen die Forderungen des Gebrauches der estnischen Sprache werden verwaltungsrechtlich geahndet.[209]

Der Gebrauch von Minderheitensprachen als Amtssprache ist in Estland verfassungsrechtlich verankert. § 51 Abs. 2 bestimmt, daß in Ortschaften, in denen wenigstens die Hälfte der ständigen Einwohner einer nationalen Minderheit angehört, jede Person das Recht hat, Antworten einer staatlichen Behörde oder lokalen Selbstverwaltung sowie deren Amtspersonen auch in dieser Minderheitensprache zu erhalten. Der Gebrauch von Fremdsprachen, darunter auch der Sprachen nationaler Minderheiten, in staatlichen Einrichtungen wird durch Gesetz bestimmt (§ 52 Abs. 3 der Verfassung). Das Sprachgesetz übernahm dann auch die Bestimmung aus § 51 Abs. 2 der Verfassung in § 10 Abs. 1.

Hinzuweisen ist auf § 52 Abs. 2 der Verfassung, wonach in Ortschaften, in denen Estnisch nicht die Sprache der Mehrheit der Einwohner ist, die lokalen Selbstverwaltungen im gesetzlich festgelegten Umfang und Verfahren die Sprache der Mehrheit der ständigen Einwohner dieser Ortschaft als interne Geschäftssprache verwenden können. Die ausführende Bestimmung beinhaltet § 11 des Sprachgesetzes. Danach kann auf Vorschlag der Abgeordnetenversammlung in einer Selbstverwaltungseinheit, in der die Sprache der Mehrheit der ständigen Einwohner nicht Estnisch ist und nach Entscheidung der Staatsregierung als interne Geschäftssprache der lokalen Selbstverwaltung neben der estnischen auch die Minderheitensprache, die die Mehrheit der ständigen Einwohnerschaft spricht, benutzt werden. Interessant bei dieser Bestimmung ist das Abstellen auf die „ständige Einwohnerschaft". In § 10 Abs. 2 des Sprachgesetzes wird ein ständiger Bewohner definiert als eine sich rechtmäßig in Estland aufhaltende Person. Diese Bestimmung stellt nicht auf die estnische Staatsangehörigkeit ab. Somit liegt die Anwendung der Definition der ständigen Einwohner nach dem Ausländergesetz vom 8. Juli 1993[210] nahe, nach der sowohl estnische Staatsangehörige als auch Ausländer mit einer ständigen Aufenthaltserlaubnis zur ständigen Einwohner-

[209] Vgl. § 170 des „Gesetzbuches über Verwaltungsrechtsverletzungen", in: RT I, 1997, Nr. 66/68, Pos. 1109; russische Übersetzung in: PAE, 1997, Nr. 49-53, Pos. 1109.

[210] § 4 Abs. 1 des Ausländergesetzes; vgl. hierzu Kapitel 5 B. I. 1.

schaft zählen. Danach fielen nicht nur Minderheitenangehörige estnischer Staatsangehörigkeit, sondern auch ethnische Nicht-Esten mit ständigem Ausländerstatus unter die ständige Einwohnerschaft. Dies ist von besonderer Bedeutung für die Gebiete im Nordosten Estlands, in denen die überwiegende Mehrheit der Bevölkerung russischer Nationalität und nicht im Besitz der estnischen Staatsangehörigkeit ist.

Am 28. April bzw. 23. Mai 1995 stellten die lokalen Selbstverwaltungen von Narva und Sillamäe den Antrag, die russische Sprache als interne Verwaltungssprache benutzen zu dürfen. In diesen Städten sind 95 % bzw. 97 % der Bevölkerung Russen. Von ihnen haben aber weit weniger als die Hälfte die für die Zuerkennung als Angehörige der nationalen Minderheit notwendige estnische Staatsangehörigkeit bzw. noch nicht einmal die ständige Aufenthaltserlaubnis. Der Antrag wurde unter Berufung auf § 11 des Sprachgesetzes von der Regierung abgelehnt.[211]

§ 8 des Sprachgesetzes erlaubt die Geschäftsführung in staatlichen Behörden und lokalen Selbstverwaltungen in einer Fremdsprache, unter die auch Minderheitensprachen fallen. Personen ohne estnische Sprachkenntnisse ist nach gegenseitiger Vereinbarung im mündlichen Verkehr mit staatlichen Behörden und lokalen Selbstverwaltungen die Benutzung einer Fremdsprache gestattet, die die Beschäftigten können. Bei fehlender Einigung mit dem Beschäftigten wird ein Dolmetscher hinzugezogen. Die Kosten trägt die Person, die die estnische Sprache nicht beherrscht. Diese Bestimmung stellt nicht nur auf die Fremdsprachkenntnisse der Beschäftigten, sondern auch deren Bereitschaft zu ihrer Benutzung ab, was zu Willkür führen kann. Von den Beschäftigten im öffentlichen Dienst werden neben den sehr guten estnischen Sprachkenntnissen je nach Eingruppierung[212] auch entsprechende Kenntnisse in einer bzw. zwei Fremdsprachen verlangt.[213] Diese Sprachanforderung bezieht sich aber nicht notwendigerweise auf örtlich gesprochene Minderheitensprachen. Bedenklich ist auch die Dolmetscherkostenzuweisung an die Person, die des Estnischen nicht mächtig ist, worunter auch Angehörige nationaler Minderheiten fallen können. In diesem Zusammenhang wäre auf die Regelung von Art. 10 Abs. 4 der Charta der Regional- oder Minderheitensprachen hinzuweisen, wonach sich die Staaten zum Übersetzen bzw. Dolmetschen verpflichten und bei den Mitarbeitern des öffentlichen Dienstes auf Minderheitensprachkenntnisse achten. Die Bestimmungen der Charta sind für Estland aber völkerrechtlich nicht bindend und außerdem steht es den Vertragsparteien der Charta frei, welche der Maßnahmen aus Art. 10 sie für sich annehmen.

Einladungen, Anzeigen und Bekanntmachungen in lokalen Selbstverwaltungen, in denen neben dem Estnischen eine Minderheitensprache als interne Ge-

---

[211] Vgl. Government Does Not Permit Two North-Eastern Cities To Use Russian As Local Government Language Due To Conflict With Existing Laws, in: Estonian Review, 5 (1995) 29, S. 4.

[212] Vgl. VO Nr. 31 vom 29. Januar 1996, in: RT I, 1996, Nr. 8, Pos. 168; russische Übersetzung in: PAE, 1996, Nr. 13/14, Pos. 168; § 5 Sprachgesetz i.d.F. vom 9. Februar 1999, in: RT I, 1999, Nr. 16, Pos. 275.

[213] Vgl. VO Nr. 293 vom 19. November 1996, in: RT I, 1996, Nr. 82, Pos. 1461; russische Übersetzung in: PAE, 1997, Nr. 12, Pos. 1461.

schäftssprache gebraucht wird, kann dem estnischen Text eine Übersetzung in der entsprechenden Minderheitensprache beigefügt werden (§ 13 Abs. 2 des Sprachgesetzes).

Der III. Abschnitt des Sprachgesetzes ist dem Gebrauch der Minderheitensprache in den Kulturselbstverwaltungen der nationalen Minderheiten gewidmet. Ihnen ist gemäß § 14 Abs. 1 die Benutzung ihrer Minderheitensprache als interne Geschäftssprache gestattet.

Estland hat den Gebrauch von Minderheitensprachen zwischen Angehörigen nationaler Minderheiten und den Verwaltungsbehörden verfassungs- und einfachgesetzlich geregelt. Als Vertragspartei des Europäischen Rahmenübereinkommens zum Schutz nationaler Minderheiten erfüllt es damit seine eingegangene völkerrechtliche Verpflichtung aus Art. 10 Abs. 2 des Übereinkommens. Estlands Regelungen entsprechen auch den Bestimmungen in Art. 10 i.V.m. Art. 2 Abs. 2 der Europäischen Charta der Regional- oder Minderheitensprachen.

4. Der Gebrauch von Minderheitensprachen als Gesetzgebungs- und Gerichtssprache

Als Gesetzgebungssprache ist die Sprache zu verstehen, in der die Rechtsetzungsakte in den innerstaatlichen Gesetz- und Verordnungsblättern verkündet werden. Von der Gesetzgebungssprache hängt es ab, ob nationale Minderheiten uneingeschränkten Zugang zum geltenden Recht haben.

Gerichtssprache ist die Sprache, die die Organe der Rechtspflege, insbesondere der Rechtsprechung verwenden. Für den Rechtsschutz der Menschen im allgemeinen und der Angehörigen nationaler Minderheiten im besonderen ist die Sprache von entscheidender Bedeutung, vor allem im Strafverfahren. Der menschenrechtliche Grundsatz des *fair trial* bleibt nur gewahrt, wenn das Verfahren in einer der Person verständlichen Sprache geführt wird. In Staaten, in denen die Sprache der Mehrheitsbevölkerung die einzige Staatssprache ist, haben nationale Minderheiten ein besonderes Interesse am Gebrauch ihrer Sprache vor Gerichten.

a) Völkerrechtliche Vorgaben. Aus Art. 27 IPbpR folgt keine Verpflichtung der Staaten auf Anerkennung von Minderheitensprachen als Gerichtssprache[214], da der negatorisch verfaßte Minderheitenschutzartikel des Paktes keine Förderung der Minderheiten beinhaltet.[215]

Wegen der besonderen Bedeutung der Verhandlungssprache eines Gerichtsverfahrens für die Fairness, vor allem in einem Strafprozeß, darf auf keinen Fall eine Person im Gerichtsverfahren aufgrund der Sprache schlechter gestellt werden. Dies folgt aus dem sprachlichen Diskriminierungsverbot gemäß Art. 2 Abs. 1 i.V.m. Art. 14 Abs. 3 lit. f) [216] IPbpR über Verfahrensgarantien im Strafprozeß,

---

[214] Vgl. Nowak (Anm. 57), Art. 27, Rdnr. 41, S. 501 f.

[215] Vgl. Niewerth (Anm. 118), S. 146.

[216] Art. 14 Abs. 3 lautet: „*Jeder wegen einer strafbaren Handlung Angeklagte hat in gleicher Weise im Verfahren Anspruch auf folgende Mindestgarantien:*
f) er kann die unentgeltliche Beiziehung eines Dolmetschers verlangen, wenn er die Verhandlungssprache des Gerichts nicht versteht oder spricht."

wonach jeder das Recht auf unentgeltliche Beiziehung eines Dolmetschers in einem gerichtlichen Verfahren in Strafrechtssachen hat.[217] Unter diese Regelung fallen auch Minderheitenangehörige, die der Gerichtssprache nicht mächtig sind. Die Bestimmung in Art. 14 Abs. 3 lit. f) entspricht der in Art. 6 Abs. 3 lit. e) der Europäischen Menschenrechtskonvention wörtlich. Danach hat jeder Angeklagte Anspruch auf die unentgeltliche Beiziehung eines Dolmetschers, wenn er die Verhandlungssprache des Gerichts nicht versteht oder sich nicht darin ausdrücken kann. Nach Art. 5 Abs. 2 EMRK müssen jedem Festgenommenen unverzüglich in einer ihm verständlichen Sprache die Gründe seiner Festnahme und die gegen ihn erhobenen Beschuldigungen mitgeteilt werden.

Das in Art. 6 Abs. 3 lit. e) EMRK verankerte Recht gilt nach Art. 10 Abs. 3[218] des Europäischen Rahmenübereinkommens zum Schutz nationaler Minderheiten von 1995 *expressis verbis* auch für Angehörige nationaler Minderheiten. Die als Staatenverpflichtung formulierte Bestimmung des Europäischen Rahmenübereinkommens geht nicht über die in Art. 5 und 6 EMRK konzipierten Individualrechte hinaus[219] und gilt auch nur für Strafverfahren.

Die Europäische Charta der Regional- oder Minderheitensprachen von 1992 enthält hingegen in Art. 9 Regelungen zum Gebrauch solcher Sprachen in straf-, zivil- und verwaltungsgerichtlichen Verfahren. Unter dem Vorbehalt der Zahl der Einwohner in einem Gerichtsbezirk, der Lage, in der sich die Sprache befindet und der Nichtbehinderung der Rechtspflege verpflichten sich die Vertragsstaaten zu einer der in Art. 9 Abs. 1 lit. a), b) und c) aufgeführten Maßnahmen:

1. *daß auf Antrag einer der Parteien im Straf-, Zivil- oder Verwaltungsverfahren das Verfahren in einer Regional- oder Minderheitensprache durchgeführt wird;*
2. *daß der Angeklagte bzw. eine Prozeßpartei seine bzw. ihre Regional- oder Minderheitensprache vor Gericht benutzen darf;*
3. *daß Beweismittel und Urkunden in der Regional- oder Minderheitensprache vorgelegt werden können.*

Erforderlichenfalls soll ein Dolmetscher oder Übersetzer in Anspruch genommen werden können, ohne daß den Betroffenen zusätzliche Kosten entstehen.

---

[217] Vgl. Nowak (Anm. 57), Art. 14, Rdnr. 54, S. 262. Der UN-Menschenrechtsausschuß hat in den Fällen Cadoret v. France, Le Bihan v. France, Barzhig v. France und Guesdon v. France festgestellt, daß nur in Strafverfahren ein Dolmetscherdienst gewährleistet sein muß. Fälle in: Communications Nos. 221/1987; 323/1988; 327/1988; 219/1986. Letzter abgedruckt in: Phillips/Rosas (eds.) (Anm. 125), S. 297 ff.; vgl. hierzu Spiliopoulou (Anm. 115), S. 168.

[218] Art. 10 Abs. 3 lautet: „*Die Vertragsparteien verpflichten sich, das Recht jedes Angehörigen einer nationalen Minderheit zu gewährleisten, umgehend in einer Sprache, die er versteht, über die Gründe für seine Festnahme und über die Art und den Grund einer gegen ihn erhobenen Beschuldigung in Kenntnis gesetzt zu werden sowie sich in dieser Sprache, erforderlichenfalls unter unentgeltlicher Hinzuziehung eines Dolmetschers, zu verteidigen.*"

[219] Vgl. Ziff. 67 des Erläuternden Berichtes (Anm. 102), S. 276.

In Art. 9 Abs. 2 verpflichten sich die Vertragsstaaten, die Rechtsgültigkeit von im Inland abgefaßten Rechtsurkunden nicht allein aus dem Grund zu verneinen, daß sie in einer Regional- oder Minderheitensprache abgefaßt sind.

Hinsichtlich der Gesetzgebungssprache ist die Bestimmung in Art. 9 Abs. 3 von Bedeutung. Danach verpflichten sich die Vertragsstaaten, die wichtigsten Gesetzestexte in Regional- oder Minderheitensprachen zur Verfügung zu stellen.

Bedauerlicherweise ist es gemäß Art. 2 Abs. 2 der Charta den Vertragsstaaten gestattet, als Minimum nur eine der Bestimmungen aus Art. 9 zu wählen. Da Art. 9 Abs. 1 in bezug auf Strafverfahren nicht über Art. 5 und 6 EMRK hinaus geht, können sich die Vertragsstaaten der Charta mit der Auswahl von Art. 9 Abs. 1 begnügen und damit den Gebrauch von Regional- oder Minderheitensprachen in zivil- und verwaltungsrechtlichen Verfahren umgehen.[220]

b) Die Regelungen in Estland. Das Sprachgesetz Estlands verweist beim Sprachgebrauch im vorgerichtlichen und im Gerichtsverfahren auf die entsprechenden Gesetze (§ 3 Abs. 2). Grundsätzlich ist Estnisch Gerichtssprache. So bestimmt das Gerichtsgesetz vom 23. Oktober 1991[221] in § 5 Abs. 1 Estnisch als Gerichtssprache. Ein Verfahren kann aber auch in einer anderen Sprache geführt werden. Den Verfahrensbeteiligten, die der Verfahrenssprache nicht mächtig sind, wird ein Dolmetscher zur Verfügung gestellt. Ihnen steht das Recht zu, in ihrer Muttersprache oder einer anderen Sprache ihrer Wahl aufzutreten (§ 5 Abs. 2). Wer die Dolmetscherkosten trägt, wird nicht bestimmt.

Die estnische Strafprozeßordnung i.d.F. vom 23. November 1994[222] regelt in § 16 den Gebrauch der Sprache im Strafverfahren. Generell werden die Verfahren in estnischer Sprache durchgeführt. Mit Einverständnis des Gerichtes und der Verfahrensbeteiligten kann das Verfahren auch in einer anderen von ihnen beherrschten Sprache geführt werden (Abs. 1). Die Verfahrensbeteiligten sowie andere am Strafverfahren beteiligte Personen, die der Verfahrenssprache nicht mächtig sind, können in ihrer Mutter- oder einer anderen von ihnen gesprochenen Sprache mit Hilfe eines Dolmetschers auftreten (Abs. 2). Eine Regelung über die Kostenübernahme läßt sich nicht finden. Es wird bestimmt, daß die gerichtlichen Schriftstücke den Beteiligten auf Estnisch ausgehändigt werden (Abs. 3). Wenn das Verfahren jedoch in einer anderen als der estnischen Sprache geführt wird, so werden auch die Schriftstücke in dieser Sprache ausgefertigt bzw. auf Wunsch der Verfahrensbeteiligten ebenfalls in estnischer Übersetzung (Abs. 4). Das Gericht kann innerhalb einer festgesetzten Frist von den Verfahrensbeteiligten die Übersetzung von schriftlichen Anträgen oder Beweismitteln fordern, die nicht in estnischer Sprache abgefaßt sind. Bei Fristüberschreitung steht es dem Gericht frei, entweder die Anträge oder Beweismittel unbeachtet zu lassen oder die Frist zu verlängern (Abs. 5). Auch in dieser Bestimmung fehlt jeglicher Hinweis auf die Kostenübernahme für die Übersetzungen. Das Tragen der Dolmetscherkosten

---

[220] Vgl. Hofmann (Anm. 71), S. 58 f.

[221] Russische Übersetzung in: V ER, 1991, Nr. 38, Pos. 472.

[222] Vgl. Änderungsgesetz zur StPO und anderen Gesetzen der ESSR vom 23. November 1994, in: RT I, 1994, Nr. 86/87, Pos. 1487; russische Übersetzung in: PAE, 1995, Nr. 1-3, Pos. 1487.

durch die Angeklagten würde allerdings gegen Art. 6 Abs. 3 lit. e) EMRK verstoßen.[223]

Analoge Bestimmungen zum Gebrauch der estnischen und anderen Sprachen in zivilen Verfahren waren bzw. sind in § 7 der außer Kraft gesetzten Zivilprozeßordnung vom 19. Mai 1993[224] und § 7 der gegenwärtig geltenden Zivilprozeßordnung vom 22. April 1998[225] enthalten.

In Estland werden Gesetze und Verordnungen, völkerrechtliche Verträge und Bekanntmachungen im Staatsanzeiger (*Riigi Teataja*) veröffentlicht. § 3 Abs. 1 des „Gesetzes über den Staatsanzeiger" vom 14. April 1993[226] i.d.F. vom 14. September 1994 bestimmt, daß dieser in estnischer Sprache herausgegeben wird. Die Staatskanzlei organisiert die Übersetzung ausgewählter Rechtsakte in Fremdsprachen sowie die Veröffentlichung ihrer amtlichen und nichtamtlichen Übersetzungen (§ 3 Abs. 2). Nach § 13 Abs. 1 wird der Staatsanzeiger in englischer, spanischer, französischer, deutscher und russischer Sprache[227] herausgegeben. Es handelt sich hierbei augenscheinlich nicht um Minderheitensprachen, sondern um Weltsprachen, von denen lediglich die russische für Minderheitenangehörige in Estland relevant ist.

Die estnische Gesetzgebung sieht generell den Gebrauch von Minderheitensprachen in Straf- und Zivilverfahren vor. Den Verfahrensbeteiligten steht das Recht auf einen Dolmetscher und Übersetzer zu. Wenn die entsprechenden estnischen Regelungen auch keine Vorschriften über die Übernahme der Dolmetscher- und Übersetzerkosten beinhalten, so ist Estland aufgrund seiner Mitgliedschaft in IPbpR und EMRK sowie dem Europäischen Rahmenübereinkommen zum Schutz nationaler Minderheiten zur unentgeltlichen Beiziehung eines Dolmetschers und Übersetzers in Strafverfahren völkerrechtlich verpflichtet.

Mit der Übersetzung ausgewählter Rechtsakte in Fremdsprachen sowie der Veröffentlichung ihrer offiziellen und nicht offiziellen Übersetzungen geht Estland über seine völkerrechtlich übernommenen Verpflichtungen hinaus. Damit entspricht es der Bestimmung in Art. 10 Abs. 3 der Europäischen Charta der Regional- oder Minderheitensprachen.

5. *Der Gebrauch von Minderheitensprachen in den Medien*

Über die Medien erfolgt die Verbreitung von Informationen sowie die Teilnahme am öffentlichen Leben. Für die Wahrung der Identität nationaler Minderheiten ist

---

[223] So der EGMR in seinem Urteil im Fall Luedicke, Belkacem und Koç gegen Deutschland. Der EGMR führte aus, daß im Strafverfahren eine unentgeltliche Beiziehung eines Dolmetschers gewährleistet sein muß. Text in: Série A No. 29, 28.11.1978; abgedruckt in: EuGRZ, 6 (1979) 1, S. 34 ff.

[224] RT I, 1993, Nr. 31/32, Pos. 538; russische Übersetzung in: PAE, 1993, Nr. 42/43, Pos. 538.

[225] RT I, 1998, Nr. 43/45, Pos. 666; russische Übersetzung in: PAE, 1998, Nr. 51 - 54, Pos. 666.

[226] RT I, 1993, Nr. 20, Pos. 352; russische Übersetzung in: PAE, 1993, Nr. 20, Pos. 352; deutsche Übersetzung d.F. vom 14. September 1994, in: Brunner (Hrsg.) (Anm. 158), Estland, 2.1.5.

[227] Pravovye Akty Èstonii.

es von besonderer Bedeutung, sich der Medien auch in der Minderheitensprache bedienen zu können. Die Pressefreiheit sollte ebenfalls die Freiheit der Wahl der Sprache einschließen, in der publiziert wird.[228]

a) Völkerrechtliche Vorgaben. Nach Art. 27 IPbpR darf Minderheiten nicht das Recht auf den mündlichen wie schriftlichen, privaten wie öffentlichen Gebrauch der gemeinsamen Sprache vorenthalten werden. Dazu zählen z.B. auch Veröffentlichungen von Büchern oder Zeitschriften in ihrer Sprache.[229]

Das Recht auf freie Meinungsäußerung gemäß Art. 10 EMRK muß nach Rechtsprechung des EGMR[230] auch über Rundfunk und Fernsehen in der Minderheitensprache möglich sein. Nach Auffassung des Gerichts gehören Meinungsfreiheit und Informationspluralismus zu den grundlegenden Elementen in einer demokratischen Gesellschaft.

Im Europäischen Rahmenübereinkommen zum Schutz nationaler Minderheiten von 1995 ist die Sicherstellung der freien Meinungsäußerung durch die Vertragsparteien in Art. 7[231] geregelt und in Art. 9 näher präzisiert worden. Die Vertragsstaaten verpflichten sich in Art. 9 Abs. 1[232] zur Anerkennung des Rechts von Minderheitenangehörigen auf freie Meinungsäußerung, die Freiheit zum Empfang und zur Mitteilung von Nachrichten oder Ideen in der Minderheitensprache ohne Eingriffe öffentlicher Stellen und ohne Rücksicht auf Landesgrenzen inbegriffen. Diese Bestimmung entspricht dem zweiten Satz von Art. 10 Abs. 1 der Europäischen Menschenrechtskonvention.[233] Beim Zugang zu den Medien dürfen Minderheitenangehörige nicht diskriminiert werden. Art. 9 Abs. 1 des Rahmenübereinkommens schließt nach Art. 9 Abs. 2 nicht aus, daß die Vertragsparteien Hörfunk-, Fernseh- oder Lichtspielunternehmen ohne Diskriminierung und auf der Grundlage objektiver Kriterien einem Genehmigungsverfahren unterziehen. Dieser Absatz ist Art. 10 Abs. 1 Satz 3 EMRK nachgebildet. Das Hinzufügen der in der EMRK nicht ausdrücklich enthaltenen Bedingung der Nichtdiskriminierung soll dem Schutz von Minderheitenangehörigen dienen.[234] Gemäß Art. 9

---

[228] Vgl. Pekkanen/Danelius, Human Rights in the Republic of Estonia, in: HRLJ, 13 (1992) 5 - 6, para. 54, S. 241.

[229] Vgl. Nowak (Anm. 57), Art. 27, Rdnr. 40 f., S. 501.

[230] Vgl. Fall Informationsverein Lentia u.a. gegen Österreich, in: Série A No. 276, 24.11.1993; vgl. hierzu Spiliopoulou (Anm. 115), S. 210.

[231] In Art. 7 heißt es: „*Die Vertragsparteien stellen sicher, daß ... ihr Anspruch (aller Angehörigen einer nationalen Minderheit) auf freie Meinungsäußerung ... geachtet (wird).*"

[232] In Art. 9 Abs. 1 heißt es: „*Die Vertragsparteien verpflichten sich anzuerkennen, daß das Recht jedes Angehörigen einer nationalen Minderheit auf freie Meinungsäußerung die Freiheit der Meinung und die Freiheit zum Empfang und zur Mitteilung von Nachrichten oder Ideen in der Minderheitensprache ohne Eingriffe öffentlicher Stellen und ohne Rücksicht auf Landesgrenzen einschließt. ...*"

[233] Vgl. Ziff. 56 des Erläuternden Berichtes (Anm. 102), S. 275.

[234] Vgl. Ziff. 58 f. des Erläuternden Berichtes, ebenda.

Abs. 3[235] des Rahmenübereinkommens hindern die Vertragsparteien Minderheitenangehörige nicht an der Schaffung und Nutzung von Printmedien sowie Hörfunk und Fernsehen, wobei der gesetzliche Rahmen zu beachten ist. Die Vertragsstaaten erleichtern den Zugang zu den Medien für Minderheitenangehörige durch angemessene Maßnahmen in ihrer Rechtsordnung, fördern Toleranz und lassen kulturellen Pluralismus zu (Art. 9 Abs. 4).[236]

In Art. 9 des Rahmenübereinkommens ist die Bestimmung aus Ziff. 32.5[237] des Kopenhagener KSZE-Dokumentes von 1990 verrechtlicht worden.

Die Europäische Charta der Regional- oder Minderheitensprachen von 1992 regelt in Art. 11 den Gebrauch von Regional- oder Minderheitensprachen in den Medien. Nach Art. 11 Abs. 1 verpflichten sich die Vertragsstaaten für die Benutzer von Regional- oder Minderheitensprachen in den von letzteren gesprochenen Sprachräumen, entsprechend der Lage, in der sich die jeweilige Sprache befindet und soweit die staatlichen Stellen wegen der Achtung der Autonomie der Medien befugt sind, folgende der hier nur ausgewählten Maßnahmen zu treffen:[238]

a) die Schaffung mindestens eines Hörfunksenders und eines Fernsehkanals oder Sendungen in solchen Sprachen sicherzustellen, zu ermutigen oder zu erleichtern;

d) die Produktion und Verbreitung von Audio- und audiovisuellen Werken in solchen Sprachen zu ermutigen oder zu erleichtern;

e) die Schaffung und Erhaltung einer Zeitung in solchen Sprachen oder zur regelmäßigen Veröffentlichung von Zeitungsartikeln in solchen Sprachen zu ermutigen oder zu erleichtern;

f) die finanzielle Unterstützung von Medien, die solche Sprachen benutzen, wenn das innerstaatliche Recht finanzielle Hilfen für Medien vorsieht;

g) die Ausbildung von Journalisten für Medien zu unterstützen, die solche Sprachen benutzen.

Gemäß Art. 11 Abs. 2 verpflichten sich die Vertragsstaaten, den freien direkten Empfang von Hörfunk- und Fernsehsendungen sowie Presseerzeugnissen aus Nachbarländern, die eine solche Sprache benutzen, zu gewährleisten. Die Vertragsparteien stellen weiterhin sicher, daß die Interessen der Benutzer von solchen

---

[235] Art. 9 Abs. 3 lautet: „*Die Vertragsstaaten hindern Angehörige nationaler Minderheiten nicht daran, Printmedien zu schaffen oder zu nutzen. Innerhalb des gesetzlichen Rahmens für Hörfunk und Fernsehen stellen sie soweit wie möglich und unter Berücksichtigung des Absatzes 1 sicher, daß Angehörigen nationaler Minderheiten die Möglichkeit gewährt wird, eigene Medien zu schaffen und zu nutzen.*"

[236] In Art. 9 Abs. 4 heißt es: „*Die Vertragsparteien sehen im Rahmen ihrer Rechtsordnung angemessene Maßnahmen vor, um Angehörigen nationaler Minderheiten den Zugang zu den Medien zu erleichtern sowie Toleranz zu fördern und kulturellen Pluralismus zuzulassen.*"

[237] Ziff. 32.5 lautet: Angehörige nationaler Minderheiten haben das Recht, „*in ihrer Muttersprache Informationen zu verbreiten und auszutauschen und zu solchen Informationen Zugang zu haben.*"

[238] Die hier verwendete Numerierung entspricht der in der Charta.

Sprachen in eventuell vorhandenen Mediengremien vertreten und berücksichtigt werden (Art. 11 Abs. 3).

Auch in bezug auf Art. 11 bestimmt Art. 2 Abs. 2 der Europäischen Charta der Regional- oder Minderheitensprachen, daß die Mitgliedstaaten nur eine der in dieser Bestimmung aufgeführten Maßnahmen auswählen müssen, um ihrer Verpflichtung aus der Charta nachzukommen.

b) Die Regelungen in Estland. Das Sprachgesetz Estlands enthält keine Bestimmungen zum Gebrauch von Minderheitensprachen in den Medien, sondern beschränkt sich auf Forderungen des Gebrauches der estnischen Sprache. Nach § 25 des Gesetzes muß bei der Verbreitung von audiovisuellen Werken mit fremdsprachigem Redetext eine estnische Übersetzung beigefügt sein. Außerdem müssen fremdsprachige Redetexte, die von Radio- und Fernsehstationen in Estland ausgestrahlt werden, in estnischer Übersetzung erfolgen. Ausgenommen hiervon sind Sendungen zum Sprachunterricht oder für fremdsprachige Benutzer bestimmte Sendungen. Allerdings darf der Anteil der fremdsprachigen Nachrichten- und direkten Sendungen ohne estnische Übersetzung nicht höher liegen als 10 % der eigenen Produktionen in estnischer Sprache.[239]

Das Kulturautonomiegesetz gewährt Angehörigen nationaler Minderheiten das Recht, Druckwerke in ihrer Nationalsprache zu verlegen (§ 4 Ziff. 5) sowie Informationen in ihrer Muttersprache zu verbreiten und auszutauschen (§ 4 Ziff. 7).

Das estnische Rundfunkgesetz vom 19. Mai 1994[240], das sowohl den Hörfunk als auch das Fernsehen umfaßt, zählt in § 25 Abs. 1 Ziff. 4 als Aufgabe u.a. die Befriedigung der Bedürfnisse nach Information aller Bevölkerungsgruppen auf, darunter auch der Minderheiten. Es enthält aber weder Bestimmungen über die Verwendung der Minderheitensprachen in diesen Massenmedien noch eine Vertretung der Minderheiten im Rundfunkrat (§ 31).

Radio- und Fernsehsendungen werden in Estland auch in Minderheitensprachen gesendet. Von der Gesamtzahl der 155.439 im Jahre 1996 gesendeten Radiostunden entfielen 81,4 % auf die estnische und 17,9 % auf die russische Sprache. Im gleichen Jahr erfolgte die Ausstrahlung von insgesamt 8.767 Stunden durch das Fernsehen, davon 93 % in estnischer und 10,8 % in russischer Sprache.[241] Während das Radio auch noch einige Programme in anderen Sprachen wie ukrainisch, weißrussisch oder jiddisch sendet, sind diese Minderheitensprachen im Fernsehen nicht vertreten.

In Estland werden zwei russischsprachige Tageszeitungen „Èstonija“ und „MÈ“, vier Wochenzeitschriften sowie einige regionale Tageszeitungen wie z.B. in Narva und Sillamäe vertrieben. Eine reguläre Presse in anderen Minderheitensprachen gibt es nicht.

Für die Veröffentlichung eigener Druckerzeugnisse verfügen die Russen und die Juden jeweils über Verlagshäuser.

---

[239] Vgl. § 25 Abs. 4 des Sprachgesetzes i.d.F. vom 10. September 1997, in: RT I, 1997, Nr. 69, Pos. 1110; russische Übersetzung in: PAE, 1997, Nr. 54, Pos. 1110.

[240] RT I, 1994, Nr. 42, Pos. 680; russische Übersetzung in: PAE, 1994, Nr. 39, Pos. 680.

[241] Vgl. Statistical Office of Estonia, Statistical Yearbook of Estonia, S. 109 f.

Aus Rußland sind Zeitschriften und Bücher erhältlich. Bei entsprechenden technischen Voraussetzungen können Radio- und Fernsehsendungen aus Rußland (über Kabel oder Satellit) auch in Estland empfangen werden.

In der Praxis Estlands beschränkt sich der Gebrauch der Minderheitensprachen in den Medien fast ausschließlich auf die russische Sprache.

Die Freiheit der Meinung und die Freiheit zum Empfang und zur Mitteilung von Informationen in der Minderheitensprache auch über die Landesgrenzen hinweg ist in Estland gewährleistet. Estland kommt somit seinen völkerrechtlichen Verpflichtungen aus Art. 27 IPbpR und Art. 9 des Europäischen Rahmenübereinkommens zum Schutz nationaler Minderheiten nach und erfüllt auch das Minimum der in Art. 11 i.V.m. Art. 2 Abs. 2 der Europäischen Charta der Regional- oder Minderheitensprachen geforderten Bestimmungen.

6. Der Gebrauch von Minderheitensprachen im kulturellen Bereich

Die Sprache ist Kennzeichen der ethnischen und kulturellen Identität. Deshalb ist für die kulturelle Identität von Angehörigen nationaler Minderheiten der Gebrauch ihrer Muttersprache im kulturellen Bereich wie Theater, Museen, Kulturzentren, Bibliotheken usw. von essentieller Bedeutung.

a) Völkerrechtliche Vorgaben. Die Freiheit des Kulturlebens als Menschenrecht findet bereits seinen Niederschlag in Art. 27[242] der Allgemeinen Erklärung der Menschenrechte.

Nach Art. 27 IPbpR darf Minderheitenangehörigen nicht das Recht auf Pflege ihres eigenen kulturellen Lebens vorenthalten werden. Sich der eigenen Sprache zu bedienen, wie es in Art. 27 heißt, ist für das kulturelle Leben insgesamt zu verstehen.

Art. 30 des Kinderrechtsübereinkommens gewährt speziell Kindern, die einer ethnischen, religiösen oder sprachlichen Minderheit angehören, das Recht, in Gemeinschaft mit anderen Angehörigen ihrer Gruppe die eigene Kultur zu pflegen.

Die UN-Minderheitenschutzerklärung von 1992 bestimmt in Art. 2 Abs. 1 das Recht von Minderheitenangehörigen auf Pflege ihres eigenen kulturellen Lebens und auf ihre eigene Sprache. Gemäß Art. 4 Abs. 2[243] ergreifen die Staaten Maßnahmen zur Schaffung günstiger Bedingungen für Kultur, Sprache, Traditionen und Gebräuche von Minderheitenangehörigen.

In Art. 5 Abs. 1 des Europäischen Rahmenübereinkommens zum Schutz nationaler Minderheiten von 1995 verpflichten sich die Vertragsstaaten zur Förderung

---

[242] Art. 27 Abs. 1 lautet: *„Jedermann hat das Recht, am kulturellen Leben der Gemeinschaft frei teilzunehmen, sich an den Künsten zu erfreuen und am wissenschaftlichen Fortschritt und dessen Wohltaten teilzuhaben."*

[243] Art. 4 Abs. 2 lautet: *„Die Staaten ergreifen Maßnahmen zur Schaffung günstiger Bedingungen, die es Angehörigen von Minderheiten gestatten, ihre Wesensart zum Ausdruck zu bringen und ihre Kultur, Sprache, Religion, Traditionen und Gebräuche zu entwickeln, es sei denn, daß einzelne Praktiken gegen das innerstaatliche Recht verstoßen und im Widerspruch zu den internationalen Normen stehen."*

von Bedingungen, die es Minderheitenangehörigen gestatten, ihre Kultur zu pflegen und weiterzuentwickeln sowie die wesentlichen Bestandteile ihrer Identität wie Sprache, Traditionen und kulturelles Erbe zu bewahren. Mit dieser Bestimmung soll sichergestellt werden, daß die Angehörigen von Minderheiten ihre Kultur pflegen und entwickeln können.[244]

Die Europäische Charta der Regional- oder Minderheitensprachen von 1992 regelt in Art. 12 kulturelle Tätigkeiten und Einrichtungen. In bezug auf diese verpflichten sich die Vertragsparteien gemäß Art. 12 Abs. 1, in dem Sprachraum, in dem solche Sprachen benutzt werden, soweit die staatlichen Stellen zuständig sind, zu folgenden hier ausgewählten Maßnahmen:[245]

a) solchen Sprachen eigene Arten des Ausdrucks sowie verschiedenen Zugangsmöglichkeiten zu den in diesen Sprachen geschaffenen Werken zu fördern;
b) Tätigkeiten auf dem Gebiet der Übersetzung, Synchronisation, Nachsynchronisation und Untertitelung zu unterstützen;
d) sicherzustellen, daß die für die Durchführung kultureller Tätigkeiten verantwortlichen Gremien die Benutzung solcher Sprachen in angemessener Weise berücksichtigen;
e) zu unterstützen, daß die für die Durchführung kultureller Tätigkeiten verantwortlichen Gremien über Personal mit Kenntnissen der betreffenden Regional- oder Minderheitensprachen sowie der Sprache der übrigen Bevölkerung verfügt;
f) die unmittelbare Mitwirkung der Benutzer solcher Sprachen bei der Bereitstellung von Einrichtungen und der Planung kultureller Tätigkeiten anzuregen;
g) die Schaffung von Gremien zu erleichtern, die für die Aufbewahrung und Aufführung von in solchen Sprachen geschaffenen Werken verantwortlich sind.
h) die Schaffung von Übersetzungs- und Terminologieforschungsdiensten, die eine geeignete Terminologie in den Bereichen wie Verwaltung, Wirtschaft, Technik oder Recht entwickeln.

Kulturelle Tätigkeiten oder Maßnahmen in Übereinstimmung mit Abs. 1 sollen die Vertragsstaaten auch in anderen Sprachräumen zulassen als in denjenigen, in denen solche Sprachen benutzt werden, wenn die Zahl der Benutzer dieser Sprachen dies rechtfertigt (Art. 12 Abs. 2). Bei der Verfolgung ihrer Kulturpolitik im Ausland verpflichten sich die Vertragsstaaten, auch Regional- oder Minderheitensprachen und die in ihnen zum Ausdruck kommenden Kulturen angemessen zu berücksichtigen (Art. 12 Abs. 3).

Nach Art. 2 Abs. 2 der Europäischen Charta kommen die Vertragsparteien ihrer Verpflichtung nach, wenn sie drei der in Art. 12 genannten Maßnahmen auswählen.

---

[244] Vgl. Ziff. 42 des Erläuternden Berichtes (Anm. 102), S. 274.
[245] Die hier verwendete Numerierung entspricht der in der Charta.

b) Die Regelungen in Estland. Die zentrale Minderheitenschutzbestimmung der estnischen Verfassung, § 50, stellt das Recht nationaler Minderheiten auf Bildung von Selbstverwaltungskörperschaften gemäß dem „Gesetz über die Kulturautonomie nationaler Minderheiten" auf das Interesse an ihrer nationalen Kultur ab. Das Kulturautonomiegesetz Estlands gewährt Angehörigen nationaler Minderheiten das Recht auf die Errichtung von Kulturselbstverwaltungen (§ 2 Abs. 1). Das Hauptziel der Kulturselbstverwaltung besteht u.a. in der Bildung kultureller Institutionen der nationalen Minderheit sowie der Organisation nationaler Kulturveranstaltungen (§ 5 Abs. 1 Ziff. 2). Dieses Gesetz fand aber, wie bereits oben erwähnt, noch keine weitere Anwendung.

Kulturgesellschaften nationaler Minderheiten gibt es dennoch. Sie haben sich auf der Grundlage der Vereinigungsfreiheit in § 48 der estnischen Verfassung i.V.m. § 12 Abs. 1 des „Gesetzes über nichtgewinnanstrebende Vereinigungen" vom 6. Juni 1996[246], zuletzt geändert am 17. Juni 1998,[247] bzw. seinen Vorgängergesetzen, dem „Gesetz über nichtgewinnanstrebende Vereine und ihre Verbände" vom 23. März 1994[248] bzw. dem „Gesetz über Bürgervereinigungen" vom 18. Mai 1989[249] gegründet. Im Jahre 1988 wurden fünfzehn Kulturorganisationen verschiedener Volksgruppen gebildet, darunter eine jüdische, eine schwedische, eine ukrainische. Im September 1988 fand das erste Forum nationaler Minderheiten statt, auf dem der Wunsch nach Bewahrung der Identität und Kultur ethnischer Gruppen zum Ausdruck kam. Als politische, soziale und kulturelle Interessenvertretung der nationalen Minderheiten wurde auf dem Forum ein ständiges Organ - die Vereinigung der Nationalitäten - gewählt.[250]

Die Pflege und Weiterentwicklung der Kultur nationaler Minderheiten gemäß IPbpR, dem Kinderrechtsübereinkommen und dem Europäischen Rahmenübereinkommen werden in Estland gewährleistet. Sie erfolgen aber noch nicht über das eigentlich dafür vorgesehene Kulturautonomiegesetz. Estlands Regelungen entsprechen ebenfalls den Bestimmungen in Art. 12 i.V.m. Art. 2 Abs. 2 der Europäischen Charta der Regional- oder Minderheitensprachen.

7. *Der Gebrauch von Minderheitensprachen in der Bildung*

Erziehung und Bildung sind wichtige Bereiche für die Weitergabe der ethnischen, kulturellen, sprachlichen und religiösen Identität der Minderheiten an ihre nachfolgenden Generationen, die einer Assimilierung vorbeugen. Deshalb ist es besonders wichtig, bereits Kindern und Jugendlichen die Möglichkeit zu geben, in ihrer Umgebung und ihrer Sprache Erziehung und Bildung erhalten zu können.

---

[246] RT I, 1996, Nr. 42, Pos. 811; russische Übersetzung in: PAE, 1996, Nr. 41, Pos. 811.

[247] RT I, 1998, Nr. 59, Pos. 941; russische Übersetzung in: PAE, 1998, Nr. 45/46, Pos. 941.

[248] RT I, 1994, Nr. 28, Pos. 425; russische Übersetzung in: PAE, 1994, Nr. 26, Pos. 425.

[249] V ESSR, 1989, Nr. 18, Pos. 225.

[250] Vgl. The Estonian Institute, The Cultural Autonomy of Ethnic Minorities in Estonia, in: Estonia in facts, January 1995, S. 2.

a) Völkerrechtliche Vorgaben. Das Recht auf Bildung ist in Art. 26 Abs. 1[251] der Allgemeinen Erklärung der Menschenrechte als Menschenrecht aufgenommen worden. Nach Art. 26 Abs. 3 AEMR steht den Eltern das vorrangige Recht zu, die Art der ihren Kindern zuteil werdenden Bildung zu bestimmen. Aussagen über die zu unterrichtende Sprache fehlen.

Art. 26 AEMR legt den Grundstein für nachfolgende internationale Instrumente auf dem Gebiet der Bildungsrechte als allgemeines Menschenrecht und speziell für Minderheiten. Die Bestimmungen des Art. 26 fanden als vertragsrechtliche Normen Eingang in Art. 13[252] des Internationalen Paktes über wirtschaftliche, soziale und kulturelle Rechte. Nach Art. 13 Abs. 3 verpflichten sich die Vertragsstaaten, die religiöse und sittliche Erziehung der Kinder in Übereinstimmung mit den Überzeugungen ihrer Eltern sicherzustellen. Einen Bezug zur Sprache, in der die Eltern die Erziehung und Bildung ihrer Kinder wünschen, läßt die Bestimmung vermissen.

Das Recht auf Gebrauch der gemeinsamen Sprache in Art. 27 IPbpR schließt auch ein, daß Vertragsstaaten einer Minderheit angehörenden Kindern nicht das Erlernen und Weiterentwickeln ihrer Sprache in öffentlichen oder privaten Schulen verhindern dürfen.[253] Minderheitenangehörigen sollte das Recht auf Bildung in ihrer Sprache gewährt werden, vor allem im Grundschul- und Sekundarbereich und vorzugsweise auch in höheren Bildungsbereichen.[254] Leistungsansprüche gegenüber dem Staat lassen sich aus dieser Norm jedoch nicht ableiten.

Das UNESCO-Übereinkommen gegen Diskriminierung im Unterrichtswesen von 1960 beinhaltet in Art. 5 Abs. 1 lit. c) das Recht von Angehörigen nationaler Minderheiten auf eigene Erziehungsarbeit, Unterhalt von Schulen sowie Gebrauch und Lehre der eigenen Sprache im Einklang mit der innerstaatlichen Politik in Erziehungsfragen. Die Ausübung dieses Rechts darf jedoch die Minderheitenangehörigen nicht am Verstehen der Kultur und Sprache sowie an der Teilnahme an Tätigkeiten der Gesamtgemeinschaft hindern, noch der staatlichen Souveränität Abbruch tun.

Die UN-Minderheitenschutzerklärung von 1992 ruft in Art. 4 Ziff. 3 die Staaten zum Ergreifen geeigneter Maßnahmen auf, damit den Minderheitenangehörigen, „*soweit möglich, angemessene Möglichkeiten geboten werden, ihre Muttersprache zu erlernen oder Unterricht in ihrer Muttersprache zu erhalten.*" Die Staaten sollen, „*soweit angezeigt*", Maßnahmen im Bildungswesen ergreifen, um die Sprachen ihrer Minderheiten zu fördern (Art. 4 Ziff. 4).

Auf europäischer Ebene legt Art. 2[255] des 1. Zusatzprotokolls zur EMRK vom 20. März 1952[256] das Recht auf Bildung fest. Danach hat der Staat das Recht der Eltern zu achten, die Erziehung und den Unterricht nach ihren eigenen religiösen

---

251 Art. 26 Abs. 1 Satz 1 lautet: „*Jedermann hat das Recht auf Bildung.*"

252 In Art. 13 Abs. 1 Satz 1 heißt es: „*Die Vertragsstaaten erkennen das Recht eines jeden auf Bildung an.*"

253 Vgl. Nowak (Anm. 57), Art. 27, Rdnr. 40, S. 501.

254 Diese Aussage stützt Spiliopoulou auf eine Untersuchung der Tätigkeit des UN-Menschenrechtsausschusses. Vgl. Spiliopoulou (Anm. 115), S. 146.

255 Art. 2 Satz 1 lautet: „*Das Recht auf Bildung darf niemandem verwehrt werden.*"

256 ETS No. 9; deutsche Übersetzung in: Randelzhofer (Hrsg.), Völkerrechtliche Verträge, S. 183 f.

und weltanschaulichen Überzeugungen sicherzustellen. Diese Bestimmung enthält keine Verpflichtung der Staaten, bei Erziehung und Bildung auf den Wunsch der Eltern bezüglich einer bestimmten Sprache zu achten bzw. einen bestimmten Schultyp einzurichten oder zu finanzieren, wie der EGMR im Belgischen Sprachenfall[257] ausführte.

Die Vertragsstaaten des Europäischen Rahmenübereinkommens zum Schutz nationaler Minderheiten von 1995 verpflichten sich in Art. 14 Abs. 1[258] zur Anerkennung des Rechts jedes Minderheitenangehörigen auf Erlernen seiner Minderheitensprache. Aus dieser Bestimmung läßt sich keine positive Verpflichtung der Staaten, vor allem finanzieller Art, ableiten.[259] In Gebieten mit traditionell bzw. in beträchtlicher Zahl dort lebenden Angehörigen nationaler Minderheiten und bei ausreichender Nachfrage bemühen sich die Vertragsstaaten, *„soweit wie möglich"* sicherzustellen, daß diese die Möglichkeit haben, die Minderheitensprache zu erlernen oder in ihr unterrichtet zu werden (Art. 14 Abs. 2).[260] Hier ist Minderheitensprache sowohl als Unterrichtsgegenstand als auch Unterrichtssprache erfaßt. Die Bestimmung legt den Vertragsparteien keine Verpflichtung zur Erteilung von Unterricht der oder in der Minderheitensprache auf. Es liegt im Ermessen der Staaten, dies zu tun.[261] Die in Abs. 2 enthaltenen Bestimmungen befreien Minderheitenangehörige nicht vom Erlernen der Amtssprache oder Unterricht in dieser Sprache (Art. 14 Abs. 3).[262] Letztere ermöglicht das Zusammenleben mit der Mehrheit im Staat. In Art. 14 des Europäischen Rahmenübereinkommens haben die Bestimmungen des Ziff. 34[263] des Kopenhagener KSZE-Dokuments von 1990 ihre Verrechtlichung gefunden.

Leistungsansprüche lassen sich auch nicht aus Art. 12 Abs. 1 und 2 des Rahmenübereinkommens ableiten. Die Vertragsstaaten treffen *„erforderlichenfalls"* Maßnahmen auf dem Gebiet der Bildung zur Förderung der Kenntnis der Kultur,

---

[257] Série A No. 6, 23 July 1968; vgl. Petzold, Belgischer Sprachenfall, in: EuGRZ, 2 (1975) 16-17, S. 300; ausführlich Khol, Zur Diskriminierung im Erziehungswesen, in: ZaöRV, 30 (1970) 2 - 3, S. 263 ff. (269 f., 273 f.).

[258] In Art. 14 Abs. 1 heißt es: *„Die Vertragsstaaten verpflichten sich anzuerkennen, daß jeder Angehörige einer nationalen Minderheit das Recht hat, seine Minderheitensprache zu erlernen."*

[259] Vgl. Ziff. 74 des Erläuternden Berichtes (Anm. 102), S. 276.

[260] Art. 14 Abs. 2 lautet: *„In Gebieten, die von Angehörigen nationaler Minderheiten traditionell oder in beträchtlicher Zahl bewohnt werden, bemühen sich die Vertragsstaaten, wenn ausreichende Nachfrage besteht, soweit wie möglich und im Rahmen ihres Bildungssystems sicherzustellen, daß Angehörige nationaler Minderheiten die Möglichkeit haben, die Minderheitensprache zu erlernen oder in ihr unterrichtet zu werden."*

[261] Vgl. Ziff. 77 des Erläuternden Berichtes (Anm. 102), S. 277.

[262] In Art. 14 Abs. 3 heißt es: *„Die Durchführung des Absatzes 2 berührt nicht das Erlernen der Amtssprache oder den Unterricht in dieser Sprache."*

[263] Ziff. 34 Abs. 1 lautet: *„Die Teilnehmerstaaten werden sich darum bemühen, Angehörigen nationaler Minderheiten, ungeachtet der Notwendigkeit, die offizielle Sprache oder die offiziellen Sprachen des betreffenden Staates zu erlernen, in Einklang mit den anwendbaren nationalen Rechtsvorschriften entsprechende Möglichkeiten für den Unterricht ihrer Muttersprache oder in ihrer Muttersprache sowie, wo immer dies möglich und notwendig ist, für deren Gebrauch bei Behörden zu gewährleisten."*

Geschichte, Sprache und Religion ihrer nationalen Minderheiten sowie auch der Mehrheit (Art. 12 Abs. 1). Die Staaten sehen *„angemessene Möglichkeiten"* für die Lehrerausbildung und den Zugang zu Lehrbüchern vor (Art. 12 Abs. 2). In Art. 12 Abs. 3 verpflichten sich die Vertragsstaaten zur Förderung der Chancengleichheit von Minderheitenangehörigen beim Zugang zu allen Bildungsstufen.

In Art. 13 Abs. 1 erkennen die Vertragsstaaten im Rahmen ihrer Bildungssysteme das Recht von Angehörigen nationaler Minderheiten auf Gründung und Betreibung eigener privater Bildungs- und Ausbildungseinrichtungen an. Das Übereinkommen stellt in Art. 13 Abs. 2 klar, daß sich aus vorstehendem Recht keinerlei finanzielle Verpflichtungen für die Vertragsstaaten ergeben. Deshalb sollten die Staaten diese Einrichtungen auch nicht an der Suche nach finanziellen Möglichkeiten von nationalen und internationalen Quellen hindern.

Im Bildungsbereich verpflichtet die Europäische Charta der Regional- oder Minderheitensprachen von 1992 die Vertragsstaaten, in Sprachräumen mit Minderheitensprachen und entsprechend der Lage, in der sich die Sprachen befinden sowie ohne Beeinträchtigung des Unterrichts der Amtssprache gemäß Art. 8 Abs. 1, die Vorschulerziehung, den Primar- und Sekundarschulunterricht, die berufliche Bildung, den Hochschulunterricht sowie die Erwachsenen- und Weiterbildung in den betreffenden Regional- oder Minderheitensprachen anzubieten bzw. einen erheblichen Teil davon. Für die Durchführung der von den Vertragsstaaten angenommenen Verpflichtungen aus Art. 8 ist eine entsprechende Grund- und Weiterbildung der Lehrer notwendig (Art. 8 Abs. 1 lit. h). In anderen Sprachräumen als derjenigen, in denen die Regional- oder Minderheitensprachen herkömmlicherweise benutzt werden, verpflichten sich die Vertragsparteien in Abhängigkeit von der Zahl der Benutzer solcher Sprachen Unterricht dieser Sprachen oder Unterricht in diesen Sprachen zuzulassen, anzuregen oder anzubieten (Art. 8 Abs. 2).

Gemäß Art. 2 Abs. 2 der Charta ist die Wahl von drei der in Art. 8 aufgeführten Maßnahmen durch jede Vertragspartei ausreichend, um ihrer Verpflichtung aus der Charta gerecht zu werden.[264]

b) Die Regelungen in Estland. Das estnische Sprachgesetz ermöglicht in § 6 neben der Bildung in estnischer Sprache den Erwerb fremdsprachiger Bildung, d.h. auch in einer Minderheitensprache.

Das Volksbildungsgesetz der Republik Estland vom 23. März 1992[265] bezeichnet die Schaffung günstiger Bedingungen für die Entwicklung nationaler Minderheiten als ein Ziel der Volksbildung (§ 2 Abs. 3 Ziff. 1). Ähnlich wie das Sprachgesetz schützt auch dieses in erster Linie die estnische Sprache hier speziell als Unterrichtssprache. Nach § 4 Abs. 2 gewährleisten der estnische Staat und die lokalen Selbstverwaltungen die Möglichkeit, in allen Bildungsstufen in estnischer Sprache unterrichtet zu werden. Auch in fremdsprachigen Bildungseinrichtungen wird das Lernen der estnischen Sprache gewährleistet (§ 4 Abs. 3).

---

[264] Vgl. hierzu Marauhn, Der Status von Minderheiten im Erziehungswesen und im Medienrecht, in: Frowein/Hofmann/Oeter (Hrsg.), Das Minderheitenrecht europäischer Staaten, S. 439.

[265] Russische Übersetzung in: V ER, 1992, Nr. 12, Pos. 192.

Die Erziehung und Bildung beginnt bereits in den Kindertagesstätten. Nach dem „Gesetz über Vorschuleinrichtungen" vom 9. Juni 1993[266] erfolgt der Umgang in den Kindereinrichtungen in der von der lokalen Selbstverwaltungskörperschaft festgelegten Sprache (§ 11). Der Umgang innerhalb der Gruppen ist einsprachig. Es können demnach auch andere als estnischsprachige Kindergruppen eingerichtet werden. Für die Kinder stehen 667 Vorschuleinrichtungen zur Verfügung, 502 estnische, 120 russische und 45 gemischte.[267]

Das „Gesetz über Grundschule und Gymnasium" vom 15. September 1993[268] legt Estnisch als Unterrichtssprache fest (§ 9 Abs. 1). Auf Beschluß der lokalen Selbstverwaltungskörperschaft bzw. des Kultur- und Bildungsministeriums kann an Grundschulen auch in einer anderen als der Staatssprache unterrichtet werden. In Grundschulen mit einer anderen Unterrichtssprache ist das Erlernen der estnischen Sprache ab der dritten Klasse gesetzlich vorgeschrieben (§ 9 Abs. 2). Von den 739 allgemeinen Schulen in Estland sind 602 estnisch, davon 181 Grundschulen, 264 Hauptschulen und 157 Gymnasien. Die 114 russischen Schulen teilen sich in 12 Grundschulen, 38 Hauptschulen und 64 Gymnasien auf. Dazu kommen noch 23 gemischte Schulen, darunter 2 Grundschulen, 9 Hauptschulen und 12 Gymnasien.[269]

Ab 2007/2008 soll an allen Gymnasien nur noch in estnischer Sprache gelehrt werden (§ 52 Abs. 2).[270] Damit würde den nationalen Minderheiten das Recht auf Bildung in der Minderheitensprache nicht mehr in allen Bildungsstufen garantiert werden.[271] Ihnen bliebe nur noch die Gründung von privaten Gymnasien gemäß § 25 des „Gesetzes über die Kulturautonomie der nationalen Minderheiten" i.V.m. dem „Gesetz über Privatschulen".

Das staatliche Programm für die Grund- und mittlere Bildung in Estland vom 29. April 1997[272] legt das Programm für die Unterrichtung der russischen Sprache sowie die Anforderungen an die Schüler an Grundschulen und Gymnasien mit russischer Unterrichtssprache fest. Im Programm wird die Rolle der Muttersprache in der Entwicklung einer Person gebührend hervorgehoben und das Erlernen der Muttersprache als notwendige Voraussetzung für das erfolgreiche Beherrschen der estnischen Sprache als Staatssprache sowie anderen Fremdsprachen betrachtet.

---

[266] RT I, 1993, Nr. 40, Pos. 593; russische Übersetzung in: PAE, 1993, Nr. 38, Pos. 593.

[267] Angaben des Bildungsministeriums Estlands, Tallinn, August 1997.

[268] RT I, 1993, Nr. 63, Pos. 892; russische Übersetzung in: PAE, 1993, Nr. 41, Pos. 892.

[269] Vgl. Statistical Office of Estonia, Education 1996/97, S. 20.

[270] Nach dem „Gesetz über Hauptschule und Gymnasium" war dies zunächst schon ab dem Jahr 2000 vorgesehen. Am 10. September 1997 wurde § 52 Abs. 2 geändert und der Zeitpunkt auf das Schuljahr 2007/2008 hinausgeschoben. RT I, 1997, Nr. 69, Pos. 1111; russische Übersetzung in: PAE, 1997, Nr. 54, Pos. 1111.

[271] Zum Problem der Substitution der russischen Sprache als Unterrichtssprache durch die estnische vgl. Ansbach, Der Rechtsstatus der nicht-estnischen Bevölkerung in Estland, in: ROW, 40 (1996) 7, S. 223. Tatjana Ansbach war 1994 Mitglied der OSZE-Mission in Estland.

[272] RT I, 1997, Nr. 37/38, Pos. 573; russische Übersetzung in: PAE, 1997, Nr. 32, Pos. 573.

Nach § 18 des „Gesetzes über Berufsschulen“ vom 17. Juni 1998[273] und § 21 Abs. 8 des „Gesetzes über Hochschulen“ vom 12. Januar 1995[274] ist Estnisch als Unterrichtssprache in den weiterführenden Bildungsstufen gesetzlich geregelt. Die Festlegung einer anderen Sprache als Unterrichtssprache entscheidet der Betreiber der Berufsschule bzw. der Senat der Hochschule. In Estland gibt es 91 Berufsschulen, davon 55 estnische, 18 russische und 18 gemischte.[275] Estland verfügt über 6 staatliche Universitäten, 8 staatliche Hochschulen und eine private Universität bzw. 11 private Hochschulen.[276] Allerdings nehmen viele der russischsprachigen Studenten ein Studium an Hochschuleinrichtungen von Nachfolgestaaten der Sowjetunion auf, vor allem in Rußland.

Das „Gesetz über die Erwachsenenbildung“ vom 10. November 1993[277] i.d.F. vom 16. Juni 1998[278] verweist in § 4 hinsichtlich der Tätigkeit solcher Bildungseinrichtungen auf das „Gesetz über Grundschule und Gymnasium“, das Hochschulgesetz, das Berufsschulgesetz bzw. das „Gesetz über Privatschulen“. Damit finden die entsprechenden Regelungen dieser Gesetze auf den Gebrauch von Minderheitensprachen im Bereich der Erwachsenenbildung analoge Anwendung.

Das Kulturautonomiegesetz zählt die Organisation des muttersprachlichen Unterrichts zu den Hauptzielen der Kulturselbstverwaltungen der nationalen Minderheiten (§ 5 Abs. 1 Ziff. 1). Nach § 24 Ziff. 1 ist die Errichtung von nationalsprachigen Lehranstalten oder Lehranstalten mit vertieftem Unterricht in der nationalen Kultur (Vorschuleinrichtungen und Schulen) gestattet. Die Einrichtungen nationaler Minderheiten erhalten staatliche finanzielle Unterstützung (§ 27 Abs. 1 Ziff. 1 und 2). Die Errichtung einer Schule oder Klasse für eine nationale Minderheit wird nach dem „Gesetz über Privatschulen“ geregelt (§ 25). Dieses Gesetz sieht neben den staatlichen Schulen auch die Betreibung privater Schulen vor, deren Errichtung von der Exekutive der lokalen Selbstverwaltungen genehmigt (§ 6) und deren Lehrerlaubnis vom Kultur- und Bildungsministerium erteilt wird (§ 8 Abs. 1). Für nationale Minderheiten von besonderer Bedeutung sind die Regelungen des § 14 bezüglich der Unterrichtssprache. Danach bestimmt der Betreiber die Unterrichtssprache an seiner Einrichtung (Abs. 1). In Grundschulen, in denen die Staatssprache nicht die Unterrichtssprache ist, muß die estnische Sprache ab der dritten Klasse gelehrt werden (Abs. 2). An Gymnasien, an denen nicht in der Staatssprache gelehrt wird, ist die Lehre der estnischen Sprache obligatorisch vorgeschrieben (Abs. 3).

Neben den über 100 staatlich finanzierten russischsprachigen Schulen wurden je eine Schule in schwedischer und jiddischer Minderheitensprache eingerichtet. Die Weißrussen, Finnen, Ukrainer und Armenier verfügen über einige Grundschulklassen in ihrer jeweiligen Sprache. Andere Minderheitengruppen haben Unterricht in ihrer Muttersprache und Kultur in sogenannten Sonntagsschulen organisiert.

---

273 RT I, 1998, Nr. 64/65, Pos. 1007; russische Übersetzung in: PAE, 1998, Nr. 41, Pos. 1007.

274 RT I, 1995, Nr. 12, Pos. 119; russische Übersetzung in: PAE, 1995, Nr. 16, Pos. 119.

275 Angaben (Anm. 267).

276 Ebenda.

277 RT I, 1993, Nr. 74, Pos. 1054; russische Übersetzung in: PAE, 1993, Nr. 51, Pos. 1054.

278 RT I, 1998, Nr. 61, Pos. 988; russische Übersetzung in: PAE, 1998, Nr. 35, Pos. 988.

Die gesetzlichen Regelungen Estlands im Bildungsbereich gewähren Angehörigen nationaler Minderheiten das Recht auf Erlernen ihrer Muttersprache. Sowohl in staatlichen als auch in privaten Lehreinrichtungen kann eine Minderheitensprache als Unterrichtssprache bestimmt werden. In der Praxis ist Russisch die meist angewandte Minderheitensprache im Erziehungs- und Bildungsbereich. Sollte bis zum Jahr 2007 das Kulturautonomiegesetz noch keine Anwendung finden, könnte die Verwendung von Minderheitensprachen in Gymnasien nicht mehr gewährt werden. Eine Verletzung völkerrechtlich eingegangener Verpflichtungen würde dies aber nicht bedeuten. Die Bestimmung in Art. 14 Abs. 2 des Europäischen Rahmenübereinkommens zum Schutz nationaler Minderheiten sieht nur die Möglichkeit, nicht aber die Verpflichtung einer Vertragspartei zur Erteilung von Unterricht der oder in der Minderheitensprache vor und enthält auch keine Aussage über die verschiedenen Bildungsstufen.

Die Pflicht zum Erlernen der estnischen Sprache für Minderheitenangehörige entspricht Art. 14 Abs. 3 des Europäischen Rahmenübereinkommens. Dadurch wird Angehörigen nationaler Minderheiten auch die Integration in die estnische Gesellschaft erleichtert. Die estnischen gesetzlichen Regelungen entsprechen ebenfalls den für Estland nicht verbindlichen Bestimmungen in Art. 8 i.V.m. Art. 2 Abs. 2 der Europäischen Charta der Regional- oder Minderheitensprachen im Bildungsbereich.

8. Das Recht auf Religionsfreiheit

Die Religion kann ein die Minderheit unterscheidendes Merkmal im Verhältnis zur Mehrheitsbevölkerung darstellen, weshalb dem Recht auf ihre Ausübung besondere Beachtung zukommt.

a) Völkerrechtliche Vorgaben. Als Menschenrecht findet die Religionsfreiheit ihre Verankerung in Art. 18[279] der Allgemeinen Erklärung der Menschenrechte, in der Erklärung über die Beseitigung aller Formen von Intoleranz und Diskriminierung aufgrund der Religion oder der Überzeugung vom 25. November 1981[280] und Art. 18 IPbpR. Als spezielle Bestimmung zum Minderheitenschutz wurde das Recht von Minderheitenangehörigen auf ihre Religion in Art. 27 IPbpR aufgenommen. Hier werden Angehörigen von Minderheiten bei der Religionsbekennung und -ausübung sogar weitreichendere Rechte als der übrigen Bevölkerung nach Art. 18 eingeräumt, weil Art. 27 im Gegensatz zu Art. 18 Abs. 3[281] keine Einschränkungen enthält, die zum Schutz der öffentlichen Sicherheit, Ordnung, Gesundheit, Sittlichkeit oder der Grundrechte und -freiheiten anderer erforderlich sind.[282]

---

[279] Art. 18 Halbsatz 1 lautet: „*Jedermann hat das Recht auf ... Religionsfreiheit.*"

[280] UN Doc. A/RES/36/55, 25 November 1981; deutsche Übersetzung in: Tomuschat (Hrsg.), Menschenrechte, Dok. 20, S. 198 ff.

[281] In Art. 18 Abs. 3 heißt es: „*Die Freiheit, seine Religion oder Weltanschauung zu bekunden, darf nur den gesetzlich vorgesehenen Einschränkungen unterworfen werden, die zum Schutz der öffentlichen Sicherheit, Ordnung, Gesundheit, Sittlichkeit oder der Grundrechte und -freiheiten anderer erforderlich sind.*"

[282] Vgl. Nowak (Anm. 57), Art. 27, Rdnr. 39, S. 500; Rdnr. 47, S. 504 f.

Eine analoge Bestimmung wie Art. 27 IPbpR speziell für Kinder, die einer ethnischen, religiösen oder sprachlichen Minderheit angehören, enthält Art. 30 des Kinderrechtsübereinkommens.

Die UN-Minderheitenschutzerklärung von 1992 sieht in Art. 2 Abs. 1 und 2 für Angehörige von nationalen oder ethnischen, religiösen und sprachlichen Minderheiten das Recht vor, sich ihrer eigenen Religion zu bekennen und diese auszuüben sowie auf volle Teilnahme am religiösen Leben.

Die Religionsfreiheit als Menschenrecht ist in Art. 9 der Europäischen Menschenrechtskonvention geregelt. Diese Grundfreiheit wurde als Recht aller Angehörigen einer nationalen Minderheit in Art. 7 des Europäischen Rahmenübereinkommens zum Schutz nationaler Minderheiten von 1995 übernommen. Ausführlichere Vorschriften zur Religionsfreiheit enthält Art. 8[283] des Europäischen Rahmenübereinkommens. Danach verpflichten sich die Vertragsstaaten, das Recht von Minderheitenangehörigen auf Bekundung ihrer Religion sowie Gründung religiöser Einrichtungen, Organisationen und Vereinigungen anzuerkennen. In dieser Vorschrift spiegeln sich die Bestimmungen der Ziff. 32.2 (Gründung von Religionseinrichtungen, -organisationen oder -vereinigungen), 32.3 (Religionsbekenntnis und -ausübung) sowie 32.6 (Einrichtung von Organisationen oder Vereinigungen) des Kopenhagener KSZE-Dokumentes von 1990 wider.

b) Die Regelungen in Estland. Eine staatliche Kirche gibt es nach § 40 Abs. 2 Satz 2 der Verfassung in Estland nicht. Gemäß dieser verfassungsrechtlichen Bestimmung hat jeder das Recht auf Religionsfreiheit und -bekundung, solange die öffentliche Ordnung, Gesundheit und Moral nicht gestört werden. Näheres regelt das „Gesetz über die Kirchen und Gemeinden" vom 20. Mai 1993.[284] Nach § 4 Abs. 1 des Gesetzes wird jedem das Recht auf Wahl und Bekenntnis zu seiner religiösen Überzeugung gewährt. Niemand kann zur Angabe über sein Glaubensbekenntnis oder Zugehörigkeit zur Kirche gezwungen werden (§ 4 Abs. 2). Die Beschränkung von Rechten und Interessen aufgrund religiöser Überzeugung ist unzulässig und wird strafrechtlich geahndet (§ 4 Abs. 3).

Regelungen zum Sprachgebrauch im religiösen Bereich enthält weder das Kirchen- noch das Sprachgesetz. Religionsunterricht ist nach dem Volksbildungsgesetz freiwillig (§ 4 Abs. 4).

Die Gläubigen können sich zur Religionsausübung zusammenschließen. Kirchen, Gemeinden und Kirchenverbände müssen ihr Statut im Ministerium des Innern registrieren lassen (§ 11 Abs. 2 des Kirchengesetzes). Sie besitzen danach den Status juristischer Personen (§ 10 Abs. 1). Das Recht, einen Registrierungsantrag zu stellen, hat eine religiöse Gemeinde mit nicht weniger als zwölf erwachsenen und handlungsfähigen Mitgliedern (§ 11 Abs. 1).

In Estland gibt es zur Zeit ca. 500 religiöse Gemeinschaften[285], die nach dem Kirchengesetz bzw. dem „Gesetz über nichtgewinnanstrebende Vereinigungen"

---

[283] In Art. 8 heißt es: *„Die Vertragsparteien verpflichten sich anzuerkennen, daß jeder Angehörige einer nationalen Minderheit das Recht hat, seine Religion oder Weltanschauung zu bekunden sowie religiöse Einrichtungen, Organisationen und Vereinigungen zu gründen."*

[284] RT I, 1993, Nr. 30, Pos. 510; russische Übersetzung in: PAE, 1993, Nr. 33, Pos. 510.

[285] Angabe des Innenministeriums Estlands, Tallinn, August 1997.

registriert sind. Von ihnen entfallen ungefähr 35 auf Gemeinden nationaler Minderheiten. Darunter ist die Russische Orthodoxe Kirche mit ca. 30 Gemeinden am stärksten vertreten. Die Armenische Apostolische Kirche, die Ukrainische Katholische Kirche, die Griechische Orthodoxe Kirche und die Islamische Gemeinde verfügen über je eine Gemeinde. Jüdische Gemeinden gibt es drei.[286]

Zu ernsthaften Problemen kam es, als am 5. November 1993 die Russische Orthodoxe Kirche in Estland beantragte, sich unter dem Namen „Estnische Orthodoxe Kirche" registrieren zu lassen.[287] Dem Antrag gab das Innenministerium unter Berufung auf § 13 Abs. 2 des Kirchengesetzes nicht statt, weil bereits eine Kirche unter diesem Namen registriert war. Die Entscheidung des Ministeriums wurde durch die Verwaltungsgerichtsentscheidungen in erster und zweiter Instanz vom 4. Juli bzw. 3. Oktober 1994 bestätigt. Am 11. August 1993 hatte bereits die Estnische Orthodoxe Kirche ihre Registrierung beantragt, der stattgegeben wurde. Die Estnische Orthodoxe Kirche mit Sitz in Stockholm verstand sich als legitimer Nachfolger der Estnischen Orthodoxen Kirche unter der Jurisdiktion des Patriarchen von Konstantinopel während der Zeit der Unabhängigkeit zwischen den beiden Weltkriegen. Infolge der sowjetischen Annexion wurde die Estnische Orthodoxe Kirche unter Verletzung des Kirchenrechts dem Patriarchen von Moskau untergeordnet. Nach der Wiedererlangung der staatlichen Unabhängigkeit ließ sich die Estnische Orthodoxe Kirche unter dem Patriarchen von Konstantinopel unter ihrem historischen Namen wiederregistrieren. Die unter dem Moskauer Patriarchen stehende orthodoxe Kirche hat sich bis zum heutigen Zeitpunkt nicht unter einem anderen Namen nach dem Kirchengesetz registrieren lassen. Sie ist nach dem „Gesetz über nichtgewinnanstrebende Vereinigungen" als eine nicht gewinnbringende wohltätige Einrichtung registriert worden, um Bankgeschäfte u.a. tätigen zu können. Die Frage der Registrierung bzw. Wiederregistrierung ist besonders wichtig für die Rückführung von durch sowjetische Behörden konfisziertem Eigentum an seine rechtmäßigen Eigentümer. Das Amt für religiöse Angelegenheiten hat der unter dem Moskauer Patriarchen stehenden Kirche zugesichert, daß bei einer Registrierung unter einem anderen Namen als die bereits registrierte Estnische Orthodoxe Kirche jene das Recht auf die Eigentümer behält, die sie derzeit benutzt, vor allem die Kirchen und Gebäude.[288]

Die estnische Regierung hat wiederholt betont, daß das Problem um die unter dem Moskauer Patriarchen stehende Orthodoxe Kirche in Estland eine Kirchen- und keine ethnische Frage sei. Es stehe den Gläubigen frei, sich der Moskauer kirchlichen Jurisdiktion zu unterstellen.[289]

Ähnlich wie bei den völkerrechtlichen Normen zur Religionsfreiheit gibt es in Estland neben den allgemeinen menschenrechtlichen Bestimmungen auch spezielle Regelungen für nationale Minderheiten. Nach dem „Gesetz über die Kulturautonomie der nationalen Minderheiten" hat jeder Angehörige einer nationalen Minderheit das Recht, seine Konfession zu bewahren (§ 3 Abs. 1). Die Verun-

[286] Vgl. Religion in Estonia, in: The Estonian Institute, Estonia in facts, February 1997, S. 5 f.

[287] Vgl. hierzu The Orthodox Church, in: Estonia Today, 18 April 1996.

[288] Vgl. ebenda.

[289] Vgl. ebenda.

glimpfung und Verhinderung der Ausübung von religiösen Handlungen ist verboten (§ 3 Abs. 2). Das Gesetz gewährt Minderheitenangehörigen das Recht, Religionsgemeinschaften aufzubauen und zu unterstützen sowie religiöse Kulthandlungen auszuüben, sofern dies nicht gegen die öffentliche Ordnung, Gesundheit, Sitte und Anstand verstößt (§ 4 Ziff. 1 und 3).

Die Religionsfreiheit ist in Estland verfassungsrechtlich und einfachgesetzlich als Menschenrecht verankert, als solches steht sie auch Angehörigen nationaler Minderheiten zu, für die das Kulturautonomiegesetz noch spezielle Bestimmungen zur Religionsbekundung und -ausübung vorsieht. Diese Regelungen sind mit den in völkerrechtlichen Verträgen verbindlich angenommen Bestimmungen, IPbpR, Kinderrechtsübereinkommen, EMRK und Europäisches Rahmenübereinkommen zum Schutz nationaler Minderheiten konform.

9. Die politische Repräsentation und Partizipation

Die politische Repräsentation und Partizipation nationaler Minderheiten ist eines der brisantesten Themen des Minderheitenschutzes. Teilnahme am oder Ausschluß vom politischen Entscheidungsprozeß bestimmen maßgebend über die Vertretung oder Nichtvertretung der Interessen nationaler Minderheiten. Um nationalen Minderheiten eine effektive Teilhabe am politischen Leben in einem demokratischen Staat gewähren zu können, der von der Mehrheit regiert wird, bedarf es seitens des Staates einer besonderen Schutzbehandlung von Minderheiten. In Frage kommen Privilegierungen von Minderheitenparteien im Wahlrecht. Eine solche Vorzugsbehandlung gilt als gerechtfertigt, weil dadurch die zahlenmäßige Unterlegenheit gegenüber der Mehrheit ausgeglichen werden kann. Zu den Privilegierungen werden beispielsweise der Wegfall von Sperrklauseln, die Herabsetzung des Quorums für ein Abgeordnetenmandat, die Festsetzung eines Abgeordnetenmandats für Parteien nationaler Minderheiten im Parlament oder die Zulassung von Listenverbindungen gezählt.[290] Nationalen Minderheiten sollte auf jeden Fall eine parlamentarische Mitwirkung auf kommunaler und staatlicher Ebene ermöglicht werden, um die Interessen der Minderheitenangehörigen gebührend berücksichtigen zu können, was vor allem im Gesetzgebungsprozeß wichtig ist.

a) Völkerrechtliche Vorgaben. Art. 27 IPbpR enthält keine Regelung über die politische Partizipation von Angehörigen nationaler Minderheiten. Der politische Rechte beinhaltende Art. 25 IPbpR garantiert jedem Staatsbürger das Recht, ohne Unterschied der in Art. 2 Abs. 1 genannten Merkmale wie der nationalen Herkunft, auf Teilnahme an der Gestaltung der öffentlichen Angelegenheiten unmittelbar oder durch frei gewählte Vertreter (lit. a). Diese Bestimmung lehnt sich an Art. 21 Abs. 1[291] der Allgemeinen Erklärung der Menschenrechte an. Beschränkungen dieses Rechts, die sich gegen das Diskriminierungsverbot in Art. 2 Abs. 1

---

[290] Näheres hierzu bei Brems, Die politische Integration ethnischer Minderheiten, S. 167 ff.

[291] Art. 21 Abs. 1 lautet: *„Jedermann hat das Recht, an der Gestaltung der öffentlichen Angelegenheiten seines Landes unmittelbar oder durch frei gewählte Vertreter teilzunehmen."*

IPbpR richten, sind unzulässig. Daraus folgt, daß ein Ausschluß von Angehörigen nationaler Minderheiten von der aktiven Teilnahme an der Gestaltung der öffentlichen Angelegenheiten gegen Art. 25 IPbpR verstoßen würde.[292] In diesem Artikel findet das Grundrecht auf demokratische Partizipation seine Verankerung, jedoch bleibt eine nähere Ausgestaltung dieses Grundrechts den Vertragsstaaten überlassen.[293]

Gemäß Art. 2 Ziff. 3 der UN-Minderheitenschutzerklärung von 1992 haben Angehörige von Minderheiten das Recht auf wirksame Beteiligung an Minderheiten betreffenden Entscheidungen auf nationaler oder regionaler Ebene. Mit dem Verweis auf die geforderte Vereinbarkeit mit nationalen Rechtsvorschriften wird dieses Recht sogleich relativiert.

Auf europäischer Ebene bestimmt Art. 3[294] des 1. Zusatzprotokolls zur Europäischen Menschenrechtskonvention die Verpflichtung der Vertragsstaaten zur Abhaltung von regelmäßigen, freien und geheimen Wahlen, die die freie Meinungsäußerung des Volkes bei der Wahl der gesetzgebenden Körperschaften gewährleisten. Obwohl Minderheiten nicht explizite Erwähnung finden, ist diese Bestimmung als Staatsteilhaberecht gerade für Minderheitenangehörige als Teil des Staatsvolkes von Bedeutung[295], wenn man von einer staatsbürgerlichen Definition der Minderheitenrechte ausgehen würde. Da die demokratischen Rechte der Mehrheit eines Volkes durch den von dieser Mehrheit getragenen, demokratischen Staat ohnehin gewahrt sind, kommt Art. 3 1. ZP sogar vornehmlich minderheitenschützende Wirkung zu.[296]

Art. 15 des Europäischen Rahmenübereinkommens zum Schutz nationaler Minderheiten von 1995 bestimmt, daß die Vertragsstaaten die notwendigen Voraussetzungen für die wirksame Teilnahme von Minderheitenangehörigen an öffentlichen Angelegenheiten, besonders in sie betreffenden Fragen, schaffen. Da die Bestimmung keine geeigneten Mechanismen nennt, werden in Ziff. 80 des Erläuternden Berichts zum Rahmenübereinkommen folgende Möglichkeiten hierfür aufgezählt:

- *Konsultation von Minderheitenangehörigen, insbesondere über ihre Vertretungseinrichtungen;*
- *Beteiligung von Minderheitenangehörigen an der Ausarbeitung, Ausführung und Auswertung von nationalen und regionalen Entwicklungsplänen und -programmen;*

---

[292] Vgl. Nowak (Anm. 57), Art. 25, Rdnr. 42, S. 456.

[293] Vgl. ebenda, Art. 25, Rdnr. 11, S. 440 f.

[294] In Art. 3 heißt es: „*Die Hohen Vertragschließenden Teile verpflichten sich, in angemessenen Zeitabständen frei und geheime Wahlen unter Bedingungen abzuhalten, welche die freie Äußerung der Meinung des Volkes bei der Wahl der gesetzgebenden Körperschaften gewährleisten.*"

[295] Im Fall Mathieu-Mohin und Clerfayt v. Belgium stellte der EGMR eine Verletzung von Art. 3 1. ZP EMRK fest, da eine bedeutende französische Minderheit nicht im flämischen regionalen Rat vertreten werden konnte. Text in: Série A No. 113, 2.3.1987; vgl. hierzu Spiliopoulou (Anm. 115), S. 209.

[296] Vgl. Hillgruber/Jestaedt (Anm. 90), S. 55 f.

- *Durchführung unter Mitarbeit dieser Personen von Studien zur Auswertung der Folgen der vorgesehenen Entwicklungstätigkeit;*
- *tatsächliche Teilnahme von Minderheitenangehörigen an Entscheidungspro-zessen und den auf nationaler und lokaler Ebene gewählten Instanzen;*
- *dezentralisierte oder lokale Verwaltungsformen.*

In Art. 15 des Europäischen Rahmenübereinkommens finden sich die Bestimmungen aus Ziff. 35[297] des Kopenhagener KSZE-Dokumentes von 1990 wieder.

b) Die Regelungen in Estland. Das aktive und passive Wahlrecht auf gesamtstaatlicher Ebene ist nach § 57 Abs. 1 bzw. § 60 Abs. 2 der estnischen Verfassung i.V.m. § 2 Abs. 1 bzw. Abs. 2 des „Gesetzes über die Wahlen zur Staatsversammlung (Riigikogu)" vom 7. Juni 1994[298] i.d.F. vom 16. April 1996 als Staatsbürgerrecht geregelt. Auf lokaler Ebene ist das passive Wahlrecht Staatsbürgerrecht, das aktive geht nach § 3 Abs. 2 des „Gesetzes über die Wahlen zu den lokalen Selbstverwaltungskörperschaften" vom 16. Mai 1996[299] i.d.F. vom 22. Oktober 1996 über ein Staatsbürgerrecht hinaus. Danach verfügen auch sich in Estland rechtmäßig aufhaltende Ausländer über das aktive Wahlrecht.

Angehörigen nationaler Minderheiten steht nach estnischem Recht das Wahlrecht als Staatsbürgerrecht zu. Proteste seitens der Stadträte von Narva und Sillamäe hat die Forderung nach estnischen Sprachkenntnissen für Kandidaten der lokalen Selbstverwaltungskörperschaften gemäß dem Entwurf des „Gesetzes über die Wahlen zu den lokalen Selbstverwaltungskörperschaften" ausgelöst, weil diese Bestimmung in Konflikt mit der Verfassung stehe.[300] Danach wurde von den Kandidaten entweder der Abschluß einer Sekundarschule in estnischer Sprache oder eine tiefgründige Prüfung der estnischen Sprache gefordert. Nach § 3 Abs. 3 des „Gesetzes über die Wahlen zu den lokalen Selbstverwaltungskörperschaften" i.d.F. vom 16. Mai 1996 mußte nur noch die Kenntnis der estnischen Sprache entsprechend dem Sprachgesetz eidesstattlich bestätigt werden. Die Gesetzesänderung zum Sprachgesetz vom 19. November 1997, die einen Nachweis der durch die Regierung zu bestimmenden Estnischkenntnisse von Mitgliedern des Parlaments und der lokalen Selbstverwaltungskörperschaften in einem Examen forderte, wurde durch den Nationalen Gerichtshof am 5. März 1998 für verfassungswidrig erklärt. Nur durch Gesetz könne die Anforderung der Estnischkenntnisse festgelegt werden und nicht wie nach der Gesetzesänderung durch die Regierung.[301]

---

[297] Ziff. 35 Abs. 1 lautet: „*Die Teilnehmerstaaten werden das Recht von Angehörigen nationaler Minderheiten achten, wirksam an öffentlichen Angelegenheiten teilzuhaben, ...*"

[298] RT I, 1994, Nr. 47, Pos. 784; russische Übersetzung in: PAE, 1994, Nr. 38, Pos. 784; deutsche Übersetzung in: Brunner (Hrsg.) (Anm. 158), Estland, 2.2.1.

[299] RT I, 1996, Nr. 37, Pos. 739; russische Übersetzung in: PAE, 1996, Nr. 31/32, Pos. 739; deutsche Übersetzung in: Brunner (Hrsg.) (Anm. 158), Estland, 2.2.3.

[300] Vgl. Local Leaders Criticise Elections Bill, in: Estonian Review, 6 (1996) 17, S. 3.

[301] RT I, 1998, Nr. 14, Pos. 230.

Am 15. Dezember 1998 hat die Staatsversammlung Änderungen zum „Gesetz über die Wahlen zur Staatsversammlung" und dem „Gesetz über die Wahlen zu den lokalen Selbstverwaltungskörperschaften"[302] angenommen, die am 1. Mai 1999 in Kraft treten sollen. Danach muß ein Mitglied der Staatsversammlung bzw. der lokalen Selbstverwaltungskörperschaften über ausreichende mündliche und schriftliche Estnischkenntnisse verfügen, die es ihm ermöglichen:[303]

> *„1) to understand the context of the legal acts and other texts;*
> *2) to make presentations on agenda issues and express his opinion in oral and written form;*
> *3) to ask questions and make inquiries and proposals;*
> *4) to deal with voters, to answer inquiries, requests and questions."*

Mit diesen Bestimmungen werden die politische Repräsentation und Partizipation vor allem von Angehörigen nationaler Minderheiten von ihren estnischen Sprachkenntnissen abhängig gemacht. Sprachanforderungen als Voraussetzung für ein passives Wahlrecht widersprechen sowohl der estnischen Verfassung als auch völkerrechtlich bindenden Verträgen wie dem 1. ZP zur EMRK und dem IPbpR. Nach § 11 der estnischen Verfassung dürfen Rechte und Freiheiten nur in Übereinstimmung mit der Verfassung beschränkt werden. Gemäß § 60 Abs. 3 der Verfassung kann jeder wenigstens einundzwanzigjährige stimmberechtigte estnische Staatsbürger für die Staatsversammlung kandidieren. Verfassungsrechtlich wird das passive Wahlrecht nicht von estnischen Sprachanforderungen abhängig gemacht. Aus dem Gleichheitssatz in § 12 der Verfassung folgt ein Diskriminierungsverbot u.a. wegen der Sprache.

Nach Art. 3 1. ZP zur EMRK i.V.m. Art. 5 1. ZP, wonach die Bestimmung des Art. 1 dieses Protokolls als Zusatzartikel zur Konvention gilt, sowie Art. 14 EMRK ist das Wahlrecht ohne Benachteiligung zu gewährleisten, die insbesondere in der Sprache oder in der Zugehörigkeit zu einer nationalen Minderheit begründet ist.[304] Eine analoge Regelung enthält Art. 25 IPbpR i.V.m. Art. 2 Abs. 1 IPbpR. Danach ist der Ausschluß von Angehörigen einer ethnischen oder sprachlichen Minderheit von gewählten Ämtern als Verletzung von Art. 25 zu qualifizieren.[305]

Weder bei den Parlaments- (§ 38 Abs. 1 des „Gesetzes über die Wahlen zur Staatsversammlung") noch bei den Kommunalwahlen (§ 39 Abs. 5 des „Gesetzes über die Wahlen zu den lokalen Selbstverwaltungskörperschaften") sind Befreiungen von der 5 %-Klausel vorgesehen, die für nationale Minderheiten entscheidend wären. Für Parteien nationaler Minderheiten ist die Bildung von Wahlbündnissen (§ 27 des „Gesetzes über die Wahlen zur Staatsversammlung" und § 25 des „Gesetzes über die Wahlen zu den lokalen Selbstverwaltungskörperschaften") eine Möglichkeit, in das Parlament bzw. die lokale Selbstverwaltungskörperschaft

---

302 RT I, 1999, Nr. 1, Pos. 1; russische Übersetzung in: PAE, 1999, Nr. 2, Pos. 1.

303 Vgl. President Promulgates Act Amending Election And Language Acts, in: Estonian Review, 9 (1999) 1, S. 1.

304 Vgl. van Dijk/van Hoof, Theory and Practice of the European Convention on Human Rights, S. 660.

305 Vgl. Nowak (Anm. 57), Art. 25, Rdnr. 42, S. 456.

gewählt zu werden und somit am politischen Entscheidungsprozeß teilnehmen zu können.

Bis 1995 waren die Interessen der Angehörigen nationaler Minderheiten nur durch gesellschaftliche Organisationen vertreten. Vor den Parlamentswahlen von 1995 entstanden dann minderheitenspezifische Parteien. Nach dem „Gesetz über die Parteien" vom 11. Mai 1994[306] dürfen nur estnische Staatsangehörige nicht jünger als 18 Jahre Mitglied einer Partei sein (§ 5 Abs. 1). Darunter fallen auch Angehörige nationaler Minderheiten. Zur Registrierung zugelassen sind Parteien bei Vorhandensein von nicht weniger als 1.000 Mitgliedern (§ 6 Abs. 2). Vor den Wahlen zur Staatsversammlung der 8. Wahlperiode wurden Parteien bereits mit nicht weniger als 200 Mitgliedern registriert (§ 13 Abs. 2). Von dieser Bestimmung profitierten nicht nur Parteien nationaler Minderheiten. Die parteiliche Interessenvertretung der Angehörigen nationaler Minderheiten, insbesondere der Russen, zu den Parlamentswahlen vom 5. März 1995[307] erfolgte über die Russische Partei Estlands mit ca. 200 Mitgliedern und die Vereinigte Volkspartei Estlands mit ca. 390 Mitgliedern. Die Russische Partei Estlands ist Rechtsnachfolgerin der Russischen Nationalen Union von 1920. Die Vereinigte Volkspartei Estlands ging aus dem Vertretungsassemblée der Russischsprachigen Bevölkerung Estlands hervor.[308] Mit dem Zusammenschluß der Russischen Partei Estlands und der Vereinigten Volkspartei Estlands unter dem Namen „Unsere Heimat ist Estland" wurden bei den Wahlen von 1995 die 5 %-Hürde übersprungen und sechs Sitze im Parlament erreicht.[309] Bei den Parlamentswahlen vom 7. März 1999 konnte die Vereinigte Volkspartei Estlands 6,13 % der Stimmen, das entspricht 6 Mandaten[310], die Russische Partei Estlands hingegen nur ca. 2 % der Stimmen und damit kein Mandat erringen.

An den Kommunalwahlen am 20. Oktober 1996 beteiligten sich ebenfalls diese zwei Parteien nationaler Minderheiten: die Vereinigte Volkspartei Estlands und die Russische Partei Estlands.

Mit dem Ziel, die Stabilität, den politischen Dialog und das gegenseitige Verständnis zwischen den verschiedenen in Estland lebenden Bevölkerungsgruppen zu fördern, hat der Präsident der Republik am 10. Juli 1993 einen Runden Tisch mit Vertretern von in Estland lebenden ethnischen Minderheiten und staatenlosen Personen sowie politischen Parteien ins Leben gerufen. Ausländer sind aus diesem Gremium ausgeschlossen (Ziff. 6 des Statuts[311]). Der Runde Tisch funktioniert als eine ständige Konferenz. Bei seiner Gründung hat er sich aus drei Gruppen zu-

---

[306] RT I, 1994, Nr. 40, Pos. 654; russische Übersetzung in: PAE, 1994, Nr. 32, Pos. 654.

[307] An den Parlamentswahlen beteiligten sich fast 800.000 Staatsangehörige (ca. 69 % der Wahlberechtigten).

[308] Vgl. Semjonov/Sher, Osnovnye tendencii političeskogo razvitija v Èstonskoj Respubliki, S. 17 f.

[309] Vgl. Helme, Die Entwicklung eines demokratischen Mehrparteiensystems und die innenpolitischen Zielsetzungen der einzelnen Parteien in Estland, in: Meissner/Loeber/Hasselblatt (Hrsg.), Der Aufbau einer freiheitlich-demokratischen Ordnung in den baltischen Staaten, S. 80, 86.

[310] Vgl. Election Results Point to a Possible Centre-Right Coalition Government, in: Estonian Review, 9 (1999) 10, S. 6.

[311] Englische Übersetzung des Statuts vom 17. Februar 1998 abgedruckt im Anhang J.

sammengesetzt: fünf Mitglieder des estnischen Parlaments, fünf Vertreter des Vertretungsassemblées der Russischsprachigen Bevölkerung Estlands, die die russischsprachige Bevölkerung repräsentiert, und fünf Vertreter der Estnischen Vereinigung nationaler Minderheiten. Damit haben die Interessen der russischsprachigen Bevölkerung gebührende Beachtung gefunden. Allerdings wurden nicht alle in Estland lebenden nationalen Minderheiten bei der Verteilung der fünfzehn Plätze berücksichtigt. Der Runde Tisch beschäftigt sich mit sozial-ökonomischen, kulturellen und rechtlichen Problemen von ständig in Estland lebenden staatenlosen aber auch ausländischen Personen und ethnischen Minderheiten (Ziff. 7.2 des Statuts). Die Annahme der Dokumente des Runden Tisches erfolgt in Form von Vorschlägen und Empfehlungen mit zwei-Drittel-Mehrheit der anwesenden Mitglieder (Ziff. 16 und 18 des Statuts). Diese werden dem Präsidenten der Republik über seinen bevollmächtigten Vertreter zur Kenntnis gegeben (Ziff. 19 des Statuts) und an die Regierung und das Parlament weitergeleitet (Ziff. 20 des Statuts). Der Runde Tisch kann auch Vorschläge zu Gesetzentwürfen einbringen. Aufgrund seiner Konzipierung als beratendes und nicht entscheidendes Organ ist die politische Mitwirkungskraft des Runden Tisches allerdings nur sehr begrenzt.

Angehörige nationaler Minderheiten können als estnische Staatsbürger an sie betreffenden öffentlichen Angelegenheiten mit Hilfe des ihnen zustehenden Wahlrechts und der Interessenvertretung durch Parteien nationaler Minderheiten auf gesamtstaatlicher und lokaler Ebene teilnehmen. Dies erfolgt in Übereinstimmung mit den entsprechenden Vorschriften des IPbpR, der EMRK sowie des Europäischen Rahmenübereinkommens zum Schutz nationaler Minderheiten. Minderheitenspezifische Privilegierungen sieht die estnische Gesetzgebung kaum vor. Diese sind bedauerlicherweise auch nicht in Art. 15 des Europäischen Rahmenübereinkommens zum Schutz nationaler Minderheiten enthalten.

Diejenigen Angehörigen einer nationalen Gruppe, die nicht im Besitz der estnischen Staatsangehörigkeit sind, fallen unter den Ausländerstatus. Bei der nachfolgenden Untersuchung des Ausländerrechts Estlands soll vor allem die rechtliche Lage derjenigen berücksichtigt werden, die nach 1940, zur Zeit der sowjetischen Herrschaft, nach Estland gekommen oder dort geboren worden sind.

Kapitel V
DAS AUSLÄNDERRECHT ESTLANDS

A. Völkerrechtliche Vorgaben

I. Der völkerrechtliche Normbestand zu ausländerrechtlichen Regelungen

Aus der innerstaatlichen Kompetenz zur Regelung der Staatsangehörigkeit aufgrund der staatlichen Souveränität folgt, daß die Staaten mit Hilfe ihrer Rechtsordnungen auch bestimmen, wer Ausländer ist. Fremde sind Personen, die nicht im Besitz der Staatsangehörigkeit des Staates sind, in dem sie sich aufhalten. Unter diese Definition fallen Angehörige fremder Staaten (Ausländer) wie auch Staatenlose.[1]

In den einschlägigen völkerrechtlichen Verträgen und Dokumenten zum Menschenrechtsschutz werden die überwiegenden Menschenrechte allen der Herrschaftsgewalt eines Staates unterstehenden Personen unabhängig von ihrer Staatsangehörigkeit gewährt. Ausgehend von der allen Mitgliedern der menschlichen Gesellschaft innewohnenden Würde und ihrer gleichen und unveräußerlichen Rechte, wie es in der Präambel der Allgemeinen Erklärung der Menschenrechte von 1948 heißt, stehen die meisten der in der Erklärung enthaltenen Rechte allen Menschen zu. Nur in einigen wenigen Artikeln läßt sich eine Unterscheidung von Staatsangehörigen und Ausländern finden. Die Vorschrift in Art. 13 Abs. 2[2] AEMR, wonach jedermann das Recht hat, in *sein* Land zurückzukehren, bezieht sich auf Staatsangehörige. Das gleiche gilt hinsichtlich Art. 21 Abs. 1 und 2. Danach hat jedermann das Recht, an der Gestaltung der öffentlichen Angelegenheiten *seines* Landes teilzunehmen bzw. das Recht auf Zugang zu öffentlichen Ämtern in *seinem* Land. Das in Art. 14 enthaltene Recht auf Asyl kann wiederum nur Ausländern zugute kommen.[3]

---

1 Vgl. Arnold, Aliens, in: EPIL, 1 (1992), S. 102.

2 Art. 13 Abs. 2 lautet: *„Jedermann hat das Recht, jedes Land einschließlich seines eigenen zu verlassen und in sein Land zurückzukehren."*

3 Vgl. Hildner, Die Vereinten Nationen und die Rechte der Ausländer, in: VN, 38 (1990) 2, S. 47.

Der Menschenrechtskatalog des für Estland rechtlich verbindlichen Internationalen Menschenrechtspaktes über bürgerliche und politische Rechte von 1966 schließt ebenfalls grundsätzlich alle Personen ein. Gemäß Art. 2 Abs. 1 IPbpR verpflichtet sich jeder Vertragsstaat, *„die in diesem Pakt anerkannten Rechte zu achten und sie allen in seinem Gebiet befindlichen und seiner Herrschaftsgewalt unterstehenden Personen ohne Unterschied ... zu gewährleisten."* In weiteren Artikeln des Paktes lassen sich dann Bestimmungen finden, die zwischen Staatsbürgern und Ausländern unterscheiden, wobei nur sich rechtmäßig auf dem Gebiet eines Vertragsstaates aufhaltende Ausländer berücksichtigt werden.

Das Recht auf Bewegungs- und Wohnsitzfreiheit innerhalb eines Vertragsstaates nach Art. 12 Abs. 1[4] IPbpR steht allen sich rechtmäßig im Hoheitsgebiet aufhaltenden Personen zu. Damit ist die interne Freizügigkeit von Staatsangehörigen und Ausländern gewährleistet.[5] Dies bezieht sich aber nur auf Ausländer mit einem rechtmäßigen Aufenthalt nach der innerstaatlichen Rechtsordnung des jeweiligen Vertragsstaates. Art. 12 Abs. 4[6] gewährt, wie schon Art. 13 Abs. 2 AEMR, das Recht auf Einreise in das eigene Land. Dieses Recht kann neben Staatsangehörigen auch Ausländern und Staatenlosen zugute kommen, die eine nahe Beziehung zu einem Vertragsstaat aufgebaut haben, sei es durch Geburt oder langjährigen Wohnsitz. Dies ergibt sich aus den *travaux préparatoires* zum Pakt. Während die Entwürfe zum IPbpR dieses Recht auf Staatsangehörige beschränkten, enthält die angenommene Formulierung des Artikels nicht die ausdrückliche Beschränkung auf Staatsangehörige.[7] Aus dem Recht auf Einreise für solche Ausländer folgt, daß sie auch nicht aus dem Staat ausgewiesen werden dürfen.[8] Andere sich rechtmäßig im Hoheitsgebiet eines Vertragsstaates aufhaltende Ausländer können gemäß Art. 13[9] IPbpR zwar generell ausgewiesen werden, aber nur aufgrund einer rechtmäßig ergangenen Entscheidung, wobei ihnen Gelegenheit zur Überprüfung dieser Entscheidung gegeben werden muß. Ein generelles Einreise- oder Aufenthaltsrecht für Ausländer oder ein generelles Verbot der Ausweisung enthält der Pakt nicht.[10]

Bei der Gewährung von politischen Rechten unterscheidet der die klassischen Freiheits- und Abwehrrechte beinhaltende IPbpR explizit zwischen Staatsangehö-

---

4 In Art. 12 Abs. 1 heißt es: *„Jedermann, der sich rechtmäßig im Hoheitsgebiet eines Staates aufhält, hat das Recht, sich dort frei zu bewegen und seinen Wohnsitz frei zu wählen."*

5 Vgl. Nowak, CCPR Commentary, Art. 12, Rdnr. 8, S. 201.

6 Art. 12 Abs. 4 lautet: *„Niemand darf willkürlich das Recht entzogen werden, in sein eigenes Land einzureisen."*

7 Vgl. Nowak (Anm. 5), Art. 12, Rdnr. 48, S. 219.

8 Vgl. ebenda, Art. 13, Rdnr. 2, S. 222 f.

9 In Art. 13 heißt es: *„Ein Ausländer, der sich rechtmäßig im Hoheitsgebiet eines Vertragsstaates aufhält, kann aus diesem nur auf Grund einer rechtmäßig ergangenen Entscheidung ausgewiesen werden, und es ist ihm, sofern nicht zwingende Gründe der nationalen Sicherheit entgegenstehen, Gelegenheit zu geben, die gegen seine Ausweisung sprechenden Gründe vorzubringen und diese Entscheidung durch die zuständige Behörde oder durch eine oder mehrere von dieser Behörde besonders bestimmte Personen nachprüfen und sich dabei vertreten zu lassen."*

10 Vgl. Nowak (Anm. 5), Art. 13, Rdnr. 1, S. 222.

rigen und Ausländern. Gemäß Art. 25 IPbpR steht nur eigenen Staatsbürgern eines Vertragsstaates das Recht auf Teilnahme an der Gestaltung öffentlicher Angelegenheiten, das aktive und passive Wahlrecht und der Zugang zu öffentlichen Ämtern zu.

Der Internationale Pakt über wirtschaftliche, soziale und kulturelle Rechte von 1966, dem Estland seit 1991 angehört, regelt den Anspruch aller Personen unabhängig von der Staatsangehörigkeit auf einen menschenwürdigen Standard in den entsprechenden Bereichen. Die Vertragsstaaten des IPwskR erkennen das Recht aller Menschen auf Arbeit (Art. 6), auf soziale Sicherheit (Art. 9), auf Schutz der Familie (Art. 10), auf einen angemessenen Lebensstandard (Art. 11), auf Gesundheit (Art. 12), auf Bildung (Art. 13) sowie auf Teilnahme am kulturellen Leben (Art. 15) an. Die Bildung von Gewerkschaften wird durch die Mitgliedstaaten gewährleistet (Art. 8).

Ausländer sind zwar in den meisten Rechten formal mit Staatsangehörigen gleichgestellt, doch zweifelte vor allem die Menschenrechtskommission der UNO die Wirksamkeit des Schutzes von Ausländern an. Die Unterkommission der Menschenrechtskommission zur Verhinderung der Diskriminierung und zum Schutz von Minderheiten beauftragte 1974 Baronin Elles als Berichterstatterin mit einer Studie über die Anwendung der UN-Menschenrechtsinstrumente auf Personen, die nicht Staatsbürger des Landes sind, in dem sie leben.[11] In ihrer 1977 vorgelegten Studie über den Schutz der Menschenrechte von Personen, die nicht Staatsbürger des Landes sind, in dem sie leben[12] kam sie zu der Schlußfolgerung, daß die bestehenden menschenrechtlichen Instrumente für den Schutz dieser Personen unklar sind und zu vielen Einschränkungsmöglichkeiten unterliegen. Deshalb bedürfen sie einer Weiterentwicklung.[13] Sie schlug die Annahme einer Erklärung über die Menschenrechte von Ausländern vor und reichte einen eigenen Deklarationsentwurf hierfür ein.[14]

Nach seiner Überarbeitung hat die UN-Generalversammlung am 13. Dezember 1985 die Erklärung über die Menschenrechte von Personen, die nicht Staatsangehörige des Landes sind, in dem sie leben[15], angenommen. Als Resolution der Generalversammlung kommt ihr kein völkerrechtlich bindender, sondern nur empfehlender Charakter zu. Unter Bezugnahme auf die UN-Charta, die Allgemeine Erklärung der Menschenrechte und die UN-Menschenrechtspakte setzt die aus zehn Artikeln bestehende Erklärung einen Menschenrechtsstandard für Ausländer fest. Nach der Definition in Art. 1 der Erklärung ist jeder Ausländer, *„der nicht Staatsangehöriger des Staates ist, in dem er sich befindet."* Art. 2 Abs. 1 bestimmt das Recht eines Staates, Gesetze und sonstige Rechtsvorschriften bezüglich der Einreise von Ausländern zu erlassen oder Unterscheidungen zwischen

---

[11] Vgl. Baroness Elles, Aliens and Activities, in: HRJ, 7 (1974), S. 291 ff.

[12] Vgl. Baroness Elles, in: UN Doc. E/CN.4/Sub.2/392/Corr. 1.

[13] Vgl. ebenda, para. 20 der Schlußfolgerungen, S. 104.

[14] Zum Vergleich des Deklarationsentwurfes, der AEMR und des IPbpR vgl. Lillich, Duties of States Regarding the Civil Rights of Aliens, in: Collected Courses of the Hague Academy of International Law, S. 379 ff.

[15] UN Doc. A/RES/40/144, 5 March 1986; deutsche Übersetzung in: Tomuschat (Hrsg.), Menschenrechte, Dok. 50, S. 385 ff.; vgl. hierzu Hildner (Anm. 3), S. 47.

seinen Staatsangehörigen und Ausländern zu treffen. Danach haben Ausländer keinen Anspruch auf Einreise. Die Staaten sind bei der Bestimmung ihrer Einreisemodalitäten frei. Dabei müssen sie jedoch völkerrechtliche Verpflichtungen, insbesondere auf dem Gebiet der Menschenrechte beachten. Der Menschenrechtskatalog in Art. 5 und 6 der Erklärung enthält allgemeine Grundrechte wie das Recht auf Leben, auf Privatleben, auf Gleichheit vor Gericht, Gedanken-, Meinungs- und Religionsfreiheit sowie nicht einer Folter oder grausamen, unmenschlichen oder erniedrigenden Behandlung oder Strafe unterworfen zu werden. Für Ausländer von besonderer Bedeutung ist das Recht, ihre eigene Sprache, Kultur und Tradition zu bewahren (Art. 5 Abs. 1 lit. f). Art. 5 Abs. 4 gestattet vorbehaltlich nationaler Rechtsvorschriften den Familiennachzug von Ehegatten und minderjährigen Kindern zu rechtmäßig im Land wohnhaften Ausländern. Art. 8 beinhaltet wirtschaftliche und soziale Rechte. Wenn auch die Erklärung im wesentlichen bereits anerkannte Menschenrechte wiederholt, so liegt ihre Bedeutung darin, daß sie speziell Ausländern gewidmet ist.[16]

Für den Schutz besonderer Ausländergruppen wie Flüchtlinge[17], Staatenlose[18] und Wanderarbeitnehmer[19] wurden auf universeller Ebene spezielle Abkommen geschlossen, auf die hier nicht näher eingegangen werden kann.

Die Europäische Menschenrechtskonvention von 1950 nimmt in ihrer Präambel Bezug auf die Allgemeine Erklärung der Menschenrechte. In den Geltungsbereich der in der Konvention niedergelegten Rechte fallen nach Art. 1 alle der Herrschaftsgewalt einer Vertragspartei unterstehenden Personen. Die Freizügigkeit der Person wie das Recht auf Bewegungs- und Wohnsitzfreiheit innerhalb eines Staates wird in Art. 2 Abs. 1 4. ZP zur EMRK vom 16. September 1963[20] analog wie in Art. 12 Abs. 1 IPbpR allen sich rechtmäßig im Hoheitsgebiet eines Staates aufhaltenden Personen gewährt. Dazu zählen auch Ausländer, d.h. Staatsangehörige eines anderen Staates und Staatenlose.[21]

Art. 3 Abs. 2[22] 4. ZP zur EMRK stellt im Vergleich zu Art. 12 Abs. 4 IPbpR hinsichtlich des Rechts auf Einreise ausdrücklich auf die Staatsangehörigkeit ab. Nach der Konvention hat ein Ausländer kein Recht auf Einreise, Aufenthalt oder Wohnsitz in einem bestimmten Land.[23]

---

[16] Vgl. Hildner (Anm. 3), S. 48.

[17] Abkommen über die Rechtsstellung der Flüchtlinge vom 28. Juli 1951, in: UNTS, vol. 189, p. 137; BGBl. 1953 II, 560.

[18] Übereinkommen über die Rechtsstellung der Staatenlosen vom 28. September 1954, in: UNTS, vol. 360, p. 117.

[19] Internationale Konvention zum Schutz der Rechte aller Wanderarbeitnehmer und ihrer Familienangehörigen vom 18. Dezember 1990, in: UN Doc. A/RES/45/158; deutsche Übersetzung in: VN, 39 (1991) 5, S. 175 ff. Für ihr Inkrafttreten sind zwanzig Ratifikationen erforderlich, die noch nicht erreicht worden sind.

[20] ETS No. 46; BGBl. 1968 II, 423.

[21] Vgl. Harris/O'Boyle/Warbrick, Law of the European Convention on Human Rights, S. 560.

[22] Art. 3 Abs. 2 lautet: *„Niemand darf das Recht entzogen werden, in das Hoheitsgebiet des Staates einzureisen, dessen Staatsangehöriger er ist."*

[23] Vgl. Harris/O'Boyle/Warbrick (Anm. 21), S. 560.

Im Unterschied zum IPbpR enthält das 4. ZP zur EMRK ein Verbot der Ausweisung eigener Staatsangehöriger (Art. 3 Abs. 1) sowie ein Verbot der Kollektivausweisungen von Ausländern (Art. 4). Die Bestimmung in Art. 1 Abs. 1 des 7. ZP zur EMRK vom 22. November 1984[24] wurde der in Art. 13 IPbpR nachgebildet. Danach darf ein Ausländer, der sich rechtmäßig im Hoheitsgebiet eines Vertragsstaates aufhält, nur aufgrund einer rechtmäßig ergangenen Entscheidung ausgewiesen werden. Dem Ausländer muß es gestattet sein, die Entscheidung überprüfen zu lassen.[25] So steht einem sich illegal in einem Vertragsstaat aufhaltenden Ausländer nicht das Beschwerderecht nach dem 7. ZP zur EMRK zu. Gemäß Art. 13 EMRK kann hingegen eine in ihren Rechten verletzte Person eine wirksame Beschwerde bei einer nationalen Instanz einlegen. Danach dürften auch illegal eingereiste und sich illegal aufhaltende Ausländer einen begrenzten Rechtsschutz genießen.[26]

Der politischen Tätigkeit von Ausländern kann nach Art. 16[27] EMRK durch die Vertragsstaaten Beschränkungen auferlegt werden. In Art. 16 wird der Geltungsbereich der EMRK gemäß Art. 1 der Konvention eingeschränkt.[28]

Unterschiede zwischen Staatsangehörigen und Ausländern können auch in bezug auf das Recht auf Eigentum nach Art. 1 1. ZP zur EMRK von 1952 vorgenommen werden. Das ZP garantiert die Achtung des Eigentums, schützt aber nicht das Recht auf Eigentumserwerb.[29] Das Recht auf Eigentum von Ausländern kann durch innerstaatliches Recht Einschränkungen unterworfen werden.[30] Vor allem bei Nationalisierungen stehen die Interessen des nationalisierenden Staates in der Regel über denen eines ausländischen Eigentümers.[31]

Die Teilnahme von Ausländern am öffentlichen Leben auf kommunaler Ebene wird durch das gleichlautende Übereinkommen des Europarates vom 5. Februar 1992[32] geregelt, das am 1. Mai 1997 in Kraft trat. Nach Art. 3 garantieren die Vertragsparteien, zu denen Estland nicht zählt, Ausländern mit Wohnsitz auf ihrem Territorium das Recht auf freie Meinungsäußerung und auf Vereinigungsfreiheit wie eigenen Staatsangehörigen. Ausländern mit legalem Wohnsitz im Staat über fünf Jahre gewähren die Vertragsstaaten des Übereinkommens gemäß Art. 6 Abs. 1 das aktive und passive kommunale Wahlrecht. Dieses Recht kann auch nur auf das aktive beschränkt werden (Art. 6 Abs. 2).

---

24 ETS No. 117; deutsche Übersetzung in: Randelzhofer (Hrsg.), Völkerrechtliche Verträge, S. 194 ff.

25 Vgl. Harris/O'Boyle/Warbrick (Anm. 21), S. 565.

26 Vgl. Wolf, Die Regelung von Einreise und Aufenthalt, in: Frowein/Stein (Hrsg.), Die Rechtsstellung von Ausländern nach staatlichem Recht und Völkerrecht, S. 1871.

27 Art. 16 lautet: „*Keine der Bestimmungen der Artikel 10 (Recht der freien Meinungsäußerung), 11 (Versammlungs- und Vereinsfreiheit) und 14 (Verbot der Diskriminierung) darf so ausgelegt werden, daß sie den Hohen Vertragschließenden Parteien verbietet, die politische Tätigkeit von Ausländern Beschränkungen zu unterwerfen.*"

28 Vgl. Harris/O'Boyle/Warbrick (Anm. 21), S. 508.

29 Vgl. Villiger, EMRK, Rdnr. 640, S. 384.

30 Vgl. Jennings/Watts (eds.), Oppenheim's International Law, § 407, S. 911.

31 Vgl. Harris/O'Boyle/Warbrick (Anm. 21), S. 530 ff.

32 ETS No. 144.

Die besondere Ausländergruppe der Wanderarbeitnehmer ist durch ein Spezialabkommen geschützt.[33]

In bezug auf Ausländer gibt es mit Ausnahme der nicht verbindlichen UN-Erklärung über die Menschenrechte von Personen, die nicht Staatsangehörige des Landes sind, in dem sie leben von 1985 kein universelles Dokument, das sich ausschließlich mit dieser Personengruppe beschäftigt. Hier muß auf einschlägige menschenrechtliche Normen zurückgegriffen werden.

II. Der Rechtsstatus von Ausländern

Völkerrechtlich sind die Staaten nicht zur Aufnahme von Ausländern auf ihrem Territorium verpflichtet. Aufgrund seiner Territorialhoheit bestimmt jeder Staat selbst, ob er Ausländern Aufenthalt auf seinem Territorium gewährt oder nicht.[34] Die Staaten regeln dies in ihrem innerstaatlichen Recht sowie bilateralen oder multilateralen völkerrechtlichen Verträgen. *„Der Aufenthalt im Ausland ist kein Recht, sondern ein Privileg."*[35] Doch wenn die Staaten die Einreise und den Aufenthalt gestatten, müssen sie ihren völkerrechtlichen Verpflichtungen nachkommen. So hat der IGH im Barcelona-Traction-Fall ausgeführt, daß dem Staat, der Ausländern Einlaß in sein Territorium gewährt, die Pflicht obliegt, diesen rechtlichen Schutz zukommen zu lassen. Diese Verpflichtung besteht, so der IGH, *erga omnes*.[36] Das bedeutet, daß ein multilateraler Vertrag über Menschenrechte Verpflichtungen gegenüber der gesamten Staatengemeinschaft erzeugen kann, unabhängig von einer Mitgliedschaft der Staaten in diesem Vertrag.

Bei der Behandlung von Ausländern haben sich zwei verschiedene Regelungsansätze herausgebildet, die Inländergleichbehandlung und der internationale bzw. fremdenrechtliche Mindeststandard.[37] Bei der Inländergleichbehandlung wird der Rechtsstatus von Ausländern an den von eigenen Staatsangehörigen angeglichen. Dieser Regelungsansatz birgt die Gefahr in sich, daß der eigenen Staatsangehörigen gewährte Rechtsstatus hinter den allgemein anerkannten Rechten zurücksteht. Aufgrund der staatlichen Souveränität bleibt es jedem Staat selbst überlassen, den Rechtsstandard für Ausländer zu bestimmen. Die Staaten bleiben gegen völkerrechtliche Forderungen immun. So konnte sich dieser Regelungsansatz auch nicht als Völkergewohnheitsrecht durchsetzen.[38]

---

[33] Europäische Konvention über den Rechtsstatus von Wanderarbeitnehmern vom 24. Oktober 1977, in: ETS No. 93. Estland ist nicht Mitgliedstaat der am 1. Mai 1983 in Kraft getreten Konvention.

[34] Vgl. Brownlie, Principles of Public International Law, S. 522; Jennings/Watts (eds.) (Anm. 30), § 400, S. 897 f.

[35] Nowak (Anm. 5), Art. 13, Rdnr. 1, S. 222.

[36] Vgl. Barcelona Traction, Light and Power Company, Limited, Judgment, ICJ Rep. 1970, para. 33, S. 3.

[37] Vgl. Brownlie (Anm. 34), S. 526 ff.

[38] Die Theorie der Inländerbehandlung blieb im wesentlichen auf die lateinamerikanischen Staaten beschränkt. Vgl. Lillich (Anm. 14), S. 350; Ipsen, Individualschutz im Völkerrecht, in: Ipsen, Völkerrecht, Rdnr. 4, S. 663.

Nach dem internationalen Mindeststandard sind die Staaten gewohnheitsrechtlich verpflichtet, den Ausländern auf ihrem Territorium einen Grundbestand an Rechten zu gewähren. Danach ist die Inländergleichbehandlung von Ausländern nicht grundsätzlich verboten, sondern nur, wenn die nationale Rechtsordnung für Inländer nicht einem allgemein anerkannten Grundbestand an Rechten entspricht.[39]

Die Normen des internationalen Mindeststandards für die Behandlung von Ausländern beinhalten, daß jeder Ausländer als Rechtssubjekt zu betrachten ist, daß er mit einigen Ausnahmen Privatrechte erwerben kann, Anspruch auf den innerstaatlichen Rechtsweg, Schutz vor willkürlicher Verhaftung sowie Schutz seines Lebens, Würde, Freiheit und Eigentum hat. Einschränkungen können u.a. in bezug auf den Erwerb von Grundstücken vorgenommen werden. Ein Anspruch auf politische Rechte und auf Ausübung bestimmter Berufe besteht nicht.[40]

Bei einem Vergleich dieses Mindesstandards mit den allgemein anerkannten Menschenrechten ist eine weitgehende Übereinstimmung feststellbar.

García-Amador, erster Berichterstatter der ILC über die Verantwortlichkeit der Staaten, machte 1956 den Vorschlag, diese beiden Regelungsansätze bei der Behandlung von Ausländern durch die allgemeinen Menschenrechtsnormen zu ersetzen.[41] Diese Idee wurde von Baronin Elles aufgenommen und spiegelt sich in der Erklärung über die Menschenrechte von Personen, die nicht Staatsangehörige des Landes sind, in dem sie leben von 1985, wider.

B. Ausländerrechtliche Regelungen Estlands

I. Aufenthaltsrechtliche Regelungen

1. Das Ausländergesetz vom 8. Juli 1993

Die staatsangehörigkeitsrechtlichen Regelungen Estlands bewirken die Einteilung der unter estnischer Herrschaftsgewalt stehenden Personen in Staatsangehörige und Ausländer. Personen, die nach 1940 nach Estland kamen oder dort geboren worden sind, waren nach der Wiedererlangung der staatlichen Unabhängigkeit zunächst Ausländer[42], die über das Naturalisationsverfahren die estnische Staatsangehörigkeit erwerben können. Aufgrund der sprachlichen und rechtlichen Voraussetzungen für die estnische Staatsangehörigkeit nach § 6 Abs. 3 und 4 des Staatsangehörigkeitsgesetzes von 1995 wird es vielen nicht möglich sein, estnische Staatsangehörige zu werden. Nur ungefähr 75.000 Nicht-Esten, insbesondere

---

[39] Vgl. Ipsen (Anm. 38), Rdnr. 5, S. 663.

[40] Vgl. Verdross/Simma, Universelles Völkerrecht, § 1213, S. 802 f.

[41] Vgl. García-Amador, in: UN Doc. A/CN.4/96, para. 157 f., S. 203; vgl. Lillich (Anm. 14), S. 374 f.

[42] Vgl. hierzu Kapitel 3 C. I.

Russen, verließen im Zeitraum von 1990 bis 1995 Estland.[43] Der Großteil verbleibt als Ausländer in Estland.

Die Rechtsstellung von Ausländern in Estland wird durch das Ausländergesetz vom 8. Juli 1993[44] geregelt. Im Vorfeld der Annahme des Gesetzes kam es zu großen Protesten seitens der russischen Bevölkerung in Estland und der Rußländischen Föderation. Der Entwurf vom 21. Juni 1993 erklärte alle Nichtstaatsangehörigen zu Ausländern ohne Aufenthaltserlaubnis, was illegalen Immigranten gleichgekommen wäre.[45] Daraufhin beschlossen die Stadträte von Narva und Sillamäe die Durchführung eines Referendums im Juli 1993 zur Frage eines Autonomiestatus. Die Stimmbeteiligung lag bei ca. 50 %. Davon stimmten über 90 % für die Autonomie.[46] Der Nationale Gerichtshof Estlands erklärte die Referenden für ungültig, weil die Verfassung keine national-territoriale Autonomie innerhalb der Republik Estland vorsehe und die Änderung der staatlichen Organisation nicht in die Kompetenz lokaler Körperschaften fiele.[47]

Der russische Präsident Jelzin warf Estland vor der UNO sogar eine Politik *„of ethnic cleansing"* und einer *„Estonian form of apartheid"*[48] vor. Der estnische Präsident leitete das Gesetz schließlich an den Hohen Kommissar für nationale Minderheiten und den Europarat zur Begutachtung weiter.[49] Der Europarat bewertete das Ausländergesetz für Ausländer außerhalb von Estland, die in Zukunft dort zu leben oder arbeiten beabsichtigen, als vollkommen annehmbar. Doch sollte ein Gesetz bereits erworbene Rechte anerkennen. Es wäre ungerecht, den Status von in Estland seit langer Zeit wohnhaften Ausländern mit dem von gegenwärtig noch nicht dort wohnhaften gleichzusetzen.[50] Auch der HKNM wies auf die besondere Situation ehemaliger Sowjetbürger mit langem Wohnsitz in Estland hin. Er empfahl eine ständige Aufenthaltserlaubnis für Personen, die bereits vor dem 1. Juli 1990 auf der Grundlage einer ständigen Registrierung in Estland wohnhaft waren sowie ein vereinfachtes Verfahren für die Antragstellung

---

[43] Vgl. Statistische Angaben des Legal Information Centre for Human Rights, Tallinn, September 1997.

[44] RT I, 1993, Nr. 44, Pos. 637; russische Übersetzung in: PAE, 1993, Nr. 26, Pos. 637; englische Übersetzung in: UN Doc. A/48/259, S. 3 ff.; abgedruckt im Anhang I.

[45] Vgl. Situation of Human Rights in Estonia and Latvia, in: UN Doc. A/48/220, S. 2.

[46] Vgl. Gilly, Estlands Minderheitenpolitik seit der Wiederherstellung der staatlichen Souveränität, in: Estland und seine Minderheiten, Nordost-Archiv. Zeitschrift für Regionalgeschichte, Neue Folge, IV (1995) 2, S. 614.

[47] Vgl. Decision No. 2 of the Constitutional Review Chamber of the National Court of 11 August 1993, in: RT I, 1993, Nr. 59, Pos. 841; Decision No. 3 of the Constitutional Review Chamber of the National Court of 6 September 1993, in: RT I, 1993, Nr. 61, Pos. 890; Shorr, The Citizenship and Alien Law Controversies in Estonia and Latvia, S. 28.

[48] Statement by the President of the Russian Federation of 24 June 1993, in Situation of Human Rights in Estonia and Latvia, in: UN Doc. A/48/223, S. 2.

[49] Vgl. Sheehy, The Estonian Law on Aliens, in: RFE/RL Research Report, 2 (24 September 1993) 38, S. 7.

[50] Vgl. ebenda, S. 9.

einer Aufenthaltserlaubnis ohne Gebühren[51] mit einer zusätzlichen russischen Übersetzung der Anträge.[52] Für diese Personengruppe wurden dann auch spezielle Regelungen im Ausländergesetz aufgenommen. Eine sofortige ständige Aufenthaltserlaubnis bzw. ein vereinfachtes Verfahren für diese Personen sieht das Gesetz jedoch nicht vor.

Das Ausländergesetz besteht aus 25 Paragraphen, die in sechs Abschnitte unterteilt sind. In der Präambel wird auf die Prinzipien des Völkerrechts verwiesen, die zum festen Bestandteil des estnischen Rechtssystems zählen.

Das Gesetz regelt gemäß § 1 die Einreise, den Aufenthalt, die Wohnsitznahme und die Erwerbstätigkeit von Ausländern in Estland.

Als Ausländer im Sinne des Ausländergesetzes gilt nach § 3 Abs. 1 *„eine Person, die Staatsangehöriger eines ausländischen Staates oder als staatenlos anerkannt ist."* Der größte Teil der in der Zeit von 1940 bis zur Wiedererlangung der staatlichen Unabhängigkeit zugewanderten ehemaligen Sowjetbürger und ihre Nachkommen verloren mit dem Untergang der Sowjetunion im Dezember 1991 ihre sowjetische Staatsangehörigkeit, und die meisten erwarben auch keine neue. Als staatenlos wurden sie nicht anerkannt. Danach fielen diese Personen eigentlich gar nicht unter die Definition des Ausländers nach dem Ausländergesetz. Dennoch werden die Bestimmungen des Ausländergesetzes auf sie angewandt.[53]

Zu einem „ständigen Einwohner" nach der Definition des Begriffes in § 4 Abs. 1 gehören sowohl ein in Estland lebender estnischer Staatsangehöriger als auch ein in Estland lebender Ausländer mit einer ständigen Aufenthaltserlaubnis. Abs. 2 verweist darauf, daß diese Definition nicht auf frühere Normativakte Anwendung findet.

Das Gesetz regelt im IV. Abschnitt die Vergabe von Visa-, Aufenthalts- und Arbeitserlaubnissen für Ausländer.

Als Antwort auf die Kritiken und Empfehlungen vor allem der internationalen Organisationen wurden in das Gesetz spezielle Bestimmungen für Ausländer, die ihren Wohnsitz bereits vor dem 1. Juli 1990 in Estland hatten, aufgenommen (§§ 20 und 21).[54] Danach wird allen Ausländern mit Wohnsitz in Estland auf der Grundlage der ständigen Registrierung (propiska) der ehemaligen ESSR vor dem 1. Juli 1990 die Aufenthalts- und Arbeitserlaubnis zugesichert, wenn sie die Anforderungen des Gesetzes erfüllen (§ 20 Abs. 2). § 20 Abs. 3 sieht die gerichtliche Einklagbarkeit im Falle einer Ablehnung vor. Wiederholt haben sich Personen, die bereits vor dem 1. Juli 1990 in Estland wohnhaft waren, an die Verwaltungs-

---

[51] Für die Bearbeitung der Anträge auf Aufenthalts- oder Arbeitserlaubnisse werden 350 EEK erhoben, für die Ausgabe dieser Dokumente 500 EEK. Die spezielle Personengruppe der Ausländer mit Wohnsitz in Estland vor 1990 muß allerdings nur 10 % dieser Gebühren entrichten. Vgl. §§ 172 Abs. 1, 173 Abs. 1, 180 Abs. 2 des „Gesetzes über die staatlichen Gebühren", in: RT I, 1997, Nr. 80, Pos. 1344; russische Übersetzung in: PAE, 1997, Nr. 62, Pos. 1344.

[52] Vgl. van der Stoel, Recommendation No. 3, in: CSCE Communication No. 20/1994, S. 2.

[53] Vgl. Jakovleva/Čurkin/Remec, Problemy graždanstva i pravovogo statusa postojannych žitelej, S. 46.

[54] Vgl. Sheehy (Anm. 49), S. 9.

gerichte gewandt, weil ihnen die zuständigen nationalen Staatsangehörigkeits- und Migrationsbehörden die Antragstellung für eine Aufenthalts- und Arbeitserlaubnis verwehrten, wie beispielsweise in den Fällen Sidorkin[55] und Urazmetova.[56]

Ausländer in Estland mit einer ständigen Registrierung der ehemaligen ESSR sind von der jährlichen Immigrationsquote gemäß § 21 Abs. 6 i.V.m. § 6 Abs. 1 des Ausländergesetzes ausgenommen. Diese wurde von 0,1 % der ständigen Bevölkerung Estlands im Jahr auf 0,05 % gesenkt.[57] Damit sind Ausländer mit einem ständigen Wohnsitz in Estland vor dem 1. Juli 1990 gegenüber anderen Ausländern besser gestellt, was durch die enge Beziehung aufgrund des langjährigen Wohnsitzes gerechtfertigt ist.

2. *Die Aufenthaltserlaubnis*

Das Ausländergesetz unterscheidet in § 11 zwei Arten von Aufenthaltserlaubnissen: die auf fünf Jahre befristete und die ständige.

Nach § 12 Abs. 1 kann einem Ausländer eine befristete Aufenthaltserlaubnis erteilt werden:

1) für eine Erwerbstätigkeit i.V.m. einer Arbeitserlaubnis;
2) für Studienzwecke;

---

[55] Sidorkin absolvierte 1975 die Tallinner Marineschule und arbeitete seitdem in Estland. Er wurde bei seinem Arbeitgeber mit ständigem Wohnsitz registriert. Die nationale Staatsangehörigkeits- und Migrationsbehörde verwies Sidorkin am 5. Juli 1994 zur Antragstellung für eine Aufenthalts- und Arbeitserlaubnis an eine diplomatische Vertretung im Ausland, obwohl er über keine Verbindungen mit seinem früheren Wohnort in Rußland verfügte. Das Tallinner Verwaltungsgericht erkannte den Status von Sidorkin gemäß § 20 Abs. 2 des Ausländergesetzes an, wonach ihm ein gesetzlicher Anspruch auf eine Aufenthalts- und Arbeitserlaubnis zustand. Dem Antrag des Verwaltungsgerichts, § 40 der Ordnung über die Ausgabe von Aufenthalts- und Arbeitserlaubnissen an Ausländer und ihre Verlängerung, angenommen durch Verordnung Nr. 3 des Innenministers vom 3. Februar 1994 (RTL, 1994, Nr. 16, S. 523; russische Übersetzung in: PAE, 1994, Nr. 21, S. 793), für null und nichtig zu erklären, ist der Nationale Gerichtshof nachgekommen. Vgl. Decision No. 16 of the Constitutional Review Chamber of the National Court of 11 January 1995, in: RT I, 1995, Nr. 9, Pos. 112; abgedruckt in: East European Case Reporter of Constitutional Law, 3 (1996) 2, S. 145 ff.

[56] Urazmetova klagte vor dem Tallinner Verwaltungsgericht gegen die Entscheidung der nationalen Staatsangehörigkeits- und Migrationsbehörde, die ihren Antrag auf Aufenthaltserlaubnis ablehnte, weil sie nicht unter die Personengruppe mit Wohnsitz vor dem 1. Juli 1990 fiele und somit einen Antrag in einer diplomatischen Vertretung Estlands im Ausland stellen müsse. Urazmetova gab bei ihrer Antragstellung als Wohnort die Adresse eines Wohnheimes an. Das Verwaltungsgericht erklärte den Beschluß der nationalen Staatsangehörigkeits- und Migrationsbehörde für rechtswidrig und stellte vor dem Nationalen Gerichtshof den Antrag, § 21 Abs. 1 des Ausländergesetzes für null und nichtig zu erklären, dem dieser nicht nachkam. Vgl. Decision No. 19 of the Constitutional Review Chamber of the National Court of 18 September 1995, in: RT I, 1995, Nr. 74, Pos. 1320.

[57] Vgl. § 6 Abs. 1 des Ausländergesetzes i.d.F. vom 24. September 1997, in: RT I, 1997, Nr. 73, Pos. 1202; russische Übersetzung in: PAE, 1997, Nr. 56, Pos. 1202.

3) *zum Leben mit einem ständig in Estland wohnhaften nahen Familienangehörigen;*
4) *wenn über ein legales Einkommen verfügt wird. Darunter zählen u.a. Gehälter, Einkünfte aus selbständiger Tätigkeit, Renten, Stipendien, Unterhaltszahlungen, Arbeitslosen- und Kindergeld.*

Einem Ausländer, der mit einer in Estland ständig wohnhaften Person die Ehe geschlossen hat, kann eine befristete Aufenthaltserlaubnis erteilt werden, die während der ersten drei Jahre jährlich verlängert wird, falls die Ehe weiterbesteht (§ 12 Abs. 2). In seiner Rechtsprechung führte der Nationale Gerichtshof Estlands aus, daß der Schutz der Familie mit ausländischen Ehepartnern gemäß der estnischen Verfassung und der Europäischen Menschenrechtskonvention zu gewähren ist.[58]

Eine ständige Aufenthaltserlaubnis kann nach Art. 12 Abs. 3 einem Ausländer erteilt werden, der in Estland auf der Grundlage einer befristeten Aufenthaltserlaubnis nicht weniger als drei Jahre während der letzten fünf Jahre gewohnt hat und der über Wohnraum und eine Beschäftigung oder eine andere Einkommensquelle verfügt. Daraus folgt, daß alle diejenigen ehemaligen Sowjetbürger, die vor der Wiedererlangung der staatlichen Unabhängigkeit ihren ständigen Wohnsitz in der ehemaligen ESSR hatten und nicht estnische Staatsangehörige sind, zunächst nur eine befristete Aufenthaltserlaubnis erhalten.[59] Frühestens ab 12. Juli 1998 konnten sie eine ständige Aufenthaltserlaubnis beantragen (§ 20 Abs. 2 Ausländergesetz i.d.F. vom 24. September 1997[60]).[61] Bis Ende 1998 sind 46.214 Anträge gestellt worden.[62]

---

[58] Vgl. Fall Lotkov. Lotkov kam 1987 als Lehrer nach Estland und ging hier zwei Jahre später die Ehe mit einer estnischen Frau ein, in der eine gemeinsame Tochter geboren wurde. Nach der Wiedererlangung der Unabhängigkeit hatte die Ehefrau die estnische Staatsangehörigkeit und der Ehemann die russische erworben. Als Ausländer benötigte er eine Aufenthalts- und Arbeitserlaubnis, die er fristgemäß am 31. März 1995 beantragte. Die zuständige Staatsangehörigkeits- und Migrationsbehörde teilte ihm am 11. Dezember 1996 mit, daß er sich die ganze Zeit illegal im Land aufgehalten und die Ausweisung nach Rußland zu erwarten hätte. Wie der Nationale Gerichtshof ausführte, steht dies im Widerspruch zur estnischen Verfassung und der EMRK, wonach die Familie unter Schutz gestellt wird. RT III, 1997, Nr. 21/22, Pos. 236; vgl. Sher, Esli zakon ne sootvetstvuet konstitucii, to ..., in: Ėstonija, 1. Juli 1997.

[59] Der HKNM hatte die Erteilung der sofortigen ständigen Aufenthaltserlaubnis für diese Personengruppe empfohlen. Vgl. van der Stoel, Recommendation No. 2, in: CSCE Communication No. 20/1994, S. 2.

[60] Vgl. Anm. 57.

[61] Vgl. VO Nr. 137 vom 16. Juni 1998 „Ordnung über die Ausgabe von ständigen Aufenthaltserlaubnissen", die am 12. Juli 1998 in Kraft trat. RT I, 1998, Nr. 58, Pos. 923; russische Übersetzung in: PAE, 1998, Nr. 34, Pos. 923.

[62] Statistische Angaben des Legal Information Centre for Human Rights, Tallinn, Januar 1999.

Die Bestimmung, nach der eine ständige Aufenthaltserlaubnis alle fünf Jahre erneuert werden sollte, wurde nicht in die endgültige Fassung des Ausländergesetzes aufgenommen.[63]

Ausländern darf keine Aufenthaltserlaubnis erteilt werden, wenn sie unter die Ausschlußtatbestände gemäß § 12 Abs. 4 fallen, die denen in § 21 Abs. 1 des Staatsangehörigkeitsgesetzes analog sind. Danach werden in der Regel ehemalige Angehörige der sowjetischen Streitkräfte oder des KGB von der estnischen Staatsangehörigkeit und von einem ausländerrechtlichen Aufenthaltsstatus in Estland ausgeschlossen.

Ausnahmen von den in § 12 Abs. 4 des Ausländergesetzes aufgeführten Fällen des Ausschlusses des Erwerbs einer Aufenthaltserlaubnis können gemäß § 12 Abs. 5 nach einem durch die Regierung festzulegenden Verfahren erteilt werden.

Wenn der Antragsteller seit 1990 ununterbrochen in Estland gewohnt hat, kann er den Antrag bei der zuständigen Staatsangehörigkeits- und Migrationsbehörde stellen, ansonsten nur über eine diplomatische Vertretung Estlands im Ausland.

Ausländische Einwohner Estlands, die auf der Grundlage einer ständigen Registrierung auf dem Territorium der ehemaligen ESSR wohnhaft waren, mußten die Aufenthaltserlaubnis im Laufe eines Jahres nach Inkrafttreten des Ausländergesetzes beantragen (§ 21 Abs. 1).[64] Als die Entgegennahme und Bearbeitung der gestellten Anträge die gesetzlich vorgeschriebene Zeit überschritt[65], erfolgte eine Fristverlängerung zunächst bis zum 12. Juli 1995[66] und später bis zum 30. April 1996.[67] Fast 140.000 Personen hatten bis zum 3. April 1995 einen Antrag gestellt. Ungefähr 360.000 standen noch aus.[68] Bis Dezember 1998 wurden 310.584 befristete und 19.742 ständige Aufenthaltserlaubnisse für Estland ausgestellt.[69]

Ein Anreiz zur fristgerechten Antragstellung sollte damit geschaffen werden, daß die Kosten bei einer Antragstellung nach dem Stichtag von 30 Kronen auf 300[70] erhöht und das kommunale Wahlrecht nur Ausländern gewährt wurde, die

---

63 Vgl. Sheehy (Anm. 49), S. 9.

64 § 21 des Ausländergesetzes wurde durch das Änderungsgesetz vom 24. September 1997 derogiert.

65 Schon vorher hatte der HKNM eine Fristverlängerung für mindestens sechs Monate empfohlen. Vgl. van der Stoel, Recommendation No. 1, in: CSCE Communication No. 20/1994, S. 2.

66 Vgl. § 21 Abs. 1 des Ausländergesetzes i.d.F. vom 18. Mai 1994, in: RT I, 1994, Nr. 41, Pos. 658; russische Übersetzung in: PAE, 1994, Nr. 37, Pos. 658.

67 Vgl. Pkt. 14 der Ordnung über die Ausgabe, Verlängerung und Ungültigkeitserklärung von Aufenthalts- und Arbeitserlaubnissen an Ausländer, bestätigt durch VO Nr. 368 vom 7. Dezember 1995, in: RT I, 1995, Nr. 93, Pos. 1612; russische Übersetzung in: PAE, 1995, Nr. 74/75, Pos. 1612.

68 Vgl. Non-Citizens Submit Applications for Residence And Work Permits, in: Estonian Review, 5 (1995) 14, S. 6.

69 Vgl. Citizenship and Migration Board, in: Estonia Today, 23 February 1999.

70 Vgl. Amendments to the Law on Aliens, in: Estonia Today, 7 July 1995.

fristgerecht ihren Antrag auf Aufenthaltserlaubnis stellten.[71]

3. *Die Sondergruppe der ausländischen Militärangehörigen*

Hierunter werden vornehmlich Nicht-Esten - ehemalige Angehörige der sowjetischen bzw. russischen Streitkräfte - subsumiert, die in Estland stationiert waren. Diese Personen lassen sich in drei Gruppen einteilen. Die erste Gruppe umfaßt diejenigen, die zum 26. Juli 1994 Angehörige der russischen Streitkräfte waren sowie deren Familienangehörige. Gemäß Art. 2 Ziff. 1 des Vertrages zwischen der Republik Estland und der Rußländischen Föderation über den Truppenabzug der russischen Streitkräfte aus dem Territorium der Republik Estland und die Bedingungen für ihren befristeten Aufenthalt auf ihrem Territorium vom 26. Juli 1994[72] müssen diese Personen Estland verlassen und haben keinen Anspruch auf eine Aufenthaltserlaubnis in Estland.

Zur zweiten Gruppe zählen pensionierte Angehörige der Streitkräfte und ihre Familienangehörige. Ihr Status richtet sich nach dem Übereinkommen zwischen der Republik Estland und der Rußländischen Föderation über Fragen der sozialen Garantien für pensionierte Militärangehörige der Rußländischen Föderation auf dem Territorium der Republik Estland vom 26. Juli 1994.[73] Das Übereinkommen sieht in Art. 2 Ziff. 1 vor, pensionierten Militärangehörigen Rußlands und ihren Familienangehörigen nach persönlicher Antragstellung eine Aufenthaltserlaubnis für Estland zu erteilen, wenn sie nach dem Vertrag über den Truppenabzug Estland nicht verlassen mußten und in die Liste aufgenommen wurden, die Rußland an Estland nach Art. 2 Ziff. 3 des Übereinkommens zu übergeben hatte. Den Antragsberechtigten wurde eine Antragsfrist bis zum 31. Mai 1996 gestellt.[74] Ausgeschlossen blieben Personen, die die Sicherheit des estnischen Staates gefährden.

Eine dritte Gruppe bilden ehemalige russische Kadersoldaten, die vor dem 26. Juli 1994 in den Ruhestand versetzt wurden und keinen Anspruch auf eine Rente oder sonstige Leistung von Rußland haben sowie ihre Familienangehörige. Unter ihnen ist zwischen denjenigen zu unterscheiden, die bereits vor dem 1. Juli 1990 in Estland stationiert wurden und hier auf der Basis einer ständigen Registrierung lebten; denjenigen, die zwar vor dem 1. Juli 1990 in Estland stationiert, aber nur

---

[71] Nach § 14 Ziff. 7 des „Gesetzes über die Wahlen zu den lokalen Selbstverwaltungskörperschaften" i.d.F. vom 27. Juni 1995 erfolgte keine Eintragung in das Wählerregister, wenn der Ausländer oder Staatenlose nicht fristgerecht seinen Antrag gestellt hatte. RT I, 1995, Nr. 57, Pos. 981; russische Übersetzung in: PAE, 1995, Nr. 40, Pos. 981. Vgl. § 20 Abs. 2 des Ausländergesetzes i.d.F. vom 24. September 1997.

[72] RT II, 1995, Nr. 46, Pos. 203; russische Übersetzung in: PAE, 1996, Nr. 1, Pos. 203; Estland ratifizierte den Vertrag am 22. Dezember 1995, Rußland am 13. Oktober 1995.

[73] RT II, 1995, Nr. 46, Pos. 203; russische Übersetzung in: PAE, 1996, Nr. 1, Pos. 203; Estland ratifizierte das Übereinkommen am 22. Dezember 1995, Rußland am 11. August 1995.

[74] Vgl. Pkt. 14 Abs. 2 der Ordnung über die Ausgabe, Verlängerung und Ungültigkeitserklärung von Aufenthalts- und Arbeitserlaubnissen an Ausländer i.d.F. vom 14. Mai 1996, bestätigt durch VO Nr. 130 vom 14. Mai 1996, in: RT I, 1996, Nr. 34, Pos. 693; russische Übersetzung in: PAE, 1996, Nr. 31/32, Pos. 693.

im Besitz einer befristeten Registrierung oder keiner waren und denjenigen, die erst nach diesem Zeitpunkt in Estland stationiert wurden.

Anträge auf Aufenthaltserlaubnis von pensionierten Angehörigen der Streitkräfte und ihren Familienangehörigen sowie ehemaligen russischen Kadersoldaten, die vor dem 1. Juli 1990 in Estland stationiert und im Besitz einer ständigen Registrierung waren, noch vor dem 26. Juli 1994 in den Ruhestand versetzt wurden und keine Leistungsansprüche gegenüber Rußland haben sowie ihren Familienangehörigen werden zunächst durch eine Regierungskommission geprüft. Diese wurde speziell zur Umsetzung des Sozialübereinkommens mit Rußland im Dezember 1994 gebildet. Nach Art. 2 Abs. 2 des Übereinkommens kann an der Arbeit der Regierungskommission, die die Erteilung von Aufenthaltserlaubnissen empfiehlt, ein Vertreter der KSZE teilnehmen.

Bis Mitte 1997 schlug die Kommission unter Vorsitz des estnischen Außenministers und mit Beteiligung eines OSZE-Vertreters der Regierung die Ablehnung von 28 Anträgen wegen Gefährdung der staatlichen Sicherheit vor. Davon hat die Regierung bis Juli 1997 17 Anträge ablehnend beschieden und 20.073 bewilligt.[75] Über die Hälfte der abgelehnten Fälle wurde mit dem jungen Alter der Antragsteller (Geburtsjahre von 1934 (!) bis 1969) begründet. Weil Rußland sie jederzeit wieder mobilisieren könne, stellen sie eine Gefahr für die staatliche Sicherheit Estlands dar.

Abgelehnten Antragstellern steht gemäß § 20 Abs. 3 des Ausländergesetzes der Rechtsweg offen.[76]

4. *Illegal in Estland lebende Personen*

Diejenigen Ausländer und Staatenlose, die keine Aufenthaltserlaubnis nach dem Ausländergesetz beantragt oder erteilt bekommen haben, leben illegal im Land. Ihre Zahl wird offiziell auf ca. 50.000 geschätzt. Die Dunkelziffer wird bei über 100.000 vermutet. Davon sollen mehr als 80 % eine ständige Registrierung vor dem 1. Juli 1990 besessen haben und 40 % von ihnen in Estland geboren worden sein.[77]

Gemäß § 173 des „Gesetzbuches über das Vollzugsverfahren" i.d.F. vom 19. März 1997[78] wird ein sich illegal in Estland aufhaltender Ausländer, der festgenommen wurde, auf Beschluß eines Verwaltungsgerichts in einen Aufnahmepunkt

---

[75] Vgl. Mattson, „Postimees", in: Ėstonija, 29. Juli 1997.

[76] Im Fall Miroschnitschenko, ein 51-jähriger ehemaliger Offizier der sowjetischen Streitkräfte, hat das Verwaltungsgericht am 26. Mai 1997 eine individuelle Prüfung jedes einzelnen Falles angemahnt und eine bloße Vermutung bzw. allgemeine Annahme einer Gefahr für die staatliche Sicherheit als Begründung für eine Ablehnung verworfen. Das Gericht entschied am 26. Mai 1997, daß die Ablehnung der Aufenthaltserlaubnis für den Kläger und seine Familienangehörigen durch die Regierung rechtswidrig war. Vgl. ebenda.

[77] Vgl. Centr informacii po pravam čeloveka, Chronika, S. 1.

[78] RT I, 1997, Nr. 29, Pos. 447; russische Übersetzung in: PAE, 1997, Nr. 30, Pos. 447; russische Übersetzung der vollständigen und geänderten Fassung des Gesetzbuches in: PAE, 1997, Nr. 36-38, Pos. 723.

für Internierte, und bei Fehlen dessen in eine Spezialabteilung eines Untersuchungs- oder Vollzugsgefängnisses eingewiesen bzw. in polizeilichen Gewahrsam genommen. Das Ziel der Internierung besteht in der Isolierung dieser Personen von der Gesellschaft (§ 173 Abs. 2). Grundlage für eine Entlassung aus der Internierung sind nach § 178 des „Gesetzbuches über das Vollzugsverfahren" der Erhalt einer Aufenthalts- und Arbeitserlaubnis in Estland, die Verhaftung oder die Ausweisung aus Estland.

Anträge auf Aufenthalts- und Arbeitserlaubnis können bei der Staatsangehörigkeits- und Migrationsbehörde gestellt werden. Der Verwaltungsrichter kann nach § 236 des „Gesetzbuches über Verwaltungsrechtsverletzungen" i.d.F. vom 18. Dezember 1996[79] auf Antrag eines in Estland wohnhaften estnischen Staatsangehörigen oder eines Ausländers mit einer ständigen Aufenthaltserlaubnis in Estland die Freilassung des Internierten aus dem Internierungslager während des Antragsverfahrens für eine Aufenthaltserlaubnis beschließen, wenn der antragstellende estnische Staatsangehörige oder Ausländer die Lebenshaltungskosten für den Internierten während des Verfahrens übernimmt.

Seit Juli 1997 ist durch Anordnung des Generaldirektors der Staatsangehörigkeits- und Migrationsbehörde[80] mit einer freiwilligen individuellen Registrierung der gegenwärtig in Estland illegal lebenden Personen begonnen worden. Damit soll diesen Personen die Möglichkeit der Legalisierung ihres Status in Estland gegeben werden. Wer jedoch keinen legalen Status bekommen kann, muß Estland verlassen. Bis Mitte November 1997 haben sich ca. 2.000 Personen registrieren lassen.[81]

5. *Die Paßfrage*

Aufenthalts- und Arbeitserlaubnisse müssen in einem gültigen Paß dokumentiert werden. Da die überwiegende Mehrzahl der ehemaligen Sowjetbürger ohne estnische Staatsangehörigkeit mit Wohnsitz in Estland über kein anderes Dokument als den sowjetischen innerstaatlichen Paß verfügte, wurden die erteilten Erlaubnisse zunächst in dem alten sowjetischen Paß dokumentiert. Dieser verlor nach mehrmaligen Verlängerungen am 15. Mai 1997 endgültig seine Gültigkeit als Personaldokument für Ausländer in Estland.[82]

Nach der Ordnung und Bedingungen der Ausgabe eines Fremdenpasses vom 9. Januar 1996[83] können Ausländer, die in Estland auf der Grundlage einer ständigen Registrierung der ehemaligen ESSR leben, Anspruch auf eine Aufenthaltserlaubnis in Estland haben und nicht im Besitz eines gültigen Passes oder Paßersatzes

---

[79] RT I, 1997, Nr. 5/6, Pos. 30; russische Übersetzung in: PAE, 1997, Nr. 5, Pos. 30.
[80] Anordnung Nr. 73 vom 21. Juli 1997.
[81] Vgl. Uibopuu, Minorities in Estonia, Fn. 340, S. 59.
[82] Vgl. VO Nr. 33 vom 11. Februar 1997, in: RT I, 1997, Nr. 14, Pos. 241; russische Übersetzung in: PAE, 1997, Nr. 16, Pos. 241.
[83] Vgl. VO Nr. 16 vom 9. Januar 1996, in: RT I, 1996, Nr. 5, Pos. 100; russische Übersetzung in: PAE, 1996, Nr. 7, Pos. 100.

sind, einen Fremdenpaß beantragen (Pkt. 12 Ziff. 3).[84] Nach offiziellen Schätzungen haben über 200.000 Personen einen Anspruch auf einen Fremdenpaß.[85] Bis Anfang Dezember 1998 wurde 173.321 Personen ein Fremdenpaß ausgestellt.[86] Dieser bedarf allerdings einer internationalen Anerkennung.[87] Der Fremdenpaß hat den alten sowjetischen Paß substituiert. Der neue Paß erlaubt den Betroffenen eine gewisse Bewegungsfreiheit auch außerhalb der Grenzen Estlands. Zuvor, ab 1994, konnten diese für Reisen ins Ausland nur ein vorläufiges Reisedokument[88] zur einmaligen Aus- und Einreise beantragen.[89]

II. Der Rechtsstatus von Ausländern in Estland

Die estnische Verfassung beinhaltet im II. Abschnitt „Grundrechte, Freiheiten und Pflichten" einen umfangreichen Rechtskatalog.[90] Nach § 9 Abs. 1 der Verfassung sind alle in der Verfassung aufgezählten Rechte, Freiheiten und Pflichten für estnische Staatsbürger und sich in Estland aufhaltende Ausländer und Staatenlose gleich. Gemäß § 5 Abs. 1 des Ausländergesetzes werden Ausländern in Estland die gleichen Rechte und Freiheiten wie estnischen Staatsbürgern gewährt, es sei denn, die Verfassung, das Ausländergesetz, andere Gesetze oder völkerrechtliche Verträge Estlands bestimmen etwas anderes. Nach § 5 Abs. 2 stehen Ausländern alle Rechte und Freiheiten zu, die aus allgemein anerkannten Völkerrechtsnormen und der internationalen Praxis folgen.

Sich in Estland aufhaltenden Ausländern und Staatenlosen werden verfassungsrechtlich die allgemeinen Menschenrechte und Grundfreiheiten wie estnischen Staatsbürgern gewährt, so z.B. die Gleichheit vor dem Gesetz (§ 12), die Handlungsfreiheit und Freiheit der Person (§§ 16, 19, 20), die Unverletzlichkeit des Familien- und Privatlebens (§§ 26, 27), das Recht auf Eigentum und Erbrecht (§ 32), die Unverletzlichkeit der Wohnung (§ 33), das Recht auf Bildung (§ 37), die Gewissens-, Glaubens-, Gedanken- und Religionsfreiheit (§ 40), die Meinungsfreiheit (§ 41) sowie das Recht auf Brief- und Fernmeldegeheimnis (§ 43).

---

[84] Gemäß § 176 Abs. 1 des „Gesetzes über staatliche Gebühren" muß für die Ausgabe eines Fremdenpasses eine Gebühr in Höhe von 100 EEK entrichtet werden. RT I, 1997, Nr. 80, Pos. 1344; russische Übersetzung in: PAE, 1997, Nr. 62, Pos. 1344.

[85] Vgl. Aliens' Passports Being Issued, in: Estonian Review, 6 (1996) 15, S. 4.

[86] Vgl. Citizenship and Migration Board, in: Estonia Today, 23 February 1999.

[87] Folgende Staaten haben dieses Dokument bis Juli 1997 offiziell anerkannt: Österreich, Dänemark, Finnland, Deutschland, Irland, Israel, Jamaika, Japan, Lettland, Litauen, Norwegen, Schweden, Schweiz, Rußland, Großbritannien, USA. Indirekt erkennt auch Rußland dieses Dokument an. Vgl. Èstonija, 29. Juli 1997.

[88] Folgende Staaten hatten dieses Dokument bis Dezember 1996 offiziell anerkannt: Dänemark, Finnland, Jamaika, Lettland, Litauen, Norwegen, Japan, Türkei (nur für Touristengruppen), Großbritannien, USA, Rußland.

[89] Vgl. § 3 des „Gesetzes über das vorläufige Reisedokument" vom 18. Mai 1994, in: RT I, 1994, Nr. 41, Pos. 658; russische Übersetzung in: PAE, 1994, Nr. 37, Pos. 658.

[90] Zu den Verfassungsrechten vgl. Kofmel, Die neue Verfassung der Republik Estland vom 28. Juni 1992, in: ZaöRV, 53 (1993) 1, S. 139 ff.

Die Verfassung sieht einige Einschränkungen in der Gewährung von Rechten für Ausländer und Staatenlose vor, insbesondere im politischen Bereich. § 56 der Verfassung i.d.F. von 1992 enthielt noch eine zusammenhängende Aufzählung von Rechten und Freiheiten, die durch Gesetz für Ausländer und Staatenlose eingeschränkt werden konnten. In der Verfassung i.d.F. von 1995 gibt es diese explizite Aufzählung nicht mehr.

1. Bürgerliche und politische Rechte

Nach der Verfassung und einigen einfachen Gesetzen sind bestimmte Rechte estnischen Staatsangehörigen vorbehalten.

Gemäß § 34 der Verfassung haben alle sich rechtmäßig in Estland aufhaltende Personen das Recht auf Bewegungs- und Wohnsitzfreiheit. Dieses Recht können nicht sich illegal im Land aufhaltende Personen in Anspruch nehmen. Die Wohnsitzfreiheit für estnische Staatsangehörige wird in § 36 Abs. 1 noch einmal ausdrücklich geschützt. Dort heißt es, daß kein estnischer Staatsbürger an der Niederlassung in Estland gehindert werden darf.

Das Recht zur Ausreise steht gemäß § 35 der Verfassung jedem zu. Der Schutz vor Ausweisung und Auslieferung, mit Ausnahme in vertraglich vorgesehenen Fällen, wird nur estnischen Staatsbürgern gewährt (§ 36 Abs. 1). Nach § 16 Abs. 3 des estnischen Ausländergesetzes wird ein illegal eingereister Ausländer oder ein sich illegal in Estland aufhaltender Ausländer ausgewiesen. Ihnen steht nach § 16 Abs. 4 des Ausländergesetzes Rechtsschutz zu.

Nach § 42 der Verfassung dürfen staatliche Institutionen und lokale Selbstverwaltungen gegen den Willen estnischer Staatsbürger keine Angaben über ihre Überzeugung sammeln oder speichern. Gemäß § 9 Abs. 1 des „Gesetzes über den Schutz von Personendaten" vom 12. März 1996[91] ist die Bearbeitung von personenbezogenen Daten über die religiöse, politische und andere Anschauungen von estnischen Staatsangehörigen und Ausländern mit einer ständigen Aufenthaltserlaubnis nur mit persönlicher Zustimmung der Betroffenen erlaubt. Ausländer mit einer befristeten Aufenthaltserlaubnis fallen nicht unter diese Regelung, d.h. von ihnen könnten auch ohne ihre Zustimmung diese Angaben gesammelt werden.

§ 44 Abs. 1 der Verfassung regelt die Informationsfreiheit als Jedermanns-Recht. Nach Abs. 2 und 3 haben aber nur Staatsangehörige das Recht, von staatlichen Institutionen Informationen über deren Tätigkeit zu fordern bzw. auf Einsicht von über sie gespeicherten Angaben in staatlichen Institutionen und Archiven. Wenn durch Gesetz nichts anderes bestimmt wird, stehen Ausländern und Staatenlosen ebenfalls die genannten Rechte zu. Das Datensammlungsgesetz vom 12. März 1997[92] enthält in § 10 Abs. 2 eine analoge Bestimmung in bezug auf das Recht auf Einsicht von personenbezogenen Daten.

Die Versammlungs- und Vereinigungsfreiheit steht nach §§ 47 und 48 der Verfassung allen Personen zu. Gesetzlich können diese Rechte allerdings beschränkt

---

[91] RT I, 1996, Nr. 48, Pos. 944; russische Übersetzung in: PAE, 1996, Nr. 46/47, Pos. 944.

[92] RT I, 1997, Nr. 28, Pos. 423; russische Übersetzung in: PAE, 1997, Nr. 24, Pos. 423.

werden. Nach dem „Gesetz über öffentliche Versammlungen“ vom 26. März 1997[93] dürfen sich alle Personen friedlich versammeln (§ 1 Abs. 1). Die Organisatoren einer öffentlichen Versammlung müssen aber entweder estnische Staatsangehörige (§ 6 Abs. 4 Ziff. 1) oder Ausländer mit einer ständigen Aufenthaltserlaubnis in Estland (§ 6 Abs. 4 Ziff. 2) sein.

Das „Gesetz über nichtgewinnanstrebende Vereinigungen“ vom 6. Juni 1996 regelt das Vereinigungsrecht näher. Gemäß § 12 Abs. 1 des Gesetzes kann jede natürliche oder juristische Person Mitglied einer nichtgewinnanstrebenden Vereinigung werden. Während das Vorgängergesetz, das „Gesetz über nichtgewinnanstrebende Vereine und ihre Verbände“ vom 23. März 1994, nur estnische Staatsangehörige und Ausländer mit ständiger Aufenthaltserlaubnis als Mitglieder leitender Vereinsorgane zuließ (§ 7 Abs. 3), kennt das neue Gesetz eine solche Restriktion nicht mehr.

Nach § 48 Satz 2 der Verfassung i.V.m. § 5 Parteiengesetz vom 11. Mai 1994 dürfen nur estnische Staatsbürger Parteien angehören. Ausländer werden von der Teilnahme an der politischen Tätigkeit innerhalb einer Partei ausgeschlossen.

Das aktive und passive Wahlrecht bezüglich der Wahl des Parlaments (§§ 56 und 57 Abs. 1 Verfassung i.V.m. § 2 Abs. 1 und 2 Wahlgesetz zur Staatsversammlung (Riigikogu) vom 7. Juni 1994[94]) und des Stimmrechts bei Referenden (§§ 56, § 57 Abs. 1 Verfassung) steht ausschließlich estnischen Staatsangehörigen zu. Nach § 61 Abs. 3 der Verfassung finden die Wahlen zur Staatsversammlung alle vier Jahre statt. Die ersten Wahlen wurden am 20. September 1992 durchgeführt. Da in der Regel die estnische Staatsangehörigkeit frühestens am 30. März 1993 erworben werden konnte, war ca. ein Drittel der Einwohner Estlands von den Parlamentswahlen 1992 ausgeschlossen.[95] Die nächsten Wahlen wurden bereits am 5. März 1995, ein Jahr früher als vorgesehen, abgehalten, so daß sich die ab 1993 naturalisierten Staatsangehörigen am politischen Entscheidungsprozeß im Parlament beteiligen konnten. Die dritten allgemeinen Wahlen zur Staatsversammlung fanden am 7. März 1999 statt.

§ 156 Abs. 2 der Verfassung sieht ein aktives Recht auf Wahl der lokalen Selbstverwaltungskörperschaften (Volikogu) für alle achtzehnjährigen Personen vor, die auf dem Territorium der entsprechenden Selbstverwaltung ihren ständigen Wohnsitz haben. Konkretisiert wird dieses Wahlrecht durch das „Gesetz über die Wahlen zu den lokalen Selbstverwaltungskörperschaften“ vom 16. Mai 1996. Nach § 3 Abs. 2 des Wahlgesetzes müssen die in Estland rechtmäßig lebenden Ausländer ihren Wohnsitz mindestens fünf Jahre zum 1. Januar des Wahljahres im Gebiet der entsprechenden Selbstverwaltungskörperschaft nachweisen können. Ein Antrag auf Aufenthaltserlaubnis mußte nach § 21 Abs. 1 des Ausländergeset-

---

[93] RT I, 1997, Nr. 30, Pos. 472; russische Übersetzung in: PAE, 1997, Nr. 29, Pos. 472.

[94] RT I, 1994, Nr. 47, Pos. 784; russische Übersetzung in: PAE, 1994, Nr. 38, Pos. 784.

[95] Pekkanen und Danelius zweifeln an, daß die freie Meinungsäußerung des Volkes nach Art. 3 des 1. ZP EMRK aufgrund des Ausschlusses einer großen Bevölkerungsgruppe von der Teilnahme an den Parlamentswahlen in Estland gewährleistet war. Vgl. Pekkanen/Danelius, Human Rights in the Republic of Estonia, in: HRLJ, 13 (1992) 5 - 6, para. 36, S. 239

zes[96] gestellt und dieser bis zum 12. Juli 1996 entschieden worden sein (§ 43 des Wahlgesetzes).

Die wahlberechtigten Ausländer haben sich in das Wählerregister für Ausländer eintragen zu lassen (§ 3 Abs. 2 des Wahlgesetzes und Ordnung über den nationalen Wählerregister für Ausländer[97]). Von der Regierung wurde allerdings ein relativ kurz bemessener Zeitraum (vom 10. August bis 10. September) für die persönliche Registrierung von ca. 200-300.000 Ausländern festgelegt.[98]

Nach der Wiedererlangung der staatlichen Unabhängigkeit fanden zwei Wahlen zu den lokalen Selbstverwaltungskörperschaften statt, am 17. Oktober 1993[99] und am 20. Oktober 1996.[100] An den Wahlen von 1996 nahmen neben 811.756 estnischen Staatsangehörigen auch 70.970 Ausländer teil.[101]

Das „Gesetz über die Wahlen zu den lokalen Selbstverwaltungskörperschaften" regelt nicht die Teilnahme von Ausländern an den nächsten Kommunalwahlen im Herbst 1999 (§§ 43 ff.).

Gemäß § 15 Abs. 1 des „Gesetzes über Kirchen und Gemeinden" vom 20. Mai 1993[102] müssen Mitglieder der Kirchen- bzw. Gemeindeleitung sowie geistliche Erzieher über das Wahlrecht zu den lokalen Selbstvertretungskörperschaften verfügen und dürfen nicht strafrechtlich verurteilt worden sein. Im Ausnahmefall können Kirchen, Gemeinden oder Gemeindeverbände geistliche Würdenträger (Priester) aus dem Ausland einladen und für diese eine Aufenthalts- und Arbeitserlaubnis nach den gesetzlichen Vorschriften beantragen (§ 15 Abs. 4).

Zusammenfassend läßt sich festhalten, daß Ausländer nach der Verfassung in folgenden bürgerlichen und politischen Rechten und Freiheiten beschränkt werden können: dem Verbot des Sammelns und der Speicherung von Angaben über die Überzeugung einer Person durch staatliche Institutionen und lokale Selbstverwaltungen gegen ihren Willen (§ 42), dem Zugangsrecht zu amtlichen Informationen (§ 44 Abs. 2 und 3), dem Recht auf Mitgliedschaft in einer politischen

---

96 Vgl. Anm. 64.

97 VO Nr. 180 vom 25. Juni 1996, in: RT I, 1996, Nr. 47, Pos. 921; russische Übersetzung in: PAE, 1996, Nr. 48, Pos. 921. Geändert durch VO Nr. 188 vom 25. August 1998, in: RT I, 1998, Nr. 76, Pos. 1271; russische Übersetzung in: PAE, 1998, Nr. 47, Pos. 1271. Es gibt auch ein Wählerregister für estnische Staatsangehörige (§ 3 Abs. 1 des Wahlgesetzes).

98 Vgl. Legal Information Centre for Human Rights, Realization of Human Rights Committee Recommendations Carrying out the International Covenant on Civil and Political Rights in Estonia, S. 6.

99 An den Kommunalwahlen von 1993 beteiligten sich mehr als 463.000 Personen, das sind ca. 52% der Wahlberechtigten. Dabei war die Wahlbeteiligung von Ausländern höher als die von Staatsangehörigen. Die Wahlen wurden nach dem „Gesetz über die Wahlen zu den lokalen Selbstverwaltungskörperschaften" vom 19. Mai 1993 durchgeführt. RT I, 1993, Nr. 29, Pos. 505; russische Übersetzung in: PAE, 1993, Nr. 27, Pos. 505.

100 Wahlberechtigt waren insgesamt über 880.000 Personen, ca. 810.000 Staatsangehörige und ca. 70.000 Ausländer.

101 Vgl. 96 Local Government Elections, in: Estonia Today, 16 October 1996.

102 RT I, 1993, Nr. 30, Pos. 510; russische Übersetzung in: PAE, 1993, Nr. 33, Pos. 510.

Partei (§ 48 Abs. 1) und dem Wahl- und Stimmrecht bei Wahlen des Parlaments bzw. Referenden (§§ 56, 57 Abs. 1).

Eine Möglichkeit der Teilnahme am lokalen gesellschafts-politischen Leben wird in Estland lebenden Ausländern mit dem aktiven kommunalen Wahlrecht gegeben.

2. *Wirtschaftliche und soziale Rechte*

In der Gewährung von wirtschaftlichen und sozialen Rechten und Freiheiten werden Ausländer und Staatenlose, die schon vor der Unabhängigkeit auf der Basis der ständigen Registrierung der ehemaligen ESSR in Estland wohnhaft waren, dem von ständigen Einwohnern Estlands größtenteils gleichgesetzt.

Ausländer mit einer befristeten Aufenthaltserlaubnis benötigen für eine berufliche Tätigkeit eine Arbeitserlaubnis. Dies folgt aus § 13 Abs. 4 des Ausländergesetzes. Ausländer, die vor dem 1. Juli 1990 auf der Grundlage der ständigen Registrierung der ehemaligen ESSR in Estland leben und den Antrag auf eine Aufenthaltserlaubnis bis zum 12. Juli 1995 eingereicht haben, konnten zunächst eine Arbeitserlaubnis ohne Angabe eines bestimmten Arbeitgebers bekommen.[103] Nach § 20 Abs. 2 des Ausländergesetzes i.d.F. vom 24. September 1997 benötigen sie nunmehr keine Arbeitserlaubnis mehr.

Nach § 28 Abs. 2 der Verfassung haben estnische Staatsbürger das Recht auf staatliche Beihilfe im Alter, bei Arbeitsunfähigkeit, Verlust des Ernährers und bei Bedürftigkeit. Wenn durch Gesetz nichts anderes geregelt ist, kommen auch sich in Estland aufhaltende Ausländer und Staatenlose in den Genuß dieser Rechte. Eine Reihe von speziellen Gesetzen normiert wirtschaftliche und soziale Rechte auch für Ausländer, die schon vor dem 1. Juli 1990 ständig in der ehemaligen ESSR registriert waren. So regelt das „Gesetz über Unterhaltsbeihilfen" vom 17. März 1993[104] das Recht von ständig in Estland wohnhaften Personen auf Alters-, Invaliden-, Hinterbliebenen- und Volksrente. Da dieses Gesetz vor dem Ausländergesetz angenommen wurde, findet die Definition über den „ständigen Einwohner" nach § 4 Abs. 1 des Ausländergesetzes keine Anwendung auf das Unterhaltsbeihilfengesetz. In § 4 Abs. 1 seines Nachfolgergesetzes, des „Gesetzes über staatliche Rentenversicherungen" vom 26. Juni 1998[105], finden ständige Einwohner und von in Estland auf der Grundlage einer befristeten Aufenthaltserlaubnis wohnhafte Ausländer explizite Erwähnung als Anspruchsberechtigte für staatliche Rentenleistungen.

[103] Pkt. 7 der Ordnung über die Ausgabe, Verlängerung und Ungültigkeitserklärung von Aufenthalts- und Arbeitserlaubnissen an Ausländer, bestätigt durch VO Nr. 368 vom 7. Dezember 1995, in: RT I, 1995, Nr. 93, Pos. 1612; russische Übersetzung in: PAE, 1995, Nr. 74/75, Pos. 1612.

[104] RT I, 1993, Nr. 15, Pos. 256; russische Übersetzung in: PAE, 1993, Nr. 15, Pos. 256.

[105] RT I, 1998, Nr. 64/65, Pos. 1009; russische Übersetzung in: PAE, 1998. Nr. 38, Pos. 1009. Das Gesetz wird am 1. Januar 2000 vollständig in Kraft treten.

§ 2 des Arbeitslosensozialschutzgesetzes vom 26. Oktober 1994 i.d.F. vom 5. Juni 1996[106] legt den Anspruch auf die Dienste des Arbeitsmarktes und den Erhalt einer staatlichen Arbeitslosenunterstützung für ständige Einwohner Estlands fest. Ausländer mit einer zunächst befristeten Aufenthaltserlaubnis, die vor dem 1. Juli 1990 auf der Grundlage einer ständigen Registrierung oder außerhalb der Immigrationsquote vor dem 12. Juli 1993 in Estland wohnhaft sind, haben gemäß § 2 Abs. 2 des Arbeitslosensozialschutzgesetzes i.d.F. von 1996 ebenfalls diesen Anspruch.

Nach § 4 Abs. 1 und 2 des Sozialfürsorgegesetzes vom 8. Februar 1995[107] können ständige Einwohner und Ausländer, die bereits vor dem 1. Juli 1990 mit einer ständigen Registrierung in Estland wohnhaft sind, einen Anspruch auf Sozialfürsorge geltend machen. Dagegen erhalten Ausländer mit befristeter Aufenthaltserlaubnis nur Sozialhilfe, wenn dies in internationalen Abkommen vorgesehen ist (§ 4 Abs. 4).

Ein Anspruch auf Kindergeld[108], medizinische Betreuung[109] und Bildung[110] steht Personen mit einer Aufenthaltserlaubnis bzw. mit einer ständigen Registrierung in Estland vor dem 1. Juli 1990 zu. Nicht ständig in Estland wohnhafte Ausländer müssen für die weiterführende Bildung an Berufs-[111] und Hochschulen[112] die Kosten selbst tragen.

§ 29 Abs. 1 der Verfassung gewährt estnischen Staatsangehörigen das Recht, den Tätigkeitsbereich, den Beruf und den Arbeitsort frei zu wählen. Sich in Estland aufhaltende Ausländer und Staatenlose kommen ebenfalls in den Genuß dieser Rechte, wenn gesetzlich nichts anderes bestimmt ist. Aufgrund der Bestimmung der estnischen Sprache als einzige Staatssprache sind für die Ausübung einer Tätigkeit auch estnische Sprachkenntnisse erforderlich. Der geänderte § 5 des Sprachgesetzes i.d.F. vom 9. Februar 1999[113] legt die Anforderungen an die Kenntnis der estnischen Sprache für Angestellte und Beamte im Öffentlichen Dienst sowie für Beschäftigte in Handelseinrichtungen und gemeinnützigen Organisationen fest, die in einem Examen nachzuweisen sind.

---

[106] RT I, 1996, Nr. 42, Pos. 810; russische Übersetzung in: PAE, 1996, Nr. 38/39, Pos. 810.

[107] RT I, 1995, Nr. 21, Pos. 323; russische Übersetzung in: PAE, 1995, Nr. 28, Pos. 323.

[108] Gemäß § 2 Abs. 1 bzw. Abs. 3 des Kindergeldgesetzes vom 20. Mai 1997 haben ständige Einwohner Estlands bzw. Ausländer mit einer fünfjährigen Aufenthaltserlaubnis Anspruch auf Kindergeld, letztere jedoch nur bis zum 12. Juli 2001. RT I, 1997, Nr. 42, Pos. 676; russische Übersetzung in: PAE, 1997, Nr. 35, Pos. 676.

[109] Vgl. „Gesetz über die Volksgesundheit" vom 14. Juni 1995, in: RT I, 1995, Nr. 57, Pos. 978; russische Übersetzung in: PAE, 1995, Nr. 45, Pos. 978.

[110] § 8 Abs. 6 und § 36 des Volksbildungsgesetzes vom 23. März 1992; § 17 Abs. 4 des „Gesetzes über Grundschule und Gymnasium" vom 15. September 1993; § 17 Abs. 1 des Berufsschulgesetzes vom 14. Juni 1995; § 21 Abs. 1 des Hochschulgesetzes vom 12. Januar 1995.

[111] § 17 Abs. 2 des Berufsschulgesetzes.

[112] § 21 Abs. 2 des Hochschulgesetzes; VO Nr. 270 vom 18. Juli 1995, in: RT I, 1995, Nr. 64, Pos. 1071; russische Übersetzung in: PAE, 1995, Nr. 45, Pos. 1071.

[113] RT I, 1999, Nr. 16, Pos. 275; russische Übersetzung in: PAE, 1999, Nr. 15, Pos. 275.

Gemäß § 30 Abs. 1 der Verfassung i.V.m. §§ 14 und 15 des „Gesetzes über den öffentlichen Dienst" vom 25. Januar 1995[114] sind Ämter in staatlichen Institutionen und lokalen Selbstverwaltungen estnischen Staatsbürgern vorbehalten. In Ausnahmefällen können öffentliche Ämter auch von Ausländern und Staatenlosen besetzt werden. Nichtstaatsangehörige sollten nach § 169 des „Gesetzes über den öffentlichen Dienst" bis zum 1. Juli 1995 aus dem Dienst entlassen werden. Dieser Termin wurde durch das erste Änderungsgesetz vom 24. Mai 1995[115] auf den 1. Februar 1996 und durch das zweite vom 20. Dezember 1995[116] auf den 1. Februar 1997 festgesetzt. Das zweite Änderungsgesetz von 1995 listet in § 1 diejenigen staatlichen Institutionen auf, dessen Tätigkeit zum öffentlichen Dienst im Sinne des Gesetzes gehört. Danach fallen Lehrer nicht unter das Gesetz.[117] Gerade in Schulen mit russischer Unterrichtssprache ist die Mehrheit der Lehrer nicht oder noch nicht im Besitz der estnischen Staatsangehörigkeit.

In weiteren Gesetzen werden bestimmte Berufsgruppen im öffentlichen Leben ausschließlich estnischen Staatsangehörigen vorbehalten, was sich in der Übergangszeit häufig zuungunsten der Professionalität ausgewirkt hat. Von folgenden Berufsgruppen sind Ausländer ausgeschlossen:

- Richter oder Geschworener nach § 1 des Richterstatusgesetzes vom 23. Oktober 1991[118],
- Rechtsanwalt nach § 5 des Rechtsanwaltschaftsgesetzes vom 10. Dezember 1991[119],
- Polizeibeamter nach § 8 Abs. 1 des Polizeigesetzes vom 14. Mai 1998[120],
- Vorsitzender oder Mitglied des Aufsichtsrates der Bank Estlands nach § 7 des Bankgesetzes vom 18. Mai 1993[121],
- Notar nach § 12 des Notariatsgesetzes vom 17. Juni 1993[122],
- Staatsanwalt nach § 15 des Staatsanwaltschaftsgesetzes vom 22. April 1998[123],
- Zollbeamter nach § 11 des Zollgesetzes vom 15. September 1993[124],

---

[114] RT I, 1995, Nr. 16, Pos. 228; russische Übersetzung in: PAE, 1995, Nr. 14, Pos. 228.

[115] RT I, 1995, Nr. 50, Pos. 764; russische Übersetzung in: PAE, 1995, Nr. 35, Pos. 764.

[116] RT I, 1995, Nr. 97, Pos. 1664; russische Übersetzung in: PAE, 1996, Nr. 4/5, Pos. 1664.

[117] Vgl. ebenda; Legal Information Centre for Human Rights (Anm. 98), S. 1.

[118] russische Übersetzung in: V ER, 1991, Nr. 38, Pos. 473.

[119] russische Übersetzung in: V ER, 1991, Nr. 45, Pos. 546.

[120] RT I, 1998, Nr. 50, Pos. 753; russische Übersetzung in: PAE, 1998, Nr. 29, Pos. 753. Vgl. auch § 20 des Polizeigesetzes i.d.F. vom 21. April 1993, in: RT I, 1993, Nr. 20, Pos. 355; russische Übersetzung in: PAE, 1993, Nr. 20, Pos. 355.

[121] RT I, 1993, Nr. 28, Pos. 498; russische Übersetzung in: PAE, 1993, Nr. 24, Pos. 498.

[122] RT I, 1993, Nr. 45, Pos. 640; russische Übersetzung in: PAE, 1993, Nr. 39, Pos. 640.

[123] RT I, 1998, Nr. 41/42, Pos. 625; russische Übersetzung in: PAE, 1998, Nr. 26, Pos. 625; vgl. auch § 7 des Vorgängergesetzes vom 25. Februar 1993, in: RT I, 1993, Nr. 11, Pos. 184; russische Übersetzung in: PAE, 1993, Nr. 13, Pos. 184.

[124] RT I, 1993, NR. 62, Pos. 891; russische Übersetzung in: PAE, 1993, Nr. 46, Pos. 891.

- Sicherheitsbeamter nach § 8 des Schutzdienstgesetzes vom 10. November 1993[125],
- Beamter im Vollzugsdienst nach dem Statut über den Vollzugsdienst vom 24. Mai 1994,
- Universitätsrektor nach § 18 des Hochschulgesetzes vom 12. Januar 1995[126].

Nach § 21 Abs. 1 des Waffengesetzes vom 28. Juni 1995[127] dürfen sich Personen ohne ständige Aufenthaltserlaubnis nicht im Besitz von Waffen befinden. Diese Bestimmung trifft besonders in Estland lebende Russen, die im Wachschutz und Sicherheitsdiensten beruflich tätig waren und daraufhin ihre Arbeit verloren.

§ 31 der Verfassung regelt das Recht estnischer Staatsbürger, unternehmerisch tätig und Mitglied in gewinnbringenden Vereinen zu sein. Ausländern und Staatenlosen in Estland steht dieses Recht ebenfalls zu, wenn gesetzlich nichts anderes geregelt ist.

Nach § 32 Abs. 3 Verfassung i.V.m. § 3 Abs. 2 Ziff. 1 des Privatisierungsgesetzes vom 7. Juli 1993[128] können Personen ohne estnische Staatsangehörigkeit vom Recht auf Erwerb von bestimmtem Eigentum ausgeschlossen werden. Das „Gesetz über die Beschränkung der Übertragung von Immobilien an Ausländer" vom 29. Mai 1996[129] spezifiziert die Fälle, in denen Ausländer das Eigentumsrecht an Grundstücken und das Besitzrecht an unbeweglichen Sachen übertragen werden darf. Nach § 2 Abs. 1 des Gesetzes können Ausländer das Eigentumsrecht an Grundstücken nur mit Genehmigung des Landkreisältesten erwerben. In bestimmten Gebieten des Landes, insbesondere in Paldiski, Narva, und Sillamäe, ist es Ausländern verboten, Grundstücke zu erwerben (§ 2 Abs. 3). Gerade hier siedelt vor allem die russischsprachige Bevölkerung.

Das Bodenreformgesetz i.d.F. vom 30. April 1996[130] bestimmt als Subjekte für die Privatisierung von Boden estnische Staatsangehörige (§ 21 Abs. 1). Anderen Personen kann dieses Recht nur mit Einschränkungen gewährt werden.

Das Recht auf Privatisierung des Wohnraums ist nach § 4 Abs. 3 des Wohnungsprivatisierungsgesetzes i.d.F. vom 23. Februar 1995[131] nicht auf estnische Staatsangehörige beschränkt. Allerdings haben nur estnische Staatsangehörige, die älter als 18 Jahre sind, vom Staat zehn Jahre als Geschenk für die sogenannten „gelben Karten" in Höhe von 3.000 Kronen erhalten (§ 10 Abs. 7 des Wohnungsprivatisierungsgesetzes vom 6. Mai 1993[132]).

---

[125] RT I, 1993, Nr. 75, Pos. 1100; russische Übersetzung in: PAE, 1993, Nr. 51, Pos. 1100.

[126] RT I, 1995, Nr. 12, Pos. 119; russische Übersetzung in: PAE, 1995, Nr. 16, Pos. 119.

[127] RT I, 1995, Nr. 62, Pos. 1056; russische Übersetzung in: PAE, 1995, Nr. 41/42, Pos. 1056.

[128] RT I, 1993, Nr. 45, Pos. 639; russische Übersetzung in: PAE, 1993, Nr. 34/35, Pos. 639.

[129] RT I, 1996, Nr. 39, Pos. 766; russische Übersetzung in: PAE, 1996, Nr. 44, Pos. 766.

[130] RT I, 1996, Nr. 36, Pos. 738; russische Übersetzung in: PAE, 1996, Nr. 38/39, Pos. 738.

[131] RT I, 1995, Nr. 24, Pos. 337; russische Übersetzung in: PAE, 1995, Nr. 17/18, Pos. 337.

[132] RT I, 1993, Nr. 23, Pos. 411; russische Übersetzung in: PAE, 1993, Nr. 21, Pos. 411.

Zusammenfassend kann festgehalten werden, daß Ausländer nach der Verfassung in folgenden wirtschaftlichen und sozialen Rechten beschränkt werden können: dem Recht auf staatliche Beihilfe (§ 28 Abs. 1), dem Recht auf freie Wahl des Berufes (§ 29 Abs. 1), der Besetzung von Ämtern im öffentlichen Dienst (§ 30 Abs. 1), dem Recht auf unternehmerische Tätigkeit und Mitgliedschaft in gewinnbringenden Vereinen (§ 31) und dem Recht auf Erwerb von bestimmtem Eigentum (§ 32 Abs. 3).

C. Die Völkerrechtskonformität der ausländerrechtlichen Regelungen Estlands

Die Bestimmung der ausländerrechtlichen Regelungen und des Rechtsstatus von Ausländern fällt in die innerstaatliche Kompetenz der Staaten, die völkerrechtliche Normen, insbesondere völkerrechtlich eingegangene Verpflichtungen zu beachten haben.

I. Die Völkerrechtskonformität der aufenthaltsrechtlichen Regelungen

Ein ausdrückliches Recht auf Einreise läßt sich in der estnischen Verfassung nicht finden. Einen Ausweisungsschutz gibt es nur für estnische Staatsangehörige in § 36 Abs. 1 der Verfassung. Nach der Auslegung von Art. 12 Abs. 4 IPbpR wäre das Recht auf Einreise in Estland für eigene Staatsangehörige auch auf Ausländer und Staatenlose auszudehnen, die in Estland geboren worden sind oder einen langjährigen Wohnsitz haben. Aus dem Recht auf Einreise ließe sich ein Schutz vor Ausweisung aus Estland für diese spezielle Personengruppe ableiten. Darunter fielen insbesondere ehemalige Sowjetbürger ohne estnische Staatsangehörigkeit, die schon vor dem 1. Juli 1990 ihren ständigen Wohnsitz in Estland hatten. Für sie wurden in § 20 des estnischen Ausländergesetzes auch spezielle aufenthaltsrechtliche Regelungen vorgesehen.

Völkerrechtlich obliegt es den Staaten, welchen Personen, mit Ausnahme ihrer eigenen Staatsangehörigen, sie die Einreise und den Aufenthalt auf ihrem Territorium gestatten. So stehen die Ausschlußtatbestände für die Erteilung einer Aufenthaltserlaubnis nach § 12 Abs. 4 des estnischen Ausländergesetzes generell nicht im Widerspruch zum Völkerrecht. Vom Ausschluß betroffen sind vor allem ehemalige Angehörige der sowjetischen Streitkräfte. Unter bestimmten Voraussetzungen und entsprechend dem estnisch-russischen Übereinkommen über Fragen der sozialen Garantien für pensionierte Militärangehörige der Rußländischen Föderation auf dem Territorium der Republik Estland von 1994 gewährt Estland ihnen Aufenthalt.

Bedenken ruft das Problem der sogenannten Illegalen hervor, die nach damaligem sowjetischen Recht legal nach Estland eingereist oder dort geboren worden sind und die Estland als ihre Heimat betrachten. Nach § 16 Abs. 3 des estnischen Ausländergesetzes werden illegale Ausländer ausgewiesen. Eine generelle Ausweisung dieser Personengruppe würde im Widerspruch zu Art. 4 4. ZP zur EMRK stehen, wonach Kollektivausweisungen von Ausländern verboten sind. Dazu ist es bisher nicht gekommen.

Estland gewährt gemäß § 34 der Verfassung nur sich rechtmäßig in Estland aufhaltenden Personen das Recht auf Bewegungs- und Wohnsitzfreiheit innerhalb des Landes. Die interne Freizügigkeit bezieht sich sowohl auf eigene Staatsangehörige als auch auf Ausländer mit einem rechtmäßigen Aufenthalt nach der estnischen Rechtsordnung, nicht aber auf illegale Ausländer und Staatenlose. Auf den rechtmäßigen Aufenthalt stellen auch Art. 12 Abs. 1 IPbpR und Art. 2 Abs. 1 4. ZP zur EMRK ab.

Ein solch schwerer Eingriff in die Persönlichkeits- und Bewegungsfreiheit wie die mögliche Internierung von ehemaligen Sowjetbürgern mit einer dauerhaften und engen Beziehung zu Estland, die sich nach der estnischen Rechtsordnung illegal in Estland aufhalten, ist unverhältnismäßig. Nicht die Isolierung von der Gesellschaft kann in diesem Fall das Ziel einer Internierung sein, sondern die Schaffung eines angemessenen Rechtsstatus für Personen, die keine andere Heimat haben als Estland.

Einem Ausländer, dem der Aufenthalt in Estland verwehrt wird, steht nach § 16 Abs. 4 des Ausländergesetzes in Übereinstimmung mit Art. 13 EMRK der Rechtsweg offen. Speziell für Ausländer mit ständigem Wohnsitz vor dem 1. Juli 1990 in Estland und einer ständigen Registrierung der ESSR eröffnet § 20 Abs. 3 des estnischen Ausländergesetzes einen Rechtsweg.

II. Die Völkerrechtskonformität der Ausländern gewährten Rechte

Die Bestimmungen in § 9 Abs. 1 der estnischen Verfassung sowie § 5 Abs. 1 des estnischen Ausländergesetzes, wonach sich in Estland aufhaltenden Ausländern und Staatenlosen die gleichen Rechte und Freiheiten zustehen, deuten auf eine Inländergleichbehandlung hin.

Mit der verfassungsrechtlichen Gewährung von allgemeinen Menschenrechten und Grundfreiheiten wie der Gleichheit vor dem Gesetz, der Handlungsfreiheit und der Freiheit der Person, der Unverletzlichkeit des Familien- und Privatlebens, des Rechts auf Eigentum, der Unverletzlichkeit der Wohnung, der Gewissens-, Glaubens- und Gedankenfreiheit, der Meinungsfreiheit sowie des Rechts auf Brief- und Fernmeldegeheimnis erfüllt Estland den internationalen Mindeststandard und seine völkerrechtlichen Verpflichtungen aus den Menschenrechtsverträgen.[133] Dies entspricht auch der Bestimmung in § 5 Abs. 2 des Ausländergesetzes.

Mit der Gewissens-, Glaubens- und Gedankenfreiheit auch für Ausländer nach § 40 der estnischen Verfassung in Übereinstimmung mit Art. 18 IPbpR und Art. 9 EMRK ist ein nicht verbotenes Sammeln und Speichern von Angaben über die Überzeugung eines Ausländers durch staatliche Institutionen und lokale Selbstverwaltungen selbst gegen seinen Willen gemäß § 42 der Verfassung nicht vereinbar.

Eine Einschränkung des Zugangsrechts eines Ausländers zu amtlichen Angaben über seine Person gemäß § 44 Abs. 3 der Verfassung steht der Informations-

[133] Vgl. Uibopuu (Anm. 81), S. 28 ff.

freiheit nach Art. 19 Abs. 2 IPbpR entgegen. Das Informationsbeschaffungsrecht schließt ein Auskunftsrecht des Betroffenen hinsichtlich seiner personenbezogenen Daten ein.[134]

Der Rechtsstatus von Ausländern unterscheidet sich von dem der Staatsbürger vor allem in der Beschränkung politischer Rechte. Aus dem Prinzip der Volkssouveränität ergibt sich, daß bestimmte politische Rechte nur eigenen Staatsbürgern zustehen. Ausländer in Estland haben kein Recht auf Mitgliedschaft in einer politischen Partei gemäß § 48 Abs. 1 der estnischen Verfassung i.V.m. § 5 Parteiengesetz. Das Recht auf Teilnahme an der Gestaltung öffentlicher Angelegenheiten ist nach Art. 25 lit. a) IPbpR nur Staatsbürgern vorbehalten. Auch Art. 16 EMRK verbietet den Vertragsstaaten nicht, die politische Tätigkeit von Ausländern Beschränkungen zu unterwerfen.

Vom aktiven und passiven Wahlrecht dürfen nach Art. 25 lit. b) IPbpR ebenfalls nur Staatsbürger Gebrauch machen. In Estland steht das aktive und passive Wahlrecht für die Staatsversammlung gemäß § 57 Abs. 1 der Verfassung ausschließlich estnischen Staatsbürgern zu. Mit dem in § 156 Abs. 2 der Verfassung gewährten kommunalen Wahlrecht auch für Ausländer geht Estland über seine völkerrechtlichen Verpflichtungen hinaus und erfüllt sogar die entsprechende Bestimmung des Europäischen Übereinkommens über die Teilnahme von Ausländern am öffentlichen Leben auf kommunaler Ebene von 1992.[135]

Der Zugang zu öffentlichen Ämtern ist nach § 30 Abs. 1 der Verfassung für estnische Staatsbürger vorgesehen. Ausnahmsweise können öffentliche Ämter auch mit Ausländern oder Staatenlosen besetzt werden. Die Beschränkung auf estnische Staatsbürger entspricht der Bestimmung in Art. 25 lit. c) IPbpR. Zu den öffentlichen Ämtern zählen vor allem hoheitlich ernannte Organstellen in den Staatsgewalten Gesetzgebung, Verwaltung und Gerichtsbarkeit.[136] Damit ist auch eine Beschränkung der freien Wahl des Berufes (§ 29 Abs. 1 Verfassung) verbunden.

Bezüglich des Rechts auf Achtung des Eigentums hat Estland gemäß Art. 64 EMRK einen Vorbehalt zu Art. 1 1. ZP angemeldet.[137] Danach soll das Protokoll nicht auf Gesetze über die Eigentumsreform angewandt werden, die die Wiederherstellung oder Entschädigung nationalisierten Eigentums regeln.

Ausländern und Staatenlosen werden nach estnischem Recht und Völkerrecht die allgemeinen Menschenrechte und Grundfreiheiten garantiert. Durch die Einschränkungen in den oben aufgeführten Rechten sind sie gegenüber estnischen Staatsangehörigen generell schlechter gestellt. Hiervon sind ehemalige Sowjetbürger mit ständigem Wohnsitz in Estland vor dem 1. Juli 1990 betroffen, die die Voraussetzungen für eine Einbürgerung nach dem estnischen Staatsangehörigkeitsgesetz nicht erfüllen können.

---

[134] Vgl. Nowak (Anm. 5), Art. 19, Rdnr. 16, S. 343.

[135] Vgl. Uibopuu (Anm. 81), S, 24.

[136] Vgl. Nowak (Anm. 5), Art. 25, Rdnr. 34, S. 451.

[137] Reservation of Estonia to the Protocol to the Convention for the Protection of Human Rights and Fundamental Freedoms contained in the instrument of ratification, deposited on 16 April 1996 - Or. Engl.

Kapitel VI
VÖLKERRECHT UND INNERSTAATLICHES RECHT IN ESTLAND

A. Das Verhältnis von Völkerrecht und innerstaatlichem Recht im estnischen Rechtssystem

Das Völkerrecht überläßt dem Landesrecht die Umsetzung von Völkerrecht in das innerstaatliche Recht. So entscheidet das Landesrecht über den Rang völkerrechtlicher Normen in der Normenhierarchie des innerstaatlichen Rechtssystems.[1]

I. Die Stellung allgemein anerkannter Normen des Völkerrechts im estnischen Rechtssystem

Gemäß § 3 Satz 2 der estnischen Verfassung von 1992 sind allgemein anerkannte Grundsätze und Normen des Völkerrechts ein untrennbarer Bestandteil des estnischen Rechtssystems.[2] Hierunter sind die in Art. 38 Abs. 1 lit. b) und c) des IGH-Statuts aufgeführten Völkerrechtsquellen, das Völkergewohnheitsrecht und die von Kulturvölkern anerkannten allgemeinen Rechtsgrundsätze, zu zählen. Aus der Bestimmung in § 3 der estnischen Verfassung läßt sich der Schluß ziehen, daß die allgemein anerkannten Grundsätze und Normen des Völkerrechts durch Adoption in die estnische Rechtsordnung übernommen werden.[3] Die Verfassung enthält keine Regelung über das Rangverhältnis von allgemein anerkannten Normen des Völkerrechts und innerstaatlichen Gesetzen.

II. Die Stellung völkerrechtlicher Verträge im estnischen Rechtssystem

Für die Übernahme völkerrechtlichen Vertragsrechts in die estnische Rechtsordnung ist ein innerstaatlicher Rechtsakt erforderlich. Gemäß § 121 der estnischen

---

[1] Vgl. Thürer, Liechtenstein und die Völkerrechtsordnung, in: AVR, 36 (1998) 2, S. 111.

[2] Diese Bestimmung entspricht der Übernahmevorschrift von Art. 25 des GG der Bundesrepublik Deutschland: *„Die allgemeinen Regeln des Völkerrechts sind Bestandteil des Bundesrechtes."*

[3] Vgl. Neljas, Estonia in: Scheinin (ed.), International Human Rights Norms in the Nordic and Baltic Countries, S. 29.

Verfassung bedürfen völkerrechtliche Verträge der Ratifikation. Die Staatsversammlung, das estnische Parlament, gibt nach § 65 Ziff. 4 ihre Zustimmung zu völkerrechtlichen Verträgen.[4] Die Zustimmung erfolgt in Form eines Gesetzes.[5]

Der Präsident der Republik bestätigt mit seiner Unterzeichnung der Ratifikationsurkunde gemäß § 78 Ziff. 6, daß der innerstaatliche Willensprozeß verfassungsmäßig zustande gekommen ist.[6]

Unklar ist die Methode der Einbeziehung völkerrechtlicher Vertragsnormen in die innerstaatliche Rechtsordnung Estlands.[7] Die durch Gesetz zu erfolgende Zustimmung zu einem völkerrechtlichen Vertrag deutet mehr auf einen Vollzug als auf eine Transformation hin. Das Vertragsgesetz nimmt den Text des völkerrechtlichen Vertrages nicht in das Gesetz auf, sondern verweist auf den in einer Anlage zum Gesetz niedergelegten Vertragstext.[8]

Aus § 123 der Verfassung ergibt sich die hierarchische Stellung ratifizierter völkerrechtlicher Verträge im estnischen Rechtssystem. Sie stehen zwischen der Verfassung und anderen durch das Parlament angenommen Rechtsakten[9], die in § 104 der Verfassung aufgezählten Gesetze inbegriffen. Zu den letztgenannten zählen auch das „Staatsangehörigkeitsgesetz“ und das „Gesetz über die Kulturautonomie der nationalen Minderheiten“. Die höhere Rangfolge der estnischen Verfassung gegenüber völkerrechtlichen Verträgen läßt sich damit begründen, daß die Verfassung den über ein Referendum festgestellten Volkswillen widerspiegelt.[10]

Gemäß § 123 Abs. 1 der estnischen Verfassung schließt die Republik Estland keine völkerrechtlichen Verträge, die der Verfassung widersprechen. Im Falle eines Normenkonfliktes zwischen einem innerstaatlichen Rechtsakt und einem ratifizierten völkerrechtlichen Vertrag gilt nach § 123 Abs. 2 der Vorrang des völkerrechtlichen Vertrages. In der Bestimmung heißt es:

> *„Wenn estnische Gesetze oder andere Akte von der Staatsversammlung ratifizierten völkerrechtlichen Verträgen widersprechen, werden die Bestimmungen der völkerrechtlichen Verträge angewandt.“*

---

[4] § 65 Ziff. 4 der Verfassung lautet: *„Die Staatsversammlung ratifiziert und kündigt gemäß § 121 der Verfassung völkerrechtliche Verträge.“* Gemeint ist aber die Zustimmung der Staatsversammlung zu völkerrechtlichen Verträgen. Zum inkorrekten Gebrauch des Terminus Ratifikation in dieser Bestimmung vgl. Uibopuu, Die Kompetenzen des estnischen Staatspräsidenten nach der Verfassung von 1992, in: ROW, 37 (1993) 3, S. 72 f.

[5] So wie auch in der Bundesrepublik Deutschland nach Art. 59 Abs. 2 GG.

[6] Vgl. Uibopuu (Anm. 4), S. 73.

[7] Vgl. Neljas (Anm. 3), S. 30.

[8] Zur Vollzugstheorie bezüglich Art. 59 Abs. 2 Satz 1 GG vgl. Geiger, Grundgesetz und Völkerrecht, S. 172 ff.

[9] Vgl. Neljas (Anm. 3), S. 30 f.; Uibopuu, Minorities in Estonia, S. 15.

[10] Vgl. Neljas (Anm. 3), S. 30.

Dieser Bestimmung folgt auch der Nationale Gerichtshof in seiner Rechtsprechung.[11]

Estland könnte sich nach Art. 27 des Wiener Übereinkommens über das Recht der Verträge von 1969 auch nicht auf sein innerstaatliches Recht berufen, um die Nichterfüllung eines völkerrechtlichen Vertrages zu rechtfertigen.

B. Die Folgerungen für das innerstaatliche Recht Estlands

Aus den vorstehenden Ausführungen folgt, daß estnische Gesetze, die im Widerspruch zu von Estland ratifizierten völkerrechtlichen Verträgen stehen, einer Änderung bedürfen.

Nachfolgend sollen die Folgerungen des Verhältnisses zwischen Völkerrecht und innerstaatlichem Recht für das estnische Staatsangehörigkeits-, Minderheiten- und Ausländerrecht untersucht werden. Grundlage der Betrachtungen sind die in den jeweiligen Kapiteln festgestellten Widersprüche zwischen völkerrechtlichen und innerstaatlichen Normen.

I. Die Folgerungen für das estnische Staatsangehörigkeitsrecht

Die von Estland ratifizierten völkerrechtlichen Verträge mit Bezug zu Staatsangehörigkeitsfragen - das Internationale Übereinkommen zur Beseitigung jeder Form von Rassendiskriminierung von 1965, der Internationalen Pakt über bürgerliche und politische Rechte von 1966, das Übereinkommen zur Beseitigung jeder Form von Diskriminierung der Frau von 1979 und das Übereinkommen über die Rechte des Kindes von 1989 - stehen gemäß § 123 der estnischen Verfassung zwischen dieser und dem estnischen Staatsangehörigkeitsgesetz. Aus § 123 Abs. 2 ergibt sich, daß im Falle eines Widerspruches zwischen dem estnischen Staatsangehörigkeitsgesetz und den von Estland ratifizierten völkerrechtlichen Verträgen die Bestimmungen der völkerrechtlichen Verträge angewandt werden müssen.

Die oben bereits aufgeführten Widersprüche zwischen dem estnischen Staatsangehörigkeitsgesetz und völkerrechtlichen Verträgen beziehen sich auf die noch nicht umfassend mögliche Einbürgerung von in Estland geborenen Kindern staatenloser Eltern und die unterschiedliche Rechtsstellung von estnischen Staatsangehörigen durch Geburt und durch Naturalisation. Das Recht jedes Kindes auf den Erwerb einer Staatsangehörigkeit gemäß Art. 24 Abs. 3 IPbpR und Art. 7 Abs. 1 des Übereinkommens über die Rechte des Kindes hat verfassungsrechtlich Vorrang vor dem estnischen Staatsangehörigkeitsgesetz.

Die mögliche Aberkennung der estnischen Staatsangehörigkeit nur bei naturalisierten Staatsangehörigen nach § 28 Abs. 1 und 3 des estnischen Staatsangehörigkeitsgesetzes und die daraus eventuell resultierende doppelte Staatsangehörigkeit

---

[11] Im Fall Lotkov führte der Nationale Gerichtshof aus, daß *„wenn das Ausländergesetz der Verfassung und der Europäischen Konvention zum Schutze der Menschenrechte und Grundfreiheiten widerspricht, die Verfassung und die EMRK angewendet werden müssen."* Vgl. Sher, Esli zakon ne sootvetstvuet konstitucii, to ..., in: Estonija, 1. Juli 1997.

ausschließlich bei Staatsangehörigen durch Geburt steht im Widerspruch zu den verfassungsrechtlich vorrangigen Bestimmungen in Art. 2 Abs. 1 IPbpR, Art. 1 Abs. 1 des Übereinkommens zur Beseitigung jeder Form von Rassendiskriminierung und Art. 14 EMRK.

In beiden Fällen ergibt sich die Notwendigkeit einer Änderung der entsprechenden Bestimmungen des estnischen Staatsangehörigkeitsgesetzes.

Von den völkergewohnheitsrechtlich anerkannten Anknüpfungskriterien für die Verleihung der Staatsangehörigkeit sind im estnischen Fall nicht die geforderten Sprach- und Rechtskenntnisse umstritten, sondern deren Schwierigkeitsgrad und Umfang. Da keine völkergewohnheitsrechtlichen Normen diesbezüglich nachgewiesen werden können, steht es im Ermessen des estnischen Staates, diese festzulegen.

II. Die Folgerungen für das estnische Minderheitenrecht

Als durch Estland ratifizierte völkerrechtliche Verträge mit Minderheitenbezug haben das Internationale Übereinkommen zur Beseitigung jeder Form von Rassendiskriminierung von 1965, der Internationale Pakt über bürgerliche und politische Rechte von 1966, das Übereinkommen über die Rechte des Kindes von 1989 und das Europäische Rahmenübereinkommen zum Schutz nationaler Minderheiten von 1995 Vorrang vor estnischen Gesetzen, die Minderheitenfragen betreffen.

Wie die Untersuchung der Völkerrechtskonformität der estnischen minderheitenrechtlichen Regelungen ergeben hat, kommt Estland seinen völkerrechtlichen Verpflichtungen generell nach.

Fraglich ist der Kreis der Anspruchsberechtigten für einen Minderheitenschutz. Die Definition der nationalen Minderheiten nach dem estnischen „Gesetz über die Kulturautonomie der nationalen Minderheiten" von 1993 widerspricht der Auffassung, wonach nicht nur Staatsangehörige, sondern auch Ausländer in den Geltungsbereich von Art. 27 IPbpR fallen können. Wie die *travaux préparatoires* des Europäischen Rahmenübereinkommens zum Schutz nationaler Minderheiten zeigen, wird dieser Auffassung auf europäischer Ebene allgemein noch nicht gefolgt. Somit steht die Definition der nationalen Minderheiten nach dem estnischen Kulturautonomiegesetz dem Europäischen Rahmenübereinkommen nicht entgegen. Sowohl IPbpR als auch das Europäische Rahmenübereinkommen haben als ratifizierte völkerrechtliche Verträge Vorrang vor dem estnischen Kulturautonomiegesetz. Der primäre Widerspruch besteht hier aber zwischen zwei völkerrechtlichen Normen, der vorrangig einer völkerrechtlichen und nicht innerstaatlichen Lösung bedarf.

Da es in bezug auf den Gebrauch der Minderheitensprache als Gerichtssprache im estnischen Sprachgesetz, im Gerichtsgesetz und in der Strafprozeßordnung keine Regelung über die Dolmetscherkostenzuweisung in Strafverfahren gibt, gelten für Estland die Bestimmungen über eine unentgeltliche Beiziehung eines Dolmetschers in Strafverfahren gemäß Art. 14 Abs. 3 lit. f) IPbpR, Art. 6 Abs. 3 lit. e) EMRK und Art. 10 Abs. 3 des Europäischen Rahmenübereinkommens.

Die am 15. Dezember 1998 geänderten Bestimmungen des „Gesetzes über die Wahlen zur Staatsversammlung" und des „Gesetzes über die Wahlen zu den lokalen Selbstverwaltungskörperschaften", wonach für das passive Wahlrecht die

Kenntnis der estnischen Sprache erforderlich ist, widersprechen der estnischen Verfassung und völkerrechtlichen Vertragsbestimmungen, speziell Art. 25 IPbpR i.V.m. Art. 2 Abs. 1 IPbpR und Art. 3 1. ZP zur EMRK i.V.m. Art. 5 1. ZP sowie Art. 14 EMRK. Daraus folgt, daß diese einfachgesetzlichen estnischen Bestimmungen einer Änderung bedürfen.

III. Die Folgerungen für das estnische Ausländerrecht

Der Internationale Pakt über bürgerliche und politische Rechte von 1966 sowie die Europäische Konvention zum Schutze der Menschenrechte und Grundfreiheiten von 1950 stehen als ratifizierte völkerrechtliche Verträge zwischen der estnischen Verfassung und dem estnischen Ausländergesetz von 1993.

Die Prüfung der Völkerrechtskonformität der ausländerrechtlichen Regelungen in Estland hat Widersprüche zwischen verfassungsrechtlichen und völkerrechtlichen Bestimmungen ergeben. Das mögliche Sammeln und Speichern von Angaben über die Überzeugung eines Ausländers durch staatliche Institutionen und lokale Selbstverwaltungen gegen seinen Willen gemäß § 42 der estnischen Verfassung ist nicht mit der Gedanken-, Gewissens- und Religionsfreiheit nach Art. 18 IPbpR und Art. 9 EMRK vereinbar. Eine Einschränkung des Zugangsrechts eines Ausländers zu amtlichen Angaben über seine Person gemäß § 44 Abs. 3 der Verfassung steht mit der Informationsfreiheit nach Art. 19 Abs. 2 IPbpR im Widerspruch. Da es sich hier jeweils um verfassungsrechtliche Bestimmungen handelt, steht ihnen nach § 123 der estnischen Verfassung der Vorrang vor den völkerrechtlichen zu. Konsequenterweise hätte Estland gemäß § 123 Abs. 1 der Verfassung, wonach keine völkerrechtlichen Verträge geschlossen werden, die der Verfassung widersprechen, diese völkerrechtlichen Verpflichtungen nicht eingehen dürfen, bevor es nicht seine innerstaatlichen (verfassungsrechtlichen) Normen im Einklang mit den völkerrechtlichen gebracht hat.

SCHLUSSBEMERKUNGEN UND AUSBLICK

So wie ein Volk Anspruch auf die freie Bestimmung seines politischen, wirtschaftlichen, sozialen und kulturellen Lebens unter Wahrung seiner Eigenarten hat, stehen nationalen Minderheiten das Recht auf die eigene Identität, Kultur, Religion, Sprache sowie Partizipation in allen Bereichen des gesellschaftlichen Lebens innerhalb ihres Wohnsitzstaates zu. Das Verhältnis von Selbstbestimmungsrecht des staatstragenden Volkes und Minderheitenschutz ist maßgebend für das friedliche Zusammenleben verschiedener nationaler Gruppen innerhalb eines Staates und damit für den Bestand inhomogener Staaten insgesamt.

Das Recht der Völker auf Selbstbestimmung kann innere oder äußere Formen annehmen. Einem Volk, dessen Staat völkerrechtswidrig durch einen anderen annektiert wurde, steht die Ausübung seines Selbstbestimmungsrechts in Form der Wiedergründung seines Staates zu. Wenn, wie in Estland, die demographische Situation zugunsten der Titularnation des annektierenden Staates, der Russen, und zuungunsten des Volkes des annektierten Staates, der Esten, verändert wurde, kommt der Frage nach der Bestimmung des Staatsvolkes nach Wiedererlangung der staatlichen Unabhängigkeit eine außerordentliche Bedeutung zu. Aufgrund des völkerrechtlichen Grundsatzes der staatlichen Souveränität bei der Regelung der Staatsangehörigkeit fällt die Bestimmung der Zugehörigkeit zum Staatsvolk, die über die Staatsangehörigkeit zum Ausdruck gebracht wird, in den Kompetenzbereich der Staaten. Auf der Grundlage völkerrechtlich anerkannter Anknüpfungskriterien, die eine tatsächliche Beziehung *(genuine link)* zwischen Staat und natürlicher Person begründen, entscheidet der Staat über den Rechtsstatus der unter seiner Herrschaftsgewalt stehenden Personen. Mit der Wiederherstellung der estnischen Staatsangehörigkeit der Zwischenkriegszeit sind Personen, die vor der sowjetischen Annexion im Besitz der estnischen Staatsangehörigkeit waren sowie deren Nachkommen automatisch estnische Staatsangehörige. Personen, unter ihnen vor allem Russen, die sich nach 1940 in Estland angesiedelt haben oder dort geboren worden sind, besaßen plötzlich keine Staatsangehörigkeit mehr, denn mit dem Untergang der Sowjetunion verloren sie auch die sowjetische. Und ein allgemeines Verbot von Staatenlosigkeit läßt sich im Völkerrecht noch nicht nachweisen.

Wenn auch den estnischen Staatsangehörigkeitsregelungen eine weitgehende Völkerrechtskonformität bescheinigt werden kann, so darf dabei nicht unberücksichtigt bleiben, daß sich Estland zu keinem der hier aufgeführten speziellen völkerrechtlichen Verträge über Staatsangehörigkeitsfragen, die größtenteils auch kein Völkergewohnheitsrecht wiedergeben, verpflichtet hat. Estland ist lediglich Vertragspartei in einigen wenigen multilateralen völkerrechtlichen Verträgen, die in einzelnen ihrer Bestimmungen Bezug zur Staatsangehörigkeit nehmen. Einfachgesetzliche Bestimmungen wie eine nicht umfassende Einbürgerung von in

Estland geborenen Kindern staatenloser Eltern und die unterschiedliche Rechtsstellung von Staatsangehörigen durch Geburt und durch Naturalisation, die im Widerspruch zu ratifizierten völkerrechtlichen Verträgen stehen, bedürfen einer Änderung.

Unter die Personen mit langjährigem Wohnsitz in Estland, die zunächst von der estnischen Staatsangehörigkeit ausgeschlossenen wurden, fallen insbesondere Angehörige mit anderen ethnischen, religiösen oder sprachlichen Merkmalen als das estnische Mehrheitsvolk, insbesondere Russen. Die Bewahrung ihrer Identität auch in der Zukunft erfordert einen Minderheitenschutz. Da das Völkerrecht keine allgemein anerkannte Definition des Begriffes nationale Minderheit bereithält, bleibt die Bestimmung der Anspruchsberechtigten auf einen Minderheitenschutz den Staaten weitgehend selbst überlassen. Während das Völkerrecht auf universeller Ebene Minderheitenrechte als Menschenrechte versteht, gelten sie auf europäischer Ebene noch als Staatsbürgerrechte. Bei einer Ausweitung der menschenrechtlichen Konzeption der Minderheitenrechte auch auf europäischer Ebene würde die Bedeutung der Staatsangehörigkeitsfrage für nationale Minderheiten entfallen. Da dies bisher nicht erreicht werden konnte, ist die Normsetzungstätigkeit des Europarates auf dem Gebiet der Staatsangehörigkeit zu begrüßen. Ein Inkrafttreten der Europäischen Konvention über die Staatsangehörigkeit von 1997 mit einer breiten Mitgliedschaft europäischer Staaten unter Einschluß der neu entstandenen bzw. wiedergegründeten Staaten könnte das Problem der Staatsangehörigkeit bzw. Staatenlosigkeit regeln und damit auch die Voraussetzung für die Erlangung eines Minderheitenstatus schaffen.

Nach dem estnischen Minderheitenschutzgesetz müssen Angehörige einer nationalen Minderheit im Besitz der estnischen Staatsangehörigkeit sein. Diese kann nach dem estnischen Staatsangehörigkeitsgesetz auf dem Wege der Einbürgerung verliehen werden. Die ersten Einbürgerungen erfolgten erst ab 30. März 1993. Wegen der z.T. völkerrechtlich bedenklich hohen Anforderungen für eine Einbürgerung, insbesondere bei den Sprach- und Rechtsprüfungen, sind bisher nur etwa 100.000 Personen naturalisiert worden. Dem stehen ca. 120.000 Personen gegenüber, die die russische Staatsangehörigkeit auf dem Wege einer einfachen Registrierung verliehen bekommen haben sowie ungefähr 300.000 Staatenlose. Davon hat ein Großteil der Betroffenen einen ständigen Wohnsitz in Estland bereits vor 1990 gehabt. Diese Personengruppen konnten frühestens ab 12. Juli 1998 eine ständige Aufenthaltserlaubnis nach dem estnischen Ausländergesetz beantragen. Solange ist ihr Aufenthalt in Estland sogar nur befristet erlaubt gewesen.

Die Entscheidung für die russische Staatsangehörigkeit zeugt in der Regel nicht unbedingt von einer Loyalität zu Rußland, sondern resultiert aus der Notwendigkeit heraus, einen gültigen Paß zu bekommen und nicht staatenlos wie viele andere zu bleiben. Mit dem Erwerb der russischen Staatsangehörigkeit haben sich diese Personen den Anspruch auf einen Minderheitenschutz nach estnischen Recht verwirkt. Für diejenigen, die diese Entscheidung nicht getroffen haben, würde der Beitritt Estlands zu den Übereinkommen über die Rechtsstellung der Staatenlosen von 1954 und zur Verminderung der Staatenlosigkeit von 1961 bzw. die Ratifizierung des Europäischen Übereinkommens über die Staatsangehörigkeit von 1997 mehr Rechtssicherheit bedeuten. Ihnen könnte dadurch außerdem der Erwerb der estnischen Staatsangehörigkeit und damit eines Minderheitenstatus erleichtert werden. Es dürfte andererseits nicht im Interesse Estlands liegen, wenn die Mehrheit der staatenlosen Personen für die russische Staatsangehörigkeit optieren würde. Das könnte im Siedlungsgebiet der Russen - im Nordosten Estlands - an der Grenze zur Rußländischen Föderation zu einem permanenten destabilisierenden Faktor führen.

Am Beispiel der Republik Estland werden die Konsequenzen einer gegenwärtig europakonformen Forderung des Staatsangehörigkeitskriteriums für nationale Minderheiten deutlich aufgezeigt. Angehörige ein und derselben ethnischen, religiösen oder sprachlichen Gruppe fallen bei Besitz der Staatsangehörigkeit unter den Minderheitenstatus, bei Fehlen derselben unter den weniger Rechte gewährenden Ausländerstatus. Durch die Zuerkennung eines unterschiedlichen Rechtsstatus der Angehörigen einer solchen Gruppe ist die Bewahrung ihrer gemeinsamen Identität stark gefährdet. Wird, wie in Estland infolge der Wiederherstellung der estnischen Staatsangehörigkeit der Zwischenkriegszeit, ca. ein Drittel der Wohnbevölkerung mit langjährigem Territorialbezug zu Estland wegen Fehlens der Staatsangehörigkeit vom Minderheitenstatus ausgeschlossen, dann kann ein noch so positiv ausgestalteter und völkerrechtmäßiger Minderheitenschutz nicht effektiv sein. So hat auch das estnische Minderheitenschutzgesetz - das „Gesetz über die Kulturautonomie der nationalen Minderheiten" - bis heute noch keine Anwendung in der Praxis gefunden. Inter-ethnische Probleme im Staat können nicht durch eine Beschränkung des Begriffes nationale Minderheit nur auf Staatsangehörige gelöst werden.

Für die weitere Entwicklung der Republik Estland zu einem demokratischen Rechtsstaat in Europa wäre die Integration der nicht-estnischen Bevölkerungsgruppen mit langjährigem territorialen Bezug zu Estland anstelle von Ausgrenzung geboten, zumal viele von ihnen die Unabhängigkeitsbestrebungen des estnischen Volkes unterstützten wie die Ergebnisse des Referendums zur Frage über die Wiederherstellung der Unabhängigkeit der Republik Estland vom 3. März 1991 beweisen. Es bleibt zu hoffen, daß die politischen Entscheidungen wie die Ernennung einer Ministerin für inter-ethnische Beziehungen im Mai 1997 und die Annahme einer staatlichen Integrationspolitik zur Integration von Nicht-Esten in die estnische Gesellschaft im Juni 1998 von Bestand sind und daß ihnen auch rechtliche Schritte folgen. Diese müßten sich vor allem auf Regelungen bezüglich des Sprachenrechts und der Staatsangehörigkeit richten, die eng miteinander verknüpft sind. Für Angehörige einer nationalen Gruppe mit ständigem Wohnsitz in Estland noch vor Wiedererlangung der staatlichen Unabhängigkeit könnte eine erleichterte Einbürgerung unter Verringerung oder gar Verzicht der geforderten Voraussetzungen, vor allem der Sprach- und Rechtskenntnisse, die Integration in die estnische Gesellschaft beschleunigen. Die Substitution der staatsbürgerrechtlichen Konzeption der Minderheitenrechte durch die menschenrechtliche würde zur Bewahrung der Identität aller einer nationalen Gruppe angehörenden Mitglieder unabhängig ihrer Staatsangehörigkeit beitragen. Da dies aber wegen der europakonformen estnischen Rechtsauffassung bezüglich der Minderheitenrechte zum gegenwärtigen Zeitpunkt wohl kaum zu erwarten sein dürfte, müßte das Hauptaugenmerk zunächst auf die erleichterte Einbürgerung gerichtet werden.

In Anbetracht der Bedeutung des Sprachenrechts sowohl für Staatsangehörige ethnisch nicht-estnischer Zugehörigkeit als auch für Ausländer sollte eine Stärkung des Rechtsstatus der russischen Sprache als der Sprache der größten nationalen Minderheit erwogen werden, ohne dabei auf die Beherrschung der estnischen Sprache als der Sprache der Titularnation zu verzichten.

Die Republik Estland hat sich nach sieben Jahren ihrer Wiedergründung soweit etabliert, daß diese Maßnahmen den Bestand und die Rechte des estnischen Volkes nicht gefährden, dafür aber ein Zugehörigkeitsgefühl unter den Angehörigen anderer nationaler Gruppen zum estnischen Staat fördern und damit inter-ethnische Spannungen abbauen würden. Ein Rückblick in die eigene Geschichte könnte hierbei hilfreich sein.

Die vorliegenden völkerrechtlichen Untersuchungen in den Bereichen des Staatsangehörigkeitsrechts, des Minderheitenschutzes und des Ausländerrechts am Beispiel der Republik Estland zeigen die Erforderlichkeit einer weiteren Zunahme der Bedeutung der Menschenrechte gegenüber der staatlichen Souveränität bei der Bestimmung der Staatsangehörigkeit, der Definition von Minderheitenrechten nicht nur als Staatsbürgerrechte, sondern Menschenrechte sowie einer Angleichung von Rechten von im Staat legal über einen längeren Zeitraum wohnhaften Ausländern mit denen eigener Staatsangehöriger. Dies würde zur Integration verschiedener nationaler Gruppen innerhalb der estnischen Gesellschaft in einem neuen Europa beitragen.

A. Ethnische Zusammensetzung der Bevölkerung Estlands 1989 und 1997[1]

Nationalität	1989	1997
Esten	963.281	950.124
Russen	474.834	412.628
Ukrainer	48.271	37.306
Weißrussen	27.711	21.883
Finnen	16.622	13.629
Juden	4.613	2.553
Tataren	4.058	3.315
Deutsche	3.466	1.349
Letten	3.135	2.723
Polen	3.008	2.374
Litauer	2.568	2.245
Schweden	297	-
Andere	13.798	12.001
Total	**1.565.662**	**1.462.130**

[1] Vgl. Statistical Office of Estonia, Statistical Yearbook of Estonia, Tallinn 1997, S. 55.

B. Estnischsprachige Situation 1989[2]

Nationa-lität	Anzahl	Mutter-sprache als 1. Sprache	Mutter-sprache als 2. Sprache	Estnisch als Mutter-sprache	Estnisch als 2. Sprache
Esten	963.281	953.032	6.079	953.032	6.079
Russen	474.834	468.216	5.387	6.198	65.010
Ukrainer	48.271	21.320	8.933	594	3.324
Weiß-russen	27.711	8.841	4.703	195	1.697
Finnen	16.622	5.155	-	6.774	5.540
Juden	4.613	570	108	389	1.202
Tartaren	4.058	2.248	456	47	256
Deutsche	3.466	1.249	-	251	509
Schweden	297	32	-	250	-

2 Angaben aus Ethnic Issues in Estonia, in: The Estonian Institute, Estonia in facts, May 1997, S. 2.

C. Verzeichnis völkerrechtlicher Verträge mit Bezug zu Staatsangehörigkeit und Staatenlosigkeit

Nr.	Übereinkommen	Datum	von	Fundstelle	Inkrafttreten	Ratifikation/ Beitritt Estlands
1	Übereinkommen über gewisse Fragen der Kollision von Staatsangehörigkeitsgesetzen	12.04.1930	Völkerbund	LNTS, vol. 179, p. 89	01.07.1937	–
2	Protokoll über militärische Pflichten in gewissen Fällen doppelter Staatsangehörigkeit	12.04.1930	Völkerbund	LNTS, vol. 178, p. 227	25.05.1937	–
3	Protokoll über einen wichtigen Fall von Staatenlosigkeit	12.04.1930	Völkerbund	LNTS, vol. 179, p. 115	01.07.1937	–
4	Übereinkommen über die Rechtsstellung der Staatenlosen	28.09.1954	UNO	UNTS, vol. 360, p. 117	06.06.1960	–
5	Übereinkommen über die Staatsangehörigkeit verheirateter Frauen	20.02.1957	UNO	UNTS, vol. 309, p. 65	11.08.1958	–
6	Übereinkommen zur Verminderung der Staatenlosigkeit	30.08.1961	UNO	UNTS, vol. 989, p. 175	13.12.1975	–

Nr.	Übereinkommen	Datum	von	Fundstelle	Inkrafttreten	Ratifikation/ Beitritt Estlands
7	Konvention zur Verminderung von Fällen mehrfacher Staatsangehörigkeit und betreffend Wehrpflicht bei mehrfacher Staatsangehörigkeit	06.05.1963	Europarat	ETS No. 43	28.03.1968	-
8	Internationales Übereinkommen zur Beseitigung jeder Form von Rassendiskriminierung (Art. 5 d) iii)	21.12.1965	UNO	UNTS, vol. 660, p. 195	04.01.1969	21.10.1991
9	Internationaler Pakt über bürgerliche und politische Rechte (Art. 24 Abs. 3)	16.12.1966	UNO	UNTS, vol. 999, p. 171	23.03.1976	21.10.1991
10	Konvention über die Adoption von Kindern	24.04.1967	Europarat	ETS No. 58	26.04.1968	–
11	Übereinkommen zur Verringerung der Fälle von Staatenlosigkeit	13.09.1973	CIEC	UNTS, vol. 1081, p. 283	31.07.1977	–
12	Änderungsprotokoll zur Konvention zur Verminderung von Fällen mehrfacher Staatsangehörigkeit und betreffend Wehrpflicht bei mehrfacher Staatsangehörigkeit	24.11.1977	Europarat	ETS No. 95	08.09.1978	–

Nr.	Übereinkommen	Datum	von	Fundstelle	Inkrafttreten	Ratifikation/ Beitritt Estlands
13	Zusatzprotokoll zur Konvention zur Verminderung von Fällen mehrfacher Staatsangehörigkeit und betreffend Wehrpflicht bei mehrfacher Staatsangehörigkeit	24.11.1977	Europarat	ETS No. 96	17.10.1983	–
14	Übereinkommen zur Beseitigung jeder Form von Diskriminierung der Frau (Art. 9)	18.12.1979	UNO	UNTS, vol.1249, p. 13	03.09.1981	21.10.1991
15	Übereinkommen über die Rechte des Kindes (Art. 7)	20.11.1989	UNO	UN Doc. A/RES/ 44/25	02.09.1990	21.10.1991
16	Zweites Änderungsprotokoll zur Konvention zur Verminderung von Fällen mehrfacher Staatsangehörigkeit und betreffend Wehrpflicht bei mehrfacher Staatsangehörigkeit	02.02.1993	Europarat	ETS No. 149	24.03.1995	–
17	Europäische Konvention über die Staatsangehörigkeit	06.11.1997	Europarat	ETS No. 166	–	–

D. Verzeichnis völkerrechtlicher Verträge mit Minderheitenbezug

Nr.	Übereinkommen	Datum	von	Fundstelle	Inkrafttreten	Ratifikation/ Beitritt Estlands
1	Konvention über die Verhütung und Bestrafung des Völkermordes (Art. 2)	09.12.1948	UNO	UNTS, vol. 78, p. 277	12.01.1951	21.10.1991
2	Internationales Übereinkommen zur Beseitigung jeder Form von Rassendiskriminierung (Art. 5)	21.12.1965	UNO	UNTS, vol. 660, p. 195	04.01.1969	21.10.1991
3	Übereinkommen gegen Diskriminierung im Unterrichtswesen (Art. 5 Abs. 1 lit.c)	14.12.1960	UNESCO	UNTS, vol. 429, p. 93	22.05.1962	–
4	Internationaler Pakt über bürgerliche und politische Rechte (Art. 27)	16.12.1966	UNO	UNTS, vol. 999, p. 171	23.03.1976	21.10.1991

Nr.	Überein-kommen	Datum	von	Fund-stelle	Inkraft-treten	Ratifi-kation/ Beitritt Estlands
5	Überein-kommen über die Rechte des Kindes (Art. 30)	20.11.1989	UNO	UN Doc. A/RES/ 44/25	02.09.1990	21.10.1991
6	Europäische Charta der Regional- oder Min-derheiten-sprachen	05.11.1992	Europa-rat	ETS No. 148	01.03.1998	–
7	Europäi-sches Rah-menüber-einkommen zum Schutz nationaler Minder-heiten	01.02.1995	Europa-rat	ETS No. 157	01.02.1998	06.01.1997

E.
DIE VERFASSUNG DER REPUBLIK ESTLAND VOM 28. JUNI 1992

(Riigi Teataja 1992, Nr. 26, Pos. 349)

Im unerschütterlichen Glauben und standhaften Willen, den Staat zu sichern und zu entwickeln,

der aufgrund des unauslöschlichen Selbstbestimmungsrechts des estnischen Volkes geschaffen und am 24. Februar 1918 verkündet wurde;

der auf Freiheit, Gerechtigkeit und Recht beruht;

der den inneren und äußeren Frieden schützt und dem gesellschaftlichen Erfolg und dem gemeinsamen Nutzen der heutigen und kommenden Generationen dient;

welcher die Erhaltung des estnischen Volkes und der estnischen Kultur durch alle Zeiten garantieren muß -

hat das estnische Volk aufgrund § 1 der 1938 in Kraft getretenen Verfassung in der Volksabstimmung vom 28. Juni 1992 folgende Verfassung angenommen.

I. Abschnitt
Allgemeine Bestimmungen

§ 1

Estland ist eine selbständige und unabhängige demokratische Republik, in welcher Träger der obersten Staatsgewalt das Volk ist.

Die Selbständigkeit und Unabhängigkeit Estlands sind unverjährbar und unveräußerlich.

§ 2

Der estnische Grund und Boden, die Territorialgewässer und der Luftraum bilden ein untrennbares und unteilbares Ganzes.

Estland ist seiner Staatsordnung nach ein Einheitsstaat, dessen territoriale Verwaltungseinteilung gesetzlich festgelegt ist.

§ 3

Die Staatsgewalt wird nur aufgrund der Verfassung und mit ihr übereinstimmenden Gesetzen ausgeübt. Allgemein anerkannte Grundsätze und Normen des Völkerrechtes sind ein untrennbarer Bestandteil des estnischen Rechtssystems.

Gesetze werden im vorgesehenen Verfahren veröffentlicht. Nur veröffentlichte Gesetze sind rechtsverbindlich.

§ 4

Die Tätigkeit der Staatsversammlung, des Präsidenten der Republik, der Regierung der Republik und der Gerichte beruht auf dem Prinzip der Trennung und des Gleichgewichts der Gewalten.

§ 5

Die Naturschätze und -ressourcen Estlands sind ein Gut des Volkes, mit welchem sparsam umzugehen ist.

§ 6

Die Staatssprache Estlands ist Estnisch.

§ 7

Die estnischen Staatsfarben sind blau-schwarz-weiß. Die Staatsflagge und die Form des Staatswappens werden durch Gesetz bestimmt.

II. Abschnitt
Grundrechte, Freiheiten und Pflichten

§ 8

Jedes Kind, dessen einer Elternteil estnischer Staatsbürger ist, hat kraft Geburt das Recht auf die estnische Staatsangehörigkeit.

Jeder, der als Minderjähriger die estnische Staatsangehörigkeit verloren hat, ist berechtigt, diese zurückzubekommen.

Niemandem kann die durch Geburt erworbene estnische Staatsangehörigkeit entzogen werden.

Niemandem darf seiner Gesinnung wegen die estnische Staatsangehörigkeit entzogen werden. Die Bedingungen sowie das Verfahren für den Erwerb, den Verlust und die Wiedergewinnung der estnischen Staatsangehörigkeit bestimmt das Gesetz über die Staatsangehörigkeit.

§ 9

Die in der Verfassung aufgezählten Rechte, Freiheiten und Pflichten aller und des Einzelnen sind für estnische Staatsbürger und sich in Estland aufhaltende Bürger ausländischer Staten und Staatenlose gleich.

Die in der Verfassung aufgezählten Rechte, Freiheiten und Pflichten werden auf juristische Personen insoweit erstreckt, als dieses mit den allgemeinen Zielen der juristischen Person und dem Wesen ihrer Rechte, Freiheiten sowie Pflichten im Einklang steht.

§ 10

Die im vorliegenden Abschnitt aufgezählten Rechte, Freiheiten und Pflichten schließen keine anderen Rechte, Freiheiten und Pflichten aus, die sich aus dem Sinn der Verfassung ergeben oder mit ihr im Einklang stehen, sowie den Grundsätzen der Menschenwürde und des sozialen und demokratischen Rechtsstaates entsprechen.

§ 11

Rechte und Freiheiten dürfen nur in Übereinstimmung mit der Verfassung beschränkt werden. Diese Beschränkungen müssen in einer demokratischen Gesellschaft notwendig sein und dürfen das Wesen der beschränkten Rechte und Freiheiten nicht verändern.

§ 12

Alle sind vor dem Gesetz gleich. Niemand darf wegen seiner Volkszugehörigkeit, Rasse, Hautfarbe, seines Geschlechts, seiner Sprache, seiner Herkunft, seines Glaubens und seiner politischen sowie anderen Überzeugungen sowie wegen des materiellen oder sozialen Standes oder anderer Tatsachen diskriminiert werden.

Die Aufwiegelung zu nationalen, rassischem, religiösem oder politischem Haß, zur Bedrohung mit Gewalt oder Diskriminierung sind gesetzlich verboten und strafbar. Ebenso ist die Aufwiegelung zum Haß, zur Gewalt und Diskriminierung zwischen gesellschaftlichen Schichten gesetzlich verboten und strafbar.

§ 13

Jeder hat ein Recht auf Schutz des Staates und des Gesetzes. Der estnische Staat schützt seine Bürger auch im Ausland. Das Gesetz schützt jeden vor Willkür der Staatsgewalt.

§ 14

Die Gewährleistung der Rechte und Freiheiten ist eine Pflicht der gesetzgebenden, vollziehenden und rechtsprechenden Gewalt wie auch der örtlichen Selbstverwaltungen.

§ 15

Jedermann hat das Recht, sich im Falle der Verletzung seiner Rechte an ein Gericht zu wenden. Jeder hat das Recht, bei der Prüfung seiner Gerichtssache jedes die Sache berührende Gesetz, andere Rechtsakte sowie Verfahren als verfassungswidrig erklären zu lassen.

Das Gericht folgt der Verfassung und erklärt jedes beliebige Gesetz, jeden anderen Rechtsakt oder jedes Verfahren, welches die verfassungsmäßig garantierten Rechte und Freiheiten verletzt oder in einer anderen Weise verfassungswidrig ist, für verfassungswidrig.

§ 16

Jeder hat das Recht auf Leben. Dieses Recht wird durch Gesetz geschützt. Niemandem darf das Leben willkürlich entzogen werden.

§ 17

Niemandes Ehre oder guter Name darf verleumdet werden.

§ 18

Niemand darf gefoltert, grausam oder unwürdig behandelt oder bestraft werden. Niemand darf gegen seinen freien Willen medizinischen oder wissenschaftlichen Versuchen unterzogen werden.

§ 19

Jeder hat das Recht auf freie Entfaltung seiner Persönlichkeit.

Jeder muß bei Wahrnehmung seiner Rechte und Freiheiten und in Erfüllung seiner Pflichten die Rechte und Freiheiten anderer Menschen achten und berücksichtigen sowie dem Gesetz folgen.

§ 20

Jeder hat das Recht auf Freiheit und Unverletzlichkeit der Person.

Die Freiheit darf nur in den gesetzlich vorgesehenen Fällen und Verfahren entzogen werden:

1) zum Vollzug eines schuldigsprechenden Gerichtsurteiles oder einer vom Gericht verhängten Haft;
2) im Falle der Nichterfüllung eines Gerichtsurteiles oder zur Gewährleistung des Vollzugs einer gesetzlichen Verpflichtung;
3) zur Verhütung einer Straftat oder einer Ordnungswidrigkeit, zur Vorführung eines einer derartigen Rechtsverletzung begründet Verdächtigten vor das zuständige Staatsorgan oder zur Verhinderung seiner Flucht;
4) zur Anordnung der Erziehungsaufsicht über einen Minderjährigen oder zu seiner Vorführung vor das kompetente Staatsorgan zur Entscheidung über eine derartige Aufsicht;
5) zur Festnahme eines Infektionskranken, Geisteskranken, Alkoholikers oder Rauschgiftsüchtigen, wenn er für sich selbst oder für andere gefährlich ist;
6) zur Verhinderung der illegalen Einreise nach Estland und zur Ausweisung aus Estland oder zur Auslieferung an einen anderen Staat.

Niemandem darf die Freiheit nur deswegen entzogen werden, weil er nicht im Stande ist, irgendeine vertragliche Verpflichtung zu erfüllen.

§ 21

Jedem, dem die Freiheit entzogen wurde, sind unverzüglich in einer für ihn verständlichen Sprache und Weise der Grund für den Freiheitsentzug und seine Rechte mitzuteilen sowie die Möglichkeit zu geben, seine nahen Angehörigen von dem Freiheitsentzug zu unterrichten. Einem einer Straftat Verdächtigten ist unverzüglich auch die Möglichkeit zu geben, einen Verteidiger zu wählen und sich mit diesem zu treffen. Das Recht eines einer Straftat Verdächtigten, seine Angehörigen von seinem Freiheitsentzug zu unterrichten, darf nur in den gesetzlich vorgesehenen Fällen und Verfahren im Interesse der Verbrechensverhütung und der Wahrheitsfindung im Strafprozeß beschränkt werden.

Niemand darf mehr als achtundvierzig Stunden ohne ein entsprechendes Gerichtsurteil festgehalten werden. Die Gerichtsentscheidung ist dem Verhafteten unverzüglich in einer für ihn verständlichen Sprache und Weise mitzuteilen.

§ 22

Niemand darf als eines Verbrechens schuldig betrachtet werden, solange nicht ein schuldigsprechendes Gerichtsurteil gegen ihn Rechtskraft erlangt hat.

Niemand ist im Strafprozeß verpflichtet, sich schuldig zu bekennen. Niemand darf gezwungen werden, gegen sich oder nahe Verwandte auszusagen.

§ 23

Niemand darf wegen einer Handlung verurteilt werden, wenn diese Handlung nicht durch ein Gesetz, das im Zeitpunkt der Begehung in Kraft war, als Verbrechen qualifiziert wird.

Niemand darf zu einer schwereren Strafe verurteilt werden, als es zur Zeit der Begehung der Rechtsverletzung möglich gewesen wäre. Wenn ein Gesetz nach Begehung der Rechtsverletzung eine mildere Strafe vorsieht, ist die mildere Strafe anzuwenden.

Niemand darf ein zweites Mal für eine Handlung gerichtlich verfolgt oder bestraft werden, wegen der er in Übereinstimmung mit dem Gesetz rechtskräftig schuldig- oder freigesprochen wurde.

§ 24

Niemand darf gegen seinen freien Willen aus der Zuständigkeit eines gesetzlich bestimmten Gerichtes in die Zuständigkeit eines anderen überführt werden. Jeder hat das Recht auf Anwesenheit bei Behandlung seiner Gerichtssache.

Die Sitzungen der Gerichte sind öffentlich. Das Gericht kann in den gesetzlich vorgesehenen Fällen und Verfahren zum Schutz von Staats- oder Geschäftsgeheimnissen, der Sitten oder des Privat- oder Familienlebens von Menschen, oder wenn es die Interessen von Minderjährigen, Opfern oder der Rechtsprechung verlangen, die Sitzung ganz oder teilweise für nichtöffentlich erklären.

Ein Gerichtsurteil wird öffentlich verkündet, es sei denn, die Interessen von Minderjährigen, Ehepartnern oder Opfern gebieten etwa anderes.

Jeder hat das Recht, gegen ein ihn ergangenes Urteil in den gesetzlich vorgesehenen Verfahren ein höherstehendes Gericht anzurufen.

§ 25

Jeder hat das Recht auf Ersatz des ihm von beliebiger Seite rechtswidrig zugefügten moralischen oder materiellen Schadens.

§ 26

Jeder hat das Recht auf Unverletzlichkeit seines Familien- und Privatlebens. Staatliche Einrichtungen, örtliche Selbstverwaltungen sowie deren Amtspersonen dürfen sich in das Familien- oder Privatleben nur in den gesetzlich vorgesehenen Fällen und Verfahren sowie zum Schutz von Gesundheit, Moral, öffentlicher Ordnung oder der Recht und Freiheiten anderer Menschen, zur Verhütung einer Straftat oder zur Festnahme eines Verbrechers einmischen.

§ 27

Die Familie als die Grundlage für die Erhaltung des Volkes sowie das Wachstum der Gesellschaft steht unter dem Schutz des Staates.

Die Ehepartner sind gleichberechtigt.

Die Eltern haben das Recht und die Pflicht, ihre Kinder zu erziehen und für sie zu sorgen. Das Gesetz bestimmt den Schutz von Eltern und Kindern.

Die Familie ist verpflichtet, für ihre hilfsbedürftigen Angehörigen zu sorgen.

§ 28

Jeder hat das Recht auf Gesundheitsschutz.

Jeder estnische Staatsbürger hat das Recht auf staatliche Unterstützung im Alter, bei Arbeitsunfähigkeit, Verlust des Ernährers oder in Notlagen. Die Art der Unterstützung, ihr Umfang und ihre Bedingungen sowie die Verfahren werden durch Gesetz bestimmt. Wenn durch Gesetz nichts anderes bestimmt ist, steht dieses Recht sich in Estland aufhaltenden Bürgern ausländischer Staaten und Staatenlosen in gleicher Weise wie estnischen Staatsangehörigen zu.

Der Staat fördert die Fürsorge auf der Basis der Freiwilligkeit und Selbstverwaltung. Kinderreiche Familien und Behinderte stehen unter besonderer Fürsorge des Staates und der örtlichen Selbstverwaltungen.

§ 29

Der estnische Bürger hat das Recht, sein Betätigungsfeld, seinen Beruf und Arbeitsplatz frei zu wählen. Durch Gesetz können Bedingungen und Verfahren für die Wahrnehmung dieses Rechtes festgesetzt werden. Wenn durch Gesetz nichts anderes bestimmt wird, steht dieses Recht sich in Estland aufhaltenden Bürgern ausländischer Staaten und Staatenlosen in gleicher Weise wie estnischen Staatsangehörigen zu.

Niemand darf gegen seinen freien Willen zu einer Arbeit oder einem Dienst gezwungen werden, ausgenommen Wehrdienst oder Ersatzdienst, Arbeiten zur Verhütung der Ausbreitung von Infektionskrankheiten, im Falle von Naturunglücken oder anderen Katastrophen oder Arbeiten, die Verurteilte aufgrund von Gesetzen und im gesetzlichen Verfahren leisten müssen.

Der Staat regelt die Berufsausbildung und unterstützt Arbeitssuchende bei der Arbeitssuche.

Die Arbeitsbedingungen stehen unter staatlicher Kontrolle.

Die Zugehörigkeit zu Arbeitnehmer- und Arbeitgebervereinigungen und -verbänden ist frei. Arbeitnehmer- und Arbeitgebervereinigungen und -verbände können für ihre rechtlichen und gesetzlichen Interessen Mittel einsetzen, die gesetzlich nicht verboten sind. Die Bedingungen und das Verfahren für die Wahrnehmung des Streikrechtes werden gesetzlich festgelegt.

Das Verfahren der Beilegung von Arbeitsstreitigkeiten regelt ein Gesetz.

§ 30

Ämter in staatlichen Einrichtungen und örtlichen Selbstverwaltungen werden aufgrund von Gesetzen und in gesetzlichen Verfahren mit estnischen Staatsbürgern besetzt. In Übereinstimmung mit dem Gesetz können diese Ämter ausnahmsweise auch Staatsangehörige ausländischer Staaten oder Staatenlose wahrnehmen.

Durch Gesetz kann das Recht einiger Kategorien von Beamten auf eine unternehmerische Tätigkeit und Zugehörigkeit zu Ertragsgesellschaften (§ 31) oder das Recht der Mitgliedschaft in Parteien oder anderen Arten von Nichtertragsgesellschaften (§ 48) eingeschränkt werden.

§ 31

Estnische Staatsangehörige haben ein Recht auf unternehmerische Tätigkeit und auf Vereinigung in Ertragsgesellschaften und -verbänden. Die Bedingungen sowie das Verfahren für die Ausübung dieses Rechtes können gesetzlich geregelt werden. Wenn gesetzlich nichts anderes bestimmt ist, steht dieses Recht sich in Estland aufhaltenden Bürgern ausländischer Staaten und Staatenlosen in gleicher Weise wie estnischen Staatsangehörigen zu.

§ 32

Das Eigentum jedes Menschen ist unverletzlich und in gleicher Weise geschützt. Eigentum kann ohne Zustimmung des Eigentümers nur in den gesetzlich vorgesehenen Fällen und Verfahren im Interesse der Allgemeinheit gegen gerechte und prompte Entschädigung enteignet werden. Jeder, dessen Eigentum ohne seine Zustimmung enteignet wurde, hat das Recht, sich an ein Gericht zu wenden sowie die Enteignung des Vermögens, die Entschädigung und ihre Höhe anzufechten.

Jeder hat das Recht, sein Eigentum frei zu besitzen, zu nutzen und darüber zu verfügen. Einschränkungen sind durch Gesetz festzulegen. Eigentum darf nicht gegen allgemeine Interessen genutzt werden.

Durch Gesetz können im Allgemeininteresse die Arten von Gütern bestimmt werden, die sich nur im Eigentum estnischer Staatsbürger, bestimmter juristischer Personen, der örtlichen Selbstverwaltungskörperschaften oder des estnischen Staates befinden können.

Das Erbrecht wird gewährleistet.

§ 33

Die Wohnung ist unverletzlich. Man darf nicht in jemandes Wohnraum, Besitz oder Arbeitsplatz eindringen oder diese durchsuchen, ausgenommen in den gesetzlich vorgesehenen Fällen und Verfahren zum Schutz der öffentlichen Ordnung, der Gesundheit oder der Rechte und Freiheiten anderer Menschen, zur Verhütung von Verbrechen, zur Festnahme eines Verbrechers oder zur Wahrheitsfindung in einem Strafverfahren.

§ 34

Jeder, der sich gesetzlich in Estland aufhält, hat das Recht, sich frei zu bewegen und seinen Wohnsitz zu wählen. Das Recht, sich frei zu bewegen, kann in den gesetzlich vorgesehenen Fällen und Verfahren zum Schutz der Rechte und Freiheiten anderer Menschen, im Interesse des Staatsschutzes, bei Elementarereignissen und Natur- und sonstigen Katastrophen, zur Verhinderung der Verbreitung von Seuchen, zum Schutz der Umwelt, zur Betreuung von Minderjährigen oder Geisteskranken und zur Gewährleistung eines Strafverfahrens eingeschränkt werden.

§ 35

Jeder hat das Recht, Estland zu verlassen. Dieses Recht kann in den gesetzlich vorgesehenen Fällen und Verfahren zur Gewährleistung eines Gerichts- und Voruntersuchungsverfahrens oder zum Vollzug von Gerichtsurteilen beschränkt werden.

§ 36

Kein estnischer Staatsbürger darf aus Estland ausgewiesen oder an der Niederlassung in Estland gehindert werden.

Kein estnischer Staatsbürger darf einem ausländischen Staat ausgeliefert werden außer in den in einem völkerrechtlichen Vertrag vorgesehenen Fällen und entsprechend dem vertraglich und gesetzlich bestimmten Verfahren. Über die Auslieferung entscheidet die Regierung der Republik. Jeder Auszuliefernde hat das Recht, vor einem estnischen Gericht die Auslieferung anzufechten.

Jeder Este hat das Recht, sich in Estland niederzulassen.

§ 37

Jeder hat ein Recht auf Bildung. Der Unterricht ist für schulpflichtige Kinder im gesetzlich bestimmten Umfang verpflichtend sowie in staatlichen und örtlichen allgemeinbildenden Schulen kostenlos.

Um Bildung zugänglich zu machen, unterhalten der Staat und die örtlichen Selbstverwaltungen die notwendige Anzahl von Lehreinrichtungen. Aufgrund Gesetz können auch andere Lehreinrichtungen, darunter Privatschulen, errichtet und unterhalten werden.

Bei der Wahl des Unterrichts der Kinder haben die Eltern das entscheidende Wort.

Jeder hat das Recht auf estnischsprachigen Unterricht. Die Unterrichtssprache in Bildungseinrichtungen der Minderheiten wählt die Lehreinrichtung.

Die Erteilung von Unterricht steht unter der Aufsicht des Staates.

§ 38

Wissenschaft und Kunst sowie ihre Lehre sind frei.

Universitäten und wissenschaftliche Einrichtungen sind in den gesetzlich vorgesehenen Grenzen autonom.

§ 39

Der Autor hat das unveräußerliche Recht auf sein Werk. Der Staat schützt das Urheberrecht.

§ 40

Jedem gebührt die Gewissens-, Glaubens- und Gedankenfreiheit.

Die Zugehörigkeit zu Kirchen und Religionsgemeinschaften ist frei. Es gibt keine Staatskirche.

Jeder hat die Freiheit, sowohl allein, als auch zusammen mit anderen öffentliche oder privat religiöse Handlungen vorzunehmen, wenn dies nicht die öffentliche Ordnung, Gesundheit oder Moral beeinträchtigt.

§ 41

Jeder hat das Recht, seiner Meinung und Überzeugung treu zu bleiben. Niemand darf gezwungen werden, diese zu ändern.

Eine Überzeugung kann eine Rechtsverletzung nicht entschuldigen.

Niemand darf wegen seiner Überzeugung rechtlich zur Verantwortung gezogen werden.

§ 42

Staatliche Einrichtungen, örtliche Selbstverwaltungen und deren Amtspersonen dürfen gegen den freien Willen estnischer Staatsangehöriger keine Angaben über deren Überzeugungen sammeln oder speichern.

§ 43

Jeder hat das Recht auf Geheimhaltung der von ihm oder ihm im Post-, Fernmelde- oder Fernsprech- oder auf einem sonstigen allgemein gebräuchlichen Weg weitergegebenen Worte. Ausnahmen sind mit Genehmigung eines Gerichtes zur Verhütung von Verbrechen oder zur Wahrheitsfindung im Strafprozeß in den gesetzlich festgelegten Fällen und Verfahren zulässig.

§ 44

Jeder hat das Recht, zum allgemeinen Gebrauch verbreitete Informationen frei zu erhalten.

Alle Staatseinrichtungen, örtlichen Selbstverwaltungen und deren Amtspersonen sind in den gesetzlich festgelegten Verfahren verpflichtet, estnischen Staatsbürgern auf ihren Antrag Informationen über ihre Tätigkeit zu geben, ausgenommen Angaben, deren Bekanntgabe gesetzlich verboten ist, sowie Angaben, die nur zum innerbehördlichen Gebrauch bestimmt sind.

Ein estnischer Staatsbürger hat das Recht, sich in dem einem gesetzlich festgelegten Verfahren mit den seine Person betreffenden Angaben bei staatlichen Behörden und örtlichen Selbstverwaltungseinrichtungen sowie mit den in Archiven staatlicher Behörden und örtlicher Selbstverwaltungseinrichtungen vorhandenen Angaben vertraut zu machen. Aufgrund eines Gesetzes kann dieses Recht zum Schutz der Rechte und Freiheiten anderer Menschen, der Geheimhaltung der Herkunft eines Kindes, zur Verhütung eines Verbrechens, zur Festnahme eines Verbrechers oder zur Wahrheitsfindung in einem Strafverfahren eingeschränkt werden.

Wenn das Gesetz es nicht anders bestimmt, haben sich in Estland aufhaltende Bürger ausländischer Staaten und Staatenlose die in Abschnitt 2 und 3 genannten Rechte gleich estnischen Staatsbürgern.

§ 45

Jeder hat das Recht, Ideen, Meinungen, Überzeugungen und andere Informationen in Wort, Druck, Bild oder auf andere Weise frei zu verbreiten. Dieses Recht kann durch Gesetz zum Schutz der öffentlichen Ordnung und der Moral sowie der Rechte und Freiheiten, der Gesundheit, der Ehre und des guten Namens anderer Menschen eingeschränkt werden. Durch Gesetz kann dieses Recht auch für Bedienstete des Staates oder der örtlichen Selbstverwaltungen in bezug auf ihnen von Amts wegen bekannte Staats- oder Geschäftsgeheimnisse oder vertraulich erhaltene Informationen sowie zum Schutz des Familien- und Privatlebens anderer Menschen wie auch im Interesse der Rechtsprechung beschränkt werden.

Eine Zensur existiert nicht.

§ 46

Jeder hat das Recht, sich mit Anträgen und Erklärungen an staatliche Einrichtungen, örtliche Selbstverwaltungen und deren Amtspersonen zu wenden. Das Verfahren der Beantwortung wird durch Gesetz festgelegt.

§ 47

Alle haben das Recht, sich ohne vorhergehende Erlaubnis friedlich zu versammeln und Versammlungen abzuhalten. Dieses Recht kann in den gesetzlich vorgesehenen Fällen und Verfahren zur Gewährleistung der Staatssicherheit, der öffentlichen Ordnung, der Moral, der Sicherheit des Verkehrs und der Versammlungsteilnehmer sowie zur Verhinderung der Verbreitung ansteckender Krankheiten beschränkt werden.

§ 48

Jeder hat das Recht sich in Nichtertragsgesellschaften und -verbänden zu vereinigen. Parteien dürfen nur estnische Staatsangehörige angehören.

Für die Gründung von Vereinen und Verbänden, die Waffen besitzen und militärisch organisiert sind oder militärische Übungen pflegen, ist eine vorherige Genehmigung erforderlich, deren Erteilungsvoraussetzungen und -verfahren durch ein Gesetz geregelt werden.

Verboten sind Vereine, Verbände und Parteien, deren Ziele oder Tätigkeit auf die gewaltsame Änderung der Verfassungsordnung Estlands gerichtet sind oder die in einer anderen Weise dem Strafgesetz wiedersprechen.

Nur ein Gericht darf die Tätigkeit eines Vereins, eines Verbandes oder einer Partei wegen einer Rechtsverletzung beenden oder aussetzen oder gegen diese eine Strafe verhängen.

§ 49

Jeder hat das Recht, seine Volkszugehörigkeit zu bewahren.

§ 50

Nationale Minderheiten haben das Recht, im Interesse ihrer Volkskultur unter den im Gesetz über die Kulturautonomie der nationalen Minderheiten festgelegten Voraussetzungen und Verfahren, Selbstverwaltungseinrichtungen zu gründen.

§ 51

Jeder hat das Recht, sich an staatliche Einrichtungen, örtliche Selbstverwaltungen und deren Amtspersonen in estnischer Sprache zu wenden und estnischsprachige Antworten zu erhalten.

In Ortschaften, in denen wenigstens die Hälfte der ständigen Einwohner einer nationalen Minderheit angehört, hat jedermann das Recht, Antworten einer staatlichen Behörde oder der örtlichen Selbstverwaltung sowie von deren Amtspersonen auch in dieser Minderheitensprache zu erhalten.

§ 52

Die Geschäftssprache der staatlichen Behörden sowie der örtlichen Selbstverwaltungen ist Estnisch.

In Ortschaften, in denen Estnisch nicht die Sprache der Mehrheit der Einwohner ist, können die örtlichen Selbstverwaltungen im gesetzlich festgelegten Umfang und Verfahren die Sprache der Mehrheit der ständigen Einwohner dieser Ortschaft als interne Geschäftssprache verwenden.

Den Gebrauch von Fremdsprachen, darunter auch der Sprachen nationaler Minderheiten, in staatlichen Einrichtungen sowie im gerichtlichen und vorgerichtlichen Verfahren bestimmt ein Gesetz.

§ 53

Jeder ist verpflichtet, Lebensraum und Umwelt zu schützen und den Schaden zu ersetzen, den er der Umwelt zugefügt hat. Das Entschädigungsverfahren wird gesetzlich festgelegt.

§ 54

Pflicht eines estnischen Staatsbürgers ist es, der estnischen Verfassungsordnung treu zu sein und die estnische Unabhängigkeit zu verteidigen.

Gibt es keine anderen Mittel, hat jeder estnische Staatsbürger das Recht, einer gewaltsamen Änderung der Verfassungsordnung eigenständigen Widerstand zu leisten.

§ 55

Sich in Estland aufhaltende Staatsangehörige anderer Staaten und Staatenlose sind verpflichtet, die Verfassungsordnung Estlands zu achten.

III. Abschnitt
Das Volk

§ 56

Die höchste Staatsgewalt verwirklicht das Volk durch die stimmberechtigten Bürger:

1) durch Wahl der Staatsversammlung;
2) durch Volksabstimmung.

§ 57

Stimmberechtigt ist jeder estnische Staatsbürger, der das achtzehnte Lebensjahr vollendet hat.

Nicht stimmberechtigt ist ein estnischer Staatsbürger, der von einem Gericht für handlungsunfähig erklärt wurde.

§ 58

Durch Gesetz kann die Teilnahme derjenigen estnischen Staatsbürger an der Abstimmung eingeschränkt werden, die durch ein Gerichtsurteil für schuldig befunden wurden und in einer Haftanstalt ihre Strafe verbüßen.

IV. Abschnitt
Die Staatsversammlung

§ 59
Die gesetzgebende Gewalt gebührt der Staatsversammlung.

§ 60
Die Staatsversammlung hat einhundertundeins Mitglieder. Die Mitglieder der Staatsversammlung werden in freien Wahlen aufgrund des Proportionalsystems gewählt.

Die Wahlen sind allgemein, gleich und direkt. Die Abstimmung ist geheim.

Für die Staatsversammlung kann jeder wenigstens einundzwanzigjährige stimmberechtigte estnische Staatsbürger kandidieren.

Die ordentlichen Wahlen zur Staatsversammlung finden am ersten Sonntag des Monats März des vierten Jahres statt, das den vorangegangenen Wahlen zur Staatsversammlung folgt.

Außerordentliche Wahlen zur Staatsversammlung werden in den in §§ 89, 97, 105 und 119 der Verfassung vorgesehenen Fällen wenigstens zwanzig und spätestens vierzig Tage nach der Anberaumung der Wahlen durchgeführt.

Die Wahlordnung für die Staatsversammlung bestimmt das Gesetz über die Wahlen zur Staatsversammlung.

§ 61
Die Vollmachten der Mitglieder der Staatsversammlung beginnen am Tage der Bekanntgabe der Wahlergebnisse. Am selben Tage enden die Vollmachten der Mitglieder der vorherigen Statsversammlung.

Das Mitglied der Staatsversammlung legt vor Antritt seiner Amtstätigkeit einen Amtseid ab, der Republik Estland und ihrer Verfassung treu zu sein.

§ 62
Das Mitglied der Staatsversammlung ist an kein Mandat gebunden und trägt vor der Staatsversammlung und ihren Organen für sein Abstimmungsverhalten und seine politischen Äußerungen keine rechtliche Verantwortung.

§ 63
Ein Mitglied der Staatsversammlung darf kein anderes Staatsamt ausüben.

Ein Mitglied der Staatsversammlung ist für die Dauer seines Mandates vom Wehrdienst befreit.

§ 64
Das Mandat eines Mitglieds der Staatsversammlung wird mit seiner Ernennung zum Regierungsmitglied suspendiert und lebt mit seiner Entbindung von den Pflichten eines Regierungsmitglieds wieder auf.

Das Mandat eines Mitglieds der Staatsversammlung erlöscht vorzeitig:

1) mit seinem Eintritt in ein anderes Staatsamt;
2) mit Rechtskraft eines schuldigsprechenden Gerichtsurteils;

3) mit seinem Rücktritt in der gesetzlich vorgesehenen Weise;
4) wenn die Staatsversammlung entschieden hat, daß er ständig unfähig ist, seine Aufgaben zu erfüllen;
5) mit seinem Tod.

Im Falle der Suspendierung oder der vorzeitigen Beendigung des Mandates eines Mitglieds der Staatsversammlung tritt in dem gesetzlich vorgesehenen Verfahren sein Ersatzmitglied an seine Stelle. Das Ersatzmitglied hat alle Recht und Pflichten eines Mitglieds der Staatsversammlung.

Mit der Wiederherstellung des Mandates des Mitglieds der Staatsversammlung erlöschen die Vollmachten des Ersatzmitgliedes.

§ 65

Die Staatsversammlung:

1) nimmt die Gesetze und Entscheidungen an;
2) entscheidet über die Durchführung einer Volksabstimmung;
3) wählt gemäß § 79 der Verfassung den Präsidenten der Republik;
4) ratifiziert und kündigt gemäß § 121 der Verfassung völkerrechtliche Verträge;
5) erteilt dem Premierministerkandidaten den Auftrag zur Regierungsbildung;
6) nimmt den Staatshaushalt an und bestätigt den Rechenschaftsbericht über seine Erfüllung;
7) ernennt auf Vorschlag des Präsidenten der Republik den Vorsitzenden des Staatsgerichtshofs, den Vorsitzenden des Rates der Estnischen Bank, den Staatskontrolleur, den Justizkanzler und den Befehlshaber oder Oberbefehlshaber der Streitkräfte;
8) ernennt auf Vorschlag des Vorsitzenden des Staatsgerichtshofes die Mitglieder des Staatsgerichtshofs;
9) ernennt die Mitglieder des Rates der Estnischen Bank;
10) entscheidet auf Vorschlag der Regierung der Republik über die Aufnahme von Staatsanleihen oder die Übernahme anderer finanzieller Verpflichtungen;
11) wendet sich mit Erklärungen, Deklarationen oder Aufrufen an das estnische Volk, andere Staaten und internationale Organisationen;
12) setzt staatliche Ehrenzeichen sowie militärische und diplomatische Ehrentitel fest;
13) beschließt über die Bekundung des Mißtrauensvotums gegenüber der Regierung der Republik, dem Premierminister oder einem Minister;
14) verkündet gemäß § 129 der Verfassung den Ausnahmezustand;
15) verkündet auf Vorschlag des Präsidenten der Republik den Kriegszustand, die Mobilmachung sowie die Demobilisierung;
16) entscheidet andere das Staatsleben betreffende Fragen, welche durch die Verfassung nicht dem Präsidenten der Republik, der Regierung der Republik, anderen Staatsorganen oder den örtlichen Selbstverwaltungen übertragen wurden.

§ 66

Die erste Sitzung der neuen Zusammensetzung der Staatsversammlung findet im Verlauf von zehn Tagen nach Bekanntgabe der Wahlergebnisse statt. Die erste Sitzung wird vom Präsidenten der Republik einberufen.

§ 67

Die ordentlichen Sitzungen der Staatsversammlung finden vom zweiten Montag des Monats Januar bis zum dritten Donnerstag des Monats Juni sowie vom zweiten Montag des Monats September bis zum dritten Donnerstag des Monats Dezember statt.

§ 68

Außerordentliche Sitzungen der Staatsversammlung werden vom Vorsitzenden der Staatsversammlung auf Vorschlag des Präsidenten der Republik, der Regierung der Republik oder wenigstens eines Fünftels der Staatsversammlung einberufen.

§ 69

Die Staatsversammlung wählt aus ihren Mitgliedern den Vorsitzenden der Staatsversammlung und zwei Stellvertreter, die die Arbeit der Staatsversammlung in Übereinstimmung mit der Hausordnung und der Geschäftsordnung der Staatsversammlung organisieren.

§ 70

Die Beschlußfähigkeit der Staatsversammlung wird im Gesetz über ihre Hausordnung geregelt. Eine außerordentliche Sitzung der Staatsversammlung ist beschlußfähig, wenn mehr als die Hälfte ihrer Mitglieder anwesend ist.

§ 71

Die Staatsversammlung bildet Kommissionen.

Die Mitglieder der Staatsversammlung haben das Recht, sich in Fraktionen zu vereinigen.

Das Verfahren der Bildung von Kommissionen und Fraktionen sowie deren Rechte werden durch die Hausordnung der Staatsversammlung festgelegt.

§ 72

Die Sitzungen der Staatsversammlung sind öffentlich, sofern die Staatsversammlung nicht mit Zweidrittelmehrheit etwas anderes entscheidet.

Die Abstimmung in der Staatsversammlung ist öffentlich. Geheime Abstimmungen werden in den durch die Verfassung oder die Hausordnung der Staatsversammlung festgelegten Fällen nur bei der Wahl oder Ernennung von Amtspersonen vorgenommen.

§ 73

Akte der Staatsversammlung werden mit der Mehrheit der Zustimmungen angenommen, wenn die Verfassung nichts anderes bestimmt.

§ 74

Mitglieder der Staatsversammlung haben das Recht, sich mit einer Anfrage an die Regierung der Republik oder ihre Mitglieder, den Vorsitzenden des Rates der Estnischen Bank, den Präsidenten der Estnischen Bank, den Staatskontrolleur, den Justizkanzler und den Befehlshaber oder Oberbefehlshaber der Streitkräfte zu wenden.

Anfragen sind während der Sitzung der Staatsversammlung im Verlauf von zwanzig Sitzungstagen zu beantworten.

§ 75

Die Vergütungen für die Mitglieder der Staatsversammlung sowie Beschränkungen ihrer sonstigen Arbeitseinkünfte werden durch Gesetz festgelegt, das von der nächsten Zusammensetzung der Staatsversammlung geändert werden kann.

§ 76

Das Mitglied der Staatsversammlung genießt Immunität. Es kann nur auf Vorschlag des Justizkanzlers mit der Mehrheit der Zusammensetzung der Staatsversammlung strafrechtlich zur Verantwortung gezogen werden.

V. Abschnitt
Der Präsident der Republik

§ 77

Der Präsident der Republik ist das Staatsoberhaupt Estlands.

§ 78

Der Präsident der Republik:

1) vertritt die Republik Estlands in den internationalen Beziehungen;
2) ernennt und entläßt auf Vorschlag der Regierung der Republik diplomatische Vertreter der Republik Estland und empfängt die Beglaubigungsschreiben der in Estland akkreditierten diplomatischen Vertreter;
3) beraumt die ordentlichen Wahlen zur Staatsversammlung und die nach §§ 89, 97, 105 und 119 der Verfassung durchzuführenden außerordentlichen Wahlen zur Staatsversammlung an;
4) beruft gemäß § 66 der Verfassung die Staatsversammlung in ihrer neuen Zusammensetzung ein und eröffnet diese erste Sitzung;
5) macht dem Vorsitzenden der Staatsversammlung gemäß § 68 der Verfassung den Vorschlag, eine außerordentliche Sitzungsperiode der Staatsversammlung einzuberufen;
6) verkündet gemäß §§ 109 und 110 der Verfassung Gesetze und unterzeichnet die Ratifikationsurkunden;
7) erläßt Verordnungen gemäß §§ 109 und 110 der Verfassung;
8) initiiert Verfassungsänderungen;
9) bestimmt gemäß § 89 der Verfassung den Kandidaten für den Premierminister;

10) ernennt die Mitglieder der Regierung gemäß §§ 89, 90 und 92 der Verfassung und entläßt sie aus dem Amt;
11) macht der Staatsversammlung den Vorschlag, den Vorsitzenden des Staatsgerichtshofs, den Vorsitzenden des Rates der Estnischen Bank, den Staatskontrolleur, den Justizkanzler und den Befehlshaber oder Oberbefehlshaber der Streitkräfte zu ernennen;
12) ernennt auf Vorschlag des Rates der Estnischen Bank den Präsidenten der Estnischen Bank;
13) ernennt auf Vorschlag des Staatsgerichtshofs die Richter;
14) ernennt auf Vorschlag der Regierung und des Befehlshabers der Streitkräfte die Führung der Streitkräfte und entläßt sie aus dem Amt;
15) verleiht staatliche Auszeichnungen sowie militärische und diplomatische Ehrentitel;
16) ist der Oberbefehlshaber der estnischen Landesverteidigung;
17) empfiehlt der Staatsversammlung die Verkündung des Kriegszustandes, der Mobilmachung und Demobilisierung sowie gemäß § 129 der Verfassung des Ausnahmezustandes;
18) verkündet im Falle einer gegen Estland gerichteten Aggression den Kriegszustand und die Mobilmachung und ernennt gemäß § 128 der Verfassung den Oberbefehlshaber der Streitkräfte;
19) befreit Verurteilte auf ihr Gesuch im Rahmen einer Amnestie vom Vollzug ihrer Strafe oder mildert die Strafe;
20) initiiert gemäß § 145 der Verfassung die strafrechtliche Verantwortung des Justizkanzlers.

§ 79

Den Präsidenten der Republik wählt die Staatsversammlung oder im Falle von Absatz vier dieses Paragraphen die Wahlversammlung.

Das Recht auf Aufstellung eines Kandidaten für das Amt des Staatspräsidenten hat wenigstens ein Fünftel der Zusammensetzung der Staatsversammlung.

Kandidat für das Amt des Staatspräsidenten kann nur ein estnischer Staatsangehöriger kraft Geburt sein, der das vierzigste Lebensjahr vollendet hat.

Der Präsident der Republik wird in geheimer Abstimmung gewählt. Jedes Mitglied der Staatsversammlung hat eine Stimme. Als gewählt gilt derjenige Kandidat, für den wenigstens zwei Drittel der Mitglieder der Staatsversammlung gestimmt haben. Wenn kein Kandidat die notwendige Stimmenzahl erreicht hat, wird am nächsten Tag ein neuer Wahlgang durchgeführt. Vor dem zweiten Wahlgang erfolgt eine erneute Aufstellung der Kandidaten. Wenn im zweiten Wahlgang keiner der Kandidaten die erforderliche Stimmenmehrheit erreicht hat, wird am selben Tag zwischen den zwei im zweiten Wahlgang stimmstärksten Kandidaten ein dritter Wahlgang durchgeführt. Wenn auch im dritten Wahlgang kein Präsident der Republik gewählt wird, beruft der Vorsitzende der Staatsversammlung binnen eines Monats die Wahlversammlung zur Wahl des Staatspräsidenten ein.

Die Wahlversammlung besteht aus den Mitgliedern der Staatsversammlung und den Vertretern der örtlichen Selbstverwaltungsräte. Jeder örtliche Selbstverwaltungsrat wählt wenigstens einen Vertreter, der estnischer Staatsbürger sein muß, in die Wahlversammlung.

Die Staatsversammlung präsentiert der Wahlversammlung die zwei Präsidentschaftskandidaten, die in der Staatsversammlung die meisten Stimmen bekommen haben. Das Recht zur Aufstellung eines Präsidentschaftskandidaten haben auch wenigstens einundzwanzig Mitglieder der Wahlversammlung.

Die Wahlversammlung wählt den Staatspräsidenten mit der Mehrheit der Stimmen der Mitglieder der Wahlversammlung, die an der Abstimmung teilgenommen haben. Wird beim ersten Durchgang kein Kandidat gewählt, findet am selben Tag ein zweiter Wahlgang zwischen den beiden Kandidaten, die die meisten Stimmen erzielt haben, statt.

Das genaue Verfahren der Wahl des Präsidenten der Republik regelt das Gesetz über die Wahl des Präsidenten der Republik.

§ 80

Der Präsident der Republik wird für fünf Jahre in sein Amt gewählt. Niemand kann für mehr als zwei Amtsperioden hintereinander in das Amt des Präsidenten der Republik gewählt werden.

Die ordentlichen Wahlen zum Präsidenten der Republik erfolgen frühestens sechzig Tage und spätestens zehn Tage vor Beendigung der Amtsperiode des Präsidenten der Republik.

§ 81

Der Präsident der Republik tritt sein Amt mit der Abgabe folgenden Amtseides an das estnische Volk vor der Staatsversammlung an: "Das Amt des Präsident der Republik antretend, lege ich (Vorname und Name) den feierlichen Eid ab, die Verfassung und die Gesetze der Republik Estland unerschütterlich zu schützen, die mir übertragene Gewalt gerecht und unparteiisch auszuüben und meine Verpflichtungen mit allen meinen Kräften nach bestem Wissen zu Nutzen des estnischen Volkes und der Republik treu zu erfüllen."

§ 82

Die Befugnisse des Präsidenten der Republik enden:

1) mit dem Rücktritt vom Amt;
2) mit Rechtskraft eines schuldigsprechenden Gerichtsurteils;
3) mit seinem Tod;
4) mit dem Amtsantritt eines neuen Präsidenten der Republik.

§ 83

Ist der Präsident der Republik aufgrund eines Urteiles des Staatsgerichtshofes ständig unfähig, seine Aufgaben zu erfüllen, oder kann er diese in den gesetzlich festgelegten Fällen zeitweilig nicht erfüllen oder sind seine Kompetenzen vorzeitig beendet, gehen seine Vollmachten zeitweilig auf den Vorsitzenden der Staatsversammlung über.

In der Zeit, in der der Vorsitzende der Staatsversammlung die Aufgaben des Präsidenten der Republik erfüllt, ruhen seine Kompetenzen als Vorsitzender der Staatsversammlung.

Der Vorsitzende der Staatsversammlung hat in der Funktion des Präsidenten der Republik nicht das Recht, ohne Zustimmung des Staatsgerichtshofs außerordentliche Wahlen zur Staatsversammlung anzuberaumen oder sich zu weigern, Gesetze zu verkünden.

Wenn der Präsident der Republik seine Amtspflichten länger als drei aufeinanderfolgende Monate nicht erfüllen kann oder seine Vollmachten vorzeitig beendet sind, wählt die Staatsversammlung innerhalb von vierzehn Tagen einen neuen Präsidenten der Republik gemäß § 79 der Verfassung.

§ 84

Mit dem Amtsantritt erlöschen die Vollmachten und Aufgaben des Präsidenten der Republik in allen Wahl- oder Berufungsämtern, und er suspendiert für die Dauer seiner Amtsperiode seine Parteizugehörigkeit.

§ 85

Der Präsident der Republik kann nur auf Vorschlag des Justizkanzlers mit der Zustimmung der Mehrheit der Staatsversammlung strafrechtlich zur Verantwortung gezogen werden.

VI. Abschnitt
Die Regierung der Republik

§ 86

Die vollziehende Staatsgewalt gebührt der Regierung der Republik.

§ 87

Die Regierung der Republik:

1) setzt die staatliche Innen- und Außenpolitik ins Leben um;
2) leitet und koordiniert die Tätigkeit der Regierungseinrichtungen;
3) organisiert den Vollzug von Gesetzen, Entscheidungen der Staatsversammlungen und Akten des Präsidenten der Republik;
4) legt der Staatsversammlung Gesetzesentwürfe sowie zur Ratifikation und Kündigung völkerrechtliche Verträge vor;
5) stellt den Entwurf für den Staatshaushalt zusammen und legt diesen der Staatsversammlung vor, organisiert den Vollzug des Staatshaushalts und präsentiert der Staatsversammlung den Rechenschaftsbericht über den Vollzug des Staatshaushalts;
6) erläßt auf der Grundlage der Gesetze Verordnungen und Verfügungen zum Vollzug der Gesetze;
7) regelt die Beziehungen zu anderen Staaten;

8) verkündet im Falle von Naturunglücken und Katastrophen oder zur Verhinderung der Verbreitung von Epidemien den Ausnahmezustand im gesamten Staat oder einem Teil desselben;
9) erfüllt andere Aufgaben, die durch die Verfassung und Gesetze der Regierung der Republik zur Entscheidung übertragen wurden.

§ 88

Zur Regierung der Republik gehören der Premierminister und die Minister.

§ 89

Der Präsident der Republik bestimmt im Verlauf von vierzehn Tagen nach Rücktritt der Regierung der Republik den Kandidaten für das Amt des Premierministers, den er mit der Bildung der neuen Regierung beauftragt.

Der Kandidat für das Amt des Premierministers trägt der Staatsversammlung innerhalb von vierzehn Tagen ab Beauftragung mit der Regierungsbildung die Grundlagen für die Bildung der künftigen Regierung vor, wonach die Staatsversammlung ohne Aussprache in offener Abstimmung über die Erteilung der Vollmacht zur Regierungsbildung an den Kandidaten für das Amt des Ministerpräsidenten entscheidet.

Der von der Staatsversammlung mit der Regierungsbildung beauftragte Premierministerkandidat stellt innerhalb von sieben Tagen die Zusammensetzung der Regierung dem Präsidenten der Republik vor, der innerhalb von drei Tagen die Regierung ernennt.

Wenn der vom Präsidenten der Republik bestimmte Kandidat für das Amt des Premierministers nicht die Zustimmung der Mehrheit der Staatsversammlung erhält oder keine Regierung bilden kann oder davon Abstand nimmt, hat der Präsident der Republik das Recht, im Verlauf von sieben Tagen einen anderen Kandidaten für das Amt des Premierministers aufzustellen.

Wenn der Präsident der Republik innerhalb von sieben Tagen keinen Kandidaten für das Amt des Premierministers ernennt oder davon Abstand nimmt oder wenn der zweite Kandidat nicht gemäß den Bedingungen und Fristen der Abs. 2-3 dieses Paragraphen die Vollmacht der Staatsversammlung erhält oder keine Regierung bilden kann oder davon Abstand nimmt, geht das Recht auf Nominierung eines Kandidaten für das Amt des Premierministers auf die Staatsversammlung über.

Die Staatsversammlung stellt den Kandidaten für das Amt des Premierministers auf, der die Zusammensetzung der Regierung dem Präsidenten der Republik vorstellt. Ist die Zusammensetzung der Regierung nicht innerhalb von vierzehn Tagen, ab dem Tag des Übergangs des Rechtes zur Nominierung des Kandidaten für das Amt des Premierministers auf die Staatsversammlung dem Präsidenten der Republik nicht bekannt gemacht worden, beraumt der Präsident der Republik Neuwahlen aus.

§ 90

Änderungen in der Zusammensetzung der ernannten Regierung nimmt der Präsident der Republik auf Vorschlag des Premierministers vor.

§ 91

Die Regierung tritt ihr Amt mit der Abgabe des Amtseides vor der Staatsversammlung an.

§ 92

Die Regierung der Republik tritt zurück:

1) mit Zusammentritt der Staatsversammlung in neuer Zusammensetzung;
2) im Falle des Rücktritts oder Todes des Premierministers;
3) im Falle eines Mißtrauensvotums gegenüber der Regierung der Republik oder dem Premierminister.

Der Präsident der Republik entläßt die Regierung der Republik bei Amtsantritt der neuen Regierung aus dem Amt.

§ 93

Der Premierminister vertritt die Regierung der Republik und leitet ihre Tätigkeit. Der Premierminister ernennt zwei Minister, die das Recht haben, den Premierminister während seiner Abwesenheit zu vertreten. Die Reihenfolge der Stellvertretung bestimmt der Premierminister.

§ 94

Zur Organisation der Verwaltungszweige werden aufgrund Gesetz entsprechende Ministerien errichtet.

Ein Minister leitet das Ministerium, organisiert die in das Verwaltungsgebiet des Ministeriums gehörende Fragen, gibt auf der Grundlage des Gesetzes und zum Vollzug der Gesetze Erlasse und Anordnungen aus und erfüllt sonstige Aufgaben, die ihm auf gesetzlicher Grundlage und im gesetzlichen Verfahren übertragen worden sind.

Wenn ein Minister aus Krankheitsgründen oder infolge sonstiger Hindernisse zeitweilig seine Aufgaben nicht erfüllen kann, überträgt der Premierminister für diese Zeit seine Aufgaben einem anderen Minister.

Der Präsident der Republik kann auf Vorschlag des Premierministers auch Minister ohne Portfeuille ernennen.

§ 95

Bei der Regierung der Republik besteht die Staatskanzlei, die vom Staatssekretär geleitet wird.

Den Staatssekretär ernennt und entläßt der Premierminister.

Der Staatssekretär nimmt mit dem Recht auf Wortmeldung an den Sitzungen der Regierung teil.

Der Staatssekretär hat als Leiter der Staatskanzlei dieselben Rechte, die durch Gesetz einem Minister zur Leitung eines Ministeriums übertragen sind.

§ 96

Die Sitzungen der Regierung sind nicht öffentlich, sofern die Regierung nicht etwas anderes beschließt.

Die Regierung trifft ihre Entscheidungen auf Vorschlag des Premierministers oder des zuständigen Fachministers.

Die Verordnungen der Regierung gelten, wenn sie vom Premierminister, dem zuständigen Fachminister und dem Staatssekretär unterzeichnet wurden.

§ 97

Die Staatsversammlung kann der Regierung der Republik, dem Premierminister oder einem Minister das Mißtrauen durch einen Beschluß aussprechen, für den die Mehrheit der Zusammensetzung der Staatsversammlung stimmt.

Einen Mißtrauensantrag kann wenigstens ein Fünftel der Zusammensetzung der Staatsversammlung schriftlich während einer Sitzung der Staatsversammlung stellen.

Über den Mißtrauensantrag kann frühestens am übernächsten Tag nach seiner Einreichung entschieden werden, sofern die Regierung keine schnellere Entscheidung verlangt.

Im Falle eines Mißtrauensvotums gegenüber der Regierung oder dem Premierminister kann der Präsident der Republik auf Vorschlag der Regierung innerhalb von drei Tagen außerordentliche Wahlen zur Staatsversammlung anberaumen.

Im Falle eines Mißtrauensvotums gegenüber einem Minister berichtet der Premierminister hierüber dem Präsidenten der Republik, der den Minister vom Amt entbindet.

Ein Mißtrauensantrag kann aus dem selben Grund frühestens drei Monate nach Abstimmung über den vorherigen Mißtrauensantrag gestellt werden.

§ 98

Die Regierung der Republik kann die Annahme eines von ihr der Staatsversammlung vorgelegten Entwurfes mit der Vertrauensfrage verbinden.

Die Abstimmung kann nicht früher als am übernächsten Tag nach der Verknüpfung des Entwurfes mit der Vertrauensfrage stattfinden. Wenn die Staatsversammlung den Entwurf nicht annimmt, tritt die Regierung zurück.

§ 99

Regierungsmitglieder der Republik dürfen weder ein anderes Staatsamt innehaben noch der Leitung, oder dem Rat eines Erwerbsunternehmens angehören.

§ 100

Die Mitglieder der Regierung der Republik dürfen mit dem Recht auf Wortmeldung an den Sitzungen der Staatsversammlung und deren Kommissionen teilnehmen.

§ 101

Ein Mitglied der Regierung der Republik kann nur auf Vorschlag des Justizkanzlers mit der Zustimmung der Mehrheit der Zusammensetzung der Staatsversammlung strafrechtlich zur Verantwortung gezogen werden.

Mit Rechtskraft eines schuldigsprechenden Gerichtsurteils gegen ein Mitglied der Regierung enden dessen Vollmachten.

VII. Abschnitt
Die Gesetzgebung

§ 102
Gesetze werden in Übereinstimmung mit der Verfassung angenommen.

§ 103
Das Recht zur Gesetzesinitiative hat:

1) ein Mitglied der Staatsversammlung;
2) eine Fraktion der Staatsversammlung;
3) eine Kommission der Staatsversammlung;
4) die Regierung der Republik;
5) der Präsident der Republik für eine Verfassungsänderung.

Die Staatsversammlung hat das Recht, sich mit Stimmenmehrheit der Zusammensetzung an die Regierung mit dem Vorschlag zu wenden, einen von ihr erwünschten Entwurf einzubringen.

§ 104
Das Verfahren der Verabschiedung von Gesetzen regelt die Hausordnung der Staatsversammlung.

Nur mit Stimmenmehrheit der Zusammensetzung der Staatsversammlung können folgende Gesetze angenommen oder geändert werden:

1) das Staatsangehörigkeitsgesetz;
2) das Gesetz über die Wahl der Staatsversammlung;
3) das Gesetz über die Wahl des Präsidenten der Republik;
4) das Gesetz über die Wahl der örtlichen Selbstverwaltung;
5) das Gesetz über die Volksabstimmung;
6) das Gesetz über die Hausordnung der Staatsversammlung und über die Geschäftsordnung der Staatsversammlung;
7) das Gesetz über die Vergütung für den Präsidenten der Republik und die Mitglieder der Staatsversammlung;
8) das Gesetz über die Regierung der Republik;
9) das Gesetz über die gerichtliche Verantwortlichkeit des Präsidenten und der Mitglieder der Regierung der Republik;
10) das Gesetz über die Kulturautonomie der nationalen Minderheiten;
11) das Gesetz über den Staatshaushalt;
12) das Gesetz über die Estnische Bank;
13) das Gesetz über die Staatskontrolle;
14) das Gerichtsverfassungsgesetz und das Gerichtsverfahrensgesetz;
15) Gesetze über Auslands- und Inlandsanleihen, sowie Gesetze, die materielle Verpflichtungen des Staates betreffen;
16) das Gesetz über den Ausnahmezustand;
17) das Gesetz über die Landesverteidigung in Friedenszeiten und das Gesetz über die Landesverteidigung in Kriegszeiten.

§ 105

Die Staatsversammlung hat das Recht, einen Gesetzesentwurf oder eine andere das Staatsleben betreffende Frage einer Volksabstimmung zu unterwerfen.

Ein Volksentscheid ergeht mit der Mehrheit der Stimmen derjenigen, die an der Abstimmung teilgenommen haben.

Das in einer Volksabstimmung angenommene Gesetz wird vom Präsidenten der Republik unverzüglich verkündet. Die Entscheidung der Volksabstimmung ist für alle Staatsorgane verbindlich.

Erlangt der einer Volksabstimmung unterworfene Gesetzentwurf nicht die Zustimmung der Mehrheit, beraumt der Präsident der Republik außerordentliche Wahlen an.

§ 106

Einer Volksabstimmung dürfen Fragen des Haushalts, der Steuern, der monetären Verpflichtungen des Staates, der Ratifizierung oder Kündigung völkerrechtlicher Verträge, der Verhängung und Aufhebung des Ausnahmezustandes sowie der Landesverteidigung nicht unterworfen werden.

Das Verfahren der Volksabstimmung bestimmt das Gesetz über die Volksabstimmung.

§ 107

Gesetze werden vom Präsidenten der Republik verkündet.

Der Präsident kann ein von der Staatsversammlung angenommenes Gesetz unverkündet lassen und innerhalb von vierzehn Tagen ab Zugang mit einer begründeten Entscheidung an die Staatsversammlung zur erneuten Beratung und Entscheidung zurückweisen. Nimmt die Staatsversammlung ein vom Präsidenten zurückverwiesenes Gesetz in unveränderter Fassung erneut an, verkündet der Präsident der Republik das Gesetz oder wendet sich an den Staatsgerichtshof mit dem Vorschlag, das Gesetz für verfassungswidrig zu erklären. Erklärt der Staatsgerichtshof das Gesetz für verfassungsmäßig, verkündet es der Präsident der Republik.

§ 108

Das Gesetz tritt am zehnten Tage nach seiner Veröffentlichung im Staatsanzeiger in Kraft, sofern im Gesetz selbst kein anderer Zeitpunkt bestimmt ist.

§ 109

Wenn die Staatsversammlung nicht zusammentreten kann, kann der Präsident der Republik im Falle unaufschiebbarer staatlicher Notwendigkeiten Verordnungen mit Gesetzeskraft erlassen, die vom Vorsitzenden der Staatsversammlung und dem Premierminister unterzeichnet werden.

Ist die Staatsversammlung zusammengetreten, legt der Präsident der Republik die Verordnungen der Staatsversammlung vor, die unverzüglich ein Gesetz über ihre Annahme oder Aufhebung annimmt.

§ 110

Durch Verordnung der Präsidenten der Republik können weder die Verfassung noch die in § 104 der Verfassung aufgezählten Gesetze noch staatliche Steuern regelnde Gesetze oder der Staatshaushalt angenommen, geändert oder aufgehoben werden.

VIII. Abschnitt
Finanzwesen und Staatshaushalt

§ 111

Das ausschließliche Recht zur Emission estnischen Geldes gebührt der Estnischen Bank. Die Estnische Bank regelt den Geldumlauf und garantiert die Stabilität der staatlichen Währung.

§ 112

Die Estnische Bank handelt auf der Grundlage des Gesetzes und legt vor der Staatsversammlung Rechenschaft ab.

§ 113

Staatliche Steuern, Lasten, Gebühren, Strafen und Pflichtversicherungsbeiträge werden durch Gesetz festgelegt.

§ 114

Besitz und Nutzung sowie die Verfügung über das Staatsvermögen werden durch Gesetz geregelt.

§ 115

Für jedes Jahr nimmt die Staatsversammlung einen Haushaltsplan für alle Einnahmen und Ausgaben des Staates in der Form eines Gesetzes an.

Die Regierung der Republik legt der Staatsversammlung den Haushaltsplanentwurf spätestens drei Monate vor Beginn des Haushaltsjahres vor.

Auf Vorschlag der Regierung kann die Staatsversammlung während des Haushaltsjahres einen Nachtragshaushalt beschließen.

§ 116

Einem Vorschlag zur Änderung des Haushalts oder dessen Entwurfs, der eine Verringerung der hier vorgesehenen Einnahmen, eine Erhöhung oder Umverteilung der Ausgaben bedingt, ist vom Antragsteller eine Finanzrechnung beizufügen, die die zur Deckung der Ausgaben notwendigen Einkommensquellen aufzeigt.

Die Staatsversammlung darf in den Staatshaushalt oder dessen Entwurf einbezogene Ausgaben, die in anderen Gesetzen vorgesehen sind, weder streichen noch reduzieren.

§ 117
Das Verfahren der Zusammenstellung und Annahme des Staatshaushalts bestimmt ein Gesetz.

§ 118
Der von der Staatsversammlung angenommene Staatshaushalt tritt am Beginn des Haushaltsjahres in Kraft. Wenn die Staatsversammlung zu Beginn des Haushaltsjahres keinen Haushalt annimmt, können jeden Monat Ausgaben bis zur Höhe eines Zwölftels der Ausgaben des vorhergehenden Haushaltsjahres getätigt werden.

§ 119
Wenn die Staatsversammlung den Staatshaushalt nicht innerhalb der ersten beiden Monate des Haushaltsjahres angenommen hat, beraumt der Präsident der Republik außerordentliche Wahlen zur Staatsversammlung an.

IX. Abschnitt
Auswärtige Beziehungen und völkerrechtliche Verträge

§ 120
Die Beziehungen der Republik Estland zu anderen Staaten und internationalen Organisationen werden gesetzlich geregelt.

§ 121
Die Staatsversammlung ratifiziert und kündigt Verträge der Republik Estland,

1) die Staatsgrenzen ändern;
2) zu deren Erfüllung die Annahme, Änderung oder Aufhebung estnischer Gesetze notwendig ist;
3) gemäß derer die Republik Estland internationalen Organisationen oder Bündnissen beitritt;
4) mit denen die Republik Estland militärische oder materielle Verpflichtungen übernimmt;
5) die eine Ratifikation vorsehen.

§ 122
Die Festlandsgrenze Estlands ist durch den Friedensvertrag von Tartu vom 2. Februar 1920 und andere zwischenstaatliche Grenzverträge festgelegt. Die estnischen See- und Luftgrenzen werden aufgrund völkerrechtlicher Konventionen festgelegt.

Die Ratifikation von Verträgen, die die estnische Grenze ändern, erfordert eine Stimmenmehrheit von zwei Dritteln der Zusammensetzung der Staatsversammlung.

§ 123

Die Republik Estland schließt keine völkerrechtlichen Verträge ab, die der Verfassung widersprechen.

Wenn estnische Gesetze oder andere Akte von der Staatenversammlung ratifizierten völkerrechtlichen Verträgen widersprechen, werden die Bestimmungen der völkerrechtlichen Verträge angewandt.

X. Abschnitt
Die Landesverteidigung

§ 124

Estnische Staatsbürger sind verpflichtet, auf gesetzlich festgelegter Grundlage und im gesetzlich bestimmten Verfahren an der Landesverteidigung teilzunehmen.

Wehrdienstverweigerer aus religiösen oder moralischen Gründen sind verpflichtet, einen Ersatzdienst in dem gesetzlich festgelegten Verfahren zu leisten.

Wenn das Gesetz nicht im Interesse der Besonderheit des Dienstes etwas anderes vorsieht, haben Personen, die sich in den Streitkräften oder im Ersatzdienst befinden, alle verfassungsmäßigen Rechte, Freiheiten und Pflichten. Eine Einschränkung der in §§ 8 Absatz 3-4, 11-18, 20 Absatz 3, 21-28, 32, 33, 36-43, 44 Absatz 1-2 und 49-51 vorgesehenen Rechte und Freiheiten ist nicht zulässig. Die Rechtsstellung von Personen im Militär- oder Ersatzdienst regelt ein Gesetz.

§ 125

Eine Person im aktiven Dienst darf weder ein Wahl- oder Berufungsamt ausüben noch sich an der Tätigkeit einer Partei beteiligen.

§ 126

Die Organisation der Landesverteidigung regeln das Gesetz über die Landesverteidigung in Friedenszeiten und das Gesetz über die Landesverteidigung in Kriegszeiten.

Die Organisation der estnischen Streitkräfte und Staatsschutzorganisationen regelt ein Gesetz.

§ 127

Der Präsident der Republik ist Oberbefehlshaber der Streitkräfte.

Beim Präsidenten der Republik besteht als beratendes Organ der Landesverteidigungsrat, dessen Zusammensetzung und Aufgaben gesetzlich geregelt werden.

In Friedenszeiten führt der Befehlshaber der Streitkräfte, in Kriegszeiten der Oberbefehlshaber der Streitkräfte sowie die Staatsschutzorganisationen. Der Befehlshaber und der Oberbefehlshaber werden auf Vorschlag des Präsidenten der Republik von der Staatsversammlung ernannt und aus dem Amt entlassen.

§ 128

Die Staatsversammlung verhängt auf Vorschlag des Präsidenten der Republik den Kriegszustand, die Mobilmachung und Demobilisierung und entscheidet über den

Einsatz der Streitkräfte zur Erfüllung internationaler Verpflichtungen des estnischen Staates.

Im Falle einer gegen die Republik Estland gerichteten Aggression verkündet der Präsident der Republik den Kriegszustand und die Mobilmachung und ernennt, ohne eine Entscheidung der Staatsversammlung abzuwarten, den Oberbefehlshaber der Streitkräfte.

§ 129

Im Falle einer die Verfassungsordnung Estlands bedrohenden Gefahr kann die Staatsversammlung auf Vorschlag des Präsidenten der Republik oder der Regierung der Republik mit der Mehrheit ihrer Zusammensetzung im gesamten Staat den Ausnahmezustand verkünden, jedoch nicht länger als für drei Monate.
Die Ordnung des Ausnahmezustandes regelt ein Gesetz.

§ 130

Während des Ausnahme- oder Kriegszustandes können im Interesse der Staatssicherheit und der öffentlichen Ordnung in den gesetzlich vorgesehenen Fällen und Verfahren Rechte und Freiheiten des Einzelnen eingeschränkt und diesen Pflichten auferlegt werden. Nicht eingeschränkt werden dürfen die Rechte und Freiheiten, die in den §§ 8, 11-18, 20 Abs. 3, 22, 23, 24 Abs. 2 und 4, 25, 27, 28, 36 Abs. 2, 40, 41, 49 und 51 Abs. 1 garantiert sind.

§ 131

Während des Ausnahme- und Kriegszustandes werden weder die Staatsversammlung, der Präsident der Republik, noch die Vertretungsorgane der örtlichen Selbstverwaltung gewählt oder deren Vollmachten beendet.

Die Vollmachten der Staatsversammlung, des Präsidenten der Republik und der Abgeordnetenversammlung der örtlichen Selbstverwaltungen werden verlängert, wenn sie während eines Ausnahme- oder Kriegszustandes oder im Verlauf von drei Monaten ab Beendigung des Ausnahme- oder Kriegszustandes enden würden. In diesem Falle werden innerhalb von drei Monaten ab Beendigung des Ausnahme- oder Kriegszustandes Neuwahlen anberaumt.

XI. Abschnitt
Die Staatskontrolle

§ 132

Die Staatskontrolle ist ein in ihrer Tätigkeit unabhängiges Staatsorgan, das die Wirtschaftskontrolle durchführt.

§ 133

Die Staatskontrolle überprüft:

1) die wirtschaftliche Tätigkeit der Staatseinrichtungen, Staatsunternehmen und sonstiger staatlicher Organisationen;
2) die Verwendung und Bewahrung des staatlichen Eigentums;

3) die Verwendung des und die Verfügung über das den örtlichen Selbstverwaltungen anvertraute Staatseigentum(s);
4) die Wirtschaftstätigkeit derjenigen Unternehmen, in denen der Staat mehr als die Hälfte der durch Einlagen oder Aktien vertretenen Stimmen besitzt oder deren Anleihen oder vertragliche Verpflichtungen vom Staat garantiert werden.

§ 134

Die Staatskontrolle leitet der Staatskontrolleur, der von der Staatsversammlung auf Vorschlag des Präsidenten der Republik ernannt und abberufen wird.

Die Amtsperiode des Staatskontrolleurs beträgt fünf Jahre.

§ 135

Der Staatskontrolleur legt der Staatsversammlung eine Übersicht über die Verwendung des und die Verfügung über das Staatsvermögen(s) im letzten Haushaltsjahr gleichzeitig mit der Berichterstattung über den Vollzug des Staatshaushaltes zur Erörterung in der Staatsversammlung vor.

§ 136

Der Staatskontrolleur kann in Angelegenheiten, die in seine Zuständigkeit fallen, mit dem Recht auf Wortmeldung an den Sitzungen der Regierung der Republik teilnehmen.

Der Staatskontrolleur hat als Leiter seines Amtes die gleichen Rechte, die durch Gesetz einem Minister als Leiter eines Ministeriums übertragen sind.

§ 137

Das Verfahren der Staatskontrolle wird durch Gesetz bestimmt.

§ 138

Der Staatskontrolleur darf nur auf Vorschlag des Justizkanzlers mit Zustimmung der Mehrheit der Mitglieder der Staatsversammlung strafrechtlich zur Verantwortung gezogen werden.

XII. Abschnitt
Der Justizkanzler

§ 139

Der Justizkanzler ist eine in ihrer Tätigkeit unabhängige Amtsperson, die die Aufsicht über die Verfassungs- und Gesetzmäßigkeit der gesetzgebenden und vollziehenden Staatsgewalt sowie über die rechtsschöpfenden Akte der örtlichen Selbstverwaltung ausübt.

Der Justizkanzler analysiert die ihm zugeleiteten Vorschläge zu Gesetzesänderungen, zur Annahme neuer Gesetze und in Bezug auf die Arbeit der Staatsorgane und erstattet im Falle der Notwendigkeit der Staatsversammlung Bericht.

Der Justizkanzler macht der Staatsversammlung in den in §§ 76, 85, 101, 138 und 153 der Verfassung vorgesehenen Fällen den Vorschlag, ein Mitglied der

Staatsversammlung, den Präsidenten der Republik, ein Mitglied der Regierung der Republik, den Staatskontrolleur, den Vorsitzenden des Staatsgerichtshofs oder ein Mitglied des Staatsgerichtshofes strafrechtlich zur Verantwortung zu ziehen.

§ 140

Der Justizkanzler wird auf Vorschlag des Präsidenten der Republik von der Staatsversammlung für sieben Jahre ernannt.

Der Justizkanzler kann nur kraft Gerichtsurteil seines Amtes entbunden werden.

§ 141

Der Justizkanzler hat bei der Leitung seiner Kanzlei dieselben Rechte, die durch Gesetz einem Minister zur Leitung eines Ministeriums übertragen sind.

Der Justizkanzler kann mit dem Recht auf Wortmeldung an Sitzungen der Staatsversammlung und der Regierung der Republik teilnehmen.

§ 142

Ist der Justizkanzler der Meinung, daß ein rechtsschöpfender Akt der gesetzgebenden oder vollziehenden Staatsgewalt oder der örtlichen Selbstverwaltung verfassungs- oder gesetzwidrig ist, macht er demjenigen Staatsorgan, das den Akt angenommen hat, den Vorschlag, diesen innerhalb von zwanzig Tagen mit der Verfassung oder mit dem Gesetz in Einklang zu bringen.

Ist der Akt nicht innerhalb von zwanzig Tagen mit der Verfassung oder dem Gesetz in Einklang gebracht worden, macht der Justizkanzler dem Staatsgerichtshof den Vorschlag, den Akt für ungültig zu erklären.

§ 143

Der Justizkanzler legt der Staatsversammlung einmal jährlich eine Übersicht über die Verfassungs- und Gesetzmäßigkeit der rechtsschöpfenden Akte der gesetzgebenden und vollziehenden Organe der Staatsgewalt und der örtlichen Selbstverwaltung vor.

§ 144

Die Rechtsstellung des Justizkanzlers und die Arbeitsordnung seiner Kanzlei regelt ein Gesetz.

§ 145

Der Justizkanzler kann nur auf Vorschlag des Präsidenten der Republik mit Zustimmung der Mehrheit der Zusammensetzung der Staatsversammlung strafrechtlich zur Verantwortung gezogen werden.

XIII. Abschnitt
Das Gericht

§ 146

Nur ein Gericht darf Recht sprechen. Das Gericht ist in seiner Tätigkeit unabhängig und spricht Recht nur im Einklang mit der Verfassung und den Gesetzen.

§ 147

Richter werden auf Lebenszeit in ihr Amt berufen. Die Gründe und das Verfahren der Amtsenthebung eines Richters werden gesetzlich festgelegt.

Richter dürfen nur aufgrund einer gerichtlichen Entscheidung aus dem Amt entlassen werden.

Richter dürfen außer in den gesetzlich vorgesehenen Fällen in keinem anderen Wahl- oder Berufungsamt stehen.

Die Grundlagen der Unabhängigkeit der Richter und ihre Rechtsstellung bestimmt das Gesetz.

§ 148

Das Gerichtssystem besteht aus:

1) den Land- und Stadtgerichten sowie den Verwaltungsgerichten;
2) den Bezirksgerichten;
3) dem Staatsgerichtshof.

Die Errichtung von Sondergerichten für bestimmte Gerichtssachen bestimmt ein Gesetz.

Die Errichtung von außerordentlichen Gerichten ist verboten.

§ 149

Die Land- und Stadtgerichte sowie die Verwaltungsgerichte sind Gerichte der ersten Instanz. Die Bezirksgerichte sind Gerichte der zweiten Instanz und prüfen im Appellationsverfahren Entscheidungen der ersten Instanz.

Der Staatsgerichtshof ist das oberste Gericht des Staates, das Gerichtsentscheidungen im Kassationsverfahren überprüft. Der Staatsgerichtshof ist gleichzeitig auch Gericht der Verfassungsaufsicht.

Die Gerichtsordnung und das Gerichtsverfahren werden durch Gesetz bestimmt.

§ 150

Der Vorsitzende des Staatsgerichtshofs wird auf Vorschlag des Präsidenten der Republik von der Staatsversammlung ernannt.

Die Mitglieder des Staatsgerichtshofs ernennt die Staatsversammlung auf Vorschlag des Vorsitzenden des Staatsgerichtshofs.

Die anderen Richter werden vom Präsidenten der Republik auf Vorschlag des Staatsgerichtshofes ernannt.

§ 151
Die Regelung der Vertretung, der Verteidigung, der staatlichen Anklage sowie der Kontrolle der Gesetzlichkeit im Gerichtsverfahren regelt ein Gesetz.

§ 152
Das Gericht wendet bei Entscheidung einer Gerichtssache kein Gesetz oder sonstigen Rechtsakt an, der im Widerspruch zur Verfassung steht.

Der Staatsgerichtshof erklärt jedes Gesetz oder sonstigen Rechtsakt für ungültig, der im Widerspruch zu Wort und Sinn der Verfassung steht.

§ 153
Richter dürfen während ihrer Amtszeit nur auf Vorschlag des Staatsgerichtshofs mit Zustimmung des Präsidenten der Republik strafrechtlich zur Verantwortung gezogen werden.

Der Vorsitzende und die Mitglieder des Staatsgerichtshofs können nur auf Vorschlag des Justizkanzlers mit Zustimmung der Mehrheit der Zusammensetzung der Staatsversammlung strafrechtlich zur Verantwortung gezogen werden.

XIV. Abschnitt
Die örtliche Selbstverwaltung

§ 154
Alle Fragen des örtlichen Lebens entscheiden und regeln die örtlichen Selbstverwaltungen, die auf der Grundlage der Gesetze selbständig handeln.

Der örtlichen Selbstverwaltung können Verpflichtungen nur aufgrund eines Gesetzes oder aufgrund einer Übereinkunft mit der örtlichen Selbstverwaltung auferlegt werden. Die mit den der örtlichen Selbstverwaltung gesetzlich auferlegten staatlichen Verpflichtungen verbundenen Kosten werden aus dem Staatshaushalt ersetzt.

§ 155
Die Einheiten der örtlichen Selbstverwaltung sind die Gemeinden und die Städte. Andere Einheiten der örtlichen Selbstverwaltung können auf gesetzlich festgelegter Grundlage gesetzlich und im gesetzlichen Verfahren gebildet werden.

§ 156
Das Vertretungsorgan der örtlichen Selbstverwaltung ist die Abgeordnetenversammlung, die in freien Wahlen für drei Jahre gewählt wird. Die Wahlen sind allgemein, gleich und direkt. Die Abstimmung erfolgt geheim.

Bei den Wahlen zur Abgeordnetenversammlung der örtlichen Selbstverwaltung sind unter den gesetzlich festgelegten Bedingungen diejenigen Personen stimmberechtigt, die ständig auf dem Territorium dieser Selbstverwaltung wohnen und das achtzehnte Lebensjahr vollendet haben.

§ 157

Die örtliche Selbstverwaltung hat einen selbständigen Haushalt, dessen Aufstellungsgrundlagen und -verfahren ein Gesetz bestimmt.

Die örtlichen Selbstverwaltungen haben auf der Grundlage des Gesetzes das Recht, Steuern einzuführen und zu erheben sowie andere Lasten aufzuerlegen.

§ 158

Die Grenzen der örtlichen Selbstverwaltungseinheiten dürfen ohne Anhörung der entsprechenden Selbstverwaltungen nicht geändert werden.

§ 159

Die örtlichen Selbstverwaltungen haben das Recht mit anderen örtlichen Selbstverwaltungen Verbände und gemeinsame Einrichtungen zu bilden.

§ 160

Die Organisation der örtlichen Selbstverwaltung und die Aufsicht über ihre Tätigkeit wird durch Gesetz geregelt.

XV. Abschnitt
Verfassungsänderung

§ 161

Das Recht, eine Verfassungsänderung einzuleiten, haben wenigstens ein Fünftel der Zusammensetzung der Staatsversammlung und der Präsident der Republik.

Die Einleitung einer Verfassungsänderung sowie eine Verfassungsänderung während eines Ausnahme- oder Kriegszustandes ist unzulässig.

§ 162

Abschnitt I "Allgemeine Bestimmungen" sowie Abschnitt XV "Verfassungsänderung" der Verfassung können nur durch Volksabstimmung geändert werden.

§ 163

Die Verfassung kann durch ein Gesetz geändert werden, das angenommen wurde:

1) durch Volksabstimmung;
2) durch die Staatsversammlung in zwei aufeinanderfolgenden Zusammensetzungen;
3) durch die Staatsversammlung im Dringlichkeitsverfahren.

Der Gesetzesentwurf zur Verfassungsänderung wird in der Staatsversammlung in drei Lesungen erörtert, wobei zwischen erster und zweiter Lesung mindestens drei Monate und zwischen zweiter und dritter mindestens ein Monat verstreichen müssen. Die Art der Verfassungsänderung wird anläßlich der dritten Lesung entschieden.

§ 164

Um eine Gesetzesvorlage zur Verfassungsänderung einer Volksabstimmung zuzuleiten, bedarf es einer Dreifünftelmehrheit der Zusammensetzung der Staatsversammlung. Die Volksabstimmung findet frühestens drei Monate nach Annahme des entsprechenden Beschlusses in der Staatsversammlung statt.

§ 165

Zur Verfassungsänderung durch zwei aufeinanderfolgende Zusammensetzungen der Staatsversammlung muß der Entwurf des Verfassungsänderungsgesetzes die Unterstützung der Mehrheit der Zusammensetzung der Staatsversammlung bekommen.

Nimmt die neue Zusammensetzung der Staatsversammlung in erster Lesung mit drei Fünftel ihrer Zusammensetzung eine Gesetzesvorlage zur Verfassungsänderung unverändert an, die die Unterstützung der Mehrheit der vorherigen Zusammensetzung erhalten hat, ist die Gesetzesvorlage zur Verfassungsänderung angenommen.

§ 166

Die Entscheidung, eine Verfassungsänderung im Dringlichkeitsverfahren durchzuführen, wird von der Staatsversammlung mit Vierfünftelmehrheit angenommen. Das Verfassungsänderungsgesetz wird in diesem Falle mit Zweidrittelmehrheit der Zusammensetzung der Staatsversammlung angenommen.

§ 167

Das Verfassungsänderungsgesetz wird vom Präsidenten der Republik verkündet und tritt zu dem vom Gesetz bestimmten Zeitpunkt, jedoch nicht früher als drei Monate nach der Verkündung in Kraft.

§ 168

Eine Verfassungsänderung in der selben Frage darf nicht innerhalb eines Jahres ab dem Tag der Zurückweisung in einer Volksabstimmung oder in der Staatsversammlung eingeleitet werden.

(Deutsche Übersetzung von Henn-Jüri Uibopuu)

F.
STAATSANGEHÖRIGKEITSGESETZ VOM 31. JANUAR 1995

(Riigi Teataja I 1995, Nr. 12, Pos. 122)

I. Abschnitt: Allgemeine Bestimmungen

§ 1. **Staatsangehörige/r* Estlands.** (1) Staatsangehörige/r Estlands ist eine Person, die bei Inkrafttreten des vorliegenden Gesetzes die Staatsangehörigkeit Estlands innehatte, sowie eine Person, die aufgrund des vorliegenden Gesetzes die Staatsangehörigkeit Estlands erworben, bekommen oder wieder erlangt hat.

(2) Ein/e Staatsangehörige/r Estlands kann nicht gleichzeitig die Staatsangehörigkeit eines anderen Staates innehaben.

§ 2. **Erwerb, Verleihung, Wiederherstellung und Verlust der Staatsangehörigkeit Estlands.** (1) Die Staatsangehörigkeit Estlands:

1) wird mit der Geburt erworben;
2) wird auf dem Wege der Einbürgerung verliehen;
3) wird bei einer Person wiederhergestellt, die als Minderjährige die Staatsangehörigkeit Estlands verloren hat;
4) geht verloren mit der Entlassung aus der Staatsangehörigkeit Estlands, ihrer Aberkennung oder der Annahme der Staatsangehörigkeit eines anderen Staates.

(2) Erwerb, Verleihung, Wiederherstellung oder Verlust der Staatsangehörigkeit Estlands erfolgen nach den ihm vorliegenden Gesetz festgelegten Bedingungen und Verfahren.

§ 3. **Vermeidung mehrerer Staatsangehörigkeiten.** Eine Person, die zusätzlich zur Staatsangehörigkeit Estlands bei der Geburt auch die Staatsangehörigkeit eines anderen Staates erwirbt, muß innerhalb von drei Jahren nach ihrem 18. Geburtstag entweder auf die Staatsangehörigkeit Estlands oder die des anderen Staates verzichten.

§ 4. **Staatsangehörigkeitszeugnis.** Einer Person, der die Staatsangehörigkeit Estlands verliehen oder für die sie wiederhergestellt worden ist, wird nach den Bestimmungen des vorliegenden Gesetzes ein Staatsangehörigkeitszeugnis ausgestellt.

---

* Im Estnischen wird zwischen männlich und weiblich nicht unterschieden. Um deutlich zu machen, daß sich das Gesetz auf Personen beiderlei Geschlechts bezieht, hat der Übersetzer die Kennzeichnung durch Schrägstriche gewählt.

II. Abschnitt: Voraussetzungen für den Erwerb und die Verleihung der Staatsangehörigkeit Estlands

§ 5. Erwerb der Staatsangehörigkeit Estlands durch Geburt. (1) Durch die Geburt erwirbt die Staatsangehörigkeit Estlands

1) ein Kind, bei dessen Geburt mindestens einer der beiden Elternteile die Staatsangehörigkeit Estlands innehat;
2) ein nach dem Tod des Vaters geborenes Kind, dessen Vater zum Zeitpunkt seines Todes die Staatsangehörigkeit Estlands innehatte.

(2) Bei einem in Estland aufgefundenen Kind, dessen Eltern unbekannt sind, wird auf Antrag des Vormunds oder der Vormundschaftsbehörde durch Gerichtsbeschluß auf Erwerb der Staatsangehörigkeit durch Geburt erkannt, wenn nicht nachgewiesen worden ist, daß das Kind die Staatsangehörigkeit eines anderen Staates innehat.

(3) Niemandem darf die durch Geburt erworbene Staatsangehörigkeit Estlands entzogen werden.

§ 6. Voraussetzungen für die Verleihung der Staatsangehörigkeit Estlands. Ein/e Ausländer/in, die/der die Staatsangehörigkeit Estlands erhalten will, muß:

1) mindestens 15 Jahre alt sein;
2) auf Grundlage einer ständigen Aufenthaltserlaubnis mindestens fünf Jahre vor dem Tag der Einreichung des schriftlichen Antrags auf Verleihung der Staatsangehörigkeit Estlands und ein Jahr nach dem der Registrierung des schriftlichen Antrags folgenden Tag in Estland gewohnt haben;
3) entsprechend den in § 8 des vorliegenden Gesetzes festgelegten Anforderungen estnisch können;
4) entsprechend den in § 9 des vorliegenden Gesetzes festgelegten Anforderungen die Verfassung und das Staatsangehörigkeitsgesetz der Republik Estland kennen;
5) über ein rechtmäßiges ständiges Einkommen verfügen, das ihren/seinen Lebensunterhalt sowie den Lebensunterhalt der von ihr/ihm zu unterhaltenden Personen sichert;
6) dem Staat Estland gegenüber loyal sein;
7) den Eid leisten: „Indem ich die Staatsangehörigkeit Estlands beantrage, gelobe ich, der verfassungsmäßigen Ordnung Estlands treu zu sein.“

§ 7. Rechtmäßiges ständiges Einkommen. Als rechtmäßiges ständiges Einkommen wird angesehen:

1) rechtmäßig verdienter Lohn auf Grundlage eines Arbeits-, Dienst- oder zivilrechtlichen Vertrags oder einer Mitgliedschaft;
2) Ertrag aus rechtmäßiger Geschäftstätigkeit oder Eigentum;
3) Rente;
4) Stipendium;
5) Unterhalt;
6) staatliche Unterstützungen, darunter Arbeitslosengeld und Kindergeld;

7) Unterhalt durch Familienmitglieder mit rechtmäßigem ständigen Einkommen in Estland.

§ 8. Anforderungen und Bewertung des Estnischkenntnis. (1) Estnischkenntnisse im Sinne des vorliegenden Gesetzes sind die für das Alltagsleben notwendigen Kenntnisse der estnischen Allgemeinsprache.
(2) Die Estnischkenntnis-Anforderungen lauten wie folgt:
1) Hörverständnis (amtliche Veröffentlichung und Bekanntmachung; Gefahren- und Warnungshinweise, Nachrichten, Ereignisbeschreibungen und Erklärungen von Phänomenen);
2) Sprechen (Unterhaltung und Erzählung; Äußern von Fragen, Erklärungen, Annahmen und Befehlen; Meinungsäußerung; Ausdrücken von Wünschen);
3) Leseverständnis (amtliche Veröffentlichung und Bekanntmachung; öffentliche Mitteilung, Nachricht, Musterformulierungen, journalistischer Artikel, Bescheid, Katalog, Gebrauchsanweisung, Verkehrsinformation, Umfrage, Protokoll, Vorschrift);
4) Schreiben (Schreiben eines Antrags, einer Vollmacht, einer Erklärung, eines Lebenslaufs; Ausfüllen eines Fragebogens, von Formularen des täglichen Gebrauchs, eines Tests).
(3) Die estnische Sprachkenntnis wird in einem Examen bewertet. Das Verfahren für die Durchführung des Examens regelt die Staatsregierung.
(4) Eine Person, die das Examen bestanden hat, erhält eine entsprechende Bescheinigung.
(5) Von der Ableistung des Examens befreit sind Personen, die ihre Grund-, Ober- oder Hochschulbildung auf estnisch absolviert haben.

§ 9. Anforderungen und Bewertung der Kenntnis der Verfassung und des Staatsangehörigkeitsgesetzes der Republik Estland. (1) Eine Person, die die Staatsangehörigkeit Estlands zu erhalten wünscht, muß kennen:
1) die Grundlagen der Staatsordnung Estlands, die im I. und III. Abschnitt der Verfassung der Republik Estland festgelegt sind;
2) die Grundrechte, Freiheiten und Pflichten eines jeden Menschen, wie sie im II. Abschnitt der Verfassung der Republik Estland festgelegt sind;
3) die Kompetenz des Parlaments, der Staatspräsidentin bzw. des Staatspräsidenten, der Staatsregierung und der Gerichte entsprechend der Verfassung der Republik Estland;
4) die Voraussetzungen und das Verfahren für Erwerb, Verleihung, Wiederherstellung und Verlust der Staatsangehörigkeit Estlands nach dem Staatsangehörigkeitsgesetz.
(2) Die Kenntnis der Verfassung und des Staatsangehörigkeitsgesetzes der Republik Estland wird in einem Examen bewertet, das auf estnisch stattfindet. Das Verfahren für die Durchführung des Examens regelt die Staatsregierung.
(3) Eine Person, die das Examen bestanden hat, erhält eine entsprechende Bescheinigung.

§ 10. Verleihung der Staatsangehörigkeit Estlands für besondere Verdienste. (1) Die Erfüllung der in § 6 Ziffer 2 - 4 des vorliegenden Gesetzes festgelegten

Voraussetzungen kann bei einer Person unterbleiben, die sich ständig in Estland aufhält und sich besonders um den Staat Estland verdient gemacht hat.

(2) Als besondere Verdienste werden Leistungen in der Wissenschaft, Kultur, im Sport oder einem anderen Gebiet angesehen, die das internationale Ansehen Estlands gehoben haben.

(3) Die Staatsangehörigkeit Estlands aufgrund von besonderen Verdiensten darf nicht mehr als fünf Personen pro Jahr verliehen werden.

(4) Den Vorschlag zur Verleihung der Staatsangehörigkeit Estlands aufgrund besonderer Verdienste kann ein Mitglied der Staatsregierung machen.

(5) Die Verleihung der Staatsangehörigkeit Estlands aufgrund besonderer Verdienste muß von der Staatsregierung begründet werden.

§ 11. Ständiger Aufenthalt in Estland. Ein ständiger Aufenthalt in Estland im Sinne des vorliegenden Gesetzes ist der gesetzliche Aufenthalt in Estland an mindestens 183 Tagen im Jahr, wobei der Aufenthalt außerhalb Estlands im Jahr 90 Tage hintereinander nicht überschreiten darf.

§ 12. Für eine Verleihung der Staatsangehörigkeit Estlands vorzulegende Urkunden. (1) Eine Person reicht zum Erhalt der Staatsangehörigkeit Estlands einen eigenhändig auf estnisch verfaßten schriftlichen Antrag ein, in dem verzeichnet sind:

1) Vor- und Nachname;
2) Angaben über Änderungen des Vor- und Nachnamens;
3) Geburtsdatum und -ort;
4) Muttersprache;
5) Staatsangehörigkeit;
6) Wohnort;
7) Treueeid entsprechend § 6 Ziffer 7 des vorliegenden Gesetzes;
8) Unterschrift.

(2) Zusätzlich zu dem schriftlichen Antrag legt die Person vor:

1) zwei Fotos (4 x 5 cm);
2) Urkunden, die die Identität und Staatsangehörigkeit der Person nachweisen;
3) eine Bescheinigung, die nachweist, daß die Person sich entsprechend den im vorliegenden Gesetz festgelegten Voraussetzungen in Estland aufhält;
4) einen eigenhändig auf estnisch geschriebenen Lebenslauf, in dem der berufliche Werdegang der/des Antragsteller/in/s verzeichnet ist, Zeitpunkt und Umstände der Ansiedlung in Estland, mit ihr/ihm gemeinsam gekommene Personen, der Familienstand der/des Antragsteller/in/s und dessen Veränderung während des Lebens in Estland, alle bisherigen Wohnorte in Estland, Angaben über nahe Verwandte sowie Verbindungen mit ausländischen Militär-, Spionage- oder Sicherheitsorganisationen; bei in Estland Geborenen zusätzlich Zeitpunkt und Umstände der Ansiedlung der Eltern in Estland;
5) Urkunden, die den Bildungsgrad und den beruflichen Werdegang nachweisen;
6) einen Nachweis über ein rechtmäßiges ständiges Einkommen;
7) ein Zeugnis über Estnischkenntnisse gemäß § 8 des vorliegenden Gesetzes oder Urkunden, die estnischsprachige Grund-, Ober- oder Hochschulbildung nachweisen;

8) ein Zeugnis über die Kenntnis der Verfassung und des Staatsangehörigkeitsgesetzes der Republik Estland gemäß § 9 des vorliegenden Gesetzes;
9) eine Quittung über die Bezahlung der Gebühr.

III. Abschnitt: Voraussetzungen für die Verleihung der Staatsangehörigkeit Estlands an Minderjährige

§ 13. Verleihung der Staatsangehörigkeit Estlands an Minderjährige. (1) Ein/e Minderjährige/r unter 15 Jahren erhält die Staatsangehörigkeit Estlands, wenn diese für sie/ihn von ihren/seinen Eltern, die die Staatsangehörigkeit Estlands innehaben, oder von einem die Staatsangehörigkeit Estlands innehabenden Elternteil nach notariell bestätigter Vereinbarung mit dem Elternteil, der nicht die Staatsangehörigkeit Estlands innehat, oder von einem alleinerziehenden Elternteil der/des Minderjährigen oder der/dem die Staatsangehörigkeit Estlands innehabenden Annehmenden der/des Minderjährigen beantragt wird.

(2) Die/der Minderjährige unter 15 Jahren, für die/den gemäß dem 1. Absatz dieses Paragraphen die Staatsangehörigkeit Estlands beantragt wird, muß sich ständig in Estland aufhalten und aus ihrer/seiner bisherigen Staatsangehörigkeit entlassen sein oder als staatenlose Person anerkannt sein oder nachgewiesen haben, daß sie/er im Verbund mit der Verleihung der Staatsangehörigkeit Estlands aus ihrer/seiner bisherigen Staatsangehörigkeit entlassen wird.

(3) Die/der Minderjährige unter 15 Jahren, deren/dessen Eltern verstorben sind, für unbekannt verschollen oder handlungsunfähig erklärt sind oder deren/dessen Eltern das Elternrecht aberkannt worden ist, erhält die Staatsangehörigkeit Estlands auf Antrag der Vormundschaftsbehörde oder des die Staatsangehörigkeit Estlands innehabenden Vormunds der/des Minderjährigen, wenn die/der Minderjährige sich ständig in Estland aufhält und nicht nachgewiesen ist, daß sie/er die Staatsangehörigkeit eines anderen Staates innehat, oder wenn nachgewiesen wird, daß sie/er im Verbund mit der Verleihung der Staatsangehörigkeit Estlands aus der Staatsangehörigkeit eines anderen Staates entlassen wird.

§ 14. Verleihung der Staatsangehörigkeit Estlands an Minderjährige gemeinsam mit einem Elternteil oder der/dem Annehmenden. Ein/e Minderjährige/r unter 15 Jahren erhält gemeinsam mit dem die Staatsangehörigkeit Estlands beantragenden Elternteil oder Annehmenden die Staatsangehörigkeit Estlands auf Antrag der Eltern oder eines alleinerziehenden Elternteils oder der/des Annehmenden der/des Minderjährigen, wenn die/der Minderjährige sich ständig in Estland aufhält und aus ihrer/seiner bisherigen Staatsangehörigkeit entlassen worden ist oder im Verbund mit der Verleihung der Staatsangehörigkeit Estlands aus ihr entlassen werden wird oder als staatenlose Person anerkannt ist.

§ 15. Für die Verleihung der Staatsangehörigkeit Estlands an Minderjährige vorzulegende Urkunden. (1) In dem zu stellenden schriftlichen Antrag auf Verleihung der Staatsangehörigkeit Estlands müssen in den Fällen, die in den §§ 13 oder 14 des vorliegenden Gesetzes für Minderjährige unter 15 Jahren festgesetzt sind, aufgeführt sein:

1) Vor- und Nachname, Geburtsdatum und -ort der/des Minderjährigen;
2) Vor- und Nachname, Geburtsdatum und -ort der Eltern, der/des Annehmenden oder des Vormunds;
3) Wohnort der/des Minderjährigen und ihrer/seiner Eltern, der/des Annehmenden oder des Vormunds;
4) Staatsangehörigkeit der/des Minderjährigen und ihrer/seiner Eltern, der/des Annehmenden oder des Vormunds;
5) Unterschrift der Eltern, der/des Annehmenden oder/des Vormunds der/des Minderjährigen.

(2) Dem schriftlichen Antrag werden beigefügt:
1) zwei Fotos der/des Minderjährigen (4 x 5 cm);
2) die Geburtsurkunde oder eine die Identität und Staatsangehörigkeit der/des Minderjährigen nachweisende Urkunde.

IV. Abschnitt: Voraussetzungen für die Wiederherstellung der Staatsangehörigkeit Estlands

§ 16. Recht auf Wiederherstellung der Staatsangehörigkeit Estlands. (1) Jede Person, die als Minderjährige die Staatsangehörigkeit Estlands verloren hat, hat ein Recht auf deren Wiederherstellung.

(2)Eine Person, die die Staatsangehörigkeit Estlands wiederherzustellen wünscht, muß sich ständig in Estland aufhalten und aus ihrer bisherigen Staatsangehörigkeit entlassen sein oder nachweisen, daß sie aus ihr im Verbund mit der Wiederherstellung der Staatsangehörigkeit Estlands entlassen wird.

§ 17. Für die Wiederherstellung der Staatsangehörigkeit Estlands vorzulegende Urkunden. (1) Eine Person, die die Staatsangehörigkeit Estlands wiederherzustellen wünscht, legt einen eigenhändig verfaßten schriftlichen Antrag vor, in dem verzeichnet sind:
1) Vor- und Nachname;
2) Angaben über Änderungen des Vor- und Nachnamens;
3) Geburtsdatum und -ort;
4) Staatsangehörigkeit;
5) Wohnort;
6) Treueeid entsprechend § 6 Ziffer 7 des vorliegenden Gesetzes;
7) Unterschrift.

(2) Zusätzlich zu dem schriftlichen Antrag legt die Person vor:
1 zwei Fotos (4 x 5 cm);
2) Urkunden, die die Identität und Staatsangehörigkeit der Person nachweisen;
3) eine Bescheinigung, die den ständigen Aufenthalt der Person in Estland nachweist;
4) Urkunden, die den Verlust der Staatsangehörigkeit Estlands nachweisen;
5) eine Quittung über die Bezahlung der Gebühr.

V. Abschnitt: Verfahren für die Verleihung und die Wiederherstellung der Staatsangehörigkeit Estlands

§ 18. Vorlage der Urkunden. (1) Die notwendigen Urkunden für die Verleihung und Wiederherstellung der Staatsangehörigkeit Estlands reicht die Person einer von der Staatsregierung bevollmächtigten Regierungsbehörde ein.

(2) Für eine/n Minderjährige/n unter 15 Jahren oder eine volljährige handlungsunfähige Person werden die in Absatz 1 dieses Paragraphen genannten Urkunden von ihrem/seinem Elternteil, der/dem Annehmenden, dem Vormund oder der Vormundschaftsbehörde vorgelegt.

§ 19. Registrierung und Bearbeitung der für die Verleihung oder die Wiederherstellung der Staatsangehörigkeit Estlands vorgelegten Urkunden. (1) Der schriftliche Antrag auf Verleihung oder Wiederherstellung der Staatsangehörigkeit Estlands wird in einer von der Staatsregierung bevollmächtigten Regierungsbehörde registriert und bearbeitet, wenn die Person zusammen mit dem schriftlichen Antrag auf Verleihung der Staatsangehörigkeit alle in § 12, bei Minderjährigen unter 15 Jahren in § 15 und im Falle der Wiederherstellung der Staatsangehörigkeit alle in § 17 des vorliegenden Gesetzes aufgezählten Urkunden vorlegt.

(2) Die von der Staatsregierung bevollmächtigte Regierungsbehörde stellt der Person über die Registrierung und den Beginn der Bearbeitung ihres schriftlichen Antrags eine Bescheinigung aus, deren Form von der Staatsregierung festgelegt wird.

(3) Die Person, die die Staatsangehörigkeit Estlands zu erhalten wünscht, bestätigt der von der Staatsregierung bevollmächtigten Regierungsbehörde nach Ablauf eines Jahres nach dem Tag der Registrierung des schriftlichen Antrags auf die Staatsangehörigkeit Estlands, daß sie weiterhin wünscht, die Staatsangehörigkeit Estlands zu erhalten, und legt eine Bescheinigung darüber vor, daß sie aus ihrer bisherigen Staatsangehörigkeit entlassen ist oder im Verbund mit der Verleihung der Staatsangehörigkeit Estlands aus ihr entlassen werden wird oder als staatenlose Person anerkannt ist.

(4) Erfüllt eine Person, die die Staatsangehörigkeit Estlands zu erhalten wünscht, innerhalb eines Monats vom Ende der einjährigen Frist an gerechnet die in Absatz 3 dieses Paragraphen festgelegten Voraussetzungen, so legt die von der Staatsregierung bevollmächtigte Regierungsbehörde innerhalb von sechs Monaten die Urkunden der Person zusammen mit einem eigenen begründeten Vorschlag der Staatsregierung zur Entscheidung über die Verleihung der Staatsangehörigkeit Estlands vor. Wenn eine Person die in Absatz 3 dieses Paragraphen festgelegten Voraussetzungen innerhalb der in diesem Absatz festgelegten Frist nicht erfüllt, wird die Bearbeitung ihres schriftlichen Antrags beendet, und ihr wird davon schriftlich Mitteilung erstattet.

(5) Legt eine Person, die die Staatsangehörigkeit Estlands wiederherzustellen wünscht, innerhalb eines Jahres gerechnet vom Tage der Registrierung des schriftlichen Antrags auf Wiederherstellung der Staatsangehörigkeit Estlands der von der Staatsregierung bevollmächtigten Regierungsbehörde eine Bescheinigung darüber vor, daß sie aus ihrer bisherigen Staatsangehörigkeit entlassen ist, oder im Verbund mit der Wiederherstellung der Staatsangehörigkeit Estlands aus ihr ent-

lassen werden wird oder als staatenlose Person anerkannt ist, so legt die von der Staatsregierung bevollmächtigte Regierungsbehörde innerhalb von sechs Monaten die Urkunden der Person zusammen mit einem eigenen begründeten Vorschlag der Staatsregierung zur Entscheidung über die Wiederherstellung der Staatsangehörigkeit Estlands vor.

(6) Legt eine Person, die die Staatsangehörigkeit Estlands wiederherzustellen wünscht, nicht die in Absatz 5 dieses Paragraphen genannte Bescheinigung innerhalb eines Jahres gerechnet vom Tage der Registrierung des schriftlichen Antrags auf Wiederherstellung der Staatsangehörigkeit Estlands vor, so wird die Bearbeitung ihres schriftlichen Antrags beendet, und ihr wird davon schriftlich Mitteilung erstattet.

§ 20. Entscheidung über die Verleihung oder Wiederherstellung der Staatsangehörigkeit Estlands. (1) Über die Verleihung oder Wiederherstellung der Staatsangehörigkeit Estlands entscheidet die Staatsregierung.

(2) Die Anordnung der Staatsregierung über die Verleihung oder Wiederherstellung der Staatsangehörigkeit Estlands tritt am Tage ihrer Unterzeichnung in Kraft, wenn in der Anordnung selbst keine andere Frist festgelegt ist.

(3) Gemäß der Anordnung der Staatsregierung, die Staatsangehörigkeit Estlands einer Person, die darum ersucht hat, zu verleihen oder wiederherzustellen, gibt die von der Staatsregierung bevollmächtigte Regierungsbehörde ihr ein Staatsangehörigkeitszeugnis.

§ 21. Ablehnung der Wiederherstellung der Staatsangehörigkeit Estlands. (1) Die Staatsangehörigkeit Estlands wird nicht vergeben oder wiederhergestellt bei einer Person, die:

1) bei der Beantragung der Staatsangehörigkeit Estlands oder einer diese nachweisenden Urkunde wissentlich falsche Angaben gemacht hat;
2) nicht die verfassungsmäßige Ordnung Estlands befolgt oder die Gesetze Estlands nicht einhält;
3) gegen den Staat Estland und seine Sicherheit tätig gewesen ist;
4) ein Verbrechen begangen hat, für das sie zu Freiheitsentzug von über einem Jahr verurteilt ist, und deren Bestrafung nicht erloschen ist oder die strafrechtlich wiederholt für vorsätzliche Straftaten bestraft worden ist;
5) in ausländischen Spionage- oder Sicherheitsorganisationen gearbeitet hat oder arbeitet;
6) als Kadersoldat in ausländischen Streitkräften gedient hat, zu ihrer Reserve gehört oder in Pension gegangen ist, ebenfalls seine Gattin, die in Estland eingetroffen ist im Verbund mit der Entsendung des Soldaten in den Dienst, in die Reserve oder in die Pension.

(2) Die Staatsangehörigkeit Estlands kann einer von den ausländischen Streitkräften in Pension gegangenen Person verliehen oder wiederhergestellt werden, die mindestens fünf Jahre mit einer Person, die die Staatsangehörigkeit Estlands mit der Geburt erworben hat, verheiratet war, sofern diese Ehe nicht geschieden ist.

VI. Abschnitt: Voraussetzungen und Verfahren für den Verlust der Staatsangehörigkeit Estlands

§ 22. Verlust der Staatsangehörigkeit Estlands. Die Staatsangehörigkeit Estlands erlischt:
1) mit der Entlassung aus der Staatsangehörigkeit Estlands;
2) mit der Aberkennung der Staatsangehörigkeit Estlands;
3) mit der Annahme der Staatsangehörigkeit eines anderen Staates.

§ 23. Vorzulegende Urkunden für die Entlassung aus der Staatsangehörigkeit Estlands. Eine Person legt zur Entlassung aus der Staatsangehörigkeit Estlands vor:
1) einen schriftlichen Antrag, in dem Vor- und Nachname, Geburtsdatum und -ort, Wohnort, die zu beantragende Staatsangehörigkeit und Unterschrift verzeichnet sind;
2) Urkunden, die die Identität und Staatsangehörigkeit der Person nachweisen;
3) eine Bescheinigung darüber, daß sie die Staatsangehörigkeit eines anderen Staates erhalten hat oder sie erhalten wird im Verbunde mit der Entlassung aus der Staatsangehörigkeit Estlands.

§ 24. Vorlage der Urkunden. (1) Die Urkunden zur Entlassung aus der Staatsangehörigkeit Estlands werden einer von der Staatsregierung bevollmächtigten Regierungsbehörde vorgelegt oder einer Auslandsvertretung Estlands, wenn die Person ständig im Ausland lebt.

(2) Für eine/n Minderjährige/n unter 15 Jahren oder eine volljährige handlungsunfähige Person werden die in Absatz 1 dieses Paragraphen genannten Urkunden von einem Elternteil, der/dem Annehmenden, dem Vormund oder der Vormundschaftsbehörde vorgelegt.

§ 25. Registrierung und Bearbeitung der für die Entlassung aus der Staatsangehörigkeit Estlands vorgelegten Urkunden. (1) Die zur Entlassung aus der Staatsangehörigkeit Estlands vorgelegten Urkunden werden in einer von der Staatsregierung bevollmächtigten Regierungsbehörde registriert und bearbeitet.

(2) Die von der Staatsregierung bevollmächtigte Regierungsbehörde stellt der Person über die Registrierung und den Beginn der Bearbeitung ihrer Urkunden eine Bescheinigung aus, deren Form von der Staatsregierung festgelegt wird.

(3) Die von der Staatsregierung bevollmächtigte Regierungsbehörde legt die Urkunden der Person innerhalb eines Jahres gerechnet vom Tage ihrer Registrierung der Staatsregierung zur Entscheidung über die Entlassung aus der Staatsangehörigkeit Estlands vor.

§ 26. Beschränkungen bei der Entlassung aus der Staatsangehörigkeit. Eine Person kann nicht aus der Staatsangehörigkeit Estlands entlassen werden, wenn:
1) Staatenlosigkeit die Folge ist;
2) die Person unerfüllte Pflichten gegenüber dem Staat Estlands hat;
3) die Person im aktiven Dienst der Verteidigungskräfte Estlands steht.

§ 27. Entscheidung über die Entlassung aus der Staatsangehörigkeit Estlands. Über die Entlassung aus der Staatsangehörigkeit Estlands entscheidet die Staatsregierung.

§ 28. Aberkennung der Staatsangehörigkeit Estlands. (1) Die Staatsangehörigkeit Estlands wird auf Anordnung der Staatsregierung einer Person aberkannt, die:

1) als Staatsangehörige Estlands ohne Erlaubnis der Staatsregierung in ausländischen Staats- und Militärdienst eingetreten ist;
2) in einen ausländischen Spionage- oder Sicherheitsdienst eingetreten ist oder in eine ausländische Organisation, die über Waffen verfügt und militärisch organisiert ist oder militärische Manöver veranstaltet;
3) auf gewaltsamem Wege versucht hat, die verfassungsmäßige Ordnung Estlands zu ändern;
4) die Staatsangehörigkeit Estlands erhalten oder wiederhergestellt bekommen hat auf der Grundlage wissentlich von ihr vorgelegter falscher Angaben oder infolge bewußter Verhüllung von Tatbeständen, die die Verleihung der Staatsangehörigkeit Estlands ausschließen;
5) die Staatsangehörigkeit eines anderen Staates innehat, jedoch nicht aus der Staatsangehörigkeit Estlands entlassen worden ist.

(2) Niemandem darf wegen ihrer/seiner Überzeugungen die Staatsangehörigkeit Estlands aberkannt werden.

(3) Absatz 1 dieses Paragraphen trifft nicht zu für Personen, die die Staatsangehörigkeit Estlands mit der Geburt erworben haben.

§ 29. Verlust der Staatsangehörigkeit Estlands durch Annahme der Staatsangehörigkeit eines anderen Staates oder durch Verzicht auf die Staatsangehörigkeit Estlands. Bei einer Person, die die Staatsangehörigkeit eines anderen Staates annimmt oder zugunsten der Staatsangehörigkeit eines anderen Staates die Staatsangehörigkeit Estlands ablegt, wird die Staatsangehörigkeit Estlands als aufgehoben angesehen.

§ 30. Rückgabe der Urkunden, die die Staatsangehörigkeit Estlands nachweisen. Eine Person, die die Staatsangehörigkeit Estlands verloren hat, gibt die Urkunden, die die Staatsangehörigkeit Estlands nachweisen, der von der Staatsregierung bevollmächtigten Regierungsbehörde zurück.

VII. Abschnitt: Schlußbestimmungen

§ 31. Einverständnis zur Verleihung oder Wiederherstellung der Staatsangehörigkeit Estlands an Minderjährige oder Entlassung aus der Staatsangehörigkeit Estlands von Minderjährigen. Zur Verleihung, Wiederherstellung oder Entlassung aus der Staatsangehörigkeit Estlands muß im Falle von Minderjährigen von 15 bis 18 Jahren das Einverständnis von einem Elternteil, der/dem Annehmenden, dem Vormund oder der Vormundschaftsbehörde vorliegen.

§ 32. Verleihung der Staatsangehörigkeit Estlands nach dem Verfahren, das vor Inkrafttreten dieses Gesetzes gegolten hat. Ein/e Ausländer/in, die/der die erforderlichen Urkunden für die Verleihung der Staatsangehörigkeit Estlands nach dem Verfahren, das vor Inkrafttreten dieses Gesetzes gegolten hat, vorgelegt hat, erhält die Staatsangehörigkeit Estlands nach den Voraussetzungen und dem Verfahren, die gegolten haben, als die Bearbeitung der Urkunden begann.

§ 33. Besondere Voraussetzungen und Fristen bei der Entgegennahme der Urkunden. Bezüglich einer Person, die vor dem 1. Juli 1990 nach Estland gekommen ist und die Staatsangehörigkeit Estlands beantragt, wird die in § 6 Ziffer 2 des vorliegenden Gesetzes festgelegte Erfordernis des Wohnens auf Grundlage einer ständigen Aufenthaltsgenehmigung nicht angewendet, sofern sie sich nach den im Ausländergesetz (RT I 1993, 44, 637; 1994, 41, 658) festgelegten Voraussetzungen ständig in Estland aufhält.

§ 34. Besondere Anforderungen hinsichtlich der estnischen Sprachkenntnisse. (1) Eine vor dem 1. Januar 1930 geborene Person, die die Staatsangehörigkeit Estlands beantragt, ist beim Sprachexamen von den in § 8 Absatz 2 Ziffer 4 festgelegten Anforderungen befreit.

(2) Eine sehbehinderte Person, die die Staatsangehörigkeit Estlands beantragt, ist beim Sprachexamen von den in § 8 Absatz 2 Ziffer 3 und 4 festgelegten Anforderungen befreit.

(3) Eine hör- und sprachbehinderte Person, die die Staatsangehörigkeit Estlands beantragt, ist beim Sprachexamen von den in § 8 Absatz 2 Ziffer 1 und 2 festgelegten Anforderungen befreit.

(4) Die in den Absätzen 2 und 3 des vorliegenden Paragraphen festgelegten Voraussetzungen gelten für Invalide ersten Grades und jene Invaliden zweiten Grades, deren Invaliditätsklassifizierung unbefristet vorgenommen worden ist und die wegen ihres Gesundheitszustandes nicht in der Lage sind, das Sprachexamen gemäß der in § 8 des vorliegenden Gesetzes festgelegten Voraussetzungen zu absolvieren.

§ 35. Besondere Voraussetzungen für die Verleihung der Staatsangehörigkeit Estlands an eine volljährige handlungsunfähige Person. Eine volljährige handlungsunfähige Person, die die Staatsangehörigkeit Estlands beantragt, ist von der Erfüllung der in § 6 Ziffer 3 - 7 des vorliegenden Gesetzes festgelegten Voraussetzungen befreit.

§ 36. Recht auf Anrufung des Verwaltungsgerichts. Ist eine Person der Meinung, daß mit dem Rechtsakt oder der Vorgehensweise der Staatsregierung oder der von der Staatsregierung bevollmächtigten Regierungsbehörde oder deren Amtsperson gegen ihre im vorliegenden Gesetz festgelegten Rechte verstoßen worden ist oder ihre Freiheiten eingeschränkt worden sind, kann sie sich mit einer Klage nach dem im Verwaltungsgerichtsverfahrensgesetz (RT I 1993, 50, 694; 1994, 16, 290; 28, 425) festgelegten Verfahren an das Verwaltungsgericht wenden.

§ 37. Aufhebung früherer Rechtsakte. Aufgehoben werden:

1) Staatsangehörigkeitsgesetz (RT 1938, 39, 357; 43, 404 und 405 XVI);
2) Gesetz zur Änderung des Staatsangehörigkeitsgesetzes (RT 1939, 114, 882);
3) Beschluß des Obersten Rates der Republik Estland „Über die Anwendung des Staatsangehörigkeitsgesetzes" (RT 1992, 7, 109);
4) Gesetz über die erforderlichen Estnischkenntnisse, die an Bewerberinnen und Bewerber um die Staatsangehörigkeit zu stellen sind (RT 1993, 11, 171);
5) Gesetz über die Änderung des Beschlusses des Obersten Rates der Republik Estland „Über die Anwendung des Staatsangehörigkeitsgesetzes" (RT 1993, 13, 204);
6) Gesetz zur Änderung des Staatsangehörigkeitsgesetzes (RT 1993, 17, 272);
7) Gesetz über die teilweise Änderung und Ungültigkeitserklärung von die Staatsangehörigkeit behandelnden Rechtsakten (RT I 1994, 88, 1491).

§ 38. Inkrafttreten des Gesetzes. Das vorliegende Gesetz tritt am 1. April 1995 in Kraft.

(Aus dem Estnischen übersetzt von Cornelius Hasselblatt)

G.
GESETZ ÜBER DIE KULTURAUTONOMIE DER NATIONALEN MINDERHEITEN VOM 11. NOVEMBER 1993

(Riigi Teataja I 1993, Nr. 71, Pos. 1001)

I. Abschnitt: Allgemeine Bestimmungen

§ 1. Als nationale Minderheit im Sinne des vorliegenden Gesetzes werden estnische Staatsbürgerinnen und Staatsbürger betrachtet, die
- auf dem Territorium Estlands leben;
- über langzeitige, feste und dauerhafte Verbindungen mit Estland verfügen;
- die sich von den Esten in ihrer ethnischen Zugehörigkeit, ihrer kulturellen Eigenart, ihrer Religion oder Sprache unterscheiden;
- sich in dem Wunsch vereint wissen, gemeinsam ihre kulturellen Traditionen, ihre Religion oder Sprache, die die Grundlage ihrer gemeinsamen Identität darstellen, zu bewahren.

§ 2. (1) Die Kulturautonomie einer nationalen Minderheit im Sinne des vorliegenden Gesetzes ist das Recht der Angehörigen der nationalen Minderheit, Kulturselbstverwaltungen zu errichten, um die ihnen nach dem Grundgesetz zustehenden Rechte zu verwirklichen.

(2) Kulturselbstverwaltungen der nationalen Minderheiten können Angehörige der deutschen, russischen, schwedischen und jüdischen Minderheiten sowie Angehörige von nationalen Minderheiten, deren Zahl 3000 überschreitet, errichten.

§ 3. (1) Eine Person, die einer nationalen Minderheit angehört, hat das Recht, ihre eigene ethnische Zugehörigkeit, ihre kulturellen Traditionen, ihre Muttersprache und ihre Konfession zu bewahren.

(2) Die Verunglimpfung sowie die Verhinderung der Ausübung von Bräuchen der Nationalkultur und von religiösen Handlungen ist verboten, ebenso eine Tätigkeit, deren Ziel eine gewaltsame Assimilierung der nationalen Minderheit ist.

§ 4. Angehörige einer nationalen Minderheit haben das Recht:
1) nationale Kultur- und Bildungseinrichtungen sowie Religionsgemeinschaften aufzubauen und zu unterstützen;
2) nationale Organisationen zu bilden;
3) nationale Traditionen und religiöse Kulthandlungen auszuüben, sofern dies nicht die öffentliche Ordnung, die Gesundheit oder Sitte und Anstand verletzt;
4) in dem vom Sprachgesetz festgesetzten Rahmen ihre Muttersprache als Verkehrssprache zu benutzen;
5) Druckwerke in der Nationalsprache zu verlegen;
6) zwischen den nationalen Kultur- und Bildungseinrichtungen sowie den Religionsgemeinschaften Verträge über Zusammenarbeit zu schließen;
7) Informationen in ihrer Muttersprache zu verbreiten und auszutauschen.

§ 5. (1) Das Hauptziel der Kulturselbstverwaltung einer nationalen Minderheit ist:
1) die Organisation des muttersprachlichen Unterrichts und die Überwachung der Verwendung der dafür vorgesehenen Mittel;
2) die Errichtung von kulturellen Institutionen der nationalen Minderheit und die Organisation ihrer Tätigkeit, ebenso die Organisation nationaler Kulturveranstaltungen;
3) die Gründung von Fonds und Verleihung von Stipendien und Preisen zur Förderung von Kultur und Bildung der nationalen Minderheit.

(2) Eine nationale Minderheit hat das Recht, im Interesse der nationalen Kultur eigene Kulturselbstverwaltungsinstitutionen zu errichten, die bei der Lösung der in ihren Zuständigkeitsbereich fallenden Fragen den Gesetzen Estlands folgen.

§ 6. In Estland wohnende Ausländerinnen und Ausländer können an den Aktivitäten der Kultur- und Bildungseinrichtungen sowie der Religionsgemeinschaften einer nationalen Minderheit teilnehmen, jedoch haben sie für die Führungsorgane der Kulturselbstverwaltungsinstitutionen weder das aktive noch das passive Wahlrecht, noch dürfen sie für sie nominiert werden.

II. Abschnitt: Die Nationalkataster der nationalen Minderheiten

§ 7. (1) Grundlage für die Beantragung der Kulturselbstverwaltung einer nationalen Minderheit ist das Nationalkataster der nationalen Minderheit.

(2) Die Nationalkataster der nationalen Minderheiten werden von den nationalen Kulturvereinen oder ihren Verbänden erstellt. Die Führung und der Gebrauch der Nationalkataster wird von der Regierung der Republik geregelt.

§ 8. (1) In das Nationalkataster werden die folgenden Angaben einer Person eingetragen:
1) Vor- und Familienname;
2) Geburtsdatum und -ort;
3) Geschlecht;
4) Nationalität und Muttersprache;
5) Personencode;
6) Familienstand;
7) Angaben über minderjährige Kinder;
8) Wohnort;
9) Konfession;
10) Datum und Unterschrift der Antragstellerin oder des Antragstellers.

(2) Auf Wunsch der Eltern werden auch Kinder, die jünger als 15 Jahre sind, in das Nationalkataster eingetragen.

(3) Die Eintragung ins Nationalkataster erfolgt auf persönlichen Antrag. Der Antrag kann per Brief gestellt werden.

§ 9. Eine Person wird aus dem Nationalkataster gestrichen
1) auf eigenen Wunsch;
2) bei Aufgabe der estnischen Staatsangehörigkeit oder Verlagerung des ständigen Wohnsitzes ins Ausland;
3) im Todesfalle.

III. Abschnitt: Die Führungsorgane der Kulturselbstverwaltung der nationalen Minderheit und ihre Errichtung

§ 10. Angehörige einer nationalen Minderheit, die eine Kulturselbstverwaltung errichten wollen, reichen den entsprechenden Antrag über ihren nationalen Kulturverein oder den Verband der Vereine bei der Regierung der Republik ein.

§ 11. (1) Die Führungsorgane der Kulturselbstverwaltung der nationalen Minderheit sind der Kulturrat der nationalen Minderheit und die Kulturverwaltungen, die die Tätigkeit der Kulturselbstverwaltungsinstitutionen organisieren.

(2) Der Kulturrat kann in einem Landkreis oder einer Stadt eine Kulturdeputiertenversammlung bilden oder örtliche Kulturbevollmächtigte ernennen.

§ 12. Der Kulturrat der nationalen Minderheit wird in direkter, gleicher und geheimer Abstimmung gewählt. Die Abstimmung erfolgt im Wahlkreis persönlich oder brieflich.

§ 13. (1) Für die Durchführung der Wahlen zum Kulturrat wird vom nationalen Kulturverein oder Verband der Vereine ein Hauptwahlkomitee gewählt, dessen Zusammensetzung von der Regierung der Republik bestätigt wird, wobei die Regierung gleichzeitig ihre Vertreterin oder ihren Vertreter zur Überwachung der Einhaltung der Wahlvorschriften benennt.

(2) Das Hauptwahlkomitee bildet nach Bedarf örtliche Wahlkommissionen und verfaßt organisatorische Direktiven für die Durchführung der Wahl, die Auszählung der Stimmen sowie die Veröffentlichung der Ergebnisse.

§ 14. Die Wahlvorschriften für den Kulturrat einer nationalen Minderheit werden von der Regierung der Republik ausgearbeitet und bestätigt.

§ 15. Grundlage für die Erstellung der Wählerverzeichnisse ist das in § 8 des vorliegenden Gesetzes festgesetzte Nationalkataster der nationalen Minderheit.

§ 16. (1) Wahlen werden nicht durchgeführt, wenn weniger als die Hälfte der im Nationalkataster eingetragenen Personen ihr Einverständnis zur Aufnahme in die Wählerverzeichnisse erklärt haben.

(2) Einen Wiederholungsantrag auf Durchführung von Wahlen zum Kulturrat einer nationalen Minderheit kann die jeweilige nationale Minderheit drei Jahre nach dem vorherigen Antrag stellen.

§ 17. (1) Das Wählerverzeichnis wird mindestens zwei Monate vor den Wahlen zur Einsichtnahme ausgelegt.

(2) Jede in das Wählerverzeichnis eingetragene Person hat bis spätestens zwei Wochen vor der Wahl das Recht, die Löschung ihres Namens aus dem Verzeichnis zu beantragen.

§ 18. (1) Die Zahl der Mitglieder des Kulturrats einer nationalen Minderheit wird vom Hauptwahlkomitee bestimmt, jedoch darf sie nicht größer als 60 und nicht kleiner als 20 sein.

(2) Der Kulturrat wird für drei Jahre gewählt.

§ 19. Die Wahlen zum Kulturrat einer nationalen Minderheit gelten als stattgefunden, wenn mehr als die Hälfte der in die Wählerverzeichnisse eingetragenen Personen an ihr teilgenommen hat und die Wahl im Einklang mit dem vorliegenden Gesetz sowie den Wahlvorschriften durchgeführt worden ist.

§ 20. Über Proteste und Beschwerden hinsichtlich der Durchführung der Wahlen zum Kulturrat wird vom Hauptwahlkomitee spätestens im Laufe von zwei Wochen nach der Veröffentlichung der Wahlergebnisse eine Entscheidung gefällt.

§ 21. Spätestens einen Monat nach Veröffentlichung der Ergebnisse der Wahlen zum Kulturrat beruft die oder der Vorsitzende des Hauptwahlkomitees die erste Sitzung des Kulturrats ein und leitet sie bis zur Wahl eines Präsidiums. Danach erklärt das Hauptwahlkomitee seine Vollmacht für beendet.

§ 22. Auf der ersten Sitzung des Kulturrats wird mit der Mehrheit der Stimmen das Statut der Kulturselbstverwaltung verabschiedet; in ihm werden die folgenden Dinge geregelt:

1) das Verfahren zur Wahl des Vorsitzenden des Kulturrats, seiner Stellvertreterinnen oder -vertreter sowie des Präsidiums;
2) das Verfahren zur Bildung einer Kulturdeputiertenversammlung sowie deren Zuständigkeit;
3) die Bildung von Kulturselbstverwaltungsinstitutionen;
4) die Rechte und Pflichten der Organe der Kulturselbstverwaltung auf der Grundlage der in § 5 dieses Gesetzes festgesetzten Hauptziele;
5) Geschäftsordnungen für die Führungsorgane der Kulturselbstverwaltung.

§ 23. Die bei den Wahlen zum Kulturrat einer nationalen Minderheit entstandenen Kosten trägt die Kulturselbstverwaltung der nationalen Minderheit, wobei zur Deckung der bei den Wahlen zum Kulturrat entstandenen Kosten eine Unterstützung aus dem Staatsbudget gewährt werden kann.

IV. Abschnitt: Die Kulturselbstverwaltungsinstitutionen und die Finanzierung ihrer Tätigkeit

§ 24. Kulturselbstverwaltungsinstitutionen sind:

1) nationalsprachliche Lehranstalten oder Lehranstalten mit vertieftem Unterricht in der nationalen Kultur (Vorschuleinrichtungen und Schulen);
2) nationale Kultureinrichtungen;
3) Unternehmen und Verlage der nationalen Kultur;
4) nationale Fürsorgeeinrichtungen.

§ 25. Die Einrichtung einer Schule (Klasse) für eine nationale Minderheit und die Organisation ihrer Arbeit erfolgt nach dem im Gesetz für Privatschulen festgesetzten Verfahren.

§ 26. Kulturselbstverwaltungsinstitutionen sind selbständige juristische Personen, können Eigentümer von Immobilien sein und haften für ihre finanziellen Verbindlichkeiten.

§ 27. (1) Die Kulturselbstverwaltung der nationalen Minderheit und ihre Institutionen beziehen ihre Mittel aus den folgenden Quellen:
1) Zuweisungen aus dem Staatsbudget entsprechend dem Gesetz und zweckgebundene Unterstützungen;
2) zweckgebundene Unterstützungen, die vom Budget der örtlichen Selbstverwaltungen für Lehr-, Kultur- und Fürsorgeanstalten der Kulturselbstverwaltung bereitgestellt werden;
3) eine Teilsteuer für die Kulturselbstverwaltung, deren Umfang der Kulturrat bestimmt;
4) Unterstützungen, Spenden und Erbschaften;
5) Unterstützungen von ausländischen Organisationen.

(2) Die Kulturselbstverwaltung einer nationalen Minderheit kann die ihr zweckgebunden zur Verfügung gestellten Mittel nur für den jeweils vorgesehenen Fall und Zweck verwenden. Die Kontrolle über die Verwendung der Mittel wird im Einklang mit den geltenden Rechtsvorschriften von bevollmächtigten staatlichen Kontrollorganen durchgeführt.

V. Abschnitt: Beendigung der Tätigkeit der Kulturselbstverwaltungsinstitutionen der nationalen Minderheit

§ 28. Die Regierung beendet die Tätigkeit der Kulturselbstverwaltungsinstitutionen der nationalen Minderheit:
1) wenn nach Angaben des Nationalkatasters der nationalen Minderheit die Anzahl der Angehörigen der nationalen Minderheit, die ihren ständigen Wohnsitz in Estland haben, während der letzten fünf Jahre weniger als 3000 betragen hat;
2) wenn bei zwei aufeinanderfolgenden Wahlen zum Kulturrat keine Wählerverzeichnisse, die den Anforderungen entsprechen, erstellt werden konnten;
3) wenn an zwei aufeinanderfolgenden Wahlen zum Kulturrat weniger als die Hälfte der ein die Wählerverzeichnisse eingetragenen Personen teilnimmt;
4) auf Vorschlag des Kulturrats.

§ 29. Bei Beendigung der Tätigkeit einer Kulturselbstverwaltungsinstitution wird ihr Eigentum nach Maßgabe einer Entscheidung des Kulturrates verwendet.

VI. Abschnitt: Schlußbestimmungen

§ 30. Das Gesetz der Estnischen Sozialistischen Sowjetrepublik „Über die nationalen Rechte der Bürger der Estnischen SSR“ vom 15. Dezember 1989 (ENSV Teataja 1989 Nr. 40, Pos. 618) ist aufgehoben.

(Aus dem Estnischen übersetzt von Cornelius Hasselblatt)

H.
SPRACHGESETZ VOM 21. FEBRUAR 1995

(Riigi Teataja I 1995, Nr. 23, Pos. 334)

I. Abschnitt: Allgemeine Bestimmungen

§ 1. Status des Estnischen.

(1) Staatssprache Estlands ist Estnisch.

(2) Grundlage für den amtlichen Gebrauch des Estnischen im Sinne des vorliegenden Gesetzes ist die estnische Schriftsprachennorm in der von der Staatsregierung festgesetzten Form.

§ 2. Fremdsprache.

(1)Jede andere Sprache als das Estnische ist im Sinne des vorliegenden Gesetzes eine Fremdsprache.

(2) Eine Minderheitensprache ist eine Fremdsprache, die von denjenigen Staatsangehörigen Estlands, die einer nationalen Minderheit angehören, von alters her als Muttersprache gebraucht wird.

§ 3. Geschäftssprache.

(1) Die Geschäftssprache von staatlichen Behörden, der lokalen Selbstverwaltung und ihren Einrichtungen (im weiteren: lokale Selbstverwaltung) sowie die Dienst- und Kommandosprache der Streitkräfte Estlands ist Estnisch. Ausnahmen werden in den Abschnitten II, III und IV des vorliegenden Gesetzes geregelt.

2) Der Sprachgebrauch im vorgerichtlichen Verfahren und im Gerichtsverfahren wird mit den entsprechenden Gesetzen geregelt.

§ 4. Recht auf Gebrauch des Estnischen.

(1) Jede Person hat das Recht auf estnischsprachige Geschäftsführung und estnischsprachigen Umgang in den staatlichen Behörden, der lokalen Selbstverwaltung, den Kulturselbstverwaltungen sowie Institutionen, Unternehmen und Organisationen.

(2) Allen Beschäftigten von Institutionen, Unternehmen und Organisationen muß estnische arbeitsplatzspezifische Information garantiert sein.

§ 5. Anforderungen hinsichtlich Beherrschung und Gebrauch des Estnischen.

Die Anforderungen hinsichtlich Beherrschung und Gebrauch des Estnischen für diejenigen Beschäftigten von staatlichen Behörden und lokalen Selbstverwaltungen sowie von Institutionen, Unternehmen und Organisationen, die auf ihrem Arbeitsplatz Umgang mit Personen haben, setzt die Staatsregierung fest.

§ 6. Ausbildung auf estnisch oder in einer Fremdsprache.

Die staatlichen Behörden und die lokalen Selbstverwaltungen garantieren nach Maßgabe dieses Gesetzes in allen ihnen unterstehenden Lehreinrichtungen die

Möglichkeit, sich auf estnisch Bildung anzueignen, sowie die Möglichkeit des Erwerbs fremdsprachiger Bildung nach Maßgabe dieses Gesetzes.

II. Abschnitt: Gebrauch von Fremdsprachen in staatlichen Behörden und den lokalen Selbstverwaltungen

§ 7. Hinsichtlich Beherrschung und Gebrauch des Estnischen an Beschäftigte zu stellende Anforderungen.

In einer lokalen Selbstverwaltung, in der neben dem Estnischen eine Minderheitensprache interne Geschäftssprache ist, müssen die Beschäftigten Estnisch im Rahmen der von der Staatsregierung festgesetzten Anforderungen hinsichtlich der Beherrschung und Gebrauch des Estnischen beherrschen.

§ 8. Geschäftsführung in einer Fremdsprache.

Personen, die Estnisch nicht beherrschen, können im mündlichen Verkehr mit Beschäftigten von staatlichen Behörden und der lokalen Selbstverwaltung nach gegenseitiger Vereinbarung auch eine Fremdsprache benutzen, die diese Beschäftigten können. Wenn keine Einigung erzielt wird, findet der mündliche Verkehr unter Hinzuziehung von Dolmetschern statt, wobei die Kosten von der Person, die das Estnische nicht beherrscht, getragen werden.

§ 9. Sprache des auswärtigen Verkehrs.

Staatliche Behörden und lokale Selbstverwaltungen sowie ihre Beschäftigten haben das Recht, im auswärtigen Verkehr eine beiden Seiten passende Sprache zu benutzen.

§ 10. Recht auf Gebrauch einer Minderheitensprache.

(1) In einer Selbstverwaltungseinheit, in der mindestens die Hälfte der ständigen Einwohnerschaft einer nationalen Minderheit angehören, hat jede Person das Recht, von den staatlichen Behörden, die auf dem Territorium der entsprechenden Selbstverwaltungseinheit tätig sind, und von der entsprechenden lokalen Selbstverwaltung sowie deren Amtspersonen Antworten neben den auf estnisch zu erteilenden auch in der jeweiligen Minderheitensprache zu erhalten.

(2) Ständige Bewohner einer Selbstverwaltungseinheit sind Personen, die sich rechtmäßig in Estland aufhalten und in der Selbstverwaltungseinheit wenigstens 183 Tage im Jahr wohnen, wobei die Nichtanwesenheit in der Selbstverwaltungseinheit 90 Tage hintereinander nicht überschreiten darf.

§ 11. Gebrauch der Minderheitensprache als Geschäftssprache.

In einer Selbstverwaltungseinheit, in der die Sprache der Mehrheit der ständigen Einwohnerschaft nicht Estnisch ist, kann auf Vorschlag der Abgeordnetenversammlung der entsprechenden lokalen Selbstverwaltung und nach einer Entscheidung der Staatsregierung als interne Geschäftssprache der lokalen Selbstverwaltung neben dem Estnischen auch die Minderheitensprache, die die Mehrheit der ständigen Einwohnerschaft spricht, benutzt werden.

§ 12. Sprache des Schriftwechsels.

In einer lokalen Selbstverwaltung, in der neben dem Estnischen als interne Geschäftssprache eine Minderheitensprache gebraucht wird, findet der Schriftwechsel mit staatlichen Behörden und anderen lokalen Selbstverwaltungen auf estnisch statt.

§ 13. Die Sprache von Siegeln, Stempeln, Briefköpfen, Anzeigen, Einladungen und Bekanntmachungen.

(1) In einer lokalen Selbstverwaltung, in der neben dem Estnischen als interne Geschäftssprache eine Minderheitensprache gebraucht wird, müssen die Siegel, Stempel und Briefköpfe estnisch sein.

(2) In einer im 1. Absatz dieses Paragraphen genannten lokalen Selbstverwaltung müssen Einladungen, Anzeigen und Bekanntmachungen auf estnisch sein, denen die lokale Selbstverwaltung eine Übersetzung in die entsprechende Minderheitensprache beifügen kann.

III. Abschnitt: Gebrauch der Sprache einer nationalen Minderheit in den Kulturselbstverwaltungen der nationalen Minderheiten

§ 14. Sprache der Kulturselbstverwaltung einer nationalen Minderheit.

(1) Die Kulturselbstverwaltung einer nationalen Minderheit kann als interne Geschäftssprache ihre Minderheitensprache benutzen.

(2) Der Verkehr der Kulturselbstverwaltung sowohl mit den staatlichen Behörden als auch mit jenen lokalen Selbstverwaltungen, in denen nicht dieselbe Minderheitensprache als interne Geschäftssprache gebraucht wird, erfolgt auf estnisch.

§ 15. Die Sprache von Siegeln, Briefköpfen, Anzeigen, Bekanntmachungen und Stempeln der Kulturselbstverwaltung einer nationalen Minderheit.

(1) Die Siegel der Kulturselbstverwaltung einer nationalen Minderheit müssen auf estnisch sein.

(2) Amtliche Briefköpfe, Anzeigen, Bekanntmachungen und Stempel müssen auf estnisch sein, denen die Kulturselbstverwaltung eine Übersetzung in die entsprechende Minderheitensprache beifügen kann.

IV. Abschnitt: Gebrauch von Sprachen in anderen Bereichen

§ 16. Verbraucherrecht auf estnischsprachige Information.

Verbraucher von Waren und Dienstleistungen haben ein Recht auf estnischsprachige Information und Bedienung entsprechend dem Verbraucherschutzgesetz (RT I 1994, 2, 13).

§ 17. Sprache der Rechenschaftsberichte.

Der Rechenschaftsbericht von in Estland registrierten Institutionen, Unternehmen und Organisationen erfolgt auf estnisch nach den gesetzlichen Bestimmungen.

§ 18. Gebrauch von Fremdsprachen in anderen Bereichen.

Der Gebrauch von Fremdsprachen zur Verbreitung von Verbraucherinformation bei Dienstleistungen und Waren sowie beim Umgang im Arbeitsleben erfolgt nach den von der Staatsregierung festgelegten Bestimmungen.

V. Abschnitt: Namen, Bezeichnungen und Information

§ 19. Sprache der Ortsnamen.

(1) Die Ortsnamen Estlands sind estnisch. Bei den Ortsnamen werden historisch und kulturgeschichtlich begründete Ausnahmen zugestanden.

(2) Jeder Ort in Estland hat nur einen amtlichen Namen. Die Grundform eines estnischen Ortsnamen wird mit dem estnisch-lateinischen Alphabet geschrieben. In einer Minderheitensprache, die ein anderes Alphabet benutzt, werden Ortsnamen Estlands entsprechend den normierten Transkriptionsregeln der Schriftsprache geschrieben.

§ 20. Schreibweise von Namen von Staatsangehörigen Estlands.

Die amtliche Namensform von Staatsangehörigen Estlands wird mit dem estnisch-lateinischen Alphabet geschrieben. In Sprachen, die ein anderes Alphabet benutzen, werden Namen von Staatsangehörigen Estlands entsprechend den normierten Transkriptionsregeln der Schriftsprache geschrieben.

§ 21. Bezeichnung einer Institution, eines Unternehmens oder einer Organisation.

(1) Die Bezeichnung einer Institution, eines Unternehmens oder einer Organisation in Estland wird auf estnisch ins Register eingetragen, dem die Registratur nach festgesetzten Bestimmungen die Übersetzung in eine Fremdsprache beifügen darf. Namen, die Bestandteil dieser Bezeichnungen sind, bleiben unübersetzt.

(2) Die Siegel, Stempel und Briefköpfe einer in Estland registrierten Institution, eines Unternehmens oder einer Organisation sind auf estnisch. Im auswärtigen Verkehr darf die Institution, das Unternehmen oder die Organisation die Übersetzung in eine Fremdsprache beifügen.

§ 22. Internationale Form des Namens.

(1) Die internationale im lateinischen Alphabet geschriebene Form einer Orts- oder Gegenstandsbezeichnung Estlands, der Namen von Staatsangehörigen, Unternehmen, Institutionen und Organisationen ist identisch mit der in Estland gebräuchlichen.

(2) Sofern die im 1. Absatz des vorliegenden Paragraphen festgesetzten Namen in Sprachen, die ein anderes Alphabet benutzen, geschrieben werden, werden die normierten Transkriptionsregeln der Schriftsprache angewandt.

§ 23. Informationssprache.

(1) Öffentliche Schilder, Hinweise, Anzeigen, Bekanntmachungen und Reklame sind estnischsprachig, ausgenommen die in den §§ 13, 15 und 18 des vorliegen-

den Gesetzes festgesetzten Fälle und bei der Durchführung internationaler Veranstaltungen.

(2) Die Regelungen des vorliegenden Paragraphen betreffen nicht die Vertretungen anderer Staaten.

§ 24. Sprache der staatlichen Registraturkennzeichnungen.
Die Buchstabenkombinationen von staatlichen Registraturkennzeichnungen dürfen nur lateinische Buchstaben enthalten.

§ 25. Übersetzung fremdsprachigen Redetexts von audiovisuellen Werken und Sendungen oder Programmen, die vom Rundfunk verbreitet werden.
(1) Bei der Verbreitung eines audiovisuellen Werkes muß dem fremdsprachigen Redetext eine estnische Übersetzung beigefügt sein.

(2) Fremdsprachige Redetexte, die von Radio- und Fernsehstationen, die in Estland über eine Rundfunkerlaubnis verfügen, verbreitet werden, müssen mit einer estnischen Übersetzung ausgestattet sein, ausgenommen Sendungen zum Sprachunterricht oder für fremdsprachige Hörerinnen und Hörer bestimmte Radiosendungen und -programme.

§ 26. Der Gebrauch des Namens „Riigikogu" als Bezeichnung der gesetzgebenden Versammlung Estlands.
(1) „Riigikogu" als Name der gesetzgebenden Versammlung Estlands wird nicht übersetzt.

(2) „Riigikogu" wird in Fremdsprachen, die das lateinische Alphabet benutzen, ebenso wie im Estnischen geschrieben, in Sprachen, die ein anderes Alphabet benutzen, entsprechend den normierten Transkriptionsregeln der Schriftsprache.

(3) Anstelle oder als Ergänzung von „Riigikogu" als Name der gesetzgebenden Versammlung Estlands kann man sowohl im Estnischen als auch in Fremdsprachen als nicht-amtliche Bezeichnung den Begriff „Parlament" benutzen.

VI. Abschnitt: Schlußbestimmungen

§ 27. Verantwortung bei Verstößen gegen das Gesetz.
Wer gegen das vorliegende Gesetz und die damit verbundenen Rechtsakte verstößt, wird auf dem Wege der Verwaltungsgerichtsbarkeit nach Maßgabe dieses Gesetzes zur Verantwortung gezogen.

§ 28. Überwachung der Einhaltung des Gesetzes.
Die Einhaltung des vorliegenden Gesetzes wird nach von der Staatsregierung festgesetzten Bestimmungen überwacht.

§ 29. Änderung von Rechtsakten.
(1) Das Sprachgesetz der Estnischen SSR (ENSVTeataja 1989, 4 60; RT I 1993, 20, 352; 1994, 49, 804) wird aufgehoben.

(2) Im Gesetz über die Ordnung der lokalen Selbstverwaltung (RT I 1993, 37, 558; 1994, 12, 200; 19, 340; 72, 1263; 84, 1475) werden die folgenden Änderungen vorgenommen:

1) Paragraph 23, Absatz 8 wird geändert und wie folgt formuliert:
„(8) Verfügungen und Entscheidungen der Abgeordnetenversammlung und die Sitzungsprotokolle werden auf estnisch angefertigt und öffentlich bekannt gemacht. In einer Selbstverwaltungseinheit, deren Mehrheit der ständigen Einwohnerschaft als Muttersprache nicht Estnisch hat, können die Sitzungsprotokolle der Abgeordnetenversammlung in derjenigen Minderheitensprache, die mehrheitlich die Muttersprache der ständigen Einwohnerschaft der besagten Selbstverwaltungseinheit bildet, angefertigt werden, aber ihnen muß eine estnische Übersetzung beigefügt werden.“;
2) Paragraph 41, Absatz 2 wird geändert und wie folgt formuliert:
„(2) Den Gebrauch von Fremdsprachen, darunter Minderheitensprachen, in den örtlichen Selbstverwaltungen regelt das Sprachgesetz“.

§ 30. Inkrafttreten des Gesetzes.

Das vorliegende Gesetz tritt am 1. April 1995 in Kraft.

(Aus dem Estnischen übersetzt von Cornelius Hasselblatt)

I.
LAW ON ALIENS

Amended version adopted by the Riigikogu on July 8, 1993

Adopted July 8, 1993

Proceeding from the rights and liberties arising from the Republic of Estonia Constitution, considering that universally recognised principles and norms of international law are an inseparable part of the Estonian legal system, based on the need to provide aliens residing in Estonia with an internationally recognised status and to determine the duties of aliens, desirous of creating a sense of security, through law, for aliens both temporarily and permanently residing in Estonia, the following Law has been adopted.

CHAPTER I

GENERAL PROVISIONS

Article 1
SPHERE OF REGULATION

This Law shall regulate the entry of aliens into Estonia, the sojourn, residence and employment of aliens in Estonia and the bases for the legal liability of aliens.

Article 2
AUTHORISED AUTHORITIES

The legal procedures stipulated in this Law shall be carried out by state authorities authorised by the Government of the Republic.

Article 3
ALIEN

(1) For the purposes of this Law, an alien shall be any person who is a citizen of a foreign state or who has been recognised as a stateless person.

(2) The regulations for the sojourn of refugees in Estonia shall be established by a separate law.

Article 4
PERMANENT RESIDENT

(1) A permanent resident shall be any Estonian citizen residing in Estonia or any alien residing in Estonia, who is in possession of a permanent residence permit.

(2) The definition of a permanent resident for the purposes of this Law shall not extend to legal acts which were adopted prior to the entering into force of this Law.

Article 5
RIGHTS AND DUTIES OF ALIENS

(1) Aliens in Estonia shall be guaranteed rights and liberties equal to those of Estonian citizens, if not otherwise established in the Constitution, this Law, other laws or Estonia's international treaties.

(2) Aliens shall be guaranteed all rights and liberties arising from the universally recognised norms of international law and international practice.

(3) Aliens in Estonia shall be obligated to respect Estonia's constitutional system and to observe Estonia's legal acts.

CHAPTER II

IMMIGRATION QUOTA

Article 6
IMMIGRATION QUOTA

(1) The annual immigration quota shall be the immigration quota for aliens into Estonia, which may not exceed 0.1% of the permanent population of Estonia. The immigration quota shall be established by the Government of the Republic, taking into consideration the recommendations of the local government. The Government of the Republic, in individual cases, may exceed the current immigration quota for a specific person, at the expense of the subsequent year's immigration quota.

(2) Every Estonian shall have the right to settle in Estonia outside of the immigration quota.

CHAPTER III

PASSPORT REQUIREMENTS

Article 7
IDENTITY DOCUMENTS FOR ALIENS

All aliens entering and sojourning in Estonia must be in possession of a valid passport or other equivalent document. The alien's valid passport or other equivalent document must prove his or her right to sojourn in Estonia.

Article 8
ALIEN'S PASSPORT

(1) An alien's passport may be issued to any alien who is not in possession of a passport or other equivalent document, in accordance with procedures established by the Government of the Republic.

(2) An alien's passport may be issued to any alien sojourning in Estonia, who has the right to a residence permit in Estonia. The validity of the alien's passport must not exceed the validity of the residence permit. Alien's passports shall be valid for a period of up to five years.

(3) The application for an alien's passport shall be made at the same time as the application for a permanent residence permit.

(4) Every alien who does not have the possibility to obtain the passport or other equivalent document of his or her country of origin or of any other state shall have the right to obtain an alien's passport. The standard and conditions and procedures of issue of the alien's passport shall be established by the Government of the Republic.

CHAPTER IV

VISAS, RESIDENCE PERMITS AND EMPLOYMENT PERMITS

Article 9
GENERAL BASES

(1) Aliens shall enter and shall lawfully sojourn in Estonia on the basis of a visa or a residence permit, if not otherwise established in Estonia's international treaties. Aliens shall require an employment permit to work in Estonia.

(2) Aliens shall apply for visas, residence permits and employment permits from Estonia's foreign missions. Exceptions may be made by the Government of the Republic.

(3) Every alien sojourning in Estonia may apply for the extension of a visa, residence permit or employment permit, in accordance with procedures established by the Government of the Republic.

(4) Aliens shall be obligated to exit Estonia upon the expiry or voidance of the visa or residence permit.

(5) Every alien who is lawfully sojourning in Estonia shall have the right to challenge any decision to refuse to extend or to prematurely terminate his or her residence permit or employment permit, as well as any decision for his or her expulsion, in a court of law.

Article 10
VISAS

The categories of visas and procedures for issue shall be established by the Government of the Republic. The Government of the Republic shall equally be responsible for the conclusion of treaties on visa-free travel.

Article 11
RESIDENCE PERMITS

Residence permits shall be:

1) temporary, which shall be issued for a period of up to five years;

2) permanent.

Article 12
BASES FOR THE ISSUE OF RESIDENCE PERMITS

(1) A temporary residence permit may be issued to any alien:

1) for employment under an employment contract together with an employment permit;

2) for study in an educational institution, on the application of the educational institution;

3) to settle in Estonia at the residence of an immediate family member;
4) whose lawful income is sufficient to support himself or herself, whereby the following shall be considered as lawful income: income obtained through lawful employment, income obtained through lawful business activities or lawfully owned property, pensions, stipends, support payments, state support payments, including unemployment benefit payments and child support payments, and the guaranteed support of a family member with lawful income in Estonia.

(2) Any alien who is married to a permanent resident of Estonia may be issued a temporary residence permit, which, during the first three years shall be extended annually for each subsequent year, if the marriage is not divorced.

(3) A permanent residence permit may be issued to any alien who has resided in Estonia on the basis of a temporary residence permit for no less than three years during the previous five years, and who has a place of residence and employment or other lawful income sufficient to support himself or herself.

(4) A residence permit shall not be issued to an alien:
1) who has provided false information on an application for a visa, residence permit or employment permit;
2) who does not respect the constitutional system and does not observe the laws of Estonia;
3) whose actions have been directed against the Estonian state and its security;
4) who has committed a criminal offense, for which he or she has been sentenced to imprisonment for a period exceeding one year and who is not considered as rehabilitated with a spent conviction;
5) who is employed or has been employed by the intelligence or security service of a foreign state;
6) who is in the active service of the armed forces of a foreign state, nor to his or her family members;
7) who has served in a career position in the armed forces of a foreign state or has entered the reserve forces or has retired from a career position in the armed forces of a foreign state, nor to his or her family members, who have entered Estonia in conjunction with the service or retirement of a member of such armed forces.

(5) Exceptions may be made for aliens listed in paragraph 4 of this Article, in accordance with procedures established by the Government of the Republic.

Article 13
EMPLOYMENT PERMITS

(1) An employment permit may be issued to any alien for employment with a specific employer, on the application of the employer, for a period of up to five years.

(2) If a residence permit is issued in conjunction with an employment contract, premature termination of the employment contract with the specific employer shall bring about the voidance of the employment permit and, after three months, of the residence permit.

(3) If the alien has no lawful means of support, the residence permit shall be voided at the same time as the employment permit.

(4) An alien who is in possession of a permanent residence permit shall not require an employment permit.

Article 14
EXPIRY AND VOIDANCE OF RESIDENCE PERMITS AND EMPLOYMENT PERMITS

(1) Residence permits and employment permits shall expire on the date of expiry.

(2) A residence permit and employment permit may be voided, if the alien:

1) has provided false information on an application for a visa, residence permit or employment permit;
2) does not respect the constitutional system and does not observe the laws of Estonia;
3) with his or her actions threatens the Estonian state and its security;
4) has committed a criminal offense, for which he or she has been sentenced to imprisonment for a term exceeding one year;
5) enters the service of the armed forces of a foreign state or of the intelligence or security service of a foreign state, or participates in an armed formation or in the activities of an armed formation on the territory of a foreign state, or participates in an unlawful armed formation or its activities in Estonia.

CHAPTER V

NOTIFICATION AND LEGAL LIABILITY

Article 15
NOTIFICATION

(1) Every alien shall be obligated to inform state authorities authorised by the Government of the Republic of any of the following circumstances, which serves as a basis for his or her residence permit:

1) a change in his or her permanent residence;
2) premature termination of his or her employment contract;
3) a change to his or her marital status;
4) expulsion from an educational institution or termination of studies.

(2)The following shall be obligated to inform state authorities authorised by the Government of the Republic of the following circumstances regarding an alien:

1) the employer: of the premature termination of the employment contract;
2) the educational institution: of the expulsion of the student, of the completion or termination of studies;
3) legal authorities: of any violation of law within its authority;
4) the courts: of any criminal offense, for which the alien has been sentenced to imprisonment for a period exceeding one year;
5) registry of marital status: of any change to marital status.

Article 16
LEGAL LIABILITY

(1) Any alien, whose visa or residence permit has expired or has been voided, shall be issued an order to exit Estonia by a state authority authorised by the Gov-

ernment of the Republic. If the order is not fulfilled, the alien shall be expelled from Estonia.

(2) The order to exit Estonia or the order for expulsion from Estonia may bring about a temporary or permanent ban from entering Estonia.

(3) Any alien who has unlawfully entered or is unlawfully sojourning in Estonia shall be expelled from Estonia.

(4) Any order to exit Estonia or any decision regarding expulsion from Estonia may be challenged in a court of law.

CHAPTER VI

FINAL PROVISIONS

Article 17
PERSONAL CODE

Every alien, whose residence permit is valid for a period exceeding one year, shall be issued a personal code by a state authority authorised by the Government of the Republic.

Article 18
EMPLOYEES OF FOREIGN MISSIONS

The sojourn of employees of foreign diplomatic missions and consular posts and of their family members shall be regulated by international treaties and other acts of international law.

Article 19
RESIDENCE PERMITS AND EMPLOYMENT PERMITS ISSUED PRIOR TO THE ENTERING INTO FORCE OF THIS LAW

(1) Residence permits and employment permits, which were issued prior to the entering into force of this Law and which are entered in an internal passport of the former Union of Soviet Socialist Republics, shall be valid up to the date of expiry indicated on the permit, however for not more than two years after this Law enters into force.

(2) Residence permits and employment permits with a date of expiry exceeding two years after the entering into force of this Law, and which are entered in an internal passport of the former Union of Soviet Socialist Republics, shall be transferred into a travel passport or an alien's passport.

Article 20
LEGAL GUARANTEES FOR PERSONS WHO SETTLED IN ESTONIA PRIOR TO JULY 1, 1990.

(1) All aliens who settled in Estonia prior to July 1, 1990, and who continue to sojourn in Estonia on the basis of permanent registration in the former Estonian SSR shall sustain all rights and duties established in existing legal acts of the Republic of Estonia.

(2) All aliens who settled in Estonia prior to July 1, 1990 and who continue to sojourn in Estonia on the basis of permanent registration in the former Estonian

SSR shall be guaranteed the issue of a residence permit and employment permit, if the alien's legal status meets the requirements established in this Law.

(3) All aliens who settled in Estonia prior to July 1, 1990 and who continue to sojourn in Estonia on the basis of permanent registration in the former Estonian SSR shall have the right to challenge any decision to refuse to issue or to extend a residence permit or employment permit in a court of law.

Article 21
APPLICATIONS FOR RESIDENCE PERMITS AND EMPLOYMENT PERMITS FOR ALIENS WHO SETTLED IN ESTONIA PRIOR TO JULY 1, 1990

(1) All aliens who settled in Estonia prior to July 1, 1990 and who continue to sojourn in Estonia, who have permanent registration in the former Estonian SSR, but who lack a residence permit and employment permit for lawful sojourn in Estonia, shall be obligated to file an application for such permits in accordance with procedures established by the Government of the Republic, within one year from the entering into force of this Law.

(2) If an alien who settled in Estonia prior to July 1, 1990 and who continues to sojourn in Estonia with the internal passport of the former Union of Soviet Socialist Republics does not have a travel passport or alien's passport, the residence permit and employment permit, valid for no more than two years from the entering into force of this Law, shall be entered in an internal passport of the former Union of Soviet Socialist Republics, into which a remark shall be entered by an authority of the respective state regarding the current citizenship of the alien, or a remark shall be entered by an Estonian authority that a decision has been made to issue an alien's passport to the alien.

(3) An alien who settled in Estonia prior to July 1, 1990 and who continues to reside in Estonia shall sojourn in Estonia on the basis of permanent registration in the former Estonian SSR until such time as he or she receives a residence permit, however for not longer than two years from the entering into force of this Law.

(4) If an alien, who settled in Estonia prior to July 1, 1990 and who continues to sojourn in Estonia on the basis of registration in the former Estonian SSR, has completed an application for Estonian citizenship and has presented a language examination certificate, within one year from the entering into force of this Law, he or she shall be issued a temporary residence permit until such time as a decision whether to grant citizenship is adopted.

(5) If an alien who applies for citizenship is refused citizenship, the question of his or her lawful sojourn in Estonia, in accordance with this Law, shall be resolved in accordance with procedures established by the Government of the Republic.

(6) All aliens sojourning in Estonia with permanent registration in the former Estonian SSR may apply for a residence permit and employment permit with the state authority authorised by the Government of the Republic outside of the immigration quota.

(7) Any alien stipulated in paragraph 6 of the present Article, who by the prescribed due date has not applied for a residence permit, shall be issued an order to exit Estonia once two years have passed from the entering into force of this Law.

(8) Any alien stipulated in paragraph 6 of the present Article, who within one year from the entering into force of this Law has not applied for an employment permit, shall lose the right to work in Estonia once two years have passed from the entering into force of this Law.

Article 22
OBLIGATION OF LOCAL GOVERNMENTS IN THE PROCESSING OF RESIDENCE PERMITS

The local government shall be obligated to monitor that the residence permits of aliens sojourning on the territory of the local government are processed within two years from the entering into force of this Law. If this is not the case, the local government shall be obligated to inform the authorised state authority.

Article 23
OBLIGATION OF THE EMPLOYER IN THE PROCESSING OF EMPLOYMENT PERMITS

The employer shall be obligated to monitor that the employment permit of every alien in his or her employ is processed within two years from the entering into force of this Law. If this is not the case, the employer shall be obligated to dismiss the alien, whereby the authorised state authority shall be informed.

Article 24
AMENDMENTS TO EXISTING LAWS

As of the entering into force of this Law:

1) in the title and paragraph 4 of Article 171 of the Code of Administrative Offenses (RT 1992, 29, 396; 1993, 7, 103; RT I 1993, 33, 539), the words "Immigration Law" shall be substituted with the worlds "Law on Aliens", and in paragraphs 1, 2, and 3 of Article 171, the words "work permit" shall be substituted with the words "employment permit", in the corresponding grammatical case.
2) in paragraph 4 of Article 15 of the "Law on Churches and Congregations" (RT I 1993, 30, 510), the words "Republic of Estonia Immigration Law" (RT 1990, 2, 25) shall be substituted with the words "Law on Aliens";
3) the Republic of Estonia Immigration Law of June 26, 1990 (RT 1990, 2, 25) shall be null and void.

Article 25
ENTERING INTO FORCE OF THIS LAW

This Law shall enter into force as of the day of its publication in the Riigi Teataja.

J.
STATUTE
OF THE PRESIDENTIAL ROUNDTABLE
ON NATIONAL MINORITIES

ENDORSED BY
Lennart Meri
President of the Republic
February 17, 1998

Proceeding from the spirit of the Constitution of the Republic of Estonia;

Relying on the will of the Republic of Estonia to ensure respect for human rights in accordance with international treaties and conventions;

Endeavouring to promote stability, dialogue and mutual understanding between different population groups residing in Estonia,

The President of the Republic of Estonia, on July 10, 1993, resolved to convoke a ROUNDTABLE - a standing conference of representatives of ethnic minorities and stateless persons residing in Estonia and of political parties.

I. General Provisions

1. The Roundtable is a standing conference operating under the auspices of the President of the Republic.
2. The function of the Roundtable is to discuss matters of political and public life, including societal, ethnic, economic and social-political issues.

II. Founding Principles and Membership

3. The members of the Roundtable are appointed by the President of the Republic, taking into consideration the need to have as many different national minority associations and political parties represented as possible.
4. The President shall appoint his Plenipotentiary to the Roundtable.
5. Members of the Roundtable shall be independent in their activities.
6. Members of the Roundtable may not be citizens of other states.

III. Objectives

7. The objective of the Roundtable is to work out recommendations and proposals concerning:
   1) the formation of a stable and democratic society in Estonia, as well as the integration into Estonian society of all people who have linked their lives to Estonia or wish to do so;
   2) the resolution of the social-economic, cultural and legal problems of aliens and stateless persons permanently residing in Estonia as well as of ethnic minorities;
   3) support for persons seeking Estonian citizenship;
   4) the resolution of questions related to the learning and use of the Estonian language;

5) the preservation of the cultural and ethnic identity of ethnic minorities residing in Estonia;
6) the opportunities and conditions for voluntary remigration of persons born outside Estonia to their historical homeland or their migration to third countries.

IV. Procedural Rules

8. The sessions of the Roundtable shall be held at least once every three months. Extraordinary sessions may be convened if a written request is submitted to the President's plenipotentiary by at least one third of all the members of the Roundtable. Extraordinary sessions shall be convened and chaired by the President's plenipotentiary.
9. The time and agenda of regular Roundtable sessions shall be fixed at the previous session. The agenda shall be confirmed at the beginning of each current session.
10. Roundtable sessions shall be opened and closed by the President's plenipotentiary. The sessions shall be chaired by a member of the Roundtable, who was chosen at the previous session.
11. Minutes shall be taken at each Roundtable session, a copy of which shall be sent to the members of the Roundtable. The minutes shall be confirmed at the next regular session of the Roundtable. The minutes shall be kept in the Office of the President of the Republic.
12. Members of the Roundtable may invite specialists and observers to attend the sessions after consulting with the President's plenipotentiary. Invited persons may participate in the discussion of agenda items, but may not take part in voting.
13. The Roundtable may form working groups, whose suggestions and recommendations shall be submitted to the Roundtable for discussion.
14. The plenipotentiary of the President of the Republic may enlist the services of specialists and observers in the work of the Roundtable.
15. The Roundtable is competent to pass resolutions when at least half of its members are present.
16. On matters pertaining to the arrangement of its own activities, the Roundtable shall adopt resolutions. On matters pertaining to the resolution of problems of political and public life, the Roundtable shall make proposals and recommendations.
17. Decisions on procedural questions shall be taken by a majority of votes.
18. The proposals, recommendations and statements of the Roundtable concerning matters of political and public life shall be considered adopted if at least two-thirds of the members present vote in favor. Members of the Roundtable shall have the right to request that their dissenting opinions be noted in any adopted documents.
19. The Plenipotentiary of the President of the Republic to the Roundtable shall forward the proposals and recommendations approved by the Roundtable to the President of the Republic.
20. The Plenipotentiary of the President of the Republic shall forward the proposals and recommendations of the Roundtable to the Riigikogu (Parliament) and

to the Government of the Republic, as well as to the individual commissions of the Riigikogu concerning those draft laws which are under their review.

21. The public shall be informed of the activities of the Roundtable. Only approved documents shall be released for publication.
22. The preparation and conducting of Roundtable sessions shall be arranged by a special office under the Plenipotentiary of the President of the Republic.

V. Funding of the Operations

23. The expenses connected with the operations of the Roundtable shall be covered by the Office of the President of the Republic, which will use for this purpose
    1) resources allocated by the Government of the Republic;
    2) contributions from other countries and from domestic and international organizations, as well as donations from individuals, intended for the Roundtable.
24. At the beginning of each year of activity, the President's plenipotentiary shall submit to the Roundtable a draft budget of projected expenses for the coming year. The budget shall be approved by the Roundtable by a simple majority. The President's plenipotentiary shall inform the Roundtable at each regular meeting as to the resources that have been spent. All extra-budgetary expenses, which exceed 10,000 kroons must be approved in advance by the Roundtable.

VI. Final Provisions

25. Amendments to the Statutes of the Roundtable may be tabled by any member of the Roundtable. The amendments to the Statutes shall be discussed if they are backed by at least a third of the Roundtable members, and they shall be passed by an affirmative vote of at least two thirds of the Roundtable members.
26. The operations of the Roundtable shall be terminated by the President of the Republic. Roundtable members may propose to the President of the Republic that the operations of the Roundtable be terminated. Such a proposal must be supported by at least two-thirds of all the members of the Roundtable.
27. The Statutes of the Roundtable shall be endorsed by the President of the Republic.

Adopted at the Roundtable session on 11 February 1998.

LITERATURVERZEICHNIS

A. AUTORENVERZEICHNIS

ACHAPKIN, Juri (Hrsg.), Wladimir Uljanow Lenin: Die ersten Dekrete der Sowjetmacht, Quellen zur Rechtsvergleichung, Berlin 1970

ALFREDSSON, Gudmundur/de ZAYAS, Alfred, Minority Rights: Protection by the United Nations, in: HRLJ, 14 (1993) 1 - 2, S. 1 - 9

ANGELUS, Oskar, Die Kulturautonomie in Estland, Detmold 1951

ANSBACH, Tatjana, Die Unterkommission zur Verhinderung der Diskriminierung und zum Schutz von Minderheiten - Perspektiven ihrer weiteren Arbeit -, in: AVR, 31 (1993) 3, S. 230 - 257

dies., Der Rechtsstatus der nicht-estnischen Bevölkerung in Estland, in: ROW, 40 (1996) 7, S. 217 - 225

ARNOLD, Rainer, Aliens, in: EPIL, 1 (1992), S. 102 - 107

ARZINGER, Rudolf, Das Selbstbestimmungsrecht im allgemeinen Völkerrecht der Gegenwart, Berlin 1966

ASBECK, Hans, Das Ultimatum im modernen Völkerrecht. Studie, Berlin 1933

AUN, Karl, Der völkerrechtliche Schutz nationaler Minderheiten in Estland von 1917 - 1940, Diss., Hamburg 1948

BAADE, Hans W., Baltische Staaten, in: Strupp, Karl/Schlochauer, Hans-Jürgen, Wörterbuch des Völkerrechts, Erster Bd., Berlin 1960, S. 14 3 - 150

ders., Intertemporales Völkerrecht, in: JfIR, 7 (1956), S. 229 - 256

BARMAKOVA, Tatjana, Kak za jazyk povešen ..., in: MÈ, 24. September 1996

BARSEGOV, Ju.G., Territorija v meždunarodnom prave, Moskva 1958

BARTSCH, Sebastian, Minderheitenschutz in der internationalen Politik. Völkerbund und KSZE/OSZE in neuer Perspektive, Diss., Opladen 1995

BEHLKE, Karsten, Das Minderheitenrecht der Republik Lettland, Diss., Aachen 1996

BENZ, Ernst, Der Kongreß Estlands und seine Beschlüsse vom 11./12. März 1990, in: AB, XXVIII (1990), S. 241 - 274

ders., 50 Jahre danach, in: AB, XXVII (1989), S. 9 - 86

BEYERLIN, Ulrich, Pactum de contrahendo und pactum de negotiando im Völkerrecht?, in: ZaöRV, 36 (1976), S. 407 - 443

BINDSCHEDLER, Rudolf L., Annexation, in: EPIL, 1 (1992), S. 168 - 172

BIRCKENBACH, Hanne-Margret, Preventive Diplomacy through Fact-Finding. How international organisations review the conflict over citizenship in Estonia and Latvia, Hamburg 1997

BLOED, Arie, Monitoring the CSCE Human Dimension: in Search of its Effectiveness, in: Arie Bloed/Liselotte Leicht/Manfred Nowak/Allan Rosas (eds.), Monitoring Human Rights in Europe. Comparing International Procedures and Mechanisms, Dordrecht/Boston/London 1993, S. 45 - 91

BREMS, Michael, Die politische Integration ethnischer Minderheiten, Diss., Frankfurt am Main/Berlin/Bern/New York/Paris/Wien 1995

BROWNLIE, Ian, Principles of Public International Law, Fifth edition, Oxford 1998

BRÜHL-MOSER, Denise, Die Entwicklung des Selbstbestimmungsrechts der Völker unter besonderer Berücksichtigung seines innerstaatlich-demokratischen Aspekts und seiner Bedeutung für den Minderheitenschutz, Diss., Basel 1994

BRUNNER, Georg, Die Rechtslage der Minderheiten nach sowjetischem Verfassungsrecht, in: Georg Brunner/Allan Kagedan (Hrsg.), Die Minderheiten in der Sowjetunion und das Völkerrecht, Köln 1988, S. 23 - 56

ders., Minderheiten in der Sowjetunion, in: GYIL, 34 (1991) 2, S. 354 - 412

ders. (Hrsg.), Verfassungs- und Verwaltungsrecht der Staaten Osteuropas: VSO, Losebl-Ausg., Berlin 1995

BRUNS, Viktor (Hrsg.), Politische Verträge. Eine Sammlung von Urkunden, Bd. 1, Berlin 1936

BUCHHEIT, Lee C., Secession. The Legitimacy of Self-Determination, New Haven/London 1978

BUKŠS, M., Die Russifizierung in den baltischen Ländern, 1964

BUNGS, Dzintra, Elections and Restoring Democracy in the Baltic States, in: RFE/RL Research Report, 2 (24 September 1993) 38, S. 12 - 16

BUTENSCHÖN, Marianna, Estland, Lettland, Litauen. Das Baltikum auf dem langen Weg in die Freiheit, München/Zürich 1992

CAPOTORTI, Francesco, Minorities, in: EPIL, 3 (1997), S. 410 - 424

CASSESE, Antonio, Self-determination of peoples. A legal reappraisal, Cambridge 1995

ders., Self-determination of Peoples and the Recent Break-Up of the USSR and Yugoslavia, in: Ronald St. John Macdonald (ed.), Essays in Honour of Wang Tieya, Dordrecht/Boston/London 1994, S. 131 - 144

CHAN, Johannes M.M., The Right to a Nationality as a Human Right, in: HRLJ, 12 (1991) 1 - 2, S. 1 - 14

CRAWFORD, James, The Creation of States in International Law, Oxford 1979

v. CSEKEY, Stephan, Die Verfassungsentwicklung Estlands 1918 - 1928, in: JöR, 16 (1928), S. 168 - 269

ders., Die Verfassungsentwicklung Estlands 1929 - 1934, in: JöR, 22 (1935), S. 411 - 458

DECKER, Günter, Das Selbstbestimmungsrecht der Nationen, Göttingen 1955

DICKE, Klaus, Die UN-Deklaration zum Minderheitenschutz, in: EA, 48 (1993) 4, S. 107 - 116

van DIJK, P./van HOOF, G.J.H., Theory and Practice of the European Convention on Human Rights, The Hague/London/Boston 1998

DMITRIEVA, Galina K./LUKASHUK, Igor I., The Russian Federation Law on Citizenship, in: RCEEL, 19 (1993) 3, S. 267 - 292

DOEHRING, Karl, Das Gutachten des Generalsekretärs der Vereinten Nationen über die Fortgeltung der nach dem Ersten Weltkrieg eingegangenen Minderheitenschutzverpflichtungen, in: ZaöRV, 15 (1953/54) 2, S. 521 - 540

ders., Das Selbstbestimmungsrecht der Völker als Grundsatz des Völkerrechts, in: BDGV, Heft 14, Karlsruhe 1974, S. 7 - 56

DONNER, Ruth, The Regulation of Nationality in International Law, Irvington-on-Hudson/New York 1994

DUBOIS, Bernhard, Die Frage der völkerrechtlichen Schranken landesrechtlicher Regelung der Staatsangehörigkeit, Bern 1955

Baroness ELLES, Aliens and Activities of the United Nation in the Field of Human Rights, in: HRJ, 7 (1974), S. 291 - 320

EPPING, V., Internationale Organisationen, in: Knut Ipsen, Völkerrecht, 3. Auflage, München 1990, S. 346 - 431

ERMACORA, Felix, Die Selbstbestimmungsidee. Ihre Entwicklung von 1918 - 1974, Wien 1974

ders., Diskriminierungsschutz und Diskriminierungsverbot in der Arbeit der Vereinten Nationen, Ethnos 11, Wien/Stuttgart 1971

ders., Der Minderheitenschutz im Rahmen der Vereinten Nationen, Ethnos 31, Wien 1988

ders., Nationalitätenkonflikt und Volksgruppenrecht. Ansätze - Hindernisse für Konfliktverständnis und Konfliktlösung in den Vereinten Nationen und im Europarat, Ethnos 15/II, Wien 1978

ESPERSEN, Ole, Human Rights protection in the Baltic Sea area. The Commissioner of the Council of the Baltic Sea States on Democratic Institutions and Human Rights including the Rights of Persons belonging to Minorities, in: Helsinki Monitor, 7 (1996) 2, S. 52 - 64

FABRY, Philipp W., Der Hitler-Stalin-Pakt 1939 - 1941. Ein Beitrag zur Methode sowjetischer Außenpolitik, Darmstadt 1962

FAHLE, Werner, Die Agrarreform der Republik Estland, Diss., Brandenburg 1922

FELDBRUGGE, F.J.M., Art. 36 (Gleichberechtigung der Nationalitäten), in: Martin Fincke (Redigiert), Sowjetverfassung, Bd. I, Berlin 1983, S. 455 - 468

FINCKE, Martin (Redigiert), Handbuch der Sowjetverfassung, Bd. I und II, Berlin 1983

FISCHER, H., Friedenssicherung und friedliche Streitbeilegung, in: Knut Ipsen, Völkerrecht, 3. Auflage, München 1990, S. 871 - 978

FLACHBARTH, Ernst, System des internationalen Minderheitenrechts, Budapest 1937

The FOUNDATION ON INTER-ETHNIC RELATIONS, The Role of the High Commissioner on National Minorities in OSCE Conflict Prevention. An Introduction, The Hague, June 1997

FREUND, H., Rußlands Friedens- und Handelsverträge 1918/23, Leipzig/Berlin 1924

FROWEIN, Jochen Abr./PEUKERT, Wolfgang, Europäische MenschenRechts-Konvention - EMRK-Kommentar, 2. Auflage, Kehl/Straßburg/Arlington 1996

GARANIN, E. I., Völkerrecht, Heft 3, Berlin 1955

GEIGER, Rudolf, Grundgesetz und Völkerrecht, 2. Auflage, München 1994

GEISTLINGER, Michael, The Legal Status of Russians in Estonia in the Light of Public International Law, in: Michael Geistlinger/Aksel Kirch, Estonia - A new framework for the Estonian majority and the Russian minority, Ethnos 45, Wien 1995, S. 93 - 120

GERBER, Hans, Minderheitenprobleme, Berlin 1927

GILLY, Seraina, Estlands Minderheitenpolitik seit der Wiederherstellung der staatlichen Souveränität, in: Esten, Deutsche und Russen im 19. und 20. Jahrhundert, Nordost-Archiv, NF, 4 (1995) 2, S. 601 - 625

GINSBURGS, George, From the 1990 Law on the Citizenship of the USSR to the Citizenship Laws of the Successor Republics (Part II), in: RCEEL, 19 (1993) 3, S. 233 - 266

GIRNIUS, Saulius, Independence of Baltic States Accepted by World Community, in: Report on the USSR, (1991) 39, S. 26 - 28

GLORIA, C./EPPING, V., Der Staat im Völkerrecht, in: Knut Ipsen, Völkerrecht, 3. Auflage, München 1990, S. 227 - 345

GORNIG, Gilbert, Der Hitler-Stalin-Pakt - Eine rechtliche Würdigung -, in: ROW, 37 (1989) 7, S. 395 - 407

ders., Der Hitler-Stalin-Pakt. Eine völkerrechtliche Studie, Frankfurt am Main/Bern/New York/Paris 1990

GRAUDIN, Andreas, Die Stellung der nationalen Minderheiten in den Verfassungen der baltischen Republiken und ihre einfachgesetzliche Umsetzung, Diss., Frankfurt am Main 1997

de GROOT, Gerard-René, Staatsangehörigkeitsrecht im Wandel, Köln/Berlin/Bonn/München 1989

GRYAZIN, Igor, Constitutional development of Estonia in 1988, in: NDLR, 65 (1990) 2, S. 141 - 164

GUSY, Christoph, Selbstbestimmung im Wandel. Von der Selbstbestimmung durch den Staat zur Selbstbestimmung im Staat, in: AVR, 30 (1992), S. 385 - 410

GÜTERMANN, Christoph, Das Minderheitenschutzverfahren des Völkerbundes, Diss., Berlin 1979

HAILBRONNER, Kai, Der Staat und der Einzelne als Völkerrechtssubjekte, in: Wolfgang Graf Vitzthum (Hrsg.), Völkerrecht, Berlin/New York 1997, S. 181 - 266

HALAJCZUK, Bohdan T., Das Sezessionsrecht. Art. 17 der Verfassung der UdSSR, in: JfOR, IX/1 (1968), S. 123 - 153

HALBACH, Uwe, Ethnische Beziehungen in der Sowjetunion und nationale Bewußtseinsprozesse bei Nichtrussen, Berichte des BIOst 8, Köln 1989

HANNAPPEL, Wolfgang, Staatsangehörigkeit und Völkerrecht. Die Einwirkung des Völkerrechts auf das Staatsangehörigkeitsrecht in der Bundesrepublik Deutschland, Frankfurt am Main 1986

HANNEMAN, Andrea J., Independence and Group Rights in the Baltics: A Double Minority Problem, in: VJIL, 35 (1995) 2, S. 485 - 527

HARRIS, David/O'BOYLE, Michael/WARBICK, Chris, Law of the European Convention on Human Rights, London/Dublin/Edinburgh, 1995

HARTLIEB, Wilhelm Walter, Das politische Vertragssystem der Sowjetunion 1920 - 1935, Leipzig 1936

HASANI, Seit, Kosovo - an entity waiting for a solution according to the right of self-determination, in: Erich Reiter (Hrsg.), Grenzen des Selbstbestimmungsrechts. Die Neuordnung Europas und das Selbstbestimmungsrecht der Völker, Graz/Wien/Köln 1996, S. 228 - 243

HASSELBLATT, Cornelius, Das estnische Gesetz über die Kulturautonomie der nationalen Minderheiten, in: WGO-MfOR, 35 (1993) 5, S. 367 - 370

ders., Minderheitenpolitik in Estland. Rechtsentwicklung und Rechtswirklichkeit 1918 - 1995, Hamburg 1996

ders., Zum neuen estnischen Sprachgesetz, in: WGO-MfOR, 37 (1995) 4, S. 243 - 247 ders., Zum neuen estnischen Staatsangehörigkeitsgesetz, in: WGO-MfOR, 37 (1995) 1 - 2, S. 75 - 79

HASSELBLATT, Werner, Hat sich die Kulturautonomie in Estland bewährt?, in: Nation und Staat, (1930/31) 4, S. 441 - 449

HEATER, Derek, National Self-Determination. Woodrow Wilson and his Legacy, New York 1994

HECKER, Hellmuth, Verträge über Staatsangehörigkeitsfragen vor Gründung (1918-1922) und nach Zerfall der Sowjetunion (ab 1990), in: AVR, 35 (1997) 1, S. 73 - 103

HEIDELMEYER, Wolfgang, Das Selbstbestimmungsrecht der Völker. Zur Geschichte und Bedeutung eines internationalen Prinzips in Praxis und Lehre von den Anfängen bis zu den Menschenrechtspakten der Vereinten Nationen, Paderborn 1973

von HEINEGG, Heintschel, Die völkerrechtlichen Verträge als Hauptrechtsquelle des Völkerrechts, in: Knut Ipsen, Völkerrecht, 3. Auflage, München 1990, S. 94 - 187

HEINTZE, Hans-Joachim, Selbstbestimmungsrecht und Minderheitenrechte im Völkerrecht. Herausforderungen an den globalen und regionalen Menschenrechtsschutz, Baden-Baden 1994

ders., Selbstbestimmungsrecht und Minderheiten, in: Erich Reiter (Hrsg.), Grenzen des Selbstbestimmungsrechts. Die Neuordnung Europas und das Selbstbestimmungsrecht der Völker, Graz/Wien/Köln 1996, S. 61 - 85

ders., Wege zur Verwirklichung des Selbstbestimmungsrechts der Völker innerhalb bestehender Staaten, in: Hans-Joachim Heintze (Hrsg.), Selbstbestimmungsrecht der Völker - Herausforderung der Staatenwelt. Zerfällt die internationale Gemeinschaft in Hunderte von Staaten?, Bonn 1997, S. 16 - 59

HELGESEN, Jan, Protecting Minorities in the Conference on Security and Cooperation in Europe (CSCE) Process, in: Allan Rosas/Jan Helgesen (eds.), The Strength of Diversity. Human Rights and Pluralist Democracy, Dordrecht/Boston/London 1992, S. 159 - 186

HELME, Rein, Die Entwicklung eines demokratischen Mehrparteiensystems und die innenpolitischen Zielsetzungen der einzelnen Parteien in Estland, in: Boris Meissner/Dietrich Loeber/Cornelius Hasselblatt (Hrsg.), Der Aufbau einer freiheitlich-demokratischen Ordnung in den baltischen Staaten. Staat, Wirtschaft, Gesellschaft, Hamburg 1995, S. 72 - 86

HILDNER, Guido, Die Vereinten Nationen und die Rechte der Ausländer. Aktivitäten der Organisation zum Schutze ausländischer Arbeitnehmer, in: VN, 38 (1990) 2, S. 47 - 51

HILLGRUBER, Christian/JESTAEDT, Matthias, Die Europäische Menschenrechtskonvention und der Schutz nationaler Minderheiten, Bonn 1993

HILPOLD, Peter, Minderheitenschutz im Rahmen der Vereinten Nationen. Die Deklaration vom 18. Dezember 1992, in: SZIER, 4 (1994) 1 - 2, S. 31 - 54

HIMMER, Susan E., The Achievement of Independence in the Baltic States and its Justifications, in: EILR, 6 (1992) 1, S. 253 - 291

HOFMANN, Rainer, Die Rolle des Europarats beim Minderheitenschutz, in: Manfred Mohr (Hrsg.), Friedenssichernde Aspekte des Minderheitenschutzes in der Ära des Völkerbundes und der Vereinten Nationen in Europa, Berlin 1996, S. 111 - 151

ders., Minderheitenschutz in Europa. Völker- und staatsrechtliche Lage im Überblick, Berlin 1995

ders., Overview of Nationality and Citizenship in International Law, in: Síofra O'Leary/Teja Tiilikainen (eds.), Citizenship and Nationality Status in the New Europe, London 1998, S. 5 - 19

IPSEN, Knut, Individualschutz im Völkerrecht, in: Knut Ipsen, Völkerrecht, 3. Auflage, München 1990, S. 626 - 667

ISAKOV, Sergej, O koncepcii politiki v oblasti kul'tury i obrazovanija, Aktual'nye problemy sovremennoj Èstonii, Materialy obšepartijnoj teoretičeskoj konferencii ONPÈ, Uusküla, 14. - 15.06.1996, Tallinn 1996, S. 49 - 58

JAKOVLEVA, Larisa/ČURKIN, Sergej/REMEC, Rufina, Problemy graždanstva i pravovogo statusa postojannych žitelej, Aktual'nye problemy sovremennoj Èstonii, Materialy obšepartijnoj teoretičeskoj konferencii ONPÈ, Uusküla, 14. - 15.06.1996, Tallinn 1996, S. 39 - 48

JENNINGS, Sir Robert/WATTS, Sir Arthur (eds.), Oppenheim's International Law, Vol. 1, Ninth Edition, Harlow 1992

JUSS, Satvinder S., Nationality Law, Sovereignty, and the Doctrine of Exclusive Domestic Jurisdiction, in: FJIL, 9 (1994) 2, S. 219 - 240

KHOL, Andreas, Zur Diskriminierung im Erziehungswesen. Das Sachurteil des Europäischen Gerichtshofes für Menschenrechte vom 23. Juli 1968 in den belgischen Sprachenfällen, in: ZaöRV, 30 (1970) 2 - 3, S. 263 - 301

KILLERBY, Margaret, Steps Taken by the Council of Europe to Promote the Modernization of the Nationality Laws of European States, in: Síofra O'Leary/Teja Tiilikainen (eds.), Citizenship and Nationality Status in the New Europe, London 1998, S. 21 - 37

KIMMINICH, Otto, Minderheiten und Selbstbestimmung, in: Felix Ermacora/ Hannes Tretter/Alexander Pelzl (Hrsg.), Volksgruppen im Spannungsfeld von Recht und Souveränität in Mittel- und Osteuropa, Ethnos 40, Wien 1993, S. 188 - 203

ders., Rechtscharakter und Inhalt des Selbstbestimmungsrechts, in: Dieter Blumenwitz/Boris Meissner (Hrsg.), Das Selbstbestimmungsrecht der Völker und die deutsche Frage, Köln 1984, S. 37 - 46

KIONKA, Riina, Elections to Estonian Supreme Soviet, in: Report on the USSR, (1990) 14, S. 22 - 24

dies., How Democratic Will the Estonian Elections Be?, in: Report on the USSR, (1990) 9, S. 21 - 23

KLEBES, Heinrich, Der Entwurf eines Minderheitenprotokolls zur EMRK, in: EuGRZ, 20 (1993) 5 - 6, S. 148 - 151

ders., The Council of Europe's Framework Convention for the Protection of National Minorities, in: HRLJ, 16 (1995) 1 - 3, S. 92 - 98

ders., Rahmenübereinkommen des Europarats zum Schutz nationaler Minderheiten, in: EuGRZ, 22 (1995) 10 - 12, S. 262 - 268

KLEIN, Friedrich, Der Rechtscharakter des Selbstbestimmungsrechts der Völker nach westlicher Auffassung, in: Heinz Kloss (Bearbeitet), Beiträge zu einem System des Selbstbestimmungsrechts, Wien 1970, S. 6 - 28

KLOSS, Heinz, Grundfragen der Ethnopolitik im 20. Jahrhundert. Die Sprachgemeinschaften zwischen Recht und Gewalt, Ethnos 7, Wien/Stuttgart 1969

KNIGHT, David B./Davies, Maureen, Self-Determination. An Interdisciplinary Annotated Bibliography, New York/London 1987

KOCH, H., Fünf Jahre deutsche Kulturselbstverwaltung in Estland, in: Nation und Staat, (1930/31) 4, S. 239 - 243

KOFMEL, Sabine, Die neue Verfassung der Republik Estland vom 28. Juni 1992, in: ZaöRV, 53 (1993) 1, S. 135 - 156

KORKISCH, Friedrich, Amts- und Gerichtssprache, in: Theodor Veiter (Hrsg.), System eines internationalen Volksgruppenrechts, 3. Teil, Wien 1978, S. 115 - 171

KRAUS, Herbert, Das Recht der Minderheiten. Materialien zur Einführung in das Verständnis des modernen Minoritätenproblems, Berlin 1927

KURTSCHINSKY, M., Kulturautonomie und die russische Minderheit in Estland, in: Nation und Staat, 4 (1930/31), S. 775 - 784

LAAR, M./ VALK, Ch./VAHTRE, L., Očerki istorii èstonskogo naroda, Tallinn 1992

LAING, Edward A., The Norm of Self-Determination, 1941 - 1991, in: CalWILJ, 22 (1991/92) 2, S. 209 - 308

LANGE, Falk, Die baltischen Staaten und die KSZE, in: OE, 44 (1994) 3, S. 232-241

LANGER, R., Seizure of Territory. The Stimson-Doctrine and related principles in legal theory and diplomatic practice, Princeton/New Jersey 1947

LASERSON, Max, Das Minoritätenrecht der baltischen Staaten, in: ZaöRV, 2/1 (1931), S. 401 - 429

LENIN, Wladimir Iljitsch, Dekret über den Frieden, in: Ausgewählte Werke, Band 26, Berlin 1970, S. 239 - 247

LEONHARD, Wolfgang, Sowjetreformen: Ergebnisse, Probleme, Perspektiven, Wien 1990

LERNER, Natan, The Evolution of Minority Rights in International Law, in: Catherine Brölmann/René Lefeber/Marjoleine Zieck (eds.), Peoples and Minorities in International Law, Dordrecht/Boston/London 1993, S. 77 - 101

LEVIN, B. I., Razvitie sovetskoj gosudarstvennosti v Èstonii, Moskva 1961

LEVITS, Egil, Die Ausländer- und Minderheitenpolitik der baltischen Staaten unter besonderer Berücksichtigung des Problems der Zuwanderer aus der Sowjetunion, in: Die Unabhängigkeit der baltischen Länder. Geschichte-Probleme-Perspektiven, Marburg/Lahn 1993, S. 49 - 72

ders., Die Entwicklung seit 1940, in: Bundeszentrale für politische Bildung (Hrsg.), Informationen zur politischen Bildung Aktuell. Die baltischen Staaten Estland, Lettland, Litauen, München, 3 (1989), S. 8 - 16

LILLICH, Richard B., Duties of States Regarding the Civil Rights of Aliens, in: Collected Courses of the Hague Academy of International Law, 1978, III, Vol. 161, Alphen aan den Rijn 1980

LIJPHART, Arend, Democracies Patterns of Majoritarian and Consensus Government in Twenty-One Countries, New Haven/London 1984

LOEBER, Dietrich A., Die Staatsverträge der baltischen Staaten mit Rußland von 1920 und 1991. Eine vergleichende Betrachtung, in: Adolf Sprudzs (Hrsg.), The Baltic Path to Independence. An International Reader of Select Articles, Buffalo/New York, 1994, S. 363 - 371

ders., Diktierte Option. Die Umsiedlung der Deutsch-Balten aus Estland und Lettland 1939 - 1941, Neumünster 1974

ders., Volksdeputiertenkongreß in Moskau erklärt Geheimprotokolle des Hitler-Stalin-Pakts für ungültig, in: Baltica, (1990) 1, S. 31 - 34

LUCHTERHANDT, Otto, Das Recht Berg-Karabaghs auf staatliche Unabhängigkeit aus völkerrechtlicher Sicht, in: AVR, 31 (1993) 1 - 2, S. 30 - 81

ders., Nationale Minderheiten und Loyalität, Köln 1997

LUDWIG, Klemens, Das Baltikum: Estland, Lettland, Litauen, München 1991

MADDISON, Eugen, Die nationalen Minderheiten Estlands und ihre Rechte, Tallinn 1930

MAKAROV, Alexander N., Allgemeine Lehren des Staatsangehörigkeitsrechts, 2. Auflage, Stuttgart 1962

von MANGOLDT, Hans, Nottebohm Case, in: EPIL, 3 (1997), S. 698 - 700

MARAUHN, Thilo, Anspruch auf Sezession?, in: Hans-Joachim Heintze (Hrsg.), Selbstbestimmungsrecht der Völker - Herausforderung der Staatenwelt. Zerfällt die internationale Gemeinschaft in Hunderte von Staaten?, Bonn 1997, S. 105 - 121

ders., Der Status von Minderheiten im Erziehungswesen und im Medienrecht, in: Jochen Abr. Frowein/Rainer Hofmann/Stefan Oeter (Hrsg.), Das Minderheitenrecht europäischer Staaten, Teil 2, Berlin/Heildeberg/New York/London/Paris/ Tokyo/Hong Kong/Barcelona/Budapest 1994, S. 410 - 450

MARIE, Jean-Bernard, International Instruments relating to human rights. Classification and status of ratifications as of 1 January 1998, in: HRLJ, 19 (1998) 2 - 4, S. 117 - 134

MEDER, Walter, Das Sowjetrecht. Grundzüge der Entwicklung 1917 - 1970, Frankfurt am Main/Berlin 1971

ders., Das Staatsangehörigkeitsrecht der UdSSR und der baltischen Staaten, Frankfurt am Main 1950

ders., Die Verfassung Estlands vom 17. August 1937, in: ZOR.NF, 4 (1937) 4, S. 205 - 219

ders., Werdegang und Ende der baltischen Staaten, in: ZOR.NF, 7 (1940/41), S. 124 - 147

MEISSNER, Boris, Baltic States, in: EPIL, 1 (1992), S. 328 - 337

ders., Die Sowjetunion, die baltischen Staaten und das Völkerrecht, Köln 1956

ders., Die staatliche Kontinuität, völkerrechtliche Stellung und aussenpolitische Lage der baltischen Länder, in: Boris Meissner (Hrsg.), Die baltischen Nationen. Estland, Lettland, Litauen, 2. Auflage, Köln 1991, S. 270 - 335

ders., Nationale Autonomie und Minderheitenschutz in der Sowjetunion, in: Dieter Blumenwitz/Hans von Mangoldt (Hrsg.), Neubestätigung und Weiterentwicklung von Menschenrechten und Volksgruppenrechten in Mitteleuropa, Köln 1991, S. 95 - 110

ders., Sowjetunion und Selbstbestimmungsrecht, Köln 1962

ders., 40 Jahre Besetzung und Annexion der baltischen Staaten durch die Sowjetunion. Festvortrag auf dem Bundesdelegiertentag der Deutsch-Baltischen Landsmannschaft am 8. Juni 1980 in Darmstadt, in: Jahrbuch des baltischen Deutschtums, 28 (1981), S. 176 - 190

MICHALEVA, N./PALIDZE, S., Federativnyj sojuz, in: Pravda, 12. Juni 1989

MILJAN, Toivo, Politische und ökonomische Voraussetzungen für die wirtschaftliche Entwicklung der baltischen Staaten, in: Boris Meissner/Dietrich A. Loeber/Egil Levits (Hrsg.), Die Wirtschaft der baltischen Staaten im Umbruch, Köln, 1993, S. 33 - 46

MÜLLERSON, Rein, International law, rights and politics. Developments in Eastern Europe and the CIS, London/New York 1994

MURSWIEK, Dietrich, Offensives und defensives Selbstbestimmungsrecht. Zum Subjekt des Selbstbestimmungsrechts der Völker, in: Der Staat, 23 (1984), S. 523 - 548 ders., The Issue of a Right of Secession - Reconsidered, in: Christian Tomuschat (ed.), Modern Law of Self-Determination, Dordrecht/Boston/London 1993, S. 21 - 39

MUSGRAVE, Thomas D., Self-Determination and National Minorities, Diss., Oxford 1997

NAMSONS, Andrivs, Die Völker des Baltikums und ihre Herkunft, in: AB, XXIII (1983), S. 9 - 46

NELJAS, Aap, Estonia, in: Martin Scheinin (ed.), International Human Rights Norms in the Nordic and Baltic Countries, The Hague/London/Boston 1996, S. 27 - 72

NEY, Gottlieb, Lebensraum und Schicksalswandlungen der Völker des Baltikums, in: AB, I (1960/61), S. 9 - 74

NIEWERTH, Johannes, Der kollektive und der positive Schutz von Minderheiten und ihre Durchsetzung im Völkerrecht, Diss., Berlin 1996

NOWAK, Manfred, The Evolution of Minority Rights in International Law, in: Catherine Brölmann/René Lefeber/Marjoleine Zieck (eds.), Peoples and Minorities in International Law, Dordrecht/Boston/London 1993, S. 103 - 118

ders., The Right of Self-Determination and Protection of Minorities in Central and Eastern Europe in light of the case-Law of the Human Rights Committee, in: IJGR, 1 (1993) 1, S. 7 - 16

ders., UNO-Pakt über bürgerliche und politische Rechte und Fakultativprotokoll - CCPR-Kommentar, Kehl/Straßburg/Arlington 1989

ders., U.N. Covenant on Civil and Political Rights. CCPR Commentary, Kehl/Strasbourg/Arlington 1993

DE OBIETA CHALBAUD, José A., El derecho humano de la autodeterminación de los pueblos, Madrid 1985

OELLERS-FRAHM, Karin, Der Status der Minderheitensprachen vor Behörden und Gerichten, in: Jochen Abr. Frowein/Rainer Hofmann/Stefan Oeter (Hrsg.), Das Minderheitenrecht europäischer Staaten, Teil 2, Berlin/Heildeberg/New York/London/Paris/Tokyo/Hong Kong/Barcelona/Budapest 1994, S. 383 - 409

OETER, Stefan, Selbstbestimmungsrecht im Wandel. Überlegungen zur Debatte um Selbstbestimmung, Sezessionsrecht und „vorzeitige“ Anerkennung, in: ZaöRV, 52 (1992) 3 - 4, S. 741 - 780

OPPENHEIM, L., International Law, London/New York/Toronto 1928

ÖST, Anna-Carin, Who is Citizen in Estonia, Latvia and Lithuania?, in: Finnish Helsinki Committee, Human Rights in the Baltic States, No. 6, Helsinki 1993, S. 43 - 86

OXENKNECHT, Renate, Der Schutz ethnischer, religiöser und sprachlicher Minderheiten in Art. 27 des Internationalen Paktes über bürgerliche und politische Rechte vom 16. Dezember 1966, Diss., Frankfurt am Main 1988

PACKER, John, On the Definition of Minorities, in: John Packer/Kristian Myntti (eds.), The Protection of Ethnic and Linguistic Minorities in Europe, Åbo/Turku 1993, S. 23 - 65

PARTSCH, Karl Josef, Von der Souveränität zur Solidarität: Wandelt sich das Völkerrecht?, in: EuGRZ, 18 (1991) 21 - 22, S. 469 - 475

PEKKANEN, Raimo/DANELIUS, Hans, Human Rights in the Republic of Estonia, Report to the Parliamentary Assembly of the Council of Europe, Doc. AS/Ad hoc-Bur-EE (43) 2 of 17 December 1991, in: HRLJ, 13 (1992) 5 - 6, S. 236 - 244

PERNTHALER, Peter, Der Schutz der ethnischen Gemeinschaften durch individuelle Rechte. Eine staats- und rechtstheoretische Untersuchung, Ethnos 3, Wien 1964

ders., Gruppenschutz im Volksgruppenrecht und seine Verbindung zum individuellen Minderheitenschutz, in: Theodor Veiter (Hrsg.), System eines internationalen Volksgruppenrechts, II. Teil, Wien 1972, S. 90 - 96

PETZOLD, Herbert (Bearb.), EGMR, Straßburg, „Belgischer Sprachenfall", Urteil vom 23. Juli 1968, in: EuGRZ, 2 (1975) 16 - 17, S. 298 - 307

PIRCHER, Erich H., Der vertragliche Schutz ethnischer, sprachlicher und religiöser Minderheiten im Völkerrecht, Diss., Bern 1979

PISUKE, Heiki, The Process of Bringing Estonia's Legal System into Conformity with the European Union's acquis communautaire, in: Talavs Jundzis (ed.), The Baltic States at Historical Crossroads. Political, economic, and legal problems in the context of international cooperation on the doorstep of the 21st century. A collection of scholarly articles. Published in rememberance of senator August Loeber and the 75th birthday of Professor Dietrich André Loeber, Riga 1998, S. 199 - 213

POMERANCE, Michla, Self-Determination in Law and Practice. The New Doctrine in the United Nations, The Hague/Boston/London 1982

PULLERITS, Albert, The Estonian Year-book 1927, Tallinn 1927

RABL, Kurt, Das Selbstbestimmungsrecht der Völker. Geschichtliche Grundlagen. Umriß der gegenwärtigen Bedeutung. Ein Versuch, 2. Auflage, Köln/Wien 1973

RANDELZHOFER, Albrecht, Nationality, in: EPIL, 3 (1997), S. 501 - 510
ders. (Hrsg.), Völkerrechtliche Verträge, 7. Auflage, 1995

RAPOPORT, M., Suŝnost sovremennogo meždunarodnogo prava, in: SGP (1940) 5 - 6, S. 137 - 153

RAUN, Toivo U., Estonia and the Estonians, Stanford 1987

RAVIN, C. M., Princip federalizma v sovetskom gusudarstvennom prave, Leningrad 1961

REI, August, Nazi-Soviet Conspiracy and the Baltic States, Diplomatic Documents and Other Evidence, London 1948

REINKEMEYER Hans-Albert, Völkerrechtsauffassung, sowjetische, in: Strupp, Karl/Schlochauer, Hans-Jürgen, Wörterbuch des Völkerrechts, 3. Bd., Berlin 1962, S. 662 - 665

REPEČKA, Juozas, Der gegenwärtige völkerrechtliche Status der baltischen Staaten unter besonderer Berücksichtigung der diplomatischen Vorgeschichte der Eingliederung dieser Staaten in die Sowjetunion, Diss., Göttingen 1950

ROGGEMANN, Herwig, Die Staatsordnung der Sowjetunion, 2. Auflage, Berlin 1973

ROSAS, Allan, Internal Self-Determination, in: Christian Tomuschat (ed.), Modern Law of Self-Determination, Dordrecht/Boston/London 1993, S. 225 - 252

ROSENBUSCH, Michael/SCHÜTZLER, Horst/STRIEGNITZ, Sonja, Schauplatz Baltikum. Szenarium einer Okkupation und Angliederung. Dokumente 1939/1940, Berlin 1991

RUTENBERG, Gregor, Die baltischen Staaten und das Völkerrecht. Die Entstehungsprobleme Litauens, Lettlands u. Estlands im Lichte des Völkerrechts, Riga 1928

RUUTSOO, Rein, Die Herausbildung einer russischen Minderheit in der Republik Estland 1918 - 1940, in: Estland und seine Minderheiten. Esten, Deutsche und Russen im 19. und 20. Jahrhundert, Nordost-Archiv, NF, 4 (1995) 2, S. 551 - 575

SALMON, Jean, Demokratie als Rechtsanspruch? Zu den inneren Aspekten des Rechtes auf Selbstbestimmung, in: VN, 41 (1993) 1, S. 10 - 17

SCHÄFER, Olaf, Die Anerkennung von Staaten als Mittel der Kriegsverhinderung? Eine Würdigung der neueren Anerkennungspraxis am Beispiel der baltischen Staaten und der ehemaligen jugoslawischen Teilrepubliken, in: Institut für Friedenssicherungsrecht und Humanitäres Völkerrecht der Ruhr-Universität Bochum (Hrsg.), Beiträge zum humanitären Völkerrecht, zur völkerrechtlichen Friedenssicherung und zum völkerrechtlichen Individualschutz, Festgabe des Instituts für Friedenssicherungsrecht und Humanitäres Völkerrecht für Georg Bock zum 70. Geburtstag, Bochum 1993, S. 187 - 208

SCHERER-LEYDECKER, Christian, Minderheiten und sonstige ethnische Gruppen. Eine Studie zur kulturellen Identität im Völkerrecht, Diss., Berlin 1997

SCHMIDT, Carmen, Das Staatsangehörigkeitsgesetz der Rußländischen Föderation, in: WGO-MfOR, 34 (1992) 2, S. 103 - 109

dies., Der Minderheitenschutz in den baltischen Staaten - Dokumentation und Analysen - Estland, Lettland und Litauen, Bonn 1993

SCHNEIDER, Eberhard, Moskaus Leitlinie für das Jahr 2000, München 1987

SCHWEISFURTH, Theodor, Ausgewählte Fragen der Staatensukzession im Kontext der Auflösung der UdSSR, in: AVR, 32 (1994), S. 99 - 129

ders., Der internationale Vertrag in der modernen sowjetischen Völkerrechtstheorie, Köln 1968

ders., Vom Einheitsstaat (UdSSR) zum Staatenbund (GUS) - Juristische Stationen eines Staatszerfalls und einer Staatenbundentstehung -, in: ZaöRV, 52 (1992) 3 - 4, S. 541 - 702

ders., Zur Frage der Rechtsnatur, Verbindlichkeit und völkerrechtlichen Relevanz der KSZE-Schlußakte, in: ZaöRV, 36 (1976) 4, S. 681 - 726

ders., Perestrojka durch Staatsrecht. Die erste Etappe der Reform des politischen Systems der sowjetischen Gesellschaft durch die Verfassungsrevision vom 1. Dezember 1988, in: ZaöRV, 49 (1989) 4, S. 711 - 777

SCHWEISFURTH, Theodor/OELLERS-FRAHM, Karin (Hrsg.), Dokumente der KSZE, München 1993

SEDYCH, Igor, Estland. Vor der Entscheidung 1917-1940. Dokumentarischer Bericht, Tallinn 1987

SEIDL, Alfred (Hrsg.), Die Beziehungen zwischen Deutschland und der Sowjetunion 1939 - 1941. Dokumente des Auswärtigen Amtes, Tübingen 1949

SEMJONOV, Aleksej/SHER, Leivi, Osnovnye tendencii političeskogo razvitija v Èstonskoj Respubliki, Aktual'nye problemy sovremennoj Èstonii, Materialy obšepartijnoj teoretičeskoj konferencii ONPÈ, Uusküla, 14.-15.06.1996, Tallinn 1996, S. 5 - 22

SHEEHY, Ann, The Estonian Law on Aliens, in: RFE/RL Research Report, 2 (24 September 1993) 38, S. 7 - 11

SHORR, David, The Citizenship and Alien Law Controversies in Estonia and Latvia, Harvard University, April 1994

ŠILDE, Ádolfs, „Im Namen der Weltrevolution". Das Jahr des Grauens, in: AB, XXIII (1983), S. 66 - 146

SIMON, Gerhard, Die Desintegration der Sowjetunion durch die Nationen und Republiken, Berichte des BIOst 25, Köln 1991

„Sõnumileht", Tallincy menjajut imena, in: Èstonija, 10. Juni 1997

SPERANSKAJA, L. V., Princip samoopredelenija nacij v meždunarodnom prave, Moskva 1961

SPILIOPOULOU ÅKERMARK, Athanasia, Justifications of Minority Protection in International Law, Diss., London/The Hague/Boston 1997

STALIN, J. W., Marxismus und nationale Frage (1913), 3. Ausgabe, Moskau 1945

ders., Über die politischen Aufgaben der Universität der Völker des Ostens, in: J.W. Stalin, Werke Bd. 7 (1925), Hamburg 1971, S. 115 - 131

STARUŠENKO, G. B., Princip samoopredelenija narodov i nacij vo vnešnej politike sovetskogo gosudarstva, Moskva 1960

STAVENHAGEN, Rodolfo, Human Rights and Peoples' Rights - The Question of Minorities, in: Associations Transnationales 6 (1986), S. 350 - 357

STUBY, Gerhard, Zur Bedeutung des Völkerrechts für das kurdische Volk: Menschenrechte zwischen Recht auf Selbstbestimmung und Minderheitenschutz, in: Heidi Hinz-Karadeniz/Rainer Stoodt (Hrsg.), Kurdistan, 1994, S. 45 - 59

TAAGEPERA, Rein, Größe und ethnische Darstellung estnischer Städte und ländlicher Bezirke der Jahre 1922 - 1979, in: AB, XXII (1982), S. 121 - 145

ders., Estonia. Return to Independence, Boulder/San Francisco/Oxford 1993 ders., Estonia's Road to Independence, in: Adolf Sprudzs (Hrsg.), The Baltic Path to Independence. An International Reader of Select Articles, Buffalo/New York 1994, S. 45 - 60

Frhr. v. TAUBE, Arved, Estland und Lettland als selbständige Republiken und als Unionsrepubliken der UdSSR 1918 - 1970, in: Theodor Schieder (Hrsg.), Handbuch der europäischen Geschichte, Bd. 7, 2. Teilbd., Stuttgart 1992, S. 1107 - 1133

THORNBERRY, Patrick, International Law and the Rights of Minorities, Oxford 1991

ders., The UN Declaration on the Rights of Persons Belonging to National or Ethnic, Religious and Linguistic Minorities: Backround, Analysis and Oberservations, in: Alan Phillips/Allan Rosas (eds.), The UN Minority Rights Declaration, Turku/Abo-London 1993, S. 11 - 71

THÜRER, Daniel, Das Selbstbestimmungsrecht der Völker. Mit einem Exkurs zur Jurafrage, Bern 1976

ders., Liechtenstein und die Völkerrechtsordnung. Ein Kleinstaat im völkerrechtlichen Spannungsfeld zwischen Singularität und Modell rechtlicher Integration, in: AVR, 36 (1998) 2, S. 98 - 127

TOMUSCHAT, Christian, Democratic Pluralism: The Right to Political Opposition, in: Allan Rosas/Jan Helgesen (eds.), The Strength of Diversity. Human Rights and Pluralist Democracy, Dordrecht/Boston/London 1992, S. 27 - 47

ders. (Hrsg.), Menschenrechte. Eine Sammlung internationaler Dokumente zum Menschenrechtsschutz, Bonn 1992

ders., Protection of Minorities under Article 27 of the International Covenant on Civil and Political Rights, in: Rudolf Bernhardt/Wilhelm Karl Geck/Günther Jaenicke/Helmut Steinberger (Hrsg.), Völkerrecht als Rechtsordnung. Internationale Gerichtsbarkeit. Menschenrechte, FS für Hermann Mosler, Berlin/Heidelberg/New York 1983, S. 949 - 979

ders., Self-Determination in a Post-Colonial World, in: Christian Tomuschat (ed.), Modern Law of Self-Determination, Dordrecht/Boston/London 1993, S. 1 - 20

v. TRUHART, Herbert, Völkerbund und Minderheitenpetitionen, Wien/Leipzig 1931

TUNKIN, Grigorij I., Das Völkerrecht der Gegenwart, Berlin 1963

UIBOPUU, Henn-Jüri, Die Kompetenzen des estnischen Staatspräsidenten nach der Verfassung von 1992, in: ROW, 37 (1993) 3, S. 65 - 77 ders., Die rechtliche Stellung der Minderheiten in Estland, in: Jochen Abr. Frowein/Rainer Hofmann/Stefan Oeter (Hrsg.), Das Minderheitenrecht europäischer Staaten, Teil 2, Berlin/Heidelberg/New York 1994, S. 27 - 60

ders., Die Sprachgesetze der baltischen Unionsrepubliken. Eine juristische Analyse, in: WGO-MfOR, 31 (1989) 4, S. 197 - 211

ders., Die Verfassungs- und Rechtsentwicklung der baltischen Staaten 1988 - 1990, Berichte des BIOst 61, Köln 1990

ders., Die völkerrechtliche Stellung der baltischen Staaten, Stockholm 1965

ders., Estlands legislativer Weg zur Souveränität, in: ROW, 38 (1994) 1, S. 1 - 6

ders., Minorities in Estonia, their Legal Status under Estonian Law and Estonia's International Commitments, Salzburg 1998

de VARENNES, Fernand, Language, Minorities and Human Rights, The Hague/Boston/London 1996

VEITER, Theodor, Nationale Autonomie. Rechtstheorie und Verwirklichung im positiven Recht, Wien/Leipzig 1938

ders., Nationalitätenkonflikt und Volksgruppenrecht im 20. Jahrhundert, Ethnos 15, München 1977

ders., Volksgruppenrecht und Selbstbestimmungsrecht als Menschenrecht, in: Gottfried Zieger/Boris Meissner/Dieter Blumenwitz (Hrsg.), Deutschland als Ganzes. Rechtliche und historische Überlegungen, FS für Czaja, Köln 1985, S. 81 - 100

VERDROSS, Alfred, Völkerrecht, Wien 1937

VERDROSS, Alfred/SIMMA, Bruno, Universelles Völkerrecht, 3. Auflage, Berlin 1984

VIEFHAUS, Erwin, Die Minderheitenfrage und die Entstehung der Minderheitenschutzverträge auf der Pariser Friedenskonferenz 1919. Eine Studie zur Geschichte des Nationalitätenproblems im 19. Und 20. Jahrhundert, Würzburg 1960

VIERDAG, E. W., The Concept of Discrimination in International Law. With Special Reference To Human Rights, The Hague 1973

VILLIGER, Mark E., Handbuch der Europäischen Menschenrechtskonvention (EMRK), Zürich 1993

GRAF VITZTHUM, Wolfgang, Begriff, Geschichte und Quellen des Völkerrechts, in: Wolfgang Graf Vitzthum (Hrsg.), Völkerrecht, Berlin/New York 1997, S. 1 - 100

Frhr. WAITZ von ESCHEN, Friedrich, Der Weg der baltischen Staaten in die Vereinten Nationen und andere internationale Organisationen, in: OE, 44 (1994) 10, S. 939 - 956

WECKERLING, Matthias, Der Durchführungsmechanismus des Rahmenübereinkommens des Europarates zum Schutz nationaler Minderheiten, in: EuGRZ, 24 (1997) 23 - 24, S. 605 - 608

WEIS, P., Nationality and Statelessness in International Law, Alphen aan den Rijn/Germantown 1979

WEISS, Hellmuth, Das Volksgruppenrecht in Estland vor dem Zweiten Weltkriege, in: ZOF, 1 (1952), S. 253 - 256

WENIG, Marcus, Möglichkeiten und Grenzen der Streitbeilegung ethnischer Konflikte durch die OSZE - dargestellt am Konflikt im ehemaligen Jugoslawien, Diss., Berlin 1996

WIEGANDT, Manfred H., The Russian minority in Estonia, in: IJGR, 3 (1995) 2, S. 109 - 143

WIEHLER, Frank (Hrsg.), Die Erweiterung der Europäischen Union - Eine Herausforderung - Textsammlung „Agenda 2000", Baden-Baden 1998

WINTGENS, Hugo, Der völkerrechtliche Schutz der nationalen, sprachlichen und religiösen Minderheiten, Stuttgart 1930

WITTRAM, Reinhard, Die baltische Frage als Problem der Russischen Provisorischen Regierung, in: von Hehn, Jürgen/von Rimscha, Hans/Weiss, Hellmuth (Hrsg.), Von den baltischen Provinzen zu den baltischen Staaten. Beiträge zur Entstehungsgeschichte der Republiken Estland und Lettland 1917 - 1918, Marburg/Lahn 1971, S. 69 - 96

WOLF, Joachim, Die Regelung von Einreise und Aufenthalt, in: Jochen Abr. Frowein/Torsten Stein (Hrsg.), Die Rechtsstellung von Ausländern nach staatlichem Recht und Völkerrecht, Teil 2, Berlin/Heidelberg/New York/London/Paris/Tokyo 1987, S. 1853 - 1872

B. INTERNATIONALE DOKUMENTE

CAPOTORTI, Francesco, Study on the Rights of Persons belonging to Ethnic, Religious and Linguistic Minorities, in: UN Doc. E/CN.4/Sub.2/384/Rev.1, 1979; UN-Publication Sales No. E.91.XIV.2, New York 1991

CRISTESCU, Aureliu, The Right to Self-Determination. Historical and Current Development on the Basis of United Nations Instruments, in: UN Doc. E/CN.4/Sub.2/404/Rev.1, New York 1981

DESCHÊNES, Jules, Proposal concerning a definition of the term "minority", in: UN Doc. E/CN.4/Sub.2/1985/31, 14 May 1985

EIDE, Asbjørn, Possible ways and means of facilitating the peaceful and constructive solution of problems involving minorities, Second progress report, in: UN Doc. E/CN.4/Sub.2/1992/37, 1 July 1992

ders., Possible ways and means of facilitating the peaceful and constructive solution of problems involving minorities, in: UN Doc. E/CN.4/Sub.2/1993/34, 10 August 1993

Baroness ELLES, Special Rapporteur, Draft Declaration on the Human Rights of Individuals Who are Not Citizens of the Country in Which They Live in: UN Doc. E/CN.4/Sub.2/392/Corr. 1, 23 June 1977

GARCÍA-AMADOR, First Report on State Responsibility, in: UN Doc. A/CN.4/96, 1956

GROS ESPIELL, Héctor, The Right to Self-Determination. Implementation of United Nations Resolutions, in: UN Doc. E/CN.4/Sub.2/405/Rev.1., 1980

HUDSON, Manley O., Special Rapporteur, Nationality, including Statelessness, in: UN Doc. A/CN.4/50, 21 February 1952; abgedruckt in: YILC, 2 (1952), S. 3 - 24

Letter dated 31 July 1992 from the Permanent Representative of the Russian Federation to the United Nations Office at Geneva addressed to the Under-Secretary-General for Human Rights, in: UN Doc. E/CN.4/Sub.2/1992/45

MIKULKA, Václav, First Report on State Succession and its Impact on the Nationality of Natural and Legal Persons to the ILC, 47. session, 2 May - 21 July 1995, in: UN Doc. A/CN.4/467, 17 April 1995

ders., Second Report on State Succession and its Impact on the Nationality of Natural and Legal Persons to the ILC, 48. session, 6 May - 26 July 1996, in: UN Doc. A/CN.4/474, 17 April 1996 ders., Third Report on Nationality in Relation to the Succession of States to the ILC, 49. session, 12 May - 18 July 1997, in: UN Doc. A/CN.4/480, 27 February 1997

ders., Fourth Report on Nationality in Relation to the Succession of States to the ILC, 50. session, 20 April - 12 June 1998, in: UN Doc. A/CN.4/489, 23 April 1998

Report of the CSCE ODIHR Mission on the Study of Estonian Legislation, in: Helsinki Monitor, 4 (1993) 2, S. 63 - 75

Report of the Secretary-General Situation of Human Rights in Estonia and Latvia, in: UN Doc. A/48/511, 26 October 1993

Situation of Human Rights in Estonia and Latvia, in: UN Doc. A/48/220, 23 June 1993

Situation of Human Rights in Estonia and Latvia, in: UN Doc. A/48/223, 25 June 1993

Statement by the President of the Russian Federation of 24 June 1993, in Situation of Human Rights in Estonia and Latvia, in: UN Doc. A/48/223, 25 June 1993

van der STOEL, Max, Letter to Mr. Jüri Luik, Minister of Foreign Affairs of the Republic of Estonia, 9 March 1994, Recommendations on the question of the implementation of the Estonian Law on Aliens, in: CSCE Communication No. 20/1994

ders., Recommendations by the CSCE High Commissioner on National Minorities, Mr. Max van der Stoel, upon his visits to Estonia, Latvia and Lithuania, in: HRLJ, 14 (1993) 5 - 6, S. 216 - 221

UN HUMAN RIGHTS COMMITTEE, General Comment No. 17, 5 April 1989; abgedruckt in: Manfred Nowak, U.N. Covenant on Civil and Political Rights. CCPR Commentary, Kehl/Strasbourg/Arlington 1993, S. 865 - 867

ders., General Comment No. 23 (50) on Article 27/Minority rights, in: UN Doc. CCPR/C/21/Rev. 1/Add. 5, 6 April 1994; abgedruckt in: HRLJ, 15 (1994) 4 - 6, S. 234 - 236

ders., Consideration of Reports submitted by States Parties under Article 40 of the Covenant, in: UN Doc. CCPR/C/79/Add. 59, 3 November 1995

C. NATIONALE DOKUMENTE

Centr informacii po pravam čeloveka, Chronika. National'nye men'šinstva v Èstonii, Tallinn 23. Dezember 1997

Geheimdekret aus Moskau über die Russifizierung der Unionsrepubliken mit nationaler Minderheitenbevölkerung, in: AB, XXII (1982), S. 38 - 62

Istorija Sovetskoj Konstitucii. Sbornik dokumentov 1917 - 1957, Moskva 1957

Legal Information Centre for Human Rights, Annual Report 1996, Tallinn

Legal Information Centre for Human Rights, Realization of Human Rights Committee Recommendations Carrying out the International Covenant on Civil and Political Rights in Estonia, Tallinn, September 1996

Materialien des II. Kongresses der Volksdeputierten der UdSSR, Dezember 1989, Moskau 1990

Statistisches Bundesamt, Länderbericht Estland 1993

Statistical Office of Estonia, Statistical Yearbook of Estonia, Tallinn 1997

XXIV. Parteitag der KPdSU, Moskau 1971

D. INTERNATIONALE FALLENTSCHEIDUNGEN

PCIJ:

Nationality Decress in **Tunis and Morocco**, in: PCIJ, Série B, No. 4, 1923, p. 24

ICJ:

Barcelona Traction case, in: ICJ Rep. 1970, p. 3

Namibia case, in: ICJ Rep. 1971, p. 3

Nottebohm case, in: ICJ Rep. 1955, p. 4

West Sahara case, in: ICJ Rep. 1975, p. 12

HRC:

Ballantyne/Davidson v. Canada, in: Communication No. 359/1989; abgedruckt: Alan Phillips/Allan Rosas (eds.), Universal Minority Rights, Turku/Åbo/London 1995, S. 306 - 324

Barzhig v. France, in: Communication No. 327/1988

Cadoret v. France, in: Communication No. 221/1987

Guesdon v. France, in: Communication No. 219/1986; abgedruckt: Alan Phillips/ Allan Rosas (eds.), Universal Minority Rights, Turku/Åbo/London 1995, S. 297 - 306

Le Bihan v. France, in: Communication No. 323/1988

Lovelace v. Canada, in: Communication No. 24/1977; abgedruckt: Alan Phillips/ Allan Rosas (eds.), Universal Minority Rights, Turku/Åbo/London 1995, S. 238 - 247

Lubicon Lake Band v. Canada, in: Communication No. 167/1984; abgedruckt: Alan Phillips/Allan Rosas (eds.), Universal Minority Rights, Turku/Åbo/London 1995, S. 252 - 286

Kitok v. Sweden, in: Communication No. 197/1985; abgedruckt: Alan Phillips/ Allan Rosas (eds.), Universal Minority Rights, Turku/Åbo/London 1995, S. 286-297

McIntyre v. Canada, in: Communication No. 385/1989; abgedruckt: Alan Phillips/Allan Rosas (eds.), Universal Minority Rights, Turku/Åbo/London 1995, S. 306-324

EGMR:

Belgischer Sprachenfall, in: Série A, No. 6, 1968

Informationsverein Lentia u.a. v. Österreich, Série A, No. 276, 1993

Luedicke, Belkacem und Koç v. Deutschland, in: Série A, No. 29, 1978; abgedruckt in: EuGRZ, 6 (1979) 1, S. 34 - 42

Mathieu-Mohin und Clerfayt v. Belgium, in: Série A, No. 113, 1987

IACourtHR:

Advisory Opinion of the IACourtHR, Proposed amendments to the naturalization provisions of the Constitution of **Costa Rica**, in: No. OC-4/84; abgedruckt in: HRLJ, 5 (1984) 2 - 4, S. 161 - 190

E. NATIONALE RECHTSPRECHUNG ESTLANDS

Fall Sergej Lotkov, in:
RT III, 1997, Nr. 21/22, Pos. 236
SHER, Leivi, Esli zakon ne sootvetstvuet konstitucii, to ..., in: Èstonija, 1. Juli 1997

Fall Sergej Miroschnitschenko, in:
MATTSON, Toomas, „Postimees", in: Èstonija, 29. Juli 1997

Fall V. Sidorkin, in:
Decision No. 16 of the Constitutional Review Chamber of the National Court of 11 January 1995
Review of the petition by Tallinn Administrative Court to declare paragraph 40 of „Directions for the Extension of Time-limits for the Issue of Residence and Work Permits to Foreigners", null and void, in: RT I, 1995, Nr. 9, Pos. 112; abgedruckt in: East European Case Reporter of Constitutional Law, 3 (1996) 2, S. 145 - 147

Fall Fljura Urazmetova, in:
Decision No. 19 of the Constitutional Review Chamber of the National Court of 18 September 1995
Review of the petition by the Tallinn Administrative Court to declare the condition set forth in Article 21 (1) of Foreigners' Act, null and void, in: RT I, 1995, Nr. 74, Pos. 1320

Referendum in Narva, in:
Decision No. 2 of the Constitutional Review Chamber of the National Court of 11 August 1993
Review of the petition of the Legal Chancellor, pursuant to § 142, par. 2 of the Constitution, seeking to declare the resolution of the Narva City Council no. 15/163 dated June 28, 1993, entitled „Regarding the Position on the Foreigners Act", to be null and void, in: RT I, 1993, Nr. 59, Pos. 841

Referendum in Sillamäe, in:
Decision No. 3 of the Constitutional Review Chamber of the National Court of 6 September 1993
Review of the petition of the Legal Chancellor, pursuant to § 142, par. 2 of the Constitution, seeking to declare the resolution of the City Council of Sillamäe dated July 6, 1993, entitled „Regarding the Execution of the Directions of the

Participants of the Meeting of June 30, 1993", null and void, in: RT I, 1993, Nr. 61, Pos. 890

Schriftenreihe der Juristischen Fakultät der Europa-Universität Viadrina Frankfurt (Oder)

Heiko Artkämper
Hausbesetzer, Hausbesitzer, Hausfriedensbruch
1995. XXIV, 340 Seiten. DM 98,-
ISBN 3-540-59005-6

Beate Ilona Nettelbeck
Produktsicherheit · Produkthaftung
1995. XXXVI, 170 Seiten. DM 76,-
ISBN 3-540-59242-3

Manfred Mohr (Hrsg.)
Friedenssichernde Aspekte des Minderheitenschutzes in der Ära des Völkerbundes und der Vereinten Nationen
1996. XVI, 362 Seiten. DM 128,-
ISBN 3-540-61366-8

Andreas Damm
Gebührenprivileg und Beihilferecht
1998. XX, 188 Seiten. DM 98,-
ISBN 3-540-63917-9

Marcus Longino
Die Pflegekinderadoption
1998. XIV, 118 Seiten. DM 98,-
ISBN 3-540-64036-3

Sven Theobald
Barrieren im strafrechtlichen Wiederaufnahmeverfahren
1998. XIV, 224 Seiten. DM 129,-
ISBN 3-540-64644-2

Gerhard Wolf (Hrsg.)
Kriminalität im Grenzgebiet
Band 1: Erfahrungen aus der Praxis
1998. XIV, 306 Seiten. DM 148,-
ISBN 3-540-65032-6

Gerhard Wolf (Hrsg.)
Kriminalität im Grenzgebiet
Band 2: Wissenschaftliche Analyse
1999. XIV, 358 Seiten. DM 139,-
ISBN 3-540-65156-X

Theodor Schweisfurth, Walter Poeggel
Andrzej Sakson (Hrsg.)
Deutschland · Polen · Tschechien - auf dem Weg zur guten Nachbarschaft
1999. XIV, 300 Seiten. DM 129,-
ISBN 3-540-65067-9

Ralf Molzahn
Die normativen Verknüpfungen von Kapitalverkehrsfreiheit und Währungsunion im EG-Vertrag
1999. XXVI, 289 Seiten. DM 145,-
ISBN 3-540-65354-6

Dieter Martiny,
Normann Witzleb (Hrsg.)
Auf dem Wege zu einem europäischen Zivilgesetzbuch
1999. VIII, 210 Seiten. DM 129,-
ISBN 3-540-65692-8

Albert Drügemöller
Vergaberecht und Rechtsschutz
1999. XVI, 534 Seiten. DM 249,-
ISBN 3-540-66112-3

Artur Bunk
Die Verpflichtung zur kohärenten Politikgestaltung im Vertrag über die Europäische Union
1999. XIV, 176 Seiten. DM 98,-
ISBN 3-540-66025-9

GPSR Compliance
The European Union's (EU) General Product Safety Regulation (GPSR) is a set of rules that requires consumer products to be safe and our obligations to ensure this.

If you have any concerns about our products, you can contact us on

ProductSafety@springernature.com

In case Publisher is established outside the EU, the EU authorized representative is:

Springer Nature Customer Service Center GmbH
Europaplatz 3
69115 Heidelberg, Germany

www.ingramcontent.com/pod-product-compliance
Lightning Source LLC
LaVergne TN
LVHW050637051026
849532LV00002B/425
9783540660545